経済学原理論を読む

——宇野原理論体系の構造と問題点——

村上和光著

御茶の水書房

はしがき

本書は、宇野原理論体系を素材にしてその「構造・意義・問題点」を析出し、それを通して、経済学原理論体系のヨリ深い構築を目指すことを課題にしている。その含意をもう一歩丁寧にいえば、それは以下のような事情に関わる。つまり、私は、旧著『価値法則論体系の研究』(多賀出版、一九九一年)において、――その出来具合はともかくとして――『資本論』体系の「意義と問題点」に検討を加え、それを踏まえて、さらに、『資本論』と宇野「原理論体系」との位置関係に対しても一応の考察を進めた。したがって、『資本論』体系の批判的分析は「私なりに」すでに前提となっており、それを立脚点として、本書のメーン・テーマは、何よりも、「宇野・原理論体系」へと集中可能になったのだ――と考えている。そして、その場合、私をそのような作業へと駆り立てた基本動機こそは、宇野自身の逝去からすでに三〇余年が経った現在に至っても、宇野原理論体系に対する、その内在的・全体的な検討がなお十分とはいえないのではないか――という思いに他ならない。つまり、周知のように、宇野原理論を巡って「あれ程熾烈な論争」が展開されたにもかかわらず、宇野批判の陣営からは勿論のこと、宇野理論のサイドからしても、「宇野原理論体系の全体にわたるその総合的・内在的検討作業」は必ずしも多くはなかったのではないか。しかも、この点の未整備は、私の狭い認識の限りを大きくは出ないにしても、(私自身の反省をも込めて)取り分け、宇野原理論体系を支持し、それに立脚することによって経済学原理論のさらなる体系化を図ろうとする――宇野理論の側にヨリ一層大きいように思われてならない。したがって、宇野原理論体系の全体にわたって、その総合的な内在的検討作業を試行することがなお不可欠なのであり、その点で、『経済学原理論を読む』という本書の題名のうち、特に『読む』という表現に私が殊更「こだわった」所以も、まさにそこにこそある。今こそ、宇野原理論体系を、「総合的・内在的・体系的」に、まさしく「読む」必要があることになろう。

これこそが、『経済学原理論を読む』というネーミングに、私が込めたその「思い」だといってよいが、それを踏まえて、では次に、あえて現時点において、宇野原理論体系の解読に取り組むことを要請する、その具体的な契機は一体どこにあるのだろうか。必ずしも明晰に筋道立てて説明できるわけではないが、無理にでも言葉にして表現すると、それは、一応以下の三点に整理できるような気がする。つまり、まず一つ目は、①「宇野非難」の声がほぼ沈黙を迎えたという、学会におけるその論争状況だといってよい。よく知られているように、今からそう遠い昔ではない時期に、まさに「眼と耳とを覆いたくなるような、悪質な宇野理論『非難』」が巷間に満ち溢れたが、最近では、そのような「悪罵」に接する機会は全くといってよい程にその影を潜めた。私の独断から判断すれば、それは、宇野理論に対する「理解」がそれだけ深まった表れでは決してなく、むしろ、宇野批判側が、「マルクス離れ」を加速させて宇野批判へのパトスとエネルギーとを枯渇させた――という、「悲しい現実」の証左以外ではないと推測できるが、いずれにしても、全くその合理性を欠いた、「無意味な宇野理論非難」が消失した状況の中でこそ、今やようやく、いわば「冷静な宇野原理論体系への内在的検討」作業が可能になったのだといえる。

ついで二つ目に、②現代日本の思想状況下における、マルクス理論を中軸とする、「資本主義変革―社会主義構築」運動の、その著しい衰弱化が指摘されねばならない。そして、この点は、単に政治運動において顕著であるだけではなく、資本主義変革に対してその戦略的根拠を提供すべき任務を本来的に担っているはずの、マルクス経済学においても、何よりも、その理論的な沈滞状況としてこそ発現していよう。換言すれば、経済学原理論体系が、その全体系を通して「資本主義の歴史的限界性」を科学的に論証する――という任務を十分に発揮できなくなっているということに他ならないが、まさにそのような理論状況の中でこそ、宇野・経済学原理論体系をもう一度厳密に「読みこなし」ながら、経済学原理論体系が「資本主義の歴史的限界性―資本主義変革の可能性」検出に向けて発揮し得る、その決定的役割を鮮明にする必要があろう。要するに、「資本主義変革運動の実践的・理論的衰弱化」という、現代日本の学問的・思想的現実において、宇野原理論体系の再検討が、その突破口としての極めて基軸的意義を、いわば潜在的に有しているといってよいのではないか。

しかしそれだけではない。それに加えて三つ目に、③「宇野原理論体系と資本主義歴史性との内的連関性」が極めて興味深い。すなわち、詳しくは本論で立ち入って検討するが、宇野原理論体系においては、随所に――取り分け「恐慌論」や「それ自身に利子を生むものとしての資本」論において――、「資本主義の歴史的限界性」に関する指摘が、極めて多彩な形で「ちりばめ」られている。そして、私は、宇野原理論とかれこれ四〇年近くも「付き合って」きたにもかかわらず、不覚にも、その点に対しては、これまで極めて理解不足であった。むしろ、宇野理解についてのいわば「常識」に囚われつつ、「宇野体系における、科学とイデオロギーとの『分離』」を「鵜呑み」にすることによって、「宇野原理論体系―資本主義歴史性」の相互関係については、その的確な理解を大きく欠いていた。そのような自分の「認識欠落」に対しては、今の時点で忸怩たる思いを禁じ得ないが、この度、この本書をまとめる機会を得、特に宇野「それ自身に利子を生むものとしての資本」論を改めて「読む」ことを通して、私は、宇野原理論体系こそは、「読み方」によっては、むしろ、「資本主義の『非永遠性』」を明確に解明した、そのような論理体系以外ではないのではないか――という思いを極めて強くした。今となっては、それに気が付くのが「遅過ぎた」という後悔ばかりが先に立つが、それでも、本書をまとめる作業におけるその最大の収穫は、取り分け、「遅蒔きながら」の、まさしくこの点への「気付き」であった。「遅過ぎたとはいえ永遠に無自覚であるよりはずっと良い」――こう自分に言い聞かせて「諦めている」。要するに、宇野原理論体系そのものが「資本主義の歴史的有限性」を体系的に「証明」しているということに他ならず、まさにその点で、我々が「資本主義変革への理論的道筋」を確実に手に入れるためにもこそ、何よりも、現代日本の学問的・思想的状況の下で、今こそ、宇野原理論体系のその「内在的検討」が不可欠だ――と思われてならない。それと同時に、宇野が『資本論』に対して向けた、――『資本論』を「愛する」が故の――その厳しい「批判的スタンス」を私は深く尊敬するだけに、私も、「宇野原理論体系」に対しては可能な限り批判的であろうと心掛けた。――のも当然であった。宇野原理論体系そのものが、私にそう呼び掛けているのだ。

もう駄弁はここまでにしよう。宇野原理論体系を出来得る限り「正確かつ精密に『読み』込み」ながらその「内在的検討」を実行し、まさにそれを通してこそ、宇野原理論体系の「構造・意義・問題点」を解明することによって、最後にその極点に、何よりも、「資本主義の歴史的限界性＝資本主義変革への可能性」の摘出を試みてみたい。この時点で、本書を敢えて出版しようとする私の願いである。その意味で、以上のような私の想いをやや情緒的に言い直せば、本書は、まさしく、宇野「原理論」への、私の、「出し遅れ」の「恋文《Love Letter》」に他ならない。

本書を出版できるに当っても、いつもながら、以下の三人の方に感謝の気持ちを捧げたい。まずお一人は東北大学名誉教授の大内秀明先生である。私は、経済学の全てを先生から学んだ。ありがとうございました。ますますご健康に留意されて、いつまでもご活躍されることを祈っております。次は、御茶の水書房社長の橋本盛作さん。今回の最後の著作も橋本さんのお世話で出版できることの喜びを噛み締めています。これからも、ご自愛なさって出版文化の発展を担い続けて下さい。最後は、ボクの奥さんの悠子さん。長い間一緒に走ってくれて感謝しているよ。心を込めて「どうもありがとう」。つつがなく楽しい日々を送って下さいね。

最後に、編集・校正でお世話になった小堺章夫さんに深い感謝の気持ちを申し上げます。

大好きなモーツアルトのピアノ協奏曲第二三番第二楽章を聴きながら――

二〇一三年八月一〇日

村上和光

経済学原理論を読む　目次

――宇野原理論体系の構造と問題点――

第三篇　分配論の構造

第一篇　流通論の構造

第一章　商品形態と価値規定

――商品論を読む――

はじめに

あらためていうまでもなく、宇野原理論体系は、マルクス『資本論』体系を創造的に発展させた一つの独創的理論体系として位置づけられてよい。その場合、周知のように、この宇野体系は『資本論』に対して極めて厳しい内在的批判を含むものであったため、その分だけ、宇野体系に向けられた「中傷と罵倒」とは、まさしく目と耳を塞ぎたくなるような苛烈さを巻き起こした。[1] しかし、マルクス理論への関心が急速に冷却化するとともに、宇野理論体系へのそのような「無意味な外在的批判」も今や全く姿を消し、それによって、宇野理論体系に対する内在的検討を冷静に開始し得る地点に、現在ようやく立ち至った――ように思われる。

そうであれば、本章の意図と課題は、差し当たり以下のように整理可能ではないか。すなわち最初に、これまで具体的に考察を重ねてきた通り、宇野体系は、『資本論』への内在的批判作業を通して、『資本論』体系によって基本的に解明された「資本制生産システムの体系的運動法則分析」を、そのヨリ洗練された高い水準へと引き上げた――と意義付けされてよい。まさにこのような評価こそがまず前提に置かれる必要があるが、にもかかわらず、このような意義をもつ宇野原理論体系にも、さらに考察を深めるべき論点がなお数多く残されているようにも思われる。[2] 換言すれば、宇野原理論体系を巡る膨大な論争成果を下敷きにしたうえでも、現時点で改めて振り返ってみると、宇野原理論体系に検討メスを入れていくべき課題がなお少なくはないということに他ならない。これこそ、繰り返し宇野原理論体系を考察対象に設定するその所以である。

差し当たり、このような課題構図を描き得るにしても、宇野原理論体系への内在的検討が一挙に果たし得ない点もまた自明であろう。というのも、宇野体系は、そのロジックの「体系的構築性＝緻密性」にこそその一つの特質を有している限り、宇野体系への内在的検討もその体系性を求められるのは当然だから――であって、宇野体系のさらなる拡充化を目指す検討作業にも、宇野原理論体系に対応した、そのような「体系的な批判体系」の設定こそが不可欠になってくる。そこでまず本章では、宇野原理論体系におけるその画期的成果の一つをなす、「流通形態論の端緒」を構成する「商品論」からこそ、その考察をスタートさせていきたい。

I　宇野・商品形態論の構造と展開

［1］商品形態論の構造　まず全体の前提として、(1)宇野・商品形態論の「構造」から立ち入っていこう。いま、宇野『経済原論』上（岩波書店、一九五〇年――以下、旧『原論』と略称[3]）に従って宇野・商品論の構成整理を試みれば、例えば以下のような構図を描き得る。すなわち、まず第一に①「商品論への導入」が図られて、原理論全体の端緒には何よりも商品論が設定されるという、その必然性が示される。そしてそれを前提にしてこそ、第二に②「商品の二要因――価値と使用価値」分析へと移り、使用価値との関連に即しつつ、「価値規定」が構造的に解明されていく。しかしその場合、かかる「商品の二要因」は決して個別商品の次元でその展開が完結するのではなく、その性格上、「あらゆる商品が互いに商品としての関係を展開するもの」（旧『原論』三〇頁）とならざるを得ない以上、結局第三として、価値規定は必然的に③「価値形態の展開」に帰結する以外にはない――と説明されることになろう。

このようにみてよければ、宇野・商品形態論は、全体として、以下のような「構造」をもつと集約可能ではないか。すなわち、「商品の端緒規定」→「商品の二要因論」→「価値規定論」→「価値形態論」という論理構成に他ならず、宇野体系にあっては、このような総合的図式に立脚してこそ、「商品形態の特質解明」が目指されているのだと思われる。

[2] 商品形態論の展開　次に、早速⑵宇野・商品形態論の「展開」へと進もう。そうであれば、第一に①「商品導入論」が最初に問題となるが、商品論全体の出発点には、まず、以下のような(イ)「資本主義社会認識」が置かれる。すなわち、「資本主義社会としては、あらゆるものが商品化するものといってよ」いが、この「あらゆるものが商品化するということは、単に生産物が商品として交換されるというのではな」く、「商品が商品によって生産されることであって、それは実は資本の生産過程に外ならない」(旧『原論』二五頁)――のだと。要するに、「『商品による商品の生産』からなる『資本の規定性』」という極めて重要な命題が設定をみるわけであって、この点が、「商品導入論」のまさしくその基軸をなそう。まさにそこを基点としてこそ、続いて(ロ)「商品への還元ロジック」が示されるのであり、具体的には、「ところが資本なる概念は貨幣を明らかにすることなくしては理解されないし、貨幣は商品を前提としないでは解明されない」(同)と論理が進んでいく。こうして、「資本主義社会→資本→貨幣→商品」という分析過程の到達点としてこそ「商品形態」が設定をみるといってよく、その点で、まさしく「商品導入論理」の明確な提示だと考えられよう[4]。

以上の作業を経て、(ハ)「商品論の位置」が最終的にこう明示されることとなる。

「そこでこの篇では、先ず個々の商品から出発して、あらゆるものが商品化してゆく過程において、展開される商品、貨幣、資本の流通諸形態の発展を明らかにする。この形態的発展が明らかになって始めてあらゆるものを商品化

する資本の生産過程を明らかにすることが出来るのである。」（旧『原論』二五－二六頁）

要するに、「商品は最も単純な流通形態ということが出来る」（旧『原論』二七頁）点が確定されていくが、この「商品導入論」に立脚して、次に第二として②「商品の二要因論」へ入る。すなわち、まず何よりも最初に(イ)「価値規定」が設定されるといってよく、始めに、「商品は、まず第一に種々の人々の手に種々なる物としてありながら質的に一様な、単に量的に異るにすぎないという性質をもっている」（旧『原論』二八頁）という「商品の形態的特質」を示したうえで、その焦点をなす「価値規定」が、以下のように説明されていく。

「価値としての商品は、物としてはいかに異るにしても、すべて同質のものとして計量し得るのであって、その点では個々の商品は全社会の商品の総価値量の幾分子かを分有するものとしてある。」（同）

周知の通り、『資本論』とは異質の、「投下労働量」規定とは独立した、まさに「形態規定」に立脚した「価値規定」こそが特徴的ではないか。[5] 約めていえば、宇野・商品論における「価値規定」は、何よりも、「商品としての、『同質性・全面性・計量性』」を発現させる、いわばその「性質」――にこそ還元されてよいが、このような――実体規定を「意識的に」排除した――「形態的価値規定」が、猛烈な批判を呼び起こしたことは当然であった。

そのうえで、「商品の二要因」のもう一つを構成する(ロ)「使用価値規定」に入り、「なんらかの自然的性質を有し、なんらかの役に立つ物」とまず定義される。換言すれば、それは、「価値とは反対にその質的相違によって使用価値である」（同）ということに他ならないが、しかしその場合に注意すべきは、「商品としての使用価値は単なる使用価値ではない」点の強調であって、その意味が例えば以下のように提示されていく。つまり、「それは商品の価値が使用価値と離れてはあり得ないと同様に、価値と離れてはあり得ない使用価値である」（同）とされる。要するに「価値をもたない使用価値は商品ではない」（同）ということに他ならず、言い換えれば、それは、まさに「他人にとっ

ての使用価値」の別表現になっていよう。(6)

以上のような、「価値―使用価値」の個別的考察をふまえて、最後に(ハ)その「相互連関」の総括が試みられる。すなわち、まず、「商品は、かくのごとくまったく相反する二要因からなるものであるが、それは同時にまた商品が、そのままでは価値でも、使用価値でもないことを示すものに外ならない」(旧『原論』二九)として、「二要因」の「相反性」が前提的に明確化されるが、しかし、そのポイントが、この「相反性の構造」にこそあるのはいうまでもない。というのも、「それは単に価値と使用価値との二要因が結合せられ、統一せられてある」という「静態的」関係には止まらないからであって、「なんらかの使用価値」としてのみ存在する商品は、一方で、「その所有者なる売手にとっては価値であるが、使用価値として役立つものではない」と同時に、他方で、「非所有者たる買手にとっては、その反対に使用価値として役立つべきものを相手が所有しているという関係にある」(同)――という「動態的構造」こそが重要になろう。まさしくここからこそ、「商品の使用価値は他人のための使用価値であるが、しかし単に他人のための使用価値でもなく」、さらに正確にいえば「すでに価値を有する使用価値である」(同)という、「二要因の相互関連」に関する、宇野理解の基本枢軸が導出可能になるといってよい。そしてそうだからこそ、それを根拠として、「それは他の商品と交換せられて始めて使用価値となり、価値としても実現せられる」(同)という、「商品における交換の必然性」もまた論理的に設定可能になっていくのではないか。

そして、この「交換必然性論」は、同時に、次の「価値形態論」への媒介規定としての意味をももつ。つまり、「商品はあらゆる商品と交換せられ得るものでなければならない」以上「商品の交換は、特殊な形態をもって行われる」以外にはないとされつつ、「商品の二要因たる価値と使用価値との関係……から必然的に展開される」、まさにこの「特殊な形態」の解明を課題としてこそ、次の「価値形態論」への移行(7)が設定されていく。要するに、「あらゆる商品が互いに商品としての関係を展開するものとして、即ち価値形態として明らかにしなければならない」(同)のだ――と。こうして、「二要因論→価値形態論」への必然的移行が確認できる。(8)

そこで第三として③「価値形態論」がこよう。何よりも最初に、まず(イ)その「課題・方法」が設定されるのであり、「商品の二要因」から帰結するその制約によって、「商品の価値は、それ自身で自らを表現し得るものではなく」、「同質性は他の商品によらなければ表現されない」(旧『原論』三一頁)という、価値表現の基本構図が予め示される。そして、この価値表現の現実的な定式である、例えば「リンネル一ヤール＝金何円」という表現も、「実は……一商品の価値が他の商品の一定量によって表現せられる交換価値の発展した形態にすぎない」――とされ、まさにこの理解をふまえつつ、そこから、「価値形態論の課題・方法」がこう設定されるといってよい。すなわち、「商品の交換価値は、かかる形態に発展せざるを得ないのであって、われわれは進んで何故にそうなるかを明らかにしたいと思う」(同)と。

それに続いて(ロ)「価値形態論の展開」に進むが、――具体的内容に関してはすでに別の機会に詳細に検討を終えているので、ここではその骨格のフォローに止めるが――その基本的図式は以下のような軌跡を描く。すなわち、最初に(a)「簡単な価値形態」では、それが、「リンネル一ヤール＝金何円」という現実的形態の「底にひそむ」形態であるという「抽象性」(9)がふまえられた後、ヨリ内容的には、「リンネルの価値は、使用価値を異にする他の商品の使用価値がそれと交換される」という「回り道によって表現せられなければならない」(旧『原論』三二頁)――ことになる、そのような「価値表現の特質」が示される。しかもさらに重要なのは、この「価値表現の方式」が機構的に立ち入って明示された点であって、こういわれる。

「元来、リンネル一〇ヤールは五ポンドの茶に値するという場合は、リンネルを商品として所有する者が、自分の欲する五ポンドの茶に対してならばリンネル一〇ヤールを交換してもよいという関係を表示するものであって、厳密にいえば茶はなおリンネルと交換に提供されていなくてもよいわけである。」（旧『原論』三三頁）

まさしく極めて重要な指摘に他ならず、宇野体系による、「価値表現における『欲望の媒介不可避性』＝『主観性』」[10]のその明瞭な提示だといってよい。しかしそれだけではない。しかも、この「価値表現の主観性」が発揮する論理的射程距離はさらに一層大きいのであって、この「主観性」理解からこそ、もう一歩進んで、一方の「リンネルの所有者は、交換を求めながら自らは交換を要求し得ない地位にある」のに対して、他方の「茶の所有者は必ずしもリンネルとの交換を求めているわけではな」いのに「ただちにリンネルと交換を求め得る地位にある」――という、「まったく相対立した両極的性質」（旧『原論』三四頁）もが導出されていく。いうまでもなく、「等価形態の『貨幣性』」に関する、その秘密解明以外ではあるまい。

こうして、この宇野「簡単な価値形態」論において「価値表現の特質・機構・効果」がほぼ明らかにされるが、そのうえで、「そうでないとリンネルは商品であるとはいえない」以上「リンネルはリンネル所有者の欲するだけの商品によってその価値を相対的に表現せられる」（旧『原論』三五頁）として、続いて場面は、(b)「拡大されたる価値形態」へと移る。そしてその場合、「価値表現の方式」自体はすでに解明済みである以上、この形態での力点は、「リンネルの価値が種々なる商品の一定量によって表現せられることになる」点から派生する、その「価値規定の新側面」にこそ絞られてこよう。いうまでもなく「価値規定の明確化」に他なるまい。

そこでまず前提的には、リンネル価値は「茶、上衣、鉄等の使用価値とせられると同時に、それはまた茶、上衣、鉄等の使用価値とも関係のないものであることが明らかになる」として、「価値の独立性」[11]が最初に主張される。そしてそうだからこそ、それを根拠として、「それは交換によってその大いさを与えられるというのではなく、一定の大いさを有するから、一着の上衣には二〇ヤール、一トンの鉄には四〇ヤールという使用価値量をもって、その価値を表現するのであることが明らかになって来る」（旧『原論』三六頁）とされ、まさにそれを通じてこそ、「価値の量的規定性」もが導出可能になっていく――と考えてよい。

そのうえで、次の(c)「一般的価値形態」への移行が試みられるが、ここには一定の錯綜性が否定できない。というのも、その「移行規定」にやや混乱がみられるからであって、最初に旧『原論』では、大きな問題点をはらむ『資本論』の移行ロジックの「名残り」[12]を、なお引きずっているように思われる。つまり、「ところがこの形態が、もし逆転されて来ると、まったく新しい展開を示すことになる」（旧『原論』三七頁）として移行が説明されているかぎりでは、――もちろん他面では、周到に「いうまでもなくこれは、単にリンネルの拡大されたる価値形態が顛倒しただけではない」（旧『原論』三八頁）点にも留意はされているものの――『資本論』における「逆転論」からの質的な脱却はなお弱いといわざるを得まい。そして、その弱点は以下のような論理の運びにも顕著なのであって、例えば、「しかしまたこのことは他面ではこの困難を解決する途をも開く」のであり、「すなわちあらゆる商品の拡大されたる価値形態においてつねにその等価形態におかれる商品の出現がそれである」（旧『原論』三七頁）といわれる。まさしく、「逆転論」に立脚したうえでの、「つねにその等価形態におかれる商品」の、いわばその「形式的＝結果的な出現」の設定以外ではあるまい。

それに対して、新『原論』（宇野『経済原論』岩波全書、一九六四年、新『原論』と略称）では一定の変更が確認可能なように思われる。つまり、「逆転論」を一切持ち出すことなく、「ところがかかるマルクスのいわゆる拡大されたる価値形態の、各商品における展開は、必ずいずれの商品の等価形態にも共通にあらわれる特定の商品を齎らすことになる」（新『原論』二二頁）とされる。みられる通り、「拡大された価値形態」を展開する各商品所有者の個別的ないわば「模索過程」の帰結としてこそ、「共通にあらわれる特定の商品」の出現が設定されている――のであって、ヨリ「行動論＝個別論」(13)的な洗練化が実現されていよう。

まさにそのうえで、「一般的価値形態」の「特質」へ進むといってよく、最初にその「特質」が、「あらゆる商品が相対的価値形態に立って、一定の特殊な商品を共同の等価物とする」点に求められつつ、まさしくその関係の中でこそ、「リンネル自身がかかる特殊の商品の地位をえたもの」（旧『原論』三八頁）とされていく。そしてそれをふまえながら、次にそこから、この「一般的価値形態」を前提とした、これ以前の二つの形態を超える、「価値表現方式の新動向」(14)が、概ね以下の三点に即して提起可能になってくるのだと理解されてよい。

まず一つは、「自己の欲するリンネルの一定量という関係からの解放」であって、「むしろあらゆる商品と交換され得るリンネルに対してならば商品として譲渡してもよいと考える自己の一定量の商品においてその価値を表現するという傾向を示して来る」（同）点に他ならない。まさに「貨幣形態」の潜在的先取りであり、換言すれば「自己商品の一単位化」＝「欲望規定の消極化」だといってよいが、そうであれば続いて二つ目に、それを前提として、「リンネルを除いてあらゆる商品が、共同的にリンネルを等価物とすることによって、あらゆる商品はいわば社会的に、その価値表現を行われることになる」（同）――という、「価値表現の『共同事業性＝社会性』」が主張し得ることにもなろう。いわば「価値表現の統一性」以外ではない。そしてここまで論理を運んでくれば、その帰結として第三に、「それは他のあらゆる商品が、共同的にかかる地位を放棄することによって、リンネルに与えられたものであ」る以上、その裏面として、「他の商品は漸次に直接的にはもはや互いに交換を要求し得ないものになって来る」（旧『原論』三九頁）のは自明である。いうまでもなく、商品相互における直接的交換の排除であって、いわば「商品交換の基本構造」が確認されるわけである。

以上をうけて、(d)「貨幣形態」への「移行規定」が示される。すなわち、「抽象的に考えれば、あらゆる商品が一般的等価物となり得るものとしなければならない」ものの、「しかしそれは……社会的にそうなる」ものであるかぎり「おのずから特定の商品に限定されて来る」(旧『原論』三九－四〇頁)として、まず「特定商品への帰着」が示される。しかもそれだけではなく、ついでさらに、「それは一定の商品に固定する傾向をもっている」と具体化されつつ、最終的には、「この一定の商品は、その使用価値がかかる特殊の地位に適合したものとして、金銀に、そして結局は金に落ちつく」(同)とされていく。こうして、「価値形態は、貨幣形態に転化……(し)単なる交換価値ではなく、価格としてあらわれる」(同)こととなろう。

そこで「貨幣形態」の「特質」へと進むが、その場合の焦点は、この「貨幣形態」になると、「商品の価値形態は……一般的価値形態とはいえない特殊の性格を示して来る」(旧『原論』四一頁)点にこそ求められる。つまり、三点の「特殊の性格」が提示されるのであり、具体的には、(A)「一単位化」――「それぞれその商品の一単位によって、その価値を表現せられる」こと、(B)「価格の成立」――「各商品は、その単位量によってその価値を金幾何と表現する、すなわち「あらゆる商品は金何円という価格で、その価値を表現する」こと、(C)「価値規定の社会性完成」――「各々の商品は、その価格によって、全商品価格総額の幾分子かを分有するものとなる」(旧『原論』四一－四二頁)こと、これである。こうして、確かに、「一般的価値形態」において「貨幣性」の端緒がすでに顔を覗かせていたとはしても、何よりも、「貨幣形態」が有する、そのさらなる固有性こそが軽視できない点が改めて強調されていよう。

以上のような価値形態論の展開を総括するかたちで、最後に、(ハ)「価値形態論の意義」が全体的に取りまとめられていく。すなわち、貨幣の成立によって、一面で、「貨幣は、一般的価値物として、いつでも商品と直接交換可能なものとな」るが、その結果として他面では、「商品自身はお互いの間では直接には交換できないものとなる」(旧『原論』四二頁)――という、「商品―貨幣」間の、その「相反的関係」が現出するとまず図式化される。ついでそれを通じてこそ、もう一段突っ込んで、商品は「互いに単なる商品として、貨幣に対立するものとなる」(同)という、その「対立関係」が押さえられることによって、最終的には、「商品―貨幣論」全体を通す、その位置関係図式の総括へと至る。しかも重要なのは、この「対立関係」の基盤自体が解明されている点に他ならず、「それはまったく商品の二要因たる価値と使用価値との両極的関係が、商品と貨幣との外部的な両極関係としてあらわれたものに外ならない」(同)という、まさしくその総括規定が明瞭だというべきであろう。そして、ここからこそ貨幣論へと接続していく。

[3] 商品形態論の特質　以上までで、宇野・商品論の「構造・展開」を具体的に確認してきたが、それを前提にして、次に(3)宇野・商品形態論の「特質」を集約しておきたい。

そこで、まず第一に①「価値規定の形態的性格」が何よりも決定的であろう。すなわち、商品の価値規定が純粋に「形態規定」[15]に即して展開されている点に他ならず、この性格こそは、宇野・商品形態論の、その決定的特質を構成する。というのも、すでに立ち入ってフォローした通り、宇野体系における「価値規定」は、「労働との関連でそれが『どのように生産されるか』」という「実体規定」に沿って解明されているのではなく、「同質性・交換性・計量性」という、あくまでも「流通に関する規定性」に沿ってこそ解明されている――からであって、「価値規定の形態性」がまさしく際立っていよう。しかも単にそれだけではなく、この「形態性」をこそ基点として、それに続く、「商品の二要因論→価値形態論→貨幣移行論」という商品論が全体として構成されていく――のであるから、取り分けこの「形態規定」性こそが、宇野・商品形態論のまさに基本軸になっている点には疑問の余地はあり得まい。

そして、これが、「対象化された『投下労働量』」に「価値の実体」を求める、『資本論』における、周知の「蒸留法型・価値実体規定」[16]とは、その本質的性格を大きく異にしていることは余りにも自明であろう。その意味で、「宇野・形態論」の特質は極めて明確だといってよい。

そのうえで第二の「特質」としては、②「価値規定の資本主義的性格」が指摘可能だと思われる。換言すれば、商品論で設定される「商品の歴史的規定性」[17]としては、その「資本主義的性格」が明瞭だという点以外ではない。もちろん宇野体系で明示的にその判断が示されているわけではないし、また、この後になって始めて規定される「資本規定」に先立って、この商品論において「資本主義商品」が論理化されているはずもないが、しかしそれでも、宇野・商品論の現実的展開から判断すると、その「価値規定の資本主義的性格」は断じて揺るぎ得まい。なぜなら、一方で、いま確認した通り、「形態規定性」こそが宇野・商品論全体のキー・ストーンになっており、しかも他方で、この「形態規定性」が全面展開する経済体制としては資本主義以外にはあり得ない以上、その二命題からして、宇野・商品論で論理的対象に設定されている商品は、いわばその当然のロッジクからして、まさしく「資本主義商品」だということになる――からに他ならない。それに加えて、宇野体系では、端緒に商品を抽出する論理として、「資本の生産過程↓資本↓貨幣↓商品」という舞台が置かれていた他、さらに、「商品の二要因」の説明に関しても、「資本主義商品」たる性格を反映する、何よりも「価値の側面」からこそその解明が開始されていた――という点なども、いわばその現実的根拠となろう。

こうして、いうまでもなく――その性質上――具体的な叙述において表現されてはいないとしても、宇野・「価値規定論」が、何よりも事実上は、「資本主義商品」に即してこそ展開されていることが明白であろう。その意味で、――一元的判断が困難な中で――なお「単純商品」的性格を残存させている『資本論』と比較すると、その特質は極めて明瞭だといってよい。

最後に、③「価値規定の個別的性格」が第三の「特質」と考えられてよい。すなわち、やや立ち入っていえば、宇野・商品論が、商品所有者のいわば「個別的行動視点」[18]からこそ組み立てられている――ということに他ならず、その側面で、やや「均衡的・総体的・統合的」な視角が強い、『資本論』の商品論構成とはその質を明らかに異にしている。というのも、「『蒸留法』型・価値実体規定」や「『逆転論』型・一般的価値形態導出」などとなって帰結する、『資本論』商品論の、その「均衡的・総体的・統合的」な構成方式とは違って、宇野体系においては、商品所有者にその「個別的欲望」動機を盛り込むことを前提にしつつ、その欲望充足の現実的な発現過程に即してこそ「価値規定」の展開が図られている――からに他ならない。言い換えれば、具体的な「欲望」に支えられた、商品所有者の「個別的行動」に立脚する「交換動機」こそが、「価値規定」展開のその動力に置かれているわけであって、そのような「交換追求ロジック」の解明こそが、宇野型「商品の二要因論→価値形態論→貨幣移行論」における、そのバネになっていると考えられる。まさにその点で、「欲望発揮→個別性→交換追求」の論理的明瞭化が際立つのであって、ここにも、「形態性→個別性」に関する、その帰結が一目瞭然ではないか。

要するに、宇野・「価値規定論」は、その「形態的＝資本主義的性格」から帰結する性格として、もう一面で、「個別的性格性」をも保持している点が取り分け強調されてよい。そしてそれが、一面で『資本論』の制約を大きく超えるものであるとともに、他面で宇野体系の固有性を決定的に表現するものであることは、後に立ち入って解明されていく通りであろう。

Ⅱ　宇野・商品形態論の意義と問題点

［1］宇野・商品形態論の位置

さてここからは、以上のような宇野体系の展開を下敷きにしつつ、それへの積極的な検討へと入っていこう。そこで、最初に(1)宇野・商品形態論の「位置」を総括しておけば、基本的な参照軸をなす『資本論』体系に対するスタンスとしては、例えば以下の論点が直ちに目立とう。すなわち、まず第一は①「『資本論』体系からの継承性」であって、この側面としては、商品論を、資本主義的生産過程論とは切り離して独自領域として構成した点が何よりも強調されてよい。改めていうまでもなく、『資本論』においては、冒頭に商品論を置き次いでその貨幣・資本への移行を明らかにしたうえで、ようやく第一巻第三篇以降になって始めて「資本の生産過程」が説かれる――という篇別構成が取られている。したがって明らかに、『資本論』の商品論は、「生産過程論」とは独立化されつつ「商品→貨幣→資本」展開の一部として位置づけられているといってよく、それ故に、言い換えれば、商品の価値規定は、生産過程からは離れて論理化可能なものとしてこそ設定されていると考える以外にはない。そしてそうだからこそ、『資本論』体系が、古典派経済学の限界[19]を克服しつつ、このような、「歴史規定的な商品規定―超歴史的な生産過程」間の、その相互分離把握を根拠にして、資本主義経済の、その「歴史的性格」を解明できたことは周知のことであろう。その点にこそ、「商品規定―生産過程」分離の、その体系的意味がある。

まさに、このような「商品規定―生産過程」分離をさらに徹底化した体系としてこそ、宇野・商品形態論は位置づけられてよい。というのも、宇野体系にあっても、『資本論』で始めて明確化された、この「商品規定―生産過程」分離が継承されつつ、「生産過程」には触れることなしに、「冒頭商品設定→商品の二要因論→価値形態論→貨幣移行論」という「商品規定論」が、その独自の論理で一貫して展開されている――からであって、ここには、『資本論』で確立をみたその「分離把握論」がなお一層強固に継承されている。その点は、「資本主義社会では、われわれの生活資料も、また……生産手段も、それがいかにして生産せられたかは知れないにしても、先ず商品としてあることは何人にも明らかなことである」(旧『原論』二五頁)とか、あるいは、「商品、貨幣、資本の流通諸形態の……形態的発展が明らかになって始めてあらゆるものを商品化する資本の生産過程を明らかにすることが出来る」(同)、などといわれることからも自明であって、その点で、『資本論』体系からの「継承性」に関しては疑問の余地はない。

しかしそれだけではない。このような『資本論』体系からの明確な「継承性」とともに、宇野体系が、第二に、②「『資本論』体系からの断絶性」を内包化させているのもまた余りにも明白であろう。すなわち、その焦点は「実体規定の排除」という点に関わるが、宇野体系にあっては、『資本論』体系とは異なって、「商品規定からの価値実体規定の排除」が徹底している。なぜなら、一方の『資本論』体系にあっては、いわゆる「蒸留法型・価値規定」や「価値形態論における価値実体規定の前提」などの側面で「実体規定」の悪影響が濃厚なのに対して、他方の宇野体系においては、「同質性・交換性・計量性」に即した「価値規定」論や、「個別商品所有者の交換要求」に立脚した「価値形態論」展開などによって、「実体規定の排除」が明確だからに他ならず、その点で、両者間の、論理構成上の段差は極めて大きい。

しかし改めて振り返ってみると、『資本論』体系で始めて解明された、「商品規定―生産過程」分離という視角を重視すれば、本来、『資本論』体系のような、「商品規定に対する実体規定の優位性」は最初から封殺されているはずであった。つまり、「商品規定」が「生産過程」からは「分離」して展開される以上、そこに「労働による実体規定」などが存立し得ないのはいわば当然であり、したがって、『資本論』体系には明白な「混濁＝不徹底性」が無視できまい。

まさにその意味で、宇野体系におけるこの「実体規定の排除」は、一面で、『資本論』体系からの「断絶性」表現であることは当然だとしても、他面では、『資本論』体系による新基軸に関する、その「徹底化」という意味をももつ点――にもなお十分な注意を払っておきたい。

以上を受けて最後に第三に、「『資本論』体系―宇野体系」における、このような「継承―断絶」両面の、③その「総合化」を集約しておこう。さて、ここまでで確認してきた通り、宇野・商品形態論は、『資本論』体系に対して以下のような二面的な位置関係にあることが明らかとなった。すなわち、それは、まず一面では、「商品規定と生産過程との分離」という点において『資本論』との明瞭な「継承関係」に立ち、そのことによって、その基軸面に関して、『資本論』を引き継ぐことを通して古典派経済学からの決定的な進展を確保している。まずこの側面が決して軽視されてはならないが、しかしそれだけではない。それと同時に、この宇野体系は、「商品形態からの価値実体規定の排除」という点に関しては、『資本論』体系からの「断絶関係」に即してこそ位置付けられた。ヨリ丁寧にいえば、『資本論』体系の、「あるべき方向」へのその「徹底化」として表現されるべきだが、この側面では、何よりも、『資本論』体系とのまさしく質的相違がむしろ目立とう。

そうであれば、この「二面的位置関係」は結局こう総括されてよいこととなろう。つまり、宇野体系は、『資本論』体系による古典派からの進展成果を「継承」しつつその成果のヨリ一層の発展を目指す点では、『資本論』体系からは明らかに離れる――という相互関係に即してこそ、『資本論』体系のまさに論理発展線上に正当に位置づく、そのような総合的「新体系」以外ではないのだと。[20]

［2］宇野・商品形態論の意義　そのうえで、早速⑵宇野・商品形態論の「意義」へと入っていこう。そこで「意義」の第一は何よりも①「流通形態論視角の明確化」[21]であろう。すなわち、「商品規定と生産過程との分離」という、『資本論』体系の――古典派を乗り越える――画期的成果を吸収しながら、「商品形態」を、「貨幣形態・資本形態」と合い並ぶ、一つの独自な「流通形態」として適切に設定したことであって、この作業は――『資本論』体系を

さらに超える――宇野・商品形態論の決定的な意義だと評価できる。いうまでもなく、「商品規定と生産過程論との分離」という『資本論』の篇別構成がすでにその方向性を指し示しているといってもよいが、『資本論』体系では、その方向性が「商品＝一つの流通形態」というレベルにまではまだ純化されておらず、依然としてその事実上の設定に止まった。

それに対して、宇野体系では、「商品規定と生産過程論との分離」という成果を自覚的に抽出しながら、そのうえで、「商品規定」を「『流通形態』としての商品」として明確にするに至っているのであり、結局それを通して、「商品形態」を、「商品、貨幣、資本の流通諸形態の発展」における、その一環に的確に体系化可能になった――のだと評価できよう。しかもそれだけではなく、さらにそこから、「この形態的発展が明らかになって始めてあらゆるものを商品化する資本の生産過程を明らかにすることが出来る」（旧『原論』二五―二六頁）とされて、「商品・貨幣・資本＝流通形態」と「資本の生産過程＝実体」との「区別と関連」もが指し示されていくのであるから、その点からしても、この「流通形態論視角の明確化」がもつ意義は極めて大きい。

ついで、宇野・商品形態論の第二の「意義」は、「流通形態論視角の明確化」から直ちに帰結するものとして、②「形態論的価値規定」こそが指摘可能であろう。というのも、いま確認した通り、商品形態を労働実体には関わらない「流通形態」として純化した点が宇野体系の成果だとすれば、この商品論で規定される「価値」が、『資本論』の場合のような「蒸留法型」手続きではもはや解明され得ないのは自明だからである。何よりも、この商品論で対象とされる商品はあらかじめすでに「労働という実体」からは分離されている以上、そのような規定性を有するこの冒頭商品をどのように操作したとしても、そこから、「価値実体としての労働」を抽出するのは不可能だという以外にはない。それこそ、周知の『資本論』型「蒸留法」が成り立ち得ないその所以だが、まさにこのような論理的帰結としてこそ、宇野体系による「形態論的価値規定」がその絶大な有効性を発揮するのは当然であろう。

すなわち、宇野体系にあっては、何度もみたように、商品価値は、「労働実体」とは一切関わることなしに、まさしく、流通関係次元における一つの「特定の性質」としてこそ規定されている。すなわち、「商品価値」は、「質的に一様な、単に量的に異るにすぎないという性質をもって」おり、まさにその意味で、「すべて同質のものとして計量し得る」（旧『原論』二八頁）「性質」として定義されていく――のだといってよい。要するに、「価値」は、「同質性・量的可比性・全面性」に即して、まさにその「形態的性格」において把握されているのであって、このような宇野「価値規定」こそ、一方では、『資本論』が獲得した、「商品規定と生産過程との分離」という（古典派を超える）成果を正当に受け止めつつ、しかも他方では、『資本論』になお残された「実体論的価値規定」という「限界」を乗り越える意義をもつ、何よりもその画期的ロジックだと評価できよう。しかも、その意義は、このような『資本論』の混濁を絶つ」という消極的な次元には止まらず、さらにそれを超えて、――別の機会に詳細に論じる如く――例えば「価値形態論・価値尺度論・資本形式論・剰余価値論・生産価格論・市場価値論・地代論」[22]などの体系的整理にまでも連結していく。したがってそうであれば、この「形態論的価値規定」は、まさしく、「宇野原理論体系」全体における一つの枢軸ともいえるわけであるから、その点から判断しても、この「形態論的価値規定」がもつ、その重要性がよく理解できる。

最後に、以上を前提として、宇野・商品形態論における「意義」の第三としては、③「個別的・行動論的価値規定」[23]こそが重要だと思われる。すなわち、繰り返し確認してきた通り、宇野・商品形態論は「形態論的純化」という点にその画期的意義を有していたが、その点を「論理システム」というサイドから把握し直せば、それは、「個別的・行動論的価値規定」としての有効性ということに他ならない。その場合、この有効性は、商品形態論の中でも取り分け「価値形態」の展開において顕著だといってよいが、すでに具体的にフォローしたように、宇野・価値形態論においては、「簡単なる価値形態」から「貨幣形態」への道筋が、「個別商品所有者」を設定したうえでその「特定の欲望発動」を動機とする、そのような「個別主体の交換要求行動」に即してこそ組み立てられていた。まさしく、「個別的・行動論的パラダイム」が明瞭なのであって、それを通して最終的には、一面で、「貨幣形態」の生成が何よりも商品形態からの必然的移行形態である点が明確にされるとともに、他面で、価値形態論が「資本主義的な価値表現方式の解明ロジック」以外ではない点もが提示可能になった――ともいえる。その意味で、宇野体系がもつ「個別的・行動論的」視角の意義は極めて大きい。

しかも、宇野体系によるこの成果は、遡って考えると、『資本論』体系の限界を明らかに克服するものになっている点も自明であろう。というのも、『資本論』の価値形態論では、――いわゆる「資本一般」[24]的視角に制約されて――このような「個別的・行動論的方法」が未展開であったからこそ「実体的価値規定」が濃厚となり、そしてさらに、「価値形態論」展開のむしろ前提にこのように「実体的価値規定」が設定されたが故に、例えば「拡大された価値形態→一般的価値形態」への移行論理などにあの「有名な悪名高き」「逆転論」が設定されて、そこから、『資本論』・価値形態論の全体的な「形骸化」が帰結せざるを得なかった――のは当然だからである。したがって約めていえば、『資本論』における「個別的・行動論的価値規定」の「欠如」こそが、結局、その「価値形態論」の適切な展開を阻害していたと判断してもよいわけである以上、まさにこのような対『資本論』関係からしても、宇野・商品形態論における、この「個別的・行動論的価値規定」がもつ、その「意義＝有効性」は決定的に大きい。

しかしそれだけではない。そのうえで、宇野原理論体系におけるその全体的な位置づけの点からみても、この「個別的・行動論的価値規定」の占める重要性は絶大であろう。すなわち、このような視角は、商品形態論内部でも、すでに、「個別商品所有者による『価値表現要求』を重視した『商品の二要因』論」や「個別商品所有者による『交換実現要求』に立脚した『貨幣移行論』」などにも明瞭に発現してきているが、さらにそのスタンスを大きく設定すると、それが、宇野原理論体系全体における、「競争論・機構論・運動論・メカニズム論」の的確な位置づけにおいて、——取り分け「生産論—分配論」という篇別構成の中で——ヨリ一層その具体的有効性を現実化させていくのは、後に立ち入って考察していく通りである。

［3］宇野・商品形態論の問題点　以上のような内容において把握できる、宇野体系の「意義」を前提として、では、宇野・商品形態論になお残されているその(3)「問題点」[25]は何か。そこで宇野体系の第一の問題点は、まず①「価値規定の『量的』未整備」という論点ではないか。繰り返し指摘してきたように、宇野・価値規定はその「形態性・個別性・行動論性」という側面で絶大なる成果を発揮するが、その場合なお疑問を禁じ得ないのは、そのような「形態的な価値」の「量水準」はどう把握されるべきなのか——という点に他ならない。すなわち、宇野体系が明示したように、「価値＝流通次元での特有な『性質』」ではあるにしても、その「性質」は、果たして「量規定」を保有しないのかという疑問は依然として残るのであって、宇野・価値規定では、その点への示唆はまことに乏しい。

そこでやや詳しく宇野の叙述を追うと、まず旧『原論』では例えば以下のようである。

「商品は、まず第一に種々の人々の手に種々なる物としてありながら質的に一様な、単に量的に異るにすぎないという性質をもっている。われわれはこれを例えば何万円の商品というような表現をもってする……。商品の価値は、先ずかかるものとして現れるのである。価値としての商品は、物としてはいかに異るにしても、すべて同質のものとして計量し得るのであって、その点では個々の商品は全社会の商品の総価値量の幾分子かを分有するものとしてある。」（旧『原論』二八頁）。

みられる通り、繰り返し指摘した、宇野・価値規定における「同質性・計量性・量的可比性」という論点が明瞭だが、しかし、このような「『性質』としての価値」が有する、その「量的規定性」に関しては決して明確とはいえまい。もちろん、この叙述にあっても、価値は単なる「質的規定」ではなく、「例えば何万円……というような表現」を身に付けつつ互いに「量的に異る」――とされるから、価値が「量表現」を纏うことまでは理解できるが、しかしそれ以上ではない。極端にいえば、この「何万円という『価格そのもの』」がイコール「価値水準」となってしまう⑯という短絡に陥るし、その結果、そうなると、「個々の商品は全社会の商品の総価値量の幾分子かを分有する」ことの重要性も決して活かされ得ない。

ではこれに対して、新『原論』の展開はどうか。そこで新『原論』ではこう説明される。

「商品は、種々異ったものとして、それぞれ特定の使用目的に役立つ使用価値としてありながら、すべて一様に金何円という価格を有しているということからも明らかなように、その物的性質と関係なく、質的に一様で単に量的に異るにすぎないという一面を有している。商品の価値とは、使用価値の異質性に対して、かかる同質性をいうのである。それは商品が、その所有者にとって、その幾何かによって他の商品の一定量と交換せられるべきものであることを示すものにほかならない。またかかるものとして価値を有しているわけである。」（新『原論』一九―二〇頁）

一見して、旧『原論』と比較した場合の明瞭性が目立つ。しかも、「一様性＝同質性・量的比較性」などという、旧『原論』と共通な説明に加えて、価値の「量的規定性」についても、旧『原論』からの一定の深まりが確認可能なように思われる。すなわち、「（商品）所有者にとって、その幾何かによって他の商品の一定量と交換せられるべきものである」という叙述が注目されるべきであって、ここでは、「交換行為」を舞台としつつ、一方の商品の「幾何」と、他の商品の「一定量」とが関係付けられることによって、まさにその交換行動の中でこそ「価値規定」が発現してくる――とされていよう。したがって、「価値の量的規定性」が、交換という、商品所有者の行動関係を現実的な媒介として提示されつつあるとみてよく、まさにこの側面にこそ、――その立ち入った本格的な展開は新『原論』にあっても決して十分とはいえないが――新『原論』における、その一定の進展がみて取れる。

こうして、旧『原論』→新『原論』を通す一定の理論的改善がもちろん否定はできないものの、しかしそれでも、宇野・価値規定における「量的規定性」解明は、全体としてみれば、なおその端緒的なレベルに止まっていよう。約めていえば、「性質としての価値」規定を超えて、「価値の量的規定性」を形態論レベルでどこまで確定可能なのか――について、ヨリ立ち入った考察がさらに不可欠なのであって、それが、さらに残された課題ではないか。

ついで宇野・商品形態論の問題点の第二としては、②「価値形態論の体系的整備不足」が指摘されてよい。もっともこの論点も多岐にわたるが、そのまず一つ目は、(イ)「価値形態論の課題」設定の不明確化だと思われる。その場合、ここでいう「課題」とは、「簡単な価値形態→貨幣形態」という、単なる論理的展開の解明だけを意味しているわけではもちろんない。その点に関してならば、宇野によって、例えば、「リンネル一ヤール＝金何円」という、「その価値がそのまま表現されているかのように考えられ易い」「表現も一商品の価値が他の商品の一定量によって表現せられる交換価値の発展にすぎない」し、「しかも商品の価値は、かかる形態に発展せざるを得ない」以上、「われわれは……何故にそうなるかを明らかにしたい」（旧『原論』三一頁）――と明確に指摘されている。したがって、「簡単な価値形態から貨幣形態」までの論理的発展分析という、いわば「形式的課題」に関してはこれ以上に付け加えることはないが、しかしこれは、価値形態論のいわば「篇別構成上の『形式的課題』」であって、これだけでは、価値形態論が原理論体系上で発揮する、その「『実質的』課題」が内容的に説明されたことにはとてもなるまい。換言すれば、原理論体系の全体的展開において有すべきその現実的機能として、「価値形態論では何が解明されるべきなのか」を明瞭にすべきなのであるが、宇野・価値形態論にはその点への配慮が欠けていよう。

そのうえで二つ目としては、(ロ)「価値形態論展開の動力」が明確とはいえない。すなわち、宇野体系において、「簡単な価値形態→貨幣形態」という論理的発展を支えるその「展開動力」は何なのか――という疑問であって、いうまでもなくこの論点は、価値形態論に関する、これまでの論争のいわば主役を担ってきた。そこで旧『原論』の「移行規定」に改めて注目してみると、以下のような図式を描く。つまり、(a)「簡単な価値形態→拡大された価値形態」＝「もちろん単に茶によって表現せられるだけではな」く「己の欲する他の種々なる商品によっても表現せられ得る」(旧『原論』三五頁)という「欲望拡大」、(b)「拡大された価値形態→一般的価値形態」＝「一種の逆転論」(旧『原論』三六頁)乃至「必ずいずれの商品の等価形態にも共通にあらわれる特定の商品を齎すことになる」(新『原論』二二頁)という「特定の共通商品の必然的出現」、(c)「一般的価値形態→貨幣形態」＝「その使用価値がかかる特殊の地位に適合したものとして……金に落ちつく」(旧『原論』四〇頁)という「使用価値的適合性」、という構図であって、それぞれに移行規定が独自的に設定されている。

したがって、宇野・価値形態論にその「展開動力」が欠落しているとはもちろんいえないが、しかし、例えば以下のような不十分性は否めまい。すなわち、最初に(a)のように説明されると、「一商品＝一商品」という全く「非現実的」な形態がまず「自立的」に存立し、そのうえでしかる後に、欲望を拡大させて次に「一商品＝多商品」という形態へ進む――ことになるが、それは極端に「形式的」なのではないか。ついで(b)において、まず旧『原論』方式＝「逆転論」の難点が大きいのは自明だが、仮に新『原論』方式を採用したにしても、この「特定の共通商品」を「必然的」に導出することは論理的にみて極めて困難なのではないか。さらに(c)に関しても、金の「物理的特性」をこのように過度に強調するのは、「貨幣形態」導出における、その「論理必然性の重視」という方向から評価すると、無視できない問題性を孕むのではないか。差し当たり、まずこのような個別的問題性が直ちに指摘されてよい。

　こうして、宇野・価値形態論は、総体的に「統一的な展開動力」を欠いているうえに、さらに個別の「移行論理」についても整備余地をなお大きく残しているという以外にはない。

　最後に三つ目に、(ハ)「価値形態論の体系的意義」がいわばもう一歩「自覚的」に設定される必要があるのではないか。いうまでもなく、「貨幣形態の論理的出現」こそがその「意義」であることは自明だが、その結果、「商品形態」と並んで「貨幣形態」がこうして論理的に設定可能になったことによって、商品論次元から、原理論の舞台はさらにどのような発展・拡充を実現し得るのか――が体系的に解明されねばならない。換言すれば、それは、「先ず個々の商品から出発して……展開される商品、貨幣、資本の流通諸形態の発展を明らかにする」(旧『原論』二五頁)という場合、このような、商品から貨幣が導出されたという事態は、「流通諸形態の発展」過程において一体「どのような体系的意味をもつのか」の明確化に他ならず、それこそが、価値形態論の最終的規定をなそう。いわば「価値形態論の総括」に当たる。

　要するに、こうして、宇野・価値形態論においては、「商品形態」との対比において「貨幣形態」の特質を規定する――という「価値形態論の体系的意義」への配慮がなお不十分なように思われる。まさにこの枢軸に即してこそ、「価値形態論の総括規定」が始めて明瞭になるのではないか。

　この点と関連して、宇野・商品形態論の第三の問題点は、③「商品論の体系的役割」への考察不足だと考えられる。すなわち、宇野は例えば、「生産物が商品形態をとると必ず貨幣を出現せしめ、また貨幣の出現は必ず資本を出現せしめずにはおかない」だけではなく、さらに、「また資本によって生産過程が把握されると始めて、必ず商品となる生産物が生産されることにもなる」(新『原論』一七頁)――として、まず、「商品→貨幣→資本→生産過程」間における、その体系構成上の移行必然性を提起したうえで、そうだからこそ、「経済学の最も基本的なる概念は、生産でも、生産物でもなくて、その商品形態ということになる」（新『原論』一七―一八頁）という、「商品形態の端緒性」を示していく。みられる通り適切な構成認識だといってよいが、しかし、このような優れた構造把握を前提とすれば、ここからは、さらに検討を加えるべき論点として、例えば以下の問題点が直ちに浮上してくるのではないか。

すなわち、まず一つ目は、(イ)「商品―貨幣―資本」という「流通諸形態」が原理論体系上でもつ、その独特な「役割・意義」の位置づけ明確化であって、何よりも、「生産過程との相互関係」が総括的に提示される必要があろう。換言すれば、「商品規定」をその一環に包含する「流通諸形態」の、「生産過程」との「位置関係」を改めて集約することが求められる。そして、「流通諸形態―生産過程」間の、このような総体的関連解明を下敷きにしてこそ、ついで二つ目に、(ロ)「商品―貨幣―資本」のトリアーデにおける、「商品形態」の固有性が明瞭にされなければなるまい。すなわち、「貨幣・資本形態」と比較した場合の、この「商品形態」の固有性はどこにあるのか――がいわば具体的に説明されるべきなのであり、まさにこの点の解明を通して始めて、「商品形態」の「役割と限界」とが理解可能になるように思われる。

以上のような二段階の作業を媒介として、最後に三つ目として、(ハ)「商品形態の形態的機能」が最終的に総括されねばなるまい。すなわち、資本制生産の全機構の中で商品形態が担う、その「個別的機能」を的確に設定しておくことが必須なのであるが、その場合に、この「資本制生産の全機構」とは――いまは先取り的に結論だけをいえば――いわゆる「価値法則体系」(27)以外ではない以上、結局、その焦点は、「価値法則論体系における『商品形態論の位置』」にあることになろう。まさしく「商品―価値法則関係」の解明だといってよい。

以上を約めていえば、最終的には、「価値法則展開に果たす商品形態の役割」分析こそがなお不可欠だとパラフレーズ可能なのではないか。したがって、宇野体系は、この「価値法則論における機構的解明」という点においてこそ、「商品の体系的役割」分析上の、その総体的な「不十分性＝難点」を残していよう。

Ⅲ　商品形態と価値規定

【1】端緒の商品形態　以上ここまでで、宇野・商品形態論の「展開・意義・問題点」を考察してきたが、それをふまえて、特にその「問題点」の克服を目指して、「商品形態と価値規定」に関する、いくつかの問題提起を試みてみたい。そこで、まず⑴「端緒の商品形態」に関わる論点が重要であり、具体的には、「原理論の端緒に商品が設定される根拠は何か」が問題となるが、最初に第一は、①「資本制生産の構成的特質」がその前提をなそう。というのも、その「根拠」は「資本制生産の構成的特質」への配慮なしには明確にならないからであって、『資本論』のように、「資本制的生産様式が支配的に行われる諸社会の富は一つの『厖大な商品集積』として現象し、個々の商品はかかる富の原基形態として現象する。だから、吾々の研究は商品の分析をもって始まる」（『資本論』国民文庫版①七一頁）というだけでは済まない。そこで「資本制生産の構成的特質」に着目すると、その特質が、「超歴史的な経済原則」を何よりも「資本主義に特有な『資本システム』」を通して運営している点――にこそあるのは自明であろう。そうであれば、資本主義を例えば封建社会や社会主義とは区別する規定性が、――それらの経済システムとも共通する「経済原則」にではなく――まさに、資本主義的規定性をもたらす「資本システム」にこそ求められるのは当然といってよい。したがって、まず最もアバウトにいえば、原理論の出発点には、差し当たり「資本システム」が登場すべきことが分かる。しかしそうだとしても、それはまだ粗略に過ぎる。

そこで、ついで第二として②「資本概念からの論理的下向」手続きが必要となろう。つまり、「資本」という特定の実体が存在するわけではなく、それは「貨幣の特殊な使用方法」以外ではない以上、「資本概念」は次に「貨幣概念」なしには理解し得ない。しかもそれだけではない。さらに、この「貨幣」についても、「貨幣という実体」が独立に実在するとはいえず、それは「商品の特定なもの」以外ではあり得まい。こうして、資本主義を性格づける「資本形態」自体が解明されるためには、そもそも「資本→貨幣→商品」という論理的抽象化作業が不可欠なのであって、最終的には「商品形態」へと帰着する他はない。何よりも、まさしく「論理的下向」である。

まさにこうして、第三に③「端緒の商品形態」が確定をみる。すなわち、「商品形態」は、まず一面で――このような作業を経たものとして――「資本制的生産の『原基形態』」＝「細胞形態」である点が明瞭だが、他面で、これ以下にまで抽象化手続きを進めて「財貨」にまで下がれば、それがすでに「資本制的という規定性」を喪失してしまっている以上、原理論の端緒としては不適切となる。明らかに、「商品の、その『端緒性』」が決定的であろう。

〔2〕価値規定の特質　そのうえで、積極的な問題提起に関する次の論点は、(2)「価値規定の特質」に関係する。そこで最初に第一としては、まず①「価値の量的規定性」が明確にされねばなるまい。これまで繰り返し確認してきた通り、「形態論的価値規定への純化」は――『資本論』価値規定を決定的に乗り越える――宇野・商品形態論のまさに画期的な成果であった。したがって、この「形態論的価値規定」が継承される必要があるのは自明だが、その際になお考察深化が不可欠なのは、この「形態論的価値規定」がもつ、「価値の量的規定性」の明確化だといってよい。換言すれば、宇野体系にあっては、価値の「形態性」を強調するあまりに、この「価値の量的規定性」への考慮がなお弱いという難点が残された。しかし、「価値の形態性」と「価値の量規定」とはむしろ両立するのであって、例えば以下のように考えられる。

すなわち、あらゆる商品は、具体的には「A商品一単位量＝金B円」などという価格形態を有するが、いうまでもなく、この価格形態の原型は例えば「A商品C量＝D商品E量」という定式であった。つまり、「自分が欲しているD商品E量をくれるならば、自分の持っているA商品をC量提供する」という「交換プロポーズ」が提起されているわけであり、したがって、まず一面で、この定式の中に、個別商品所有者間の、「欲望媒介」を通した「主観的な交換要望」という「形態論システム」が貫徹していること――はどんなに強調しても強調し過ぎるということはあり得ない。しかしそれだけではあるまい。というのも、他面で、この定式の中では、「C量―E量という量規定」がこの定式成立のまさしく決定的な枢軸点として介在しているからに他ならず、この「量規定」なくしては、この定式は意味をもち得まい。その点で、最初の価格形態における「金B円」は、まさにこれの発展以外ではあり得ない。

こうしてみると、「形態的価値規定」は、まさしくその「形態性自体の必須要件」としてこそ、自らの概念内部に、「一定の量規定」を自ずから内包させている――と判断すべきことになろう。したがって、「価値規定」とは、「同質性・計量性・交換性・可比性」をもつところの、「一定の量水準に立つ性質」なのであって、まさに「量規定を保有した形態規定」だというべきではないか。例えば「量基準をもつ形態的『交換力』」[28]だとも定義される、その所以である。

ついで第二に、②「価値形態論の方法」がもう一歩整理される必要があるのではないか。そこで、まず一つ目は(イ)「価値形態論の課題」が問題となろう。つまり、宇野体系では、「簡単な価値形態から貨幣形態」へと「発展せざるを得ない」理論的必然性に関する、その解明以上の説明は与えられていなかったが、このような「課題」は、あくまでも「価値形態論の形式的課題」に止まる。したがって、その形式性を超えたヨリ内容的な課題設定が必要だが、それは、「資本主義における『価値表現＝価値実現方式の特殊性』解明」以外にはあるまい。すなわち、資本主義においては、「個別商品所有者による、欲望発動に立脚した、相手商品に対する主観的な交換要請＝プロポーズ」という方式以外に、商品価値を表現する方法はないし、そしてそれはまた貨幣形態にあっても変わらない――という本質構造の解明、これである。その場合、原理論体系の中では、この「価値形態論」以外に、このような「価値表現方式の特殊性」を解明する領域は他にないかぎり、この「価値表現方式の特殊性解明」こそ「価値形態論」の「固有の課題」だというべきだが、それだけではない。さらに、この「価値表現方式」とは逆からいえば「価値実現方式」をも意味する以上、結局、「価値形態論」は、「資本主義型・価値『実現』方式の解明」をもその「課題」として担っているともいえよう。

こうして、「価値形態論の実質的課題」は最終的にこうパラフレーズ可能ではないか。すなわち、「価値形態論」は、「簡単な価値形態→貨幣形態」への論理的発展を示すことを通して、まさしく、「資本主義型・価値表現＝価値実現方式の特殊性」解明をこそその「課題」としているのだと。

ついで二つ目に、(ロ)「価値形態論の抽象性」論点が直ちに浮上してくる。やや具体的にいえば、資本主義における価値表現＝実現方式としては現実的には「貨幣形態」しかあり得ないが、だとすれば、それに先立つ、「簡単な価値形態」・「拡大された価値形態」・「一般的価値形態」の三タイプは「いかなる抽象性において把握されるべきか」――という問題に他ならない。例えば、『資本論』にもまた宇野『原論』にもそのような発想は存在しないが、いま確認した「価値形態論の課題」を妥当なものとして確定するためにも、この点の明確化はぜひ不可欠ではないか。そして、これに関しては以下のようなロジックこそが展開する。

すなわち、先に「端緒の商品規定」について適用した論理構造がここでもほぼ同様に妥当する。すなわち、そこで指摘した通り、資本制生産を現実的に規定しているのは「資本形態」以外ではないが、この「資本形態」を理解するためには、「貨幣→商品」へと論理的に遡行する必要があった。それと同質のロジックがこの価値形態論にも適用可能なのであって、現実的価値表現形態＝実現形態である「貨幣形態」の特質を理解するためには、何よりも、「一般的価値形態→拡大された価値形態→簡単な価値形態」への抽象化作業が不可欠だ――という関係になろう。この点こそ、「貨幣形態」の秘密は「簡単な価値形態」にあるといわれるその所以である。

したがってこう集約されてよい。つまり、「貨幣形態」に先行する「三形態」は、「貨幣形態」の、まさにその「抽象的な形態」なのであり、換言すれば、「貨幣形態」が総合的に保有する、その個性的な各側面を、いわばモデル的に独立して発現させたもの以外ではない――のだと。

そうであれば最後に三つ目として、(ハ)「価値形態論の移行規定」も総合的に総括可能になっていく。すでにチェックした通り、宇野・価値形態論にはその統一的な移行規定が欠けていたが、本来、何か一定の要因を設定しつつそれの必然的展開という軌跡でその「移行」を探る――という発想自体に、そもそも基本的な無理がともなおう。というのも、いま直前で指摘したように、価値形態論の「四形態」は、相互に個別化されて実在するものでは決してなく、「完成体たる貨幣形態」の「各側面的モデル」である以上、それらが、統一的な「移行規定」に基づいて自立的に自己展開していくことはあり得ない――のは当然だからである。

こう考えてよければ、「価値形態論の移行規定」については、最終的に以下のように理解されるべきではないか。すなわち、「商品所有者が、自己商品一単位の価値を、金の一定量で主観的に表現する」という、「資本主義における現実的＝適合的な価値表現方式（実現方式）の特質」へと至る、そのような論理過程を、その部分的な個別的側面間の「移行プロセス」に即して理論的に解明すべきなのだ(29)――と。まさに「価値形態論の方法」が有する、その固有性であろう。

以上を受けて、第三に③「価値形態論の意義」が全体的に提示されねばなるまい。言い換えれば、原理論体系においてもつ「価値形態論の編別構成上の位置」に他ならないが、ここまでの具体的な考察を前提にすると、次のようなイメージが明瞭に浮かび上がってくるのではないか。すなわち、度々指摘してきた如く、資本主義にあっては、その価値表現は特有な方式をもってしか現実化できない。やや具体的にいえば、商品価値は、商品所有者のいわば「主観的価格設定」を前提としたうえで、それを貨幣所有者による現実的な購買行動によって実現する――という「特有な価値表現＝実現方式」を通してしか発現し得ないのであって、この固有性は、どんなに強調してもし過ぎることはない。そして、この「価値形態論」を過ぎて次の「貨幣論」へ進むと、今度は、「価値形態論」で明らかとなったこの「価値表現＝実現方式の特殊性」をむしろ前提としてこそ、次に、「価値尺度機能」以下の貨幣機能が展開されていこう。まさにその点で、「価値表現＝実現方式の特殊性」解明を接点とした、「価値形態論」の、「商品論→貨幣論」を結ぶその媒介的役割が明瞭ではないか。

したがって、「価値形態論の意義」は最終的に以下のように整理可能なように思われる。すなわち、資本主義において、「価値表現＝実現方式の特殊性」解明を担う論理領域はこの「価値形態論」を措いて他にはないのであり、まさにその点を論拠にしてこそ、「価値形態論」は、経済学原理論において、篇別構成上の、いわばその決定的かつ絶大なる意義を発揮している――のだと。

〔3〕商品形態の意義

こうして、ようやく本章における最後の論理環に到達したといってよい。つまり最後の問題提起となるが、(3)「商品形態の意義」が特に「価値法則論」との関連で明らかにされる必要があろう。そこでまず第一に、①「価値法則の概念」を確定しておくことが前提となるが、言葉を極端に惜しんでいえば、――すでに別著で詳細に検討したように――「価値法則」とは以下のように定義され得る。すなわち、価値法則とは、「商品相互の『価値関係』の、一定の客観的基準による規制を基軸としつつ、資本制生産における『生産』『再生産』『分配』の諸関係を、『同時的』『統一的』に、一定の基準と限度をもった『価値関係』において規制する『法則』である」[30]と。したがってそうであれば、この「価値法則」とは、原理論の全体系を包摂する「体制的運動法則」以外ではないというべきである以上、それを、『資本論』及びいわゆる「マルクス主義経済学者」に濃厚な、「等労働量交換に立脚した、商品交換の法則」に「切り詰める」ことはできないし、しかもこの定義からすれば、さらに、以下のような宇野の価値法則理解にも大きな問題が残ろう。すなわち、周知のように、宇野は、「利潤率均等化法則」・「人口法則」の二つを、「価値法則」とともに——それと区別して——「資本制的生産の三大法則」を構成するものとするが[31]、もはやその把握の不十分性には疑問はあるまい。

そのうえで第二に、「価値法則」を「資本主義全体を総合的に規制する『体制的運動法則』」[32]として再定義した場合、経済学原理論の各構成パートは、この「価値法則論」のそれぞれいかなる役割分担を担っているのだろうか。そこで第二に②「価値法則の構成」へともう一歩立ち入っていこう。ここでもまた、別著ですでに体系化し終えた論理構成を提示することにするが、いま原理論体系を、差し当たり、(イ)「流通形態論」——資本主義を編成する基礎ファクターとしての、「商品・貨幣・資本」という「形態」を、「生産過程」からは独立化させて展開する「形態規定」領域、(ロ)「生産過程論」——形態規定によって包摂された「実体」を、その包摂均衡構造に即して解明する、「資本の生産・再生産・蓄積」領域、(ハ)「分配関係論」——個別資本の現実的競争機構に立脚しながら、「利潤・地代・利子」として発現していく、「資本制生産の現実的メカニズム」領域、として篇別区分した場合、価値法則は、これら三領域において、それぞれ以下のような特徴的な姿態を発現させていく。

すなわち、(イ)「流通形態論」＝「『価値法則』を現実の運動法則として展開していくための『形態的装置』論」、(ロ)「生産過程論」＝「『価値法則』展開の『必然性』をその『実体』的特殊性を基礎にして分析するための『実体的根拠』論」、(ハ)「分配関係論」――「『価値法則』展開の『メカニズム』を個別的市場行動に即して現実的に解明していくための『運動的機構』論」、これに他ならない[33]。要するに、「価値法則論」は、経済学原理論体系において、「形態的装置」論―「実体的根拠」論―「運動的機構」論の三面から、まさに「総合的・運動論的」にこそ位置づけられ得ると結論可能である。したがって、この「総合性」こそが重視されねばならないのであり、この点にこそ、「価値法則論」のその要諦があろう。

そうであれば、③「商品形態論の意義」が総括的にこう整理可能なことはもはや自明ではないか。すなわち、「商品形態論」は、以上のように体系化された、全体的な「価値法則論構成」において、いうまでもなく「流通形態論＝価値法則の『形態的装置』論」に属するが、しかも、その「流通形態論」における出発規定をなしている限り、この「商品形態論」こそが、原理論全体でこの後に体系化されていく「価値法則論」の、まさしくその「端緒規定」を構成している――のだと。言い換えれば、この「商品形態」において始めて解明される、「価値＝『基準』をもった『形態』規定」という「萌芽的規定」こそが、原理論全体系を通してこれ以降に論証されていくこととなる「価値法則論」全体の、まさにその出発点をなすのだと考えてよい[34]。その点で、原理論全体系に占める「商品形態論の意義」のこの重大性――は、何よりも、一目瞭然だという以外にないのである。

(1) 宇野原理論体系の成果・意義・問題点の総括的な整理に関しては、例えば、降旗節雄『宇野理論の解明』（三一書房、一九七三年）、清水・降旗編『宇野弘蔵の世界』（有斐閣、一九八三年）、桜井・山口・柴垣・伊藤編著『宇野理論の現在と論点』（社会評論社、二〇一〇年）、などを参照のこと。また「病的で陰湿な宇野批判」の典型としては、見田石介『宇野理論とマルクス主義経済学』（青木書店、一九六八年）、吉村達次『経済学方法論』（雄渾社、一九七二年）、をみよ。

(2) 宇野原理論になお残存する問題点については、拙著『価値法則論体系の研究』（多賀出版、一九九一年）において基本的な検討を済ませた。本章ではその一層の批判深化が目指されよう。

(3) なお旧『原論』からの引用は『宇野弘蔵著作集』第一巻（岩波書店、一九七三年）の頁数による。

(4)「資本は、商品経済に特有なるものであって、むしろ生産過程と直接には関係なく、貨幣の特殊な使用方法から発生するのである。……事実、資本は、貨幣を前提とし、貨幣は商品を前提として始めて解明されるのである」（新『原論』――前掲『宇野弘蔵著作集』第二巻――一七頁）。

(5) 例えば新『原論』でも以下のようにいわれるが、旧『原論』に比較して「量的規定性」はやや弱い。「商品は、種々異ったものとして、それぞれ特定の使用目的に役立つ使用価値としてありながら、すべて一様に金何円という価格を有しているということからも明らかなように、その物的性質と関係なく、質的に一様で単に量的に異るにすぎないという一面を有している。商品の価値とは、使用価値の異質性に対して、かかる同質性をいうのである」（新『原論』一八頁）。

(6)「すなわち商品は、その所有者にとって他の商品との交換の基準となる、その価値を積極的要因となし、その使用価値を、いわゆる他人のための使用価値として消極的条件とするものである」（新『原論』一九頁）。全体として、旧『原論』とその趣旨に変化はないが、ただ一つ、「積極―消極」という区別規定の導入は、新『原論』での新しい観点だと思われる。

(7)「こういう商品の価値と使用価値との二要因の関係は、商品に特有なる交換価値としての、特殊の価値形態を展開することになる。金何円という価格も、その発展した形態にほかならない」（新『原論』一九頁）。みられるように、旧『原論』よりもこの「移行必然性」は強い。

(8) 宇野・価値論の立ち入った展開については、宇野『価値論の問題点』（法政大出版局、一九六三年）、宇野『価値論』（青木書店、一九六五年）、などにおいて興味深い論点が提示されている。

(9) この「抽象性」は、新『原論』ではもう一歩立ち入ってこう指摘されるといってよい。つまり、「こういう表現は、しかし、資本主義社会はもちろんのこと、一般に商品売買の形式としても直接的には見ることはできない。金何円という価格形態の背後にある未発展のものとして考えられるにすぎない」（新『原論』一九頁）として、その「抽象性」が強調されていよう。

(10) この「主観性」に関しても新『原論』はヨリ明確である。「商品上衣は、ここではなおリンネル商品所有者の観念の内にある価値物にすぎない」うえに、さらに「上衣の所有者がその上衣の一着をもって二〇ヤールのリンネルとの交換を要求するということは、このリンネルの価値表現そのものからは当然に出るというものではない」（新『原論』一九―二一頁）。

(11)「先の上衣による価値表現の単一なる社会関係をさらに展開するものである。リンネル商品の所有者は、その価値表現における種々なる等価商品の所有者に対して直接的交換を許すものであるからである」（新『原論』二一頁）。まさにその「展開性」の指摘に他ならない。

(12)『資本論』・価値形態論の解釈・検討は極めて多いが、例えば以下を参照のこと。久留間鮫造『価値形態論と交換過程論』（岩波書店、一九五七年）、中野正『価値形態論』（日本評論社、一九五八年）、尼寺義弘『価値形態論』（青木書店、一九七八年）、武田信照『価値形態と貨幣』（梓出版社、一九八二年）、奥山忠信『貨幣理論の形成と展開』（社会評論社、一九九〇年）、などをみよ。

(13) 価値論におけるこの「行動論」の含意に関して詳しくは、例えば山口重克『価値論の射程』（東大出版会、一九八二年）を参照せよ。ここには、価値論に関わる様々の極めて重要な論点が展開されており、価値論研究において参考にすべき、優れた基礎的参照文献となっている。

(14) その際、この旧『原論』と比較すると、新『原論』では以下の点の指摘も注目されてよい。すなわち、「等価形態・使用価値の消極化」であって、例えば「しかしこの場合はすでに等価物の使用価値は必ずしも直接消費の対象をなすものとしてではない」（新『原論』二三頁）といわれる。いうまでもなく貨幣形態への移行規定をなすといってよく、その点で興味深い。

(15) いうまでもなくこの「形態規定の鮮明化」は、単に商品論においてのみならず、宇野原理論体系全体を意義付ける画期的成果である。この点を解明した文献は数多いが、まず宇野自身の著作として宇野『経済学方法論』（東大出版会、一九六二年）がもちろん重要だが、それに加えて、例えば、大内力『経済学方法論』（東大出版会、一九八〇年）、岩田弘『世界資本主義』（未来社、一九六四年）、大内秀明『価値論の形成』（東大出版会、一九六四年）、降旗節雄『資本論体系の研究』（青木書店、一九六五年）、鎌倉孝夫『資本論体系の方法』（日本評論社、一九七〇年）、などをみよ。

(16)『資本論』・冒頭商品論での「価値実体規定」に関しては、注一五の諸文献の他、永谷清『資本主義の基礎形態』（御茶の水書房、一九七〇年）、大内・桜井・山口編『資本論研究入門』（東大出版会、一九七六年）、前掲、山口『価値論の射程』、小幡道昭『価値論の展開』（東大出版会、一九八八年）、拙著『価値法則論体系の研究』（多賀出版、一九九一年）、などを参照のこと。

(17) この商品の歴史規定性については、例えば、前掲、大内『価値論の形成』、前掲、鎌倉『資本論体系の方法』の他、鈴木鴻一郎『価値論論争』（青木書店、一九五九年）などをみられたい。

(18)「個別的性格」に関して詳しくは、前掲、山口『価値論の射程』が参照されるべきである。

(19)「古典派経済学―『資本論』―宇野体系」を巡るいわば「学説史的関係」に関しては、特に前掲、大内『価値論の形成』に詳しい。その「内在的継承関係」にこそ注意しておきたい。

(20) したがって、「宇野体系は『資本論』の悪しき修正版だ」とする、長きに渡って繰り返されてきた、いわゆる「正統派」からの宇野批判＝「罵倒」は、もし「誤解あるいは無知」でなければ、全く根拠のないものだという以外にはない。しかも、マルクス理論への風圧の強さの中で、その「罵倒」さえも今では姿を消したのは一体どうしたことなのであろうか。

(21) この「流通形態論視角の明確化」に関しては、前掲、大内『価値論の形成』の他、前掲、拙著『価値法則論体系の研究』三二－三三頁を参照のこと。「『資本論』の商品論も事実上商品形態論として構成される方向にあるといってよいが、しかし『資本論』の場合にはそれが意識的には貫徹させられることなく、むしろ価値実体の直接的規定を通して、商品と価値実体としての労働とがただちに結びつけられることになって、商品規定を『実体』論的に処理する視角が強く残ることになっていた。それに対して宇野氏の展開では、商品論を労働・生産過程には係わらない、むしろそれらを包摂・編成していく流通上の形態として整理されているのであって、そのような形態論的処理によってこそ、商品規定の歴史的性格――商品の商品たる質的規定性が、その商品自身に固有な内的属性にではなく、その財貨が特有な関係の中で身にまとう一定の社会性にこそあるという特性――もヨリ明確になるのはいうまでもない」（前掲、拙著『価値法則論体系の研究』三二－三三頁）。

(22) これらはこの後に継続的に検討していく予定だが、このうち、例えば、「価値尺度論」及び「生産価格論」については、桜井毅『生産価格の理論』（東大出版会、一九六八年）・『資本論と宇野理論』（有斐閣、一九七九年）を、また「資本形式論」に関しては、時永淑『資本論における「転化」問題』（御茶の水書房、一九八一年）を、そしてさらに「地代論」に関しては、大内力『土地所有と地代』（東大出版会、一九五八年）、日高普『地代論研究』（時潮社、一九六二年）、をみよ。

(23)「個別的・行動論」視角について詳しくは、前掲、山口『価値論の射程』を参照のこと。

(24) この「資本一般」に関する諸問題については、前掲、大内『価値論の形成』を参照のこと。

(25) 宇野体系の問題点に関しては、この商品論をも含めて、前掲、拙著『価値法則論体系の研究』においてある程度詳細に検討を加えた。宇野体系からの継承・発展こそが課題である。

(26) ただし、この点に係わる宇野のさらに詳細なニュアンスについては、例えば、宇野編『演習講座 新訂経済原論』（青林書院、一九六七年）の「質問・回答」や、宇野編『資本論研究』Ⅰ（筑摩書房、一九六七年）における「ゼミナール」、などにおいてもう一歩深く理解可能であろう。

(27) この「価値法則論体系」の諸問題については、前掲、拙著『価値法則論体系の研究』をみよ。そこでは、原理論体系全体に果たす「価値法則論」の位置づけが全体的に考察された。
(28) その場合、この「交換力」という規定付けに関しては、例えば、前掲、山口『価値論の射程』において適切な問題整理が提起されている。本章もそれを基本的に継承している。
(29)「価値形態論の課題と方法」については、前掲、拙著『価値法則論体系の研究』八一－九一頁においてすでにその基本的な検討を終えている。ここではそのエッセンスだけを示した。
(30) 前掲、拙著『価値法則論体系の研究』五四七頁。
(31) 例えば宇野弘蔵『資本論の経済学』（岩波新書、一九六九年）などを参照のこと。
(32)「商品相互関係の法則的規制を基軸にしつつもさらに資本制的生産の生産・再生産および分配関係をも同時に規制する、一つの体系的な『体制法則』に他ならない」（前掲、拙著『価値法則論体系の研究』五四六頁）。まさに「体制法則」以外ではないその所以であろう。
(33) 具体的には、前掲、拙著『価値法則論体系の研究』一七八－一七九頁・三六八－三六九頁・五四二－五四三頁などにおいて、このような構成図式が「価値法則の構成」として立ち入って解明・提示された。
(34) その点で、このような結論からして、次の課題はいうまでもなく「貨幣論」に置かれていこう。

第二章　貨幣機能と価格の役割

――貨幣論を読む――

はじめに

前章[1]では、原理論体系の端緒規定をなす商品形態論を対象にして、宇野原理論体系の意義と問題点との解明を試みた。いうまでもなく、宇野原理論体系は、古典派経済学を超える『資本論』体系の画期的意義を継承しつつそこになお残存する問題点を克服した――という意味で極めて大きな成果をもっているが、それでもまだ、さらに超琢を加えてヨリ一層の洗練化を図る余地は決して小さくはない。そして前章では、その洗練化作業のまず第一歩を商品形態論に即して実行したが、本章では、それを踏まえつつ、その作業を次いで「貨幣論」にまで進めてみたい。そこで、宇野・貨幣論の検討こそが次の課題となってくる。

こうして検討場面は貨幣論へ移るが、貨幣論を考察課題に設定した場合、その検討焦点が以下のように設定されざるを得ないのは自明であろう。すなわち、前章で解明した通り、宇野・商品論で分析の中心軸として摘出可能になったのは、価値規定性に関わる、その「形態性・行動論性・量的規定性」という「三論点」であったが、当面の考察課題をなす「貨幣論」は、流通形態規定における、この「商品論」を土台としたその発展規定体系以外ではないかぎり、ここ「貨幣論」においても、この「三論点」こそがその「検討焦点」をなす――というべきだと。したがって、「価値規定」におけるこの「形態性・行動論性・量的規定性」を基準として宇野・貨幣機能論を検討しつつ、さらに、それを通して貨幣論の洗練化＝体系化を進める点こそが、本章のまず具体的な「検討焦点」として設定されてよい。

しかしそれだけではない。というのは、この「形態性・行動論性・量的規定性」という三点に立脚しながら、「商品論→貨幣論」というその価値規定上の理論発展をフォローする――という作業は、言葉を換えて表現すれば、結局は、「価格の役割」にライトを当てつつ、その点から「貨幣論における『価格の役割』」を立ち入って解明する作業以外ではない、からである。そうだとすれば、上記の「三論点」を考察焦点に置くという分析方法は、最終的には、貨幣論を「価格の役割」に即して総括することに他ならない点が明瞭となってこよう。

要するに、結局、宇野・貨幣論における「価格の役割」考察こそが本章の現実的な到達目標だといってよいこととなる。本章を「貨幣機能と価格の役割」とネーミングした、まさにその所以である。

Ⅰ　宇野・貨幣機能論の構造と展開

［1］宇野・貨幣機能論の構造　まず全体の基本前提として、宇野・貨幣機能論の(1)「構造」を確認しておきたい。そこで、まず旧『原論』[2]を素材にして宇野・貨幣論の展開を追うと、まず第一に①「貨幣論への導入」[3]が図られるが、この点に関しては、意外なほど商品論との接続は弱い。その点が、後に立ち入って問題にするように、宇野・貨幣論における「課題」設定の不明瞭さにつながっているように思われるが、まずその導入ロジックとしては、「貨幣の量規定」に即しつつ、貨幣論としては、「価値尺度→流通手段→貨幣」という三部構成を取る点が示されていく。このような貨幣論構図の設定に従いながら、次に第二に②「貨幣論の展開」へと進み、いま確認したような三部構成に立脚して、まず最初に(イ)「価値尺度としての貨幣」が、「観念的にその価値を金によって表示する商品を現実的に金に実現することによって貨幣として機能する」(旧『原論』五〇頁)ものとして示される。ついで、「貨幣は、個々の商

品に対しては価値の尺度として機能しつつ、同時にまた商品の社会的交換を媒介することによって、流通手段として機能する」（同）とされて、貨幣の第二機能は(ロ)「流通手段としての貨幣」へと移ろう。すなわち、この「流通手段」機能においては、「貨幣は各々の商品の形態転換を媒介しつつ、同時にまたこの形態転換自身をつなぐものとなっている」（旧『原論』五六頁）と規定されるが、そのような機能内容が、構成的には、「A商品の売買」・「B貨幣の流通」・「C鋳貨」という三項目に即して説明されていくといってよい。そして、そのうえで最後が(ハ)「貨幣」に他ならず、まず、「依然として商品自身に対立した地位にあり、いつでも商品を購入し得る資金としての機能を展開する」（旧『原論』六三―六四頁）ものとしてこそ把握される。具体的には、この「対立した地位」が、「A蓄蔵貨幣」・「B支払手段としての貨幣」・「C世界貨幣」という「三段の形態」を通して展開されていくとみてよく、全体として、「商品に対立した『貨幣』としての貨幣」が開示されよう。

以上のような貨幣諸機能論を踏まえて、最後に③「資本への移行」が設定される。つまり、貨幣論の最終規定をなす「世界貨幣」を媒介項として、「買うために売るW－G－Wから売るために買うG－W－Gの新たなる流通形式」（旧『原論』七〇頁）を導出するわけであり、「貨幣として機能しながらより多くの価値となるものとして資本となる」（同）とされていく。

このように概観可能であれば、宇野・貨幣機能論は、結局、以下のような「構造」を有していると整理されてよいのではないか。すなわち、「貨幣導入論」→「貨幣諸機能論」→「資本移行論」という三段階構成内容であり、したがって、宇野体系においては、まさにこのような全体的構造を通してこそ、「貨幣機能の特質解明」が論理的に試行されているように思われる。

［2］宇野・貨幣機能論の展開

このような宇野・貨幣論の基本構造に立脚したうえで、次に、(2)その「展開」へと具体的な考察メスを入れていこう。そこで第一に①「貨幣導入論」が問題となるが、この旧『原論』ではその説明は極めて弱い。換言すれば、商品論を前提としたうえでの「貨幣論の課題」が不明確だという以外にないのであり、やや雑にいえば、これから具体的に展開されていく貨幣論の粗筋が要約的に提示されているに止まる。そのうえで内容にまで立ち入ると、まず(イ)「基本視角」が設定されるといってよく、例えば、「ある程度に種々なる物が商品として交換せられることになると、この交換を媒介する貨幣は、常に商品の交換量に応じてその量が問題となる。一定量の貨幣がなければならない」(旧『原論』四四頁)とされて、「貨幣量規定」が強調されていく。こうして最初に、「貨幣論」分析視角における「貨幣量規定」の重視こそが、その「基本視角」として目に付こう。

そのうえで、(ロ)「貨幣論の構成」が「貨幣量規定」にアクセントを置いて要約的に説明されるといってよく、まず、(a)「商品の価値を一定量の金価格として実現することによって……機能する」「価値尺度機能」では、「なお個々の商品の購買手段として貨幣なのであって、商品の交換総量に対してその量が問題となるということにはならない」(同)とされる。しかし、ついで、(b)「商品の価格を実現しつつ商品の交換を媒介する」ことによって「連続的に機能する流通手段となる」と、一方では、「その実質価値は……むしろ問題でなくなって来る」と同時に、他方では、「流通手段たる貨幣の量は、つねに商品の流通自身によって増減されざるを得ない」(同)——という、「貨幣量規定」上の変化が明確にされていく。そしてこの点を受けて、最後に、(c)「すでに商品の価値を実現したものとして、いわば価値の独立的存在物として商品一般に対立する地位を占める」「貨幣」へと進み、「この地位を与えられた貨幣」こそは、「流通過程における流通手段としての貨幣の量を、商品の流通の必要に応じて調節するものともなる」(四五頁)として総括されるといってよい。

まさに以上のような「貨幣論構成」を前提としてこそ、最後に(ハ)「貨幣論の目標」が設定をみよう。すなわち、結論的には、「この章では、商品の流通を媒介する流通手段としての貨幣を中心にして……貨幣の種々なる機能を明らかにする」（同）として、「流通手段」の基軸性がやや唐突に断定されるが、その理由についてはこういわれる。つまり、「商品経済では……商品の価値と使用価値との内部対立が、貨幣と商品との外部的対立となるのであ」る以上、「社会的に行われる商品交換の過程は流通過程として明らかにされなければならない」（同）――からだと。まさしく「流通手段の基軸化」以外ではないが、このアングルが、すでに指摘した「貨幣量規定の重視」と同根であることは直ちに明瞭ではないか。

続いて早速、このような「貨幣導入論」をふまえつつ、次に第二に②「貨幣の諸機能論」へと実際に入っていこう。そこで、最初は(イ)「価値尺度としての貨幣」だが、まず(a)その「規定＝定義」はどうか。その場合、価値尺度機能の前提として重要なのは価値形態論における「貨幣形態」の位置づけであって、すでに前章で確認した通り、それは何よりも「価値表現の主観性」であった。すなわち、「商品の価格は、商品が観念的に金になることであるから、現実に金を貨幣としてこれに対立せしめるものではない」（旧『原論』四六頁）ということに他ならず、まさにこのような認識に立脚してこそ、「価値尺度」がこう定義される。

「しかしこの観念的に表示せられた価格は商品の所有者自身によって実現することは出来ない。貨幣の所有者によって購買される以外に方法はない。貨幣はかくして商品の価値の尺度となるのである。」（同）

みられるように、「積極的に商品を『購買』することを通して商品の価値を現実的に『実現』する貨幣機能」――こそが「価値尺度」だとされている。その点で、「価値尺度」を単なる「価値の金表示」に消極化する、『資本論』およびその通俗的解釈者とは、「価値尺度」理解において決定的な差があることが一見して自明であろう。まさにこの点こそ、宇野・価値尺度論への批判が集中したその理由だが、しかもその際さらに重要なのは、貨幣がこのような機能を果たし得る根拠に関連して、「貨幣たる金の価値も、他の商品と同様に、変動するものとして尺度となるのであって、それは決してこの機能を妨げるものではない」（同）と強調される点に他なるまい。というのも、宇野・価値尺度論のエッセンスが、このような、「商品―貨幣」の相互運動から発現する「価格変動プロセス」にこそあるからであって、この側面にも、「貨幣論における価格役割の重要性」が垣間みられるように思われる。

そのうえで(b)「価値尺度の機能方式」が示されよう。つまり、価値を「尺度する」その現実的な「方式」だといってよいが、宇野の説明にはややその「二重性」が否定できない。なぜなら、まず、「元来、商品の価値は、貨幣で価格として表現されたからといって、それは決して価値をそのままに表現するものではな」く「価値以上にも、価値以下にも表現せられ得る」と一般論を述べた後、以下のように説明を加えるから――に他ならない。

「売手個人としては、その商品の価値を実現したと考えるにしても、そしてまた考えてよいのであるが、客観的にはそうはいえない。価値以上に販売したことにもなれば、価値以下に販売したことにもなる。しかしそれも繰り返して行われる過程となると、それぞれの商品は、いずれも一定の基準によって売買されざるを得ない。」（旧『原論』四六―四七頁）

やはり、「価値基準の確定」[4]に関してやや混濁が否定できないのではないか。すなわち、「売手個人―客観的―繰り返し過程」という「三ポイント」のうちの、「どのポイント」に即してこそ「価値尺度」機能は把握されるべきなのか――に関して、宇野・価値尺度論には一定の「ふくらみ」が大き過ぎよう。こうして、「価値尺度方式論」の錯綜性が目立つ。

この点を前提として、最後に(c)「流通手段への移行規定」がくる。さて、以上のように、「価値尺度機能」の基軸は、「観念的にその価値を金によって表示する商品を現実的に金に実現すること」（旧『原論』五〇頁）であったが、それはあくまでも「種々の商品について個別的になされる」以外にはない以上、「そこで問題は新たにこの個々の貨幣の所有者がいかにして貨幣を所有するに至ったかということに発展して来る」(同)とされていく。そしてそのうえで、「金の生産者を別とすれば、貨幣としての金は、何人の手にあっても商品の価格を実現したものといえる」(同)とすることによって、「貨幣を所有するに至った」その由来として「商品の社会的交換」の設定が、以下のように図られていくといってよい。

「かくして貨幣は、個々の商品に対しては価値の尺度として機能しつつ、同時にまた商品の社会的交換を媒介することによって、流通手段として機能するのである。」(旧『原論』五〇頁)

要するに、「個別―社会」という、考察場面の関連性に即してこそ「流通手段機能」への移行が設定されていく[5]。

そこで次に(ロ)「流通手段としての貨幣」へ進むと、まず(a)「A商品の売買」では、この流通手段の機能的土台をなす「商品の売買の関連」が問題とされる。つまり「商品流通の連鎖形成」こそが注目されることとなり、具体的には、「一商品の形態転換は、他の商品の形態転換と連鎖をなし、縦にも横にも無数の商品が、或いは直接に、或いは間接に関連しあって同様の過程を行いつつある商品流通の一環をなすものである」(旧『原論』五六頁)という、「商品流通運動の連鎖性」がまず強調されるといってよい。そして、まさしくこの「連鎖性」に立脚してこそ「流通手段の定義」も設定可能になるわけであり、例えば、「かかる個々の商品の形態転換過程を媒介しつつ市場に流通し、個々の商品のかかる過程を社会的に結合して、商品流通を形成せしめる」(旧『原論』五六－五七頁)という貨幣機能こそが「流通手段機能」に他ならない――とされるわけであろう。

それを受けて、ついで(b)「B貨幣の流通」がくるが、ここでは、貨幣論に対する宇野の基本視角をなす「貨幣量問題[6]」がその焦点をなす。つまり、「各商品の形態転換を連鎖的に結合するものとしての貨幣量」に着目しつつ、それは、総体的には、「流通商品価格の増減」・「流通商品量の増減」・「貨幣流通速度の増減」の三ファクターに規定される点が示されていく。もちろん、この三点の指摘には何ら目新しい点はないが、ただその際にやや目立つのは、「商品の価格はもちろんのこと、貨幣の流通速度も単に貨幣によって決定されるものではない」ことからして「貨幣の側にかかる現象の原因を求めることは出来ない」（旧『原論』五九頁）と判断し、そこから、「流通手段必要量の規定要因」をむしろ商品流通サイドに設定している点——ではないか。まさにその認識を重視してこそ、最終的に、「流通貨幣量はしたがって商品の流通に応じて増減しなければならない」（旧『原論』六〇頁）という把握も提起可能となり、それが後に、「(貨幣としての）貨幣」導出の伏線となっていくのはいうまでもあるまい。

そのうえで、「流通手段としての貨幣にはそれに特有の形態、鋳貨が生ずる」とともに「それにはまた流通手段の量に関して特殊な現象を伴う」（同）とされて、最後に(c)「C鋳貨」が設定されていく。その場合、この鋳貨規定の導出論理に関してはいわば通説と大きな相違はないが、念のため一応フォローしておけば以下のようになろう。つまり、「鋳貨は、流通過程で現実に授受されているうちには、多かれ少なかれ摩損を免れない」が、しかし「かかる摩損された鋳貨が、依然として同じ金量を有するものとして、流通の媒介をなす」以上、ここからは、「流通手段としての貨幣は、その実体的使用価値を目標とせられないで、流通手段としての形式的使用価値を目標として授受されるにすぎない」（旧『原論』六一頁）——という特質が引き出される。換言すれば、「流通手段機能の『金象徴性』」が設定されるといってよいが、ついで、「最軽量目」規定をも踏まえつつ、この「価値の標章物」化を起点にして、「銀、銅等が金の標章として補助鋳貨とせられると同様に、さらに進んで紙片も金鋳貨に代って流通手段として使用することができる。紙幣がそれである」（旧『原論』六二頁）として、「金鋳貨→銀貨→銅貨→紙幣」という、「鋳貨形態の進展」が辿られていく。

そして、このような「鋳貨規定導出」論に従ってこそ、宇野・貨幣論のライトモティーフをなす「量的規定」も提起されるのは当然であって、特に、「標章化の極点」である「紙幣」に即して、例えば次のようにいわれる。いわゆる「紙幣独特の流通法則」がこれである。

「それは金貨が流通過程でその価値の標章となる範囲のことであって、国家といえどもその量を勝手に決定することはできない。金が鋳貨として流通手段として役立ち得る量は、商品の価値とその形態転換の速度とが与えられていれば、金自身の価値によって決定される。国家はこの金貨の流通量に代って紙幣を使用し得るにすぎない。」（同）

こうして、「鋳貨規定」の特殊性が、その「量規定」サイドに即して総括されていよう。

しかしそれだけではない。この「量的規定」をさらなる接点にして、「流通手段機能」から次の「（貨幣としての）貨幣機能」への移行こそが目指されていく。すなわち、「流通手段としての貨幣は商品流通の半面としてその必然性に基づいて機能するに過ぎ」ず「したがってその量も商品の流通によって決定されるのであって、その調節は根本的には……貨幣たる金が、ある時は貨幣となり、ある時は地金としての商品となるということによって行われる」（旧『原論』六三頁）――という基本原則がまず確認される。まさにこの点を跳躍台としてこそ、次の「貨幣」規定が導出をみるといってよく[7]、例えばこう説明されていく。

「しかし流通手段として過剰となった貨幣は、もはや単なる商品となるわけではない。依然として商品自身に対立した地位にあり、いつでも商品を購入し得る資金としての機能を展開する。貨幣はいわば個々の特殊の商品の流通に対して一般的商品として『貨幣』となるのである。」（旧『原論』六三―六四頁）

以上を受けて最後は(ハ)「貨幣」に他ならない。すなわち、この「（貨幣としての）貨幣」としては、「第一は流通の外部に退いた蓄蔵貨幣、第二は流通過程自身において商品に対立した独立の地位を占める支払手段としての貨幣、第三には地金形態としての世界貨幣」（旧『原論』六四頁）という「三段の形態」が展開されるとするが、最初に(a)「A蓄蔵貨幣」がくる。そこでまずその「背景」が示されて、「G－W′は……いつでも能動的に購買手段として発動し得る貨幣の機能である」ため、「このことから……必然的に貨幣は、それ自身富として商品に対立した地位を占めることにな」り「貨幣はいつでも他の商品を買い得る富として、その獲得自身を目的とするものになってくる」（同）とされる。こうして、「W－G－W′の過程は、出来ればW－Gで中断されて、Gのまま流通過程から引上げられて蓄蔵せられることにな」り、その結果、「貨幣は、絶対的なる商品として商品経済における致富欲の対象となる」（旧『原論』六五頁）わけであり、[8] この側面に即して「蓄蔵貨幣」規定が設定をみるといってよい。

そしてそれをふまえてこそ、次にその「特質」へと立ち入っていく。つまり、「いつでも商品を買い得る富というのは、もはや単なる使用価値としての富ではな」く「特定の内容を持たない一般的富である」（同）以上、そこには独特な固有性が発現をみるとされる。ヨリ内容的にいえば、「貨幣としての富はそのままでは消費せられないで無限に蓄積せられ、増加せられる形態を与えられている」（旧『原論』六五頁）ということに他ならず、その点で、この「無限の蓄積＝増加性」にこそ「蓄蔵貨幣」の特質が求められるが、さらにこう整理できよう。

「一定量の貨幣は、質的にはいかなる商品にも転換せられ得るが、量的にはいかほどかの商品しか購入し得ないのであって、その蓄積は、その性質上無制限に求められる傾向にある。そこにはいわゆる限界効用は存在しない。」（同）この点に立脚しながら、最後に「支払手段機能」への「移行」が示される。つまり、「もちろん、蓄蔵貨幣は、流通過程から絶対的に引上げられるのではな」い点が確認されつつ、そこから、「いつでもG－W′の過程を遂行し得るものとして蓄蔵せられる」点の重要性こそがまず示されよう。そしてそのうえで、「しかしまたかかる蓄蔵貨幣の形成を可能ならしめるものは、同時に貨幣の新たなる機能をも展開する」（同）として「支払手段」へと動く。

そこで(b)「B支払手段としての貨幣」に進むが、最初に、まずその「背景・定義」が問題となる。すなわち、直前に説明された「蓄蔵貨幣」を前提として、「蓄蔵貨幣の形成そのものがW－G－W′の過程をW－Gで中断することによって行われるとすれば、このことはまたW－Gの過程を経ないでG－W′を実現し、あとからW－Gをもってこの形態転換の過程を補うということも行われ得るものとしなければならない」（旧『原論』六六頁）という事態がまず設定される。要するに、「商品W′を貨幣なくして購入し、後に……その商品Wを販売して得た貨幣をもってその代価を支払う」といういわゆる「掛売買」[9]に他ならないが、そうなると、このような「債権者―債務者」間で動く貨幣は、それが「単にWのW′への転換の媒介物としてでなく、貨幣そのものとして要求せられる」（同）以上、ここからこういわれる。

「（この）貨幣はここではもはや単なる流通手段ではなく、支払手段として機能する。」（同）

みられる通り、既存の「掛売買＝信用取引」を前提として、債務者から債権者への債務返済に伴いながら、「貨幣そのものとして要求せられる」貨幣こそ――「支払手段」だとされていよう。まさしくそれは、「流通過程自身において商品と対立した独立の地位」を占める。

それをふまえて次に、「支払手段の特質」が概略として以下の三論点に即して示されるといってよい。すなわち、(A)「支払いの集中」――「支払いは互いに清算されて」貨幣が節約され、極限的には「一片の貨幣をも使用することなく、決済され得ることにもなる」（同）こと、(B)「信用貨幣の発生」――「債務証書自身が支払いの手段として貨幣に代わって使用せられ得る」という「信用貨幣」は、「かかる支払手段としての機能を基礎にして発生した」（旧『原論』六七頁）こと、(C)「貨幣恐慌の可能性」――「この連鎖が中断でもされると、急に信用の攪乱を惹起し、いわゆる貨幣恐慌となってあらわれる原因ともなる」（同）こと、これである。まさに、「支払手段」機能がもつその理論的広範性ではないか。

そのうえで、最後に「移行規定」が置かれるが、宇野は以下のような移行ロジックを組み立てる。つまり、一方的に支払いが義務付けられて強制される「支払手段」機能はそのための「準備金」を不可避にするが、このような目的で「準備される貨幣」は、まず一面では、「蓄蔵貨幣と同様に絶対的な富の性格を与えられる」（同）。しかし他面で、「それは蓄蔵貨幣のように流通の外部に蓄積されるにしても、やがて流通に投ぜらるべきものであり……蓄積自身が目標となるわけではな」く、「いわば止むを得ざる蓄積であ」り、その点で、「いわゆる資金の性格を明らかにして来る」（旧『原論』六八頁）といってよい――のだと。そしてこの点を論拠にしてこそ、「同時にこのことは支払手段としての貨幣自身が流通外から、或いは金の生産によって、或いは外国からの輸入によって、与えられ得るものであることを示している」（同）ことを説明し、結局ここから、次への移行がこう設定されていこう。

「……この機能は一国の市場に流通する貨幣量の増減を原始的に調節する途となるのである。国内的には支払手段としての機能も必ずしも金貨幣たることを要しないのであるが、国際的にはそれは金、或いは銀のごとき実質的に貨幣たる物質をなすものでなければならない。貨幣はかかる金或いは銀として世界貨幣となる。」（同）

こうして(c)「世界貨幣」[10]に入る。さて、この「世界貨幣」の概観は、いまみた「支払手段」末尾においてすでに与えられていたといってもよいが、改めてこう「定義」される。

「世界貨幣としての金は国内流通で与えられた鋳貨形態を棄てて価値尺度として機能したときと同様に、再びまた素材としての資格において、しかももはやポンド、ドル、円等としてではなく、地金としての重量名をもって現れる。……貨幣は、本来の概念に一致した、商品中の一特殊商品が一般的商品の形態を与えられたものに復帰するわけである。」（旧『原論』六八―六九頁）

したがってもはや明瞭であろう。たしかに、「国内」とか具体的「通貨名」という表現は気にはなるものの、「世界貨幣」規定の基軸的規定そのものとしては、それが、「地金としての重量名」をもつところの、「本来の概念に一致した、商品中の一特殊商品が一般的商品の形態を与えられたものに復帰する」という点にこそ求められている――のは疑い得ない。その点で、「国内―世界」[11]関係と、この「特殊―一般」関係との相互関連性がなお問題点として残されるが、それでも、宇野「世界貨幣」論の「概念規定」自体に関しては一応明確だといってよかろう。

ついで「世界貨幣」の「機能」だが、それについては、やや具体的過ぎる役割がいわば「無造作に」列挙されていく。すなわち、「商品交換の不均衡を補ういわゆる取引差額の支払手段」・「原始的な購買手段」・「賠償金等に見られるように富を移転するもの」（旧『原論』六九頁）、などに他ならないが、まさにこの具体例に立脚しつつ、宇野・貨幣論体系の基本視角をなす「貨幣量規定」に即して、最終的には次のようにいわれるのであろう。要するに、「金の生産と共に各国の貨幣量を原始的に調節するものとなるわけである」（同）のだと。

以上を受けて、最後に第三として、③「資本への移行規定」が示されるといってよい。具体的にロジックを追うと、まず最初に、「流通手段としての貨幣」における購買手段機能が「W－Gの過程で商品が貨幣に転換されたもの」であったのに反して、「世界貨幣は……同じく購買手段としても単にW－Gの結果としての貨幣とはいえない新たなる出発点である」（旧『原論』七〇頁）事態が押さえられる。換言すれば、「いわば流通の外部から来た貨幣をもって商品を購買する」ことに他ならないが、そうであれば、そこからは、「買うために売るW－G－W′から、売るために買うG－W－Gの新たなる流通形式を展開する」ことが導出されざるを得ない。そして、それは、「Wに対するW′と異って……同じ使用価値の量的増加を示す」（同）ものになるとして、こういわれる。

「この形式は、しかしW－G－W′と異って、出発点と終局点とは同じ貨幣であるので、それはより多くの貨幣とならなければ意味をなさない。そこでG－W－G′として、一定量の貨幣を投じてより多くの貨幣を得るために行われる売買となり、貨幣は新たなる機能を与えられる。……Gに対するG′は同じ使用価値の量的増加を示すのである。それはもはや単なる貨幣ではない。貨幣として機能しながらより多くの価値となるものとして資本となるのである。」(同)

こうして、「貨幣」は「資本」への「転化」を実現しよう。[12] まさに「第三章資本」への移行であって、宇野・貨幣論は、この「貨幣の資本への転化」においてそのロジックを閉じる。

〔3〕宇野・貨幣機能論の特質　では、このような展開内容をもつ宇野・貨幣機能論の(3)「特質」は、どのように整理可能であろうか。そこで、その「特質」の第一としては、何よりも①その「形態的性格」が際立っていよう。言い換えれば、貨幣論の展開を「労働実体」とは独立に「形態独自の展開」として純化・整理する視角に他ならないが、例えば『資本論』の場合と比較してみると、その特質は次の二点において特に目立つ。すなわち、まず一つは「価値尺度機能」に関してであり、商品論においてすでに「価値の実体規定」を与えてしまった『資本論』にあっては、この「価値尺度機能」が「価値実体の単なる価格表示」という空疎な「同義反復」に貶められていた――のに対して、宇野・価値尺度論においては、重大なその理論的進捗が確認されるといってよい。というのも、宇野体系にあっては、その実体規定から独立に「価値規定」を設定しつつ、そのうえで、貨幣の商品への積極的働きかけ作用に即してこそ「貨幣による商品価値の実現」が提起される――からに他ならない。そして、もう一つは「流通手段機能」が指摘されてよく、そこでは、「価値の実体規定」から離れていわば「形態的」に運動する面からこそ、「流通手段」の商品交換媒介機能が何よりも行動論的に設定されている。その点で、宇野「流通手段機能」論のこのような「形態的視角」は、「生産過程―価値実体規定」と密着させて「流通手段」を論じる『資本論』「流通手段機能」とはやや異質なのであって、ここからも、宇野・貨幣論のその「形態的性格」が浮かび上がろう。こうして、取り分け、「価値尺度」論

および「流通手段」論において、宇野・貨幣論の「形態的性格」が顕著なのであって、その点に、『資本論』からの独自性が検出されてよい。

こう判断してよければ、宇野・貨幣論におけるこの「形態的性格」が、すでに明確化された「商品価値規定の形態的性格」に由来しているのは自明であろう。つまり、それは、「商品―貨幣―資本」を全体として「流通形態の展開」と把握する、宇野体系における「流通形態視角」の当然の帰結だというべきであって、まさにこの「流通形態視角」の一環としてこそ、宇野体系の「形態論型・貨幣論」は、その体系的位置づけを確保しているわけである。

そのうえで、宇野・貨幣機能論の第二の「特質」として②「移行必然性の明瞭化」が指摘されてよい。もう一歩立ち入っていえば、大きくは「A価値尺度→B流通手段→C（貨幣としての）貨幣」間の移行、また細かく考えれば、「貨幣」における、「Ⅰ蓄蔵貨幣→Ⅱ支払手段→Ⅲ世界貨幣」間の移行、に関して、明確な「移行規定」が配置されている――ことに他ならない。すなわち、やや具体的に指摘すると、「A→B」については「個別的→社会的」が、次に「B→C」に関しては「量的調節作用」が、さらに「Ⅰ→Ⅱ」に関しては「蓄蔵→信用売買」が、最後に「Ⅱ→Ⅲ」においては「国内→国際」が、それぞれ「移行規定」のその中軸に設置されていよう。もちろん、後に検討するように、それぞれの「移行規定」が統一化されているとはいえない――そしてそこには難点が残されてはいる――が、それにしても、宇野・貨幣機能論において、いくつかの「貨幣機能」の間に、その「移行規定」を設定しようとする意識的試みが存在すること――はまさしく明瞭に検出可能ではないか。

したがってこう整理できよう。すなわち、貨幣論を「形態的視点」から統一的に把握するという基本的な「特質」を土台として、そこから、貨幣諸機能の「形態的統一性」確定の試行が、取り分け、各機能相互間における、その「移行規定」の明瞭化にこそ連結している――のだと。

そのうえで、宇野・貨幣機能論における第三の「特質」は③「量的規定の重視」ではないか。つまりそれは、立ち入っていえば、貨幣諸機能の分析に際して、その「量的視角」に特別に強い光を当てるという方向性以外ではないが、具体的に振り返れば、宇野・貨幣論の随所に確認可能なのであって、例えば、まず貨幣論のイントロダクションにおいて、「交換を媒介する貨幣は、常に商品の交換量に応じてその量が問題とな」り「一定量の貨幣がなければならない」（旧『原論』四四頁）として、貨幣論の基本スタンスが「貨幣の量規定」に設定されていることを手始めに、さらに貨幣論の具体的展開において以下のような説明が目立つ。

すなわち、(イ)「価値尺度↓流通手段」への移行規定――「貨幣は、この（価値尺度）機能のためには社会的に全商品の総価格に対応した一定量を必要とするということにはならない」が、「しかしそれはいわば個々の貨幣所有者の個別的な事情によるものであ」（旧『原論』五〇頁）って、「流通手段たる貨幣の量はつねに商品の流通自身によって増減されざるを得ない」（旧『原論』四四頁）こと、(ロ)「必要流通手段量」定式――「流通商品の価格は、商品価値の増減のためか、或いは流通商品量の増減のためにも、増減するわけであって、その流通の媒介に要する貨幣量は当然増減せざるを得ない」（旧『原論』五八－五九頁）こと、(ハ)「流通手段↓（貨幣としての）貨幣」への移行規定――流通手段の「量も商品の流通によって決定せられるのであって、その調節は根本的には……貨幣たる金が、ある時は貨幣となり、ある時は地金として商品となるということによって行われる」（旧『原論』六三頁）こと、(ニ)「世界貨幣の機能」――「国際的商品交換」における「世界貨幣としての金」は「金の生産と共に各国の貨幣量を原始的に調節するものとなる」（旧『原論』六九頁）こと、などに他ならず、「貨幣の量規定」が、貨幣論ロジックの枢要点に見事に設置されていよう。

したがって、宇野・貨幣機能論にあっては、この「量規定」が特別の重みをもって配されていることが明瞭ではないか。その意味で、それは、宇野・貨幣論のまさしく不可欠の特質を構成している。

Ⅱ　宇野・貨幣機能論の意義と問題点

［1］宇野・貨幣機能論の位置　さて、ここまでで宇野・貨幣論の内容をやや詳細にフォローしてきたが、以上のような内容把握を前提として、以下では、宇野・貨幣機能論の「意義―問題点」にまで立ち入っていくことにしたい。そこで、最初にそのための下敷きとして、まず宇野・貨幣論の(1)「位置」を手短に振り返っておこう。いま改めて宇野・貨幣機能論の体系的位置を確認してみると、その焦点は、何よりも、「流通形態論」のいわば「中間項」を占める点――にこそ求められてよい。周知の通り、宇野原理論体系の際立った特質の一つが――そしてその画期的な成果が――、「商品―貨幣―資本」を「生産過程」から独立した「流通形態」としてまず把握し、そのうえで、この「流通形態」によって包摂された「生産過程」をついで「資本制的生産」として解明するというその篇別構成にあるが、当面の「貨幣論」こそは、この「流通形態規定」のいわば「第二段階規定」をこそなしている。

したがってこういうべきであろう。すなわち、「流通形態の第二規定」たるこの「貨幣機能論」の「位置」も、まさにこの点に即してこそ判断されるべきであって、それは、この貨幣機能論こそ、「形態による実体包摂システム」の解明作業における、まさしくその「第二プロセス」を担っている――のだと。換言すれば、この宇野・貨幣機能論は、一面では、すでに完了した「商品形態」規定を継承しつつ、他面では、次につながる「資本形態」規定をも視野に入れながら、現実的には、「形態による実体包摂システム」を「貨幣機能」に即して解明する、何よりもその「第二作業」に相当しているところこそ「位置づけ」られるべきであろう。

［2］宇野・貨幣機能論の意義　では、このような宇野・貨幣論の「位置」を基準にすると、まず(2)宇野・貨幣機

能論の「意義」はどう整理できるであろうか。そこで第一の「意義」としては、何よりも①「貨幣機能の形態的把握」こそが特筆されてよい。つまり、それは、貨幣機能の展開を社会的物質代謝過程とは独立に扱うということであって、具体的には、貨幣機能の土台に「生産過程＝実体規定」を前提とはしない――という処理に他ならない。その意味で、貨幣を「純粋な流通形態」として展開する点にこそ、この問題の焦点がある。

その場合、貨幣を流通形態として純化する、宇野体系のこのような「形態論的貨幣把握」の基礎が、いうまでもなく、「商品規定の形態論的純化」という「宇野・商品形態論の絶大なる成果」にこそあるのは自明であって、商品形態がまず「形態論」に純化されたからこそ、そのさらなる形態論的発展の帰結として、「形態論型・貨幣機能」が設定可能になったのはいうまでもない。そして、この側面に即して比較すると、貨幣を「社会的物質代謝過程」のいわば単なる「ヴェール」としてしか理解し得ない古典派経済学はもちろん、――その分析を商品論から開始することを通して「商品規定の形態性」への道を拓いたにもかかわらず――冒頭商品論での「価値実体規定」に制約されて貨幣機能の自律的展開に一定の限界を残した『資本論』にも、貨幣論としての難点がなお否定できないことが分かる。というのも、貨幣機能の基盤に「価値実体規定」がリジットに前提されてしまえば、貨幣の商品への積極的な働きかけを通してこそ、商品流通が現実的に形成されつつ商品価格の変動と収束が実現されていく――という貨幣機能の運動的作用は如何せん解明し難いからに他ならない。集約的にいえば、貨幣機能の「底」に実体規定が残されている限り、商品関係から導出されつつ商品関係に対して積極的に働きかけて商品関係をさらに現実化していく――という、「貨幣の能動的機能」は解明できないというべきであって、この点の突破こそが、宇野・貨幣機能論の「意義」としてまず絶大なのではないか。したがって、このポイントがまず全体の基調をなす。

しかもそれだけではない。なぜなら、まさにこの「貨幣論の形態論的整備」を前提にしてこそ、ここから「貨幣の資本への転化」が形態論的に設定され、さらにその延長線上に、「資本形式論」が「形態規定」として位置づけられる――からであって、宇野・貨幣論の「形態論的整備」は、「商品―貨幣―資本」からなる「流通形態規定体系」において、何よりもその枢軸を構成しているのである。要するに、「貨幣機能の形態的把握」という「意義」の、その大きさが確定可能であろう。

ついで、宇野・貨幣機能論の「意義」の第二として、②「貨幣機能の個別的・機構的把握」が指摘されてよい。その場合、この「個別的・機構的把握」は、いま確認した「形態的把握」のいわば裏面だと理解してもよいが、約めていえば、それは、「貨幣が商品に積極的に働きかけることによって商品流通運動を機構的に構築していく」構造をこそ意味していよう。繰り返し指摘した如く、「商品規定」を超えた、「貨幣規定」の特質・役割が「商品流通運動の現実的編成作用」にこそ設定されてよい限り、貨幣機能分析の焦点が、「貨幣による、商品流通運動の媒介作用」に帰着するのは自明だが、その際、このような「媒介作用」を現実的に解明するためには、貨幣機能がまさに「個別的・機構的」に分析されざるを得ない――のは余りにも自明ではないか。そして、このような「個別的・機構的」把握を可能にする基礎基盤こそ、すでにチェックした「形態論的貨幣把握」以外でないことも同時に明白である以上、貨幣機能が、「労働実体」によって予めその行動が確定されているような「実体的視角」から制約を受ける限り、そこから、この「個別的・機構的」作用が発現し得ないのも明瞭だといってよい。したがって、宇野体系の「形態的視角」こそがこのような宇野型「個別的・形態的貨幣理解」を支えているという関連にも、十分な注意が必要ではないか。

こうして「個別的・機構的」視角の不可欠性が一目瞭然だが、逆からいえば、古典派経済学はいうまでもなく、一定の画期性を実現した『資本論』にあっても、繰り返し指摘されるように、「価値の実体規定」が貨幣機能論の土台になお強く残存したため、それに掣肘をうけて、貨幣機能論の「個別的・機構的」整備にもさらなる洗練化の余地が依然として残された。その意味からしても、宇野・貨幣機能論における、「形態論的貨幣把握」に立脚した、「個別的・機構的」純化のその「意義」がヨリ強く確認されざるを得ない——ように思われよう。

まさに以上二つの基本的意義に基づいてこそ、宇野・貨幣機能論の第三の「意義」が、以下のような③「貨幣機能展開」において具体化されていく。すなわち、その典型的例として、「価値尺度」機能と「貨幣としての貨幣」機能とが指摘されてよいが、まず「価値尺度」に関しては、『資本論』における、「価値尺度機能の、金による単なる価格表現への還元」からの、その画期的飛躍がみて取れる。周知の通り、『資本論』の価値尺度機能では、価値の実体規定に制約されて、価値が労働実体のいわば単なる「反映」へと消極化されるため、「貨幣による商品価値の尺度」という価値尺度機能も、「価値の、価格としての『値付け作用』」＝「価値の、価格表現のための『金材料の提供』」という形式的・消極的なものに止まっていた。そしてこれでは、価値形態論最後の「貨幣形態」規定と少しも変わりはなく、したがって、貨幣機能論としての「価値尺度機能」を何ら意味し得ないという基本的な疑問を残した。

これに対して、宇野・価値尺度機能論は、先に確認したその「個別的・機構的」視角によって、以上のような『資本論』の限界を大きく超えるものになっている。つまり、貨幣機能が、「価値実体規定」からは独立して商品交換を現実的に媒介する主体的機能体として整備されているため、商品流通運動を編成していく「貨幣機能」の、その「個別的・機構的」役割がまさしく積極的・能動的に導出可能になっているのだ——といってよく、まさにこの土台上でこそ、「積極的な購買を通して、観念的に表示された商品価値を現実的に評価すること」という、宇野・価値尺度機能の、すぐれて画期的な定式化が可能となったわけであろう。

こうして、単に貨幣機能論としての成果のみならず、原理論体系全体を貫く、「資本主義における『価値表現＝価値実現方式の特殊性』」解明にまで連結するものとして、この宇野・価値尺度機能論のその大きな意義が検出されてよいが、その場合、くれぐれも重要なのは以下の点に他ならない。つまり、以上のような宇野・価値尺度機能論の成果はまず何よりも「個別的・機構論的貨幣把握」を前提とするが、さらにその基盤には、「商品論での価値実体規定論排除」に立脚した「形態論的貨幣把握」こそが存在する点――これである。

そのうえで、宇野・貨幣機能論の画期的成果の第二典型例は「貨幣としての貨幣」論に他なるまい。その場合、取り分け、「(貨幣としての) 貨幣」から「資本」への移行規定が注目に値し、そこでこそ、宇野・貨幣機能論における「形態的・個別的・機構的」成果の発現が一層濃厚だと思われる。つまり、すでに具体的にチェックした通り、宇野「貨幣の資本への移行」論では、「自由に使用可能な貨幣」(「世界貨幣」＝「資金」) を流通圏外部から流通過程へと主体的に「持ち込み得る」個別主体の立場に立った場合、そこには「どのような動機」が発生しつつ、その貨幣は「どのような運動」を展開する不可避性をもち、その結果、その貨幣は「どのような規定性」を新たに纏うに至るか――が構造的に図式化されている。

換言すれば、「流通界外部に自立化した貨幣が再び流通界へ復帰する」場合には、新たに「どのような動機・行動・規定性」が必然的に開示されてくるのかが、まさしく「個別主体」の立場から、「形態的・個別的・機構的」に解明されているのだといってよい。その意味で、宇野・貨幣機能論の多面的な「意義」がここに見事に凝縮をみているとも判断可能であり、したがってその点で、この宇野「貨幣としての貨幣」論こそ、宇野・貨幣機能論の成果が典型的に表出した、その一つの顕著なケースをなすことに対しては、もはや異論がないように思われる。

[3] 宇野・貨幣機能論の問題点

そのうえで、(3)宇野・貨幣機能論の「問題点」の検討へと急ごう。そう考えると、最初に第一に、各貨幣機能規定に関して、①その「個別的問題点」が無視できない。いまざっと各機能における「疑問点」の列挙を試みると、まず(イ)「価値尺度機能」では、「価値尺度機能の確定時点」に関する説明がやや動揺しており、具体的にいえば、「売手個人」の立場からして、「一回の購買行動」でも「確定した」といえるのか、そうではなく「客観的には」、「繰り返しの購買行動」によって一定の基準点が形成されて始めて「確定した」というべきなのか——が依然として不明確なのではないか。先ずこの点に注意したい。

ついで(ロ)「流通手段機能」に移ると、「価値尺度」からこの「流通手段」へと移行する際の「移行規定」に関してなお問題が否定できない。すなわち、「貨幣は、個々の商品に対しては価値の尺度として機能しつつ、同時にまた商品の社会的交換を媒介することによって、流通手段として機能する」（旧『原論』五〇－五一頁）とされるが、「価値尺度→流通手段」の移行関係を、このように、「価値尺度＝個々の商品」に対する「流通手段＝社会的交換」という、「個別的—社会的」関連で考えてよいだろうか。もちろん、その疑問は、「流通手段機能は『社会的』関係に即してのみ理解可能であり、したがって『個別的』関係では把握できない」——というポイントに関わるといってよく、もしそうなってしまえば、宇野体系の基本的成果としての「個別的貨幣視角」は一挙に崩れてしまう。そしてその結果、「流通手段—社会的物質的代謝過程」両者の接合的把握という、『資本論』型欠陥へと落ち込むことにもなって、宇野・貨幣機能論の中に、その大きな難点を持ち込んでしまうのではないか。

さらに「（貨幣としての）貨幣」へ入るとどうか。そこでまず(ハ)「蓄蔵貨幣」では、その端緒的契機がやや不明確なように思われる。すなわち、宇野は、「個々の商品の形態転換W－G－W′は、……W－GとG－W′とに分離し得る」としつつ、「W－G－W′の過程は、出来ればW－Gで中断されて、Gのまま流通過程から引上げられて蓄蔵せられることになる」（旧『原論』六四－六五頁）として、いわば「唐突な」説明を示すが、個々の商品取引者からすれば、最初から意識的・無前提的に、「W－G」と「G－W′」とを「分離」することによって貨幣を「流通過程から引上げ」ようとするはずはあるまい。というのも、個別的な商品取引当事者の「個別的動機」からすれば、出来る限りの「速やかさ」をもって円滑に売買行為を進めようとする限り、何らの「アクシデント」もなしにこのような「中断と引上げ」が生じる必然性はない以上、宇野のロジックには、そこを埋める論理環が不足している——という以外にはない。そのうえで(ニ)「支払手段」だが、ここでは、——「蓄蔵貨幣」との内的関連性において——「支払手段」展開の土台をなす「信用取引」の発生条件が欠落しているように思われる。やや具体的にいえば、特に「債権者」に関して、彼／彼女は「何を根拠として」——貨幣を直ぐに受け取ることなしに——商品を相手に引き渡し得るのかが明確ではない。しかもそれを、直前の「蓄蔵貨幣」論から必然性をもって説く必要があるのだが、宇野の説明にはそれが欠けていよう。要するに、「蓄蔵貨幣→支払手段」への媒介規定に関してもなお難点を抱えている。

こうして最後に(ホ)「世界貨幣」(13)がくる。この「世界貨幣」論は、論理的には全体として非常に優れていると評価できるが、繰り返し指摘されていくように、「世界」という限定詞に「引き摺られて」ここに「一国—世界」という図式を重層させることは、どんなに割り引いて判断しても妥当ではあるまい。つまり、どれ程注釈を加えたとしても、「純粋資本主義の運動法則解明」を目的とした「経済学原理論」の中に、「一国—世界」という区別などが顔を覗かせる「はずはない」。したがって、「釈迦に説法」という感を否定できはしないが、宇野・世界貨幣論においては、「世界貨幣論の原理的整備」という課題が如何せん残されている——というべきではないか。まさしく、この点を巡る論争が華々しいその所以であろう。

続いて、宇野・貨幣機能論における第二の「問題点」としては、②「貨幣機能論における構造化不足」が指摘されてよい。その場合、この「構造化不足」とは、まず総体的にいえば、「貨幣論の各機能はどのような『構造』に即して解明されるべきか」が不明瞭だ——ということを意味するが、そのうえでさらに細分すると、この問題点には以下の三側面が包含されているように思われる。そこでまず(イ)「第一側面」は、やや大きく捉えて、貨幣論の大区分を構成する、「価値尺度─流通手段─（貨幣としての）貨幣」間の組み立てをどう理解するかという点であろう。まさにこの三者の相互関係については、宇野・貨幣論による明示的な開示がないという他はなく、例えば、「流通手段としての貨幣もかかる価値尺度としての機能を基礎とする」（旧『原論』四四頁）とか、「（貨幣としての貨幣は）すでに商品の価値を実現したものとして、いわば価値の独立的存在物として商品一般に対立する地位を占める」（旧『原論』四五頁）などと断片的に指摘されたうえで、単に、「商品の流通を媒介する流通手段としての貨幣を中心にして……貨幣の種々なる機能を明らかにする」（同）と述べられるに過ぎない。こうして、「価値尺度─流通手段─貨幣」相互間の、その理論的構造化が極めて弱い。

そのうえで(ロ)「第二側面」として、「（貨幣としての）貨幣」における三機能たる、「蓄蔵貨幣─支払手段─世界貨幣」相互の構造的関連も同様に明確ではあるまい。そこで、この点に関する宇野の指摘を探ると、もちろん確かに、次のような叙述がないわけではない。

「……商品に対立した『貨幣』としての貨幣は、また三段の形態を展開する。まず第一は流通の外部に退いた蓄蔵貨幣、第二は流通過程自身において商品に対立した独立の地位を占める支払手段としての貨幣、第三には地金形態としての世界貨幣である。」（旧『原論』六四頁）

しかし、これでは、「三段の形態」をその性格に即して特徴化しただけに止まり、三者の相互連関を「構造的」に位置づけたとはとてもいえまい。したがって、「蓄蔵貨幣─支払手段─世界貨幣」の三機能が、「個々の特殊の商品の流通に対して一般的商品として『貨幣』となる」（同）という共通性の下で、「機能的」にいってさらにどのような「構造的役割」を担うのか──という点への配慮がなお欠けている。まさにこの面での「構造化」が不足であろう。

こう考えると、この「構造化不足」という宇野・貨幣論の問題点は、結局(ハ)「第三側面」として、「貨幣の量規定」

を貨幣機能論のライト・モティーフに配置する――というその基本視角にこそ帰着するのではないか。すでにそれぞれの個別的な箇所において何度も指摘してきた通り、――明示的な言及はないものの――宇野・貨幣機能論にあっては、各機能の具体的内容あるいは各機能間の移行規定において、この「量規定」が極めて重要な位置づけを占めてきた。しかし、この宇野型「量規定重視」視角には基本的な問題性が否定できないのであって、まず一つとして、「量規定」とは本来、「個別主体」の現実的「行動動機」に関わる規定ではあり得ず、あくまでも「総体的・結果的」にしか導出し得ない規定である限り、「形態的・個別的・機構的」視角をこそ重視すべきこの「貨幣機能論」にあっては、そもそも「量規定」はその存立根拠をもってはいまい。しかも、まさに宇野体系こそが、この「形態性・個別性・機構性」を見事に解明したという意義を享受しているのであってみれば、宇野・貨幣機能論における「量規定の重視」は、なお一層その不釣合いの程度が大きい。

しかしそれだけではない。さらにそれに加えて、次に二つとして、このように「量規定重視」に足を掬われたからこそ、それに制約されて、「貨幣論の構造化」探求への指向がそれだけ弱められたのではないか。要するに、大きな問題性を孕むこの「量規定への過度の傾斜」に束縛を受けてこそ、宇野・貨幣論における、その「構造化不足」が発現したように思われる。

そして第三に、宇野・貨幣機能論の最後の「問題点」は③「価格役割の弱体性」[14]ではないか。すなわち、「商品形態→貨幣形態→資本形態」という「流通諸形態の全体系」に占める、「貨幣形態論」のその役割明示が極めて弱い――ということに他ならないが、さらに換言すれば、「貨幣機能論―価格の役割」に関わる、その相互関係分析が欠けているのだといってもよい。ここまでフォローしてきたように、貨幣論に先立つ「価値形態論」においてすでに「価値の価格としての表現」システムが解明され、ついで貨幣論に入るとその冒頭で、この「価値の主観的表現」の、その現実的「実現」機能としてこそ「価値尺度」が解明をみた。したがって、このような展開においては、まさに「価格形態」こそがそのロジックの主軸に置かれてきた点が否定できないが、しかし、宇野・貨幣機能論にあっては、その「流通手段」次元以降になると、この「価格役割」は見事にその姿を消してしまう。一体、「流通手段機能」以後においては「価格役割」はどうなってしまったのだろうか。その点に関する叙述は全くない。

まさにここに、宇野・貨幣機能論がもつ、その無視し得ない問題性があるといわざるを得なく、――「量規定」がいわば「総体的」次元に関わるのに対して――「価格役割」こそは、「個別主体」の「形態的・個別的・機構的」次元を端的に規定するものである以上、「貨幣機能―価格役割」の関連分析は、貨幣機能論の緻密化にとって何よりも不可欠だといえよう。その点で、宇野体系では、「価格役割論」が「量規定論」によって代替された感すらあるが、その補正が是非とも必要なのではないか。こうして、宇野・貨幣機能論が「価格役割論」の再構築を呼び掛けている。

Ⅲ　貨幣機能と価格の役割

【1】貨幣機能論の体系化

以上までで検討してきた宇野・貨幣機能論を前提にして、そこに残された未決点への解答を試みつつ、一定の問題提起を提出していきたい。そこで最初に⑴「貨幣機能論の体系化」はどうか。まず①「価値尺度機能」から入ると、いうまでもなく、商品論・価値形態論の「貨幣形態」がその前提をなし、そこで得られた、「貨幣＝全ての商品からの交換要請商品（全ての商品に対する交換可能商品）」という規定が全体ロジックの出発点をなす。そして、このような特質をもつ貨幣のまず最初の現実的機能としてこそ「価値尺度機能」が発動されるのであるから、それが、「貨幣の現実的な購買行動を通した『価値の実現化』機能」として定式化できるのはいうまでもない。したがって、貨幣による、あくまでも「現実的購買」を通じた「価値の実現＝評価」こそが重要であって、

『資本論』のような、単なる「価値表現材料の提供」に止まっていてはその意味がない。

まずここまでは、優れた宇野・価値尺度機能論によって解明し尽くされているが、なお残されている難問は、「価値尺度の確定時点」の問題だといってよい。例えば宇野・旧『原論』では、それは「売手個人―客観的―繰り返し過程」の三通りにおいて示されつつ、結局「どこの時点で価値尺度が行われたのか」――は不明確なまま放置されていた。しかし、この問題に対しては以下のように理解すべきではなかろうか。すなわち、「流通形態論」としての「貨幣機能論」においては、その篇別構成的特質からして、「価値尺度機能」の「仕組み」がまさに「形態的」に説明される点に限定されるのだから、「客観的および繰り返し過程」という方向性は本来問題になり得ない。それらは、むしろ原理論体系のこれ以降の部分（例えば「資本形式論・生産過程論・生産価格論」など）で解明されるべき課題であって、この「価値尺度機能」論においては、「価値尺度機能」の「形態的仕組み」に即して、まさに、「売手の立場」からする「一回ごと」の行為としてこそ設定されるべきだ――と思われる。

ついで②「流通手段機能」へ移るが、ここではまず、「価値尺度↓流通手段」の「移行規定」が注目されよう。その際、宇野は、「価値尺度・視点＝個別的」に対する「流通手段・視点＝社会的」という「視点転換」を移行規定として採用していたが、そうしてしまうと、「個別性」という、――宇野体系によって確定された――「貨幣論の基軸」が崩れてしまう以上、この「個別的↓社会的」という移行規定は導入し難い。そうではなく、あくまでも個別経済主体立脚を堅持したうえで、「価値尺度機能＝購買（G－W）」を実行するためにはそれに先立って予め「販売（W－G）」を行っていることが必要であることを示すことによって、まず、個別主体を基軸とした「W－G－W′」を設定し、それに基づいてこそ、次に、「W－G－W′」範式における「G」が、すでに、単なる「価値尺度機能」主体を超えて新たな「流通手段機能」の担い手になっている――点を示すべきではないか。要するに、何よりも、流通手段規定に関わるその「個別性」を重視したい。

こうして、「価値尺度機能」を「個別主体」の「全取引行程」（W－G－W′）にまで「拡大」することによって、「流通手段機能」をいわば独立に導出し得る。まさにこれを通して、「流通過程に滞留しながら商品流通を媒介する機能」という、第二の「貨幣機能」が設定されていく。

そのうえで③「（貨幣としての）貨幣」へ進み、最初に、(イ)「蓄蔵貨幣」が「流通界外部への引上げ」機能として提示される。まさにその「富としての絶対性」や「蓄積の無限性」などが特徴的だが、その場合、このような「流通外部への流出」を帰結させるその条件についてはなお解明が不足していよう。例えば、宇野体系にあっても、「W－GとG－W′との分離可能性」と「Gの自由な購買可能性」との二点が指摘されるだけで、そもそも、「流通外部への貨幣引上げは何を条件として発生するのか」は明瞭ではない。しかし、この「二点」はあくまでも「貨幣流出」の必要条件に過ぎず、この「流出」をさらに現実的に明らかにするためには、取引環境の変動に伴う、「W－GとG－W′の不可避的分離の発生」をまず示したうえで、ついで、そこから帰結する、「Gの不本意な一時的遊離」こそを提示すべきではないか。

こうしてこそ、この「不本意な一時的流出」を土台にしつつそこに「貨幣の一般的購買可能性」が付加されて、そこからさらに、「意識的引上げ→引上げの無限性→増殖追求性」が論理的に導き出されていくであろう。まさにその中で、「蓄蔵貨幣の固有性」が開示されていく。

ついで(ロ)「支払手段機能」はどうか。その場合、この「支払手段機能」展開のためには、いうまでもなく「信用売買」の形成が前提となるが、この「信用売買＝債権者・債務者関係」の進行のためには、さらに一定の条件が不可欠であろう。つまり、買手にとっては、購買資金節約動機から自明なこととして「信用買い」は発動し得るものの、売手の立場からすると、「信用売り」は何を条件として可能なのであろうか。すでにみた宇野体系にあってはこの点が不明瞭であったが、この信用売買形成条件こそ「蓄蔵貨幣＝貯蓄形成」なのではないか。要するに、「蓄蔵貨幣機能」で示された「貯蓄形成」を基本的条件にしてこそ、売り手は、販売代金を現時点で受け取ることなしに、直ちに商品を買い手に引き渡せる――わけであろう。

こうして「蓄蔵貨幣↓支払手段」の移行を示し得るが、この「支払手段機能」展開を通して、一方では、「支払いの集中化↓決済の節約化」が進むとともに、他方では、「支払手段機能」の円滑な実現のためには、「支払手段『準備金』」の存在が論理的にいって不可欠となる。そしてここから、「準備金」として機能する、「貨幣の新たな側面」が発現してくるといってよく、したがってそれを根拠にして、「流通外に止まりつつ流通へ新たに入っていける」新機能が設定されよう。

そこで最後は(ハ)「資金機能」だといってよい。といっても、まず直ちに断っておく必要があるのは、この機能は、『資本論』を始め旧『原論』においても「世界貨幣」とネーミングされているが、(「一国―世界」という国境関連を類推させる)「世界」という限定詞を解除しつつ、「全ての機能を自由かつ積極的に実行可能な貨幣機能」という特性をヨリ的確に表現し得る――という点では、むしろ「資金機能」の方がベターなように思われることである。その点で、「『世界』貨幣」における「世界」とは「流通界―流通外」関係を意味すべきではないことになるが、まさにこのような、「流通界から自立しつつ全ての貨幣機能を潜在的に内包している貨幣機能」たる「資金」を出発点として、さらに、「貨幣↓資本」の移行が論理化し得るのも自明であろう。要するに、「資金の特殊な使用法」としてこそ「資本」は規定され得る。

その場合、このようなロジックで「貨幣の資本への転化」を図式化する際、この図式を完遂させる要因としては

「三つ」あり、そのうちには、いま提示された、その「条件」＝「新たに自由に使用可能な貨幣たる『資金』」と、篇別構成のこれ以後の部分で開示されていくべきその「方法」とは別にして、さらに「もう一つ」ある。すなわち、「動機」＝「増殖を目指すその個別的意図」に他ならず、それに関して、例えば宇野は、「(G－W－G) 形式は……出発点と終局点とは同じ貨幣であるので、それはより多くの貨幣とならなければ意味をなさない」(旧『原論』七〇頁) と説明する。もちろんそれは間違いではないが、しかし、このような「流通範式」に関わる理由はあくまでもいわばその「形式的理由」であって、個別主体はそのような「形式上」の理由に動かされて増殖を追求するのではないであろう。そうではなく、ここで前提に置かれるべき点は、すでに「蓄蔵貨幣機能」論で明らかにされていた、その「増殖動機」ではないか。すなわち、具体的にフォローした通り、「蓄蔵貨幣機能」論の中では、「貨幣の一般的購買能力」性に規定されて、「『不本意な意図せざる』蓄蔵→『意図的な自発的な』蓄蔵」が論理的に進行し、そしてその極点においては、「蓄蔵の積極的行動」として「増殖動機」こそが設定をみた。まさにこの「増殖動機」こそが、「資金→資本」移行図式における「動機」要因として論理的に活かされるべき――であって、この点の完備によって始めて、「貨幣→資本」移行はヨリ体系的に説明し得よう。

こうして、「自由な使用可能性」を示す「資金機能」をまず「条件」とし、ついで「蓄蔵貨幣機能」で解明された「増殖追求必然性」を「動機」としながら、いまや、「貨幣→資本」への移行がスタートする。そして、その「方法」分析を課題としてこそ、次に「資本形式論」へと移っていく。

[2] 貨幣機能論の構造化

では、以上のような展開構成をとる貨幣論はどのような「構造体系」を有するべきであろうか。その点から(2)「貨幣機能論の構造化」[15]が問題になるが、まずその前提として、第一に①「構造化の意味」を確定しておく必要があろう。そこで、この「構造化」を端的に定義すれば、それは、「価値尺度―流通手段―貨幣としての貨幣（貯蓄手段―支払手段―資金）」という、大きくは「三機能」、また小区分すれば合計「六機能」の、その「相互関係」をどのような「組み立て」において体系化すべきなのか――という課題に他ならない。換言すれば、「貨幣諸機能の構造的組み立て」という作業以外ではないが、その場合注意すべきは、その作業を、何よりも以下の二点に即してこそ実行しなければならないことではないか。

すなわち、まず一つは、このような「構造的組み立て」作業を、あくまでも――貨幣論考察の基本スタンスである――「形態的・個別的・機構的」視角に立脚して進めることである。くれぐれもこの方向性から逸脱してはなるまい。そのうえでもう一つは、この「構造化」と、貨幣諸機能間の「移行必然性」解明とは差し当たり別の作業だという点であって、むしろ、すでにみた「移行必然性」を踏まえたうえでの、そのさらなる体系化が必要である。

この基本前提に基づいて、次に第二に②「構造化の構成」へ入ると、まず(イ)「導入」としては「流通手段機能」の基軸性が重要だといってよい。すなわち、いうまでもなく、「貨幣形態」は流通諸規定のうちの、「商品」に次ぐ第二規定をなすが、そうであれば、この「貨幣機能」がもつその全体的役割の特質としては、「商品規定」を前提としつつ、「価値の独立体」という資格で商品に積極的に働き掛けることによって、「商品流通運動を形成すること」――にこそ求められよう。そして、このような「商品流通運動形成」という貨幣機能を端的に担うものこそ「流通手段機能」以外ではないかぎり、この「流通手段機能」こそが、貨幣機能論のまず中軸に位置づけられるべきことは自明ではないか。最初に、まず基礎的視角としてこういえる。

しかしそれだけではない。というのも、貨幣がこのように「流通手段機能」を遂行し、それを通して「商品流通運動」を形成し得るためには、その(ロ)「前提」として、何よりも、貨幣が商品を現実的に購買しつつ「価値尺度機能」を実行しなければなるまい。換言すれば、「流通手段機能」の「前提」には「価値尺度機能」が不可欠なのであるから、貨幣論の中軸を占める「流通手段機能」の「前提」として、次に「価値尺度機能」が構造的に位置づく。そして、さらに、その(ハ)「補完」関係においてこそ「貨幣としての貨幣」が組み立てられていく。すなわち、「中軸機能」としての「流通手段機能」が機構的に運動可能になるように、次に、「流通界とその外部」との間での、「貨幣の流出入」行動が設定をみる。要するに、この「貨幣流出入」運動を通して「流通手段機能」が現実的に「調節＝補完」される――ということに他ならないが、もう一歩具体的に示せば、この「貨幣流出入」が、まず(a)「貯蓄手段」においてはその「流出作用」が、ついで(b)「支払手段」においてはその「流入作用」が、そして最後に(c)「資金」においては「流通外部での自立化作用」が、それぞれ個別的に開示されていくことになろう。まさにその全体においてこそ、「流通界とその外部」との「貨幣の流出入」が現実的に進んでいこう。

そうであれば、最後に、その③「意義」はこう集約可能であろう。すなわち、「貨幣諸機能」は――すでに確定した通り――個別的にはその「移行規定」を具体的に発揮していくが、そのうえでそれを超えて、各機能相互間の全体的な「組み立て構成」を「形態的・個別的・機構的」に集約すれば、それは結局、「流通手段機能」を「中軸」にしつつ、「価値尺度機能」を「前提」にもちながら「貨幣としての貨幣」をその「補完」とするような、その全体図式を描くのだ――と。まさにこのような「構造」においてこそ、「貨幣形態」は二番目の「流通形態」として整理されてよい。

［3］価格の役割　以上全体を総括して、「貨幣機能の総合的意義」を(3)「価格の役割」というベクトルから体系化しておきたい。そこで最初に、①「貨幣論のライトモティーフ」の確定が必要だが、その場合、まず(イ)「ライトモティーフ」とは、ここでは、貨幣機能論を全体として貫くその「基本基準」を意味しよう。したがってその意味で、それは、各個別的貨幣諸機能を具体的に展開させていくという作用をもつ、まさに、その根底的な「起動力」以外で

はないといってもよい。そのうえで、このような方向から宇野・貨幣論のライトモティーフを探ると、それは、何度も指摘したように(ロ)「貨幣量規定」に他ならなかった。つまり、この「量規定」をこそ基準として「貨幣機能論」の展開を図る――というのが宇野の基本的スタンスであったが、それには(ハ)「難点」がなお否定できまい。なぜなら、「量規定」というのは、流通運動をあくまでも「結果として計測した」いわば「集計的・全体的・結果的」把握方法以外ではない以上、それは、「形態的・個別的・機構的」視角に立つ「貨幣機能論」には適さない――からであって、結局、宇野型の「貨幣量規定」重視はいずれにしても採用し得まい。

とすれば、別の「ライトモティーフ」が不可欠だが、結論的にいえば、その役目を担うのは、何よりも②「価格の重要性」ではないか。つまり、(イ)「量規定」に代わって「価格の役割」こそが重視されるべきだと思われるが、その理由としては、商品流通運動において果たす、以下のような価格の作用が決定的なように考えられる。やや立ち入って指摘すれば、(ロ)この「価格」こそ、それが個別主体における現実的な商品売買行為発動の基準をなすという点からして、商品流通運動における貨幣機能を「形態的・個別的・機構的」視角に即して把握するのに最も適切な規定性に他ならない――という関連、これである。その意味で、(ハ)貨幣機能論の「ライトモティーフ」としては、取り分け「価格の役割」こそがまさしく相応しかろう。

その確認に立脚して、全体の③「総括」へと進もう。そこで、まず、(イ)この「価格」を基準に採用して、貨幣機能論展開を実際にざっと概観しておく必要があるが、その見取り図はこう描ける。すなわち、第一に(a)「価値尺度機能」においては、まさにこの機能展開を通してこそ、「価値実現＝価値尺度」が一定の「価格基準」の形成として発揮されるかぎり、この「価値尺度機能論」が「価格の役割」をまず出発点的に明示している点に疑問の余地はあり得まい。ついで第二が(b)「流通手段機能」であり、ここでは個別主体同士の「購買―販売」行為が発動されるが、その際に、商品売買の「目安」をなす基準が何よりも「価格水準」以外であり得ないのは自明であろう。したがって、「価値尺度―流通手段」という貨幣機能展開を現実的に「起動させている」その「ライトモティーフ」が、まさしく「価格の作用」であることは余りにも明瞭ではないか。

そのうえで第三は(c)「貨幣としての貨幣」だが、まず一面で、流通手段機能が惹起させる商品売買運動の結果として「価格の上下運動」が帰結するとともに、他面で、その形成された「価格水準」をメルクマールとしてこそ、個別主体次元での「購買―販売」レベルも現実的に決定をみる。そしてさらに、その「購買―販売」レベルに規制されてこそ、そこから、個別主体による「流通界からの貨幣引上げ」も進行するかぎり、結局、何よりも、流通界におけるこのような「価格水準」がこの「貨幣引上げ」をも規制しているのだ――と考えてよい。その点で、「貨幣としての貨幣」機能は、その根底では、まさに「価格の役割」によってこそ支えられていよう。

こう追跡してくれば、(ロ)最終的に以下のような図式が浮上してこよう。すなわち、「貨幣機能論」の「ライトモティーフ」としては「価格の役割」こそが最適なのであって、その意味で、「貨幣機能論」は、まさにこの「価格の役割」を基準にして体系化されるべきなのだ――と。そしてここから、その全体的結論[16]もいまや導出可能だといってよく、(ハ)まさしくこの点に即してこそ、「貨幣論＝流通形態論の『第二領域』」に他ならないという命題――も最終的にその確定をみるように思われる。

（1）拙稿「商品形態と価値規定」（『金沢大学経済論集』第三一巻第二号、二〇一一年）。

（2）宇野『経済原論』上（岩波書店、一九五〇年）は旧『原論』と略称して『宇野弘蔵著作集』（岩波書店、一九七三年）第一巻の頁数で示す。また同様に宇野『経済原論』（岩波全書、一九六四年）は新『原論』と略記したうえで『宇野弘蔵著作集』

第二巻の頁で表す。

(3) 宇野・貨幣論を検討した文献は必ずしも多くはない。例えば、宇野編『資本論研究』Ⅰ（筑摩書房、一九六七年）、大内・桜井・山口編『資本論研究入門』（東大出版会、一九七六年）、拙著『価値法則論体系の研究』（多賀出版、一九九一年）、などがあるがいずれもやや断片的である。

(4) この「価値基準の確定時点」の動揺は、新『原論』では、むしろやや異論の感じられる方向へと一層明瞭に定められている。つまり、「それは売れなければ価格を下げ、売れれば価格を上げるという関係を通して行われる。事実、商品の価値は一回の売買によって社会的に確証されるというものではないのである。需要供給の関係によって常に変動する価格をもって幾度も繰り返される売買の内に、その価格の変動の中心をなす価値関係として社会的に確証されるのである」（新『原論』二五頁）とされて、「繰り返し方式」が強調される。

(5) 新『原論』では、「価値尺度↓流通手段」の移行規定に関して一定の「改善」が確認できるように思われる。というのも、無視できない難点を含む「個別的↓社会的」という視角は弱まって、例えば「個別的視点」重視に立脚しながら、以下のような説明に変更をみているからである。「かくて商品は一般に売買されると流通界を脱して消費に入るのに反して、貨幣は商品の売買を媒介しつつ常に流通市場に留まることになる。貨幣は、G－Wとしては価値尺度として機能し、それを基礎としながらW－G－W′の関連においては流通手段として機能する」（新『原論』二六頁）とされるのだから、その「個別的視点」は明瞭であろう。

(6) なお新『原論』では「量規定」重視は余り目立たないし、例の「総流通手段量の公式」も姿を消している。もっとも、新『原論』では総頁数が短縮されているからその結果かも知れないが。

(7) 「流通手段↓貨幣としての貨幣」に関して、新『原論』ではやや新方向からの説明がみて取れる。つまり、いわば「一般的等価物」たる「貨幣そのもの」に関わる視点であって、「……個々の商品の特定の使用価値の制約を解除された、いわば商品の価値そのものを代表する価値物である。それはいつでも自由に商品の購買にあてられうる、いわゆる資金として、できれば直ちに使用しないで商品経済的富として貯蓄せられる傾向を伴うものである」（新『原論』二八－二九頁）とされる。しかし、解明されるべき問題は「流通手段」からの具体的な移行なのではないのか。

(8) 旧『原論』では、そもそも貨幣が「蓄蔵」へ向かう最初の契機が不明確であったが、この新『原論』においても、以下のように抽象的に説明されるだけで決して明瞭ではあるまい。つまり、「むしろ流通手段としての貨幣は……W商品のW′への転化の必要にせまられて出動するものといってよい。……商品経済の一定の発展に伴って見られる、いわゆる貨幣の蓄蔵、あるいは退蔵は、その点を最も極端な形で示すものである」（新『原論』二九頁）といわれるだけでは、「流通手段機能」との関連で「蓄蔵」が実行される関連は理解し難い。

(9)「支払手段機能」展開の出発点としての「掛売り」に関しては、この新『原論』で明瞭な説明が与えられており、旧『原論』からの改善として評価できる。すなわち、「蓄蔵貨幣機能」からの接続性が明らかにされているのであり、例えばこういわれる。「……貨幣の蓄蔵にしても、あるいはまた一般的にいって貯蓄にしても、その形成は、その半面において貨幣を直ちに受け取ることなくして商品を販売し、後に貨幣の支払いを受けるという、いわゆる掛売りを可能にする」（同）と。これによって、「蓄蔵貨幣→掛売り『可能化』→支払手段」というロジックが示されるから、新『原論』での論理的整備がみて取れよう。

(10)「世界貨幣」論は、旧『原論』から新『原論』への移行に関してその変更程度が最も大きい箇所だといってよい。その場合、その変更は、「改善」されたケースとむしろ「後退」だと思われるケースとの二通りがあるように思われるが、まず「後退」ケースとしては、「支払手段→世界貨幣（資金）」の移行規定が該当しよう。というのは、まず旧『原論』では、例えば、「かかる支払期日のために準備される貨幣は、蓄蔵貨幣と同様に絶対的な富の性格を与えられる」（旧『原論』六七頁）と指摘されつつ、「支払準備金」こそがその移行規定の媒介に設定されていたのに対し、新『原論』では、この「支払準備金」への言及自体が削除されている——からに他ならない。それに代わって、「かくて流通手段としての貨幣は、一方では貯蓄によって引上げられる」（新『原論』三〇頁）と「唐突に」断定されるのみで、結局、「支払手段機能」から「貯蓄＝資金機能」への論理的移行規定は欠落するに至っていよう。

(11)他方、「世界貨幣」に関する、新『原論』での改善点は決定的に大きい。まず①「世界貨幣」というネーミングが消されて、基本的には「資金」用語へと変更をみている。したがって②「世界—国内」という区別がそもそも解消されることによって、「国際取引・各国・為替・賠償金」などというそれに纏わる説明がなくされている。その結果、③この「資金」の規定性にも決定的な前進が確認されてよく、例えばこう定義されるといってよい。「かくて流通手段としての貨幣は、一方で貯蓄によって引上げられ、また必要に応じて貯蓄から引出され、他方では信用による支払延期によって節約されつつ、その量を商品交換に応じて調節されるのであるが、その調節は、根本的には、商品としての金が他の使用目的にも役立てられると共に貨幣にもなり、いつでも流通手段として市場に出て商品の購入にも充てられることによって行われる」（同）。みられる通り、「世界—一国」という枠を解除しつつ、「流通から自立した貨幣の独立的使用方法」に即してこそ「資金」機能が明確に位置づけ可能になっている。旧『原論』から新『原論』へのまさに見事な改善ではないか。

(12) そして、この「改善」は「資本への移行」規定にも反映していく。すなわち、「金は……流通市場と地金乃至貨幣の貯蓄との間を流出入しつつこの調節を行うのであるが、しかしそれは単に貨幣として行われるものではない。価格の変動常なき商品流通市場に対して、資金としての貨幣の新たなる機能を通して行われる。……商品経済的富として貯蓄される貨幣は、必ずまた商品を売って利益をうるために、商品を買うということに、いいかえれば富の増殖のために使用されることになる。W－G－W′に対し、G－W－G′の新たなる流通形式が展開される。貨幣はかくして資本となるのである」（同）という適切な説明が与えられる。

(13)「世界貨幣」規定に関しては、例えば、鈴木鴻一郎編『経済学原理論』上（東大出版会、一九六〇年）、岩田弘『世界資本主義』（未来社、一九六四年）、大内秀明『価値論の形成』（東大出版会、一九六四年）、降旗節雄『資本論体系の研究』（青木書店、一九六五年）、鎌倉孝夫『資本論体系の方法』（日本評論社、一九七四年）、前掲、拙著『価値法則論体系の研究』、などを参照のこと。

(14)「価格の役割」について詳しくは、前掲、大内『価値論の形成』の他、桜井毅『宇野理論と資本論』（有斐閣、一九七九年）をみよ。取り分け、古典派・『資本論』との内的関連に注意しよう。

(15)「構造化」の詳細な含意に関しては、前掲、拙著『価値法則論体系の研究』をみよ。

(16)「貨幣機能論」の体系的構造化問題は、最終的には、「資本主義の体制法則」としての「価値法則論」体系における、「貨幣論の構成的位置」の解明に集約されていくと考えられ、具体的には、「貨幣機能論＝価値法則論の『形態的装置』論における『第二展開論』」としてこそ集約できるが、この点をも含めて「価値法則論」体系の全体に関しては、前掲、拙著『価値法則論体系の研究』をみよ。

第三章　資本形式と生産分析への移行

――資本形式論を読む――

はじめに

前章(1)では、流通形態の第二規定をなす貨幣機能論に即して、宇野原理論体系の意義と問題点との解明を試みた。そしてそれを通して、商品論における「実体論的価値規定の排除」という宇野商品規定論の画期的成果に立脚して、貨幣論の「形態的・個別的・機構的純化」という、その体系的意義が明瞭に検出可能になったのはいうまでもない。したがってその点で、『資本論』貨幣論を継承・発展させるという――宇野・貨幣機能論の構造的位置づけがみて取れるが、この貨幣機能論は、貨幣機能の最終規定をなす「世界貨幣＝資金」規定を接点として、次に「資本形式論」へと移行しよう。すなわち、「それはもはや単なる貨幣ではな」く「貨幣として機能しながらより多くの価値となるものとして資本となる」とされるわけであって、宇野・流通形態規定論は、商品→貨幣を経て最終的には「資本」へと到達する。

そうであれば、宇野原理論体系の総体的検討を課題とする本書が、その検討対象を、続いて、前章での「貨幣機能論」からさらに一歩進めて、宇野「資本形式論」にこそ設定すべきことは自明ではないか。したがって、まさに宇野・資本形式論が本章の考察テーマに置かれてよいが、前章までの作業を前提とすれば、その検討焦点が、何よりも以下の三点にこそ集約可能な点もまた当然であろう。つまり、①「資本規定の明確化」――価値実体規定を廃した宇野・流通形態規定論を前提とした場合、――『資本論』とは違って――資本規定を純・形態的にどのように設定すべきなのかの解明、②「価格調整機構との関連性」――前章で確認したように、貨幣機能論のライトモティーフが「価格の役割」にこそあるとすれば、この資本形式の展開は価格機構と如何なる関連にあるのかの明瞭化、③「生産分析移行への必然性」――流通形態規定を接点とする「生産過程論」への接続という宇野体系構成論からして、この資本形式論から生産過程論への移行をどう必然化すべきなのかの論理化、これら三点に他ならない。まさしく、宇野・資本形式論におけるその中枢ロジックの再検討であろう。

要するに、宇野・資本形式論における「生産分析への移行」ロジックを、何よりも、資本形式と対応した「価格機構の整備」に即しつつ解明すること――こそが、本章の到達目標だといってよい。本章を「資本形式と生産分析への移行」と命名したその所以である。

Ⅰ　宇野・資本形式論の構造と展開

［1］　宇野・資本形式論の構造　まず全体の基本前提として、宇野・資本形式論の(1)「構造」を視野に入れておきたい。そこで最初に、旧『原論』[2]に即して宇野・資本形式論の論理構成をフォロー[3]すると、まず第一に①「資本形式論への導入」が図られる。すなわち、貨幣論の終末で設定された、「W－G－W′と比較したG－W－G′の特殊性」が改めて提示されつつ、この後者においてこそ、貨幣は、「流通外に引き上げられたものとして単に商品に対立してあるというのではな」くまさに「貨幣自身に対してより多くの貨幣として関係するもの」（旧『原論』七一頁）という資格で、まず「資本」と再定義されていく[4]。その点で貨幣論との接合関係は明瞭であって、宇野体系における「貨幣の資本への移行」論理はその見通しがすこぶる良好だといってよい。しかも、この資本分析が、「商人資本的形式・

金貸資本的形式・産業資本的形式」という「三つの形式」に立脚して解明される点――の提示がさらに特徴的であり、この方向からも、宇野・資本形式論におけるその論理図式の明瞭性がみて取れよう。

ついで、このような資本形式論構図の設定に従いながら、次に第二に②「資本形式論の展開」へと進む。つまり、いま確認した三部構成に立脚しつつ、まず最初に(イ)「資本の商人資本的形式」が設定され、この形式にもとづいてこそ、「価値は、同一の使用価値の量によって、その増加を計量せられる。最初に投じた貨幣Gとしての価値は、この過程のうちに自己の価値を保持すると同時にいわゆる剰余価値gを付加しG＋gとしてG′に増殖する」（旧『原論』七二―七三頁）という運動過程が提示されていく。しかし、この形式に伴ういくつかの「不十分性」が指摘されながら、その解決を目指して、「そこで資本は、これに対していわば資本に対する資本の形」（旧『原論』七六頁）を、次に「G……G′の形式」として展開するとされる。そこで(ロ)「資本の金貸資本的形式」に入るが、この形式においては何よりも「その直接性＝独立性」の指摘が目立ち、その点から、「G……G′の形式では、資本の価値増殖はもはやG―W―G′のごとき媒介なくして直接的に行われる」（同）側面が強調されていく。まさにその意味で、「資本は、商品の売買から独立した、資本そのものとして価値を増殖する」わけであって、このような、「貨幣がそのまま資本となる」（同）点にこそ、この第二形式の特徴が求められるといってよい。しかし、第一のG―W―G′形式がその価値増殖を「直接的な流通過程」において行うのに対し、このG……G′形式も、「その価値増殖をかかる直接的な流通過程においては行わないにしても、それをその外部に前提するもの」という制約をなお免れ得ない以上、「貨幣の資本への転化をこの形式自身のうちに完成するものではない」（旧『原論』七八頁）とされて、そこから最後の資本形式へと移る。

いうまでもなく(ハ)「資本の産業資本的形式」以外ではないが、労働力商品を基軸としつつ、「購入した商品をもって生産過程Pにおいて新たな商品を生産し、これを販売してその価値を増殖する」（旧『原論』七九頁）という、この「第三の形式」においてこそ、「貨幣の資本への転化を完成することになる」（旧『原論』七八頁）――と位置づけられるといってよい。というのも、この形式は、「その価値増殖を流通過程において、しかも直接的流通過程においてではなく実現するものとしてあらわれる」（同）とされるからに他ならず、宇野・資本形式論では、そこにこそ、「産業資本的形式の完成性根拠」が還元されるわけであろう。

以上のような資本形式論展開を踏まえて、最後に第三として③「生産分析への移行」が設定されていく。すなわち、「第三形式」たる産業資本的形式は労働力商品をその姿態変換過程に内包せざるを得ないが、この労働力商品の売買過程においては、「なお資本家も単なる買手として、労働者は単なる売手としていわば平等に相対している」（旧『原論』八二頁）としても、「一旦売られてしまう」と事態は一変しよう。なぜなら、「資本家は労働者に対しても売買の際と異って資本家として対することになって来る」（同）からであるが、「しかしこの労働力が資本家によっていかにして消費せられるかは、もはや流通論で明らかにし得ることではない」とされる。まさにそうであるが故に、「進んで生産論においてその点を明らかにするであろう」（同）と主張されて、宇野体系は「生産分析」へと舵を切っていく。

このように概観してくると、宇野・資本形式論は、結局、以下のような「構造」をもっていると整理されてよいことが分かる。つまり、「資本移行論」→「資本形式論」→「生産移行論」というトリアーデ構成に他ならず、その意味で、宇野体系にあっては、まさにこのような三段階構造を通してこそ、「資本形式の論理解明」が目指されているように思われる。

［2］宇野・資本形式論の展開

以上のような宇野・資本形式論の基本構造を前提にして、次に⑵その「展開」へと具体的に入って行かねばならない。そこで、第一は①「資本移行論」が最初のテーマをなすが、この旧『原論』では、貨幣論を下敷きとして一定の分厚い考察が提供されている。つまり、まず(イ)「基本視角」が設定されるといってよく、貨幣論終末における、「Wに対するW′と異って、Gに対するG′は同じ使用価値の量的増加を示す」かぎり「それはもはや単なる貨幣ではない。貨幣として機能しながらより多くの価値となるものとして資本となる」(旧『原論』七〇頁)という叙述を直接に受け継ぎつつ、さらにもう一歩踏み込んで、「貨幣自身に対してより多くの貨幣として関係するもの」(旧『原論』七一頁)――という連関が改めて設定をみる。したがって、貨幣論からの直接的接続が明瞭なのであって、まずこの点で、宇野・資本形式論におけるその「基本視角」については一切の動揺はあり得なく、「資本」こそ、「商品→貨幣」から連続的に展開されるべき、「流通形態規定の『第三規定』」に他ならないと明瞭に位置づけられていよう。そしてそうだからこそ、ついで、(ロ)「資本の定義」もそこから的確に導出可能なことも当然といってよく、こういわれる。

「かかる富が自ら増殖する富として、いわゆる価値の運動体としての富となる。事実、資本としての貨幣は、蓄蔵貨幣のごとくに単に富として蓄積せられるのではなく、その価値増殖の過程を無限に繰り返すものとなっている。その蓄積は、ますます多くの価値増殖をなすものとなる。」(同)

まさしく明瞭ではないか。ここには「資本の汎用的定義」が的確に与えられているとみるべきであって、もはや「貨幣次元に限定されて」ではなく、「富＝価値次元に一般化され」ながら、「資本＝『自ら増殖する』という『運動』を『無限に繰り返すもの』」として定義されていよう。要するに、「無限の価値増殖を繰り返す価値の運動体」という「資本定義」が提起されているわけであって、「流通形態規定としての資本形態」という、「商品→貨幣」規定において貫徹されてきた宇野・流通形態規定論の、その見事な連続展開が確認できる。

そのうえで、以上のような立脚点上にこそ、最後に(ハ)「資本形式論の構成」が示されるといってよい。その場合、この構成の内容については次に詳細に立ち入る以外にはないが、ただ、「商人資本的形式G－W－G′」・「金貸資本的形式G……G′」・「産業資本的形式G－W……P……W′－G′」の三形式をこの順序で展開すべきこと――に関わる、その「展開動因」についてはやや不明瞭性を禁じ得まい。すなわち、まず商人資本的形式を「直接的流通過程自身の内にその価値増殖をなすもの」（同）と位置づけつつ、その点から、そこでの「価値増殖根拠」を、「不等価交換によらざるを得ない……商品経済的に合理的根拠を有するものではない」（旧『原論』七二頁）とみなす。ついで、「G……G′はこれに反して直接的流通過程において価値増殖をなすものではない」（旧『原論』七一頁）が、しかし、この形式では「かえってその根拠を明らかにしないものになる」（旧『原論』七二頁）として、結局最後に、「そこで資本は、流通過程を媒介にしながら、しかも流通過程外に価値増殖をなすという要請を実現するものとして第三の形式を展開する」（同）――というトリアーデが採用をみる。こうして要するに、「価値増殖根拠に関わる、流通過程『内―外』視点に即した、――抽象的かつ外在的という難点を含んだ――いわば「正―反―合」型弁証法ベクトル⑸に即してこそ、資本形式論構成が設定されている点が目立つ。

では早速、このような「資本移行論」をふまえて、次に第二に②「資本形式論の展開」へと実際に入っていこう。そこで最初は(イ)「資本の商人資本的形式」だが、まず(a)その「規定＝定義」はどうか。その場合、この資本形式の規定は、すでに確認した、「資本移行論」におけるW－G－W′との比較によって明瞭だが、改めて宇野体系の展開を追うと以下のようになる。つまり、「貨幣は、W－G－W′のG－W′のごとく消費のために支出されるのではなく、より多くの貨幣を得るために前貸しされ、いわゆる投資される」が、その結果、「最初に投じた貨幣Gとしての価値は、この過程のうちに自己の価値を保持すると同時にいわゆる剰余価値gを付加しG＋gとしてG′に増殖する」（旧『原論』七二―三頁）とされるといってよい。したがって、「要するに安く買って高く売ることによって得られる剰余価値を資本の増殖分として、その利潤となす」（同）点にこそ、この資本形式の規定性があることになろう。そして、これが具体的には「商人資本」として出現した点にも触れられていく。

そのうえで、当然次に問題となるのはこのG―W―G′形式の(b)「利潤根拠」だが、旧『原論』の説明は明確ではない。例えば、「単純なる流通W―G―W′」のうちの「W―Gといういわゆる『命懸けの飛躍』」を「引き受ける」点に着目しつつ、「いわゆる危険を負担するものとして当然に商品の売買価格の差額を利益として獲得すべきものとせられる」（旧『原論』七三頁）――と説明されるが、これでは、「商人資本」を巡る「歴史的説明」[6]なのか、それとも「商品―貨幣規定」に立脚した「論理的説明」なのかは判然とはしまい。もっとも、宇野によって、「市場における遠隔地間の価格の相違による利益」や「社会に対する掠奪的取引による利益の獲得」も「同じ性質のものとせられる」（同）などといわれる点からすると、やはり「歴史的説明」と判断すべきだと思われるが、なお一定の錯綜がみて取れよう。

以上のような「規定論・根拠論」を踏まえてこそ、次に、G―W―G′形式の(c)「限界＝移行論」へと進む。その際、その「限界」規定を前提としてこそ次への「移行」が図られていくが、まず「限界」規定から入ると、宇野によって必ずしも明確に整理されているわけではない。むしろ散在しているというしかないが、いまざっと集約すると大きくは三論点に区分可能ではないか。つまり、最初に一つ目は(A)「必然的根拠の欠落」であって、この形式は「安く買って高く売る」点をこそその利潤根拠にしている点から、こう指摘される。

「いい換えれば相手が安く売るか、高く買うかすることの出来る範囲において行われる価値増殖である。それと同時にこの価値増殖は、偶然的なる個別的事情によって種々異ることになる。それは一般的なる必然的根拠を有する価値増殖ではない。相手から価値を移転せられるにすぎない。社会的にはこの過程の前後になんらの価値の増加も行われない。かくてこの形式の資本はそれだけでは社会的に支配的になり得ないのである。」（旧『原論』七三頁）みられる通り、全体として、このG－W－G′形式が「価値増殖根拠の必然性」を欠いている点が指摘されているが、しかしその内容は一筋縄とはいかない。(7) つまり、(I)「安く買うか高く売るか」という基準についての、「その成立範囲の制限性」・「その性格の偶然性」という「外形的ポイント」のみならず、それに重ねて、(II)それがもつ意味に関する、「その非『一般性・必然性』」および「その非『支配的性』」などの「質的規定性」もが並べられる。しかもそれだけではない。そのうえで、(III)そこに付着する、「価値増殖分の外部からの移転性」・「価値の非『増加性』」などもがさらに追加されるのであるから、結局、宇野の意図は一層拡散していくといわざるを得まい。こうして、まず「根拠欠落論」自体も混迷を極める。

次に、「限界」規定の二つ目には(B)「合理的目的の欠如」がくる。つまり、やや立ち入って宇野の説明を追えば、例えば、W－G－W′が「物質代謝遂行」という「内容のある目的」をもつのと比較して、このG－W－G′形式は「GがG′に、価値増殖するという商品経済的目的を有するにすぎない」（旧『原論』七五頁）――というのがその含意であり、その点に立脚してこそ、「それ自身には内容のある合理的目的を有するものではない」（同）とされるのであろう。しかし、宇野によるこのような指摘には、そもそも「合理的」という基準が曖昧なだけではなく、この「合理性」視点と先にみた「根拠欠落」視点との異同も明確でない点になおその考察余地を残す。したがって、「合理的目的」論点も依然として厄介さを払拭し得まい。

そのうえで、宇野「限界規定」の三つ目として、(C)「利潤率均等化の非実現」が指摘されてよい。というのも、「単に価値増殖を目的とする資本にとっては……（利潤率の）かかる相違はあってはなら」ず「競争によって解消せらるべき」（同）だとしたうえで、例えばこういわれる。

「利潤率の高い……商品の売買に争って資本が投ぜられることになるわけであるが、しかしこの形式の資本ではこれによってその平均化が実現されるということはない。直接的流通過程で価値増殖が行われる限り、その実質的基準がないからである。」（旧『原論』七五－六頁）

要するに、「直接的流通過程における価値増殖」というこの商人資本的形式の特質を根拠にして、「利潤率均等化の非実現」もがこの形式の「限界」にされていよう。そしてそうだからこそ、「むしろ個人的手腕と投機とがその増殖率を決定する」（旧『原論』七六頁）とも断定されるのであろうが、この「利潤率均等化の非実現」に関するその「機構的根拠」が的確に設定されているわけではない。その点で、以前に指摘された「限界規定」との相互関連も問題となろう。

最後に、以上のような「限界論」の延長線上にこそ、最終的な「移行論」がおかれていく。すなわち、いくつかの「限界規定」のうちの、（何故か）特に「利潤率均等化の非実現」に「のみ」即して、次のG……G′形式への移行(8)が例えば以下のようなロジックで設定をみる。すなわち、「そこで資本は、これに対していわば資本に対する資本の形で、流通外にあってこの平均化を媒介する形式を展開してくる。G……G′の形式がそれである」（同）のだと。

そこで、次に(ロ)「資本の金貸資本的形式」へと進むが、まず(a)その「規定＝定義」はどうか。最初に宇野の説明をフォローすると、始めに総体的には、「G……G′の形式では、資本の価値増殖はもはやG－W－G′のごとき媒介なくして直接的に行われる」（同）というその無媒介性が示されつつ、ヨリ内容的には、姿態変換上の特殊性から以下のようにいわれる。

「しかしG……G′のGは、G－W－G′のGと異って、相手に対して資本を引渡すわけではないが、その価値を引渡すものとして役立つのであって、その資本価値は姿を変えて資本家の手に保有されるということにはならない。いい換えれば厳密にはその変態をなすものではない。相手は単なる売手でも買手でもない。資本の所有者に対する借手としてあらわれる。」（旧『原論』七六－七頁）

卒然と読めば見過ごし易い叙述だが、極めて重要な指摘だと思われる。というのも、本来、資本にとって「姿態変換」とはその固有な属性のはずだが、このG……G′形式では、「厳密にはその変態をなすものではない」とされているからであって、この点に、この形式の一つの重要な「規定上の特質」が表明されていよう。その意味で、宇野体系による周到な深慮が確認されてよいが、そうであるからこそ、では、「その資本価値は姿を変えて資本家の手に保有されるということにはならない」とすれば、翻って、この資本形式は、どのような運動を取る点で資本として定義可能なのか――という難問は依然としてなお残ろう。

それを確認したうえで、(b)「利潤根拠」に目を移すと、全くその期待は裏切られる。ここで解明が必要なのは、それに如何なる特殊性があるにしても、G……G′形式が有するその「一定の根拠」のはずだが、旧『原論』においては、「この価値増殖はまったくその合理的根拠を持たない」（旧『原論』七七頁）点が強調されるに止まる。その場合、宇野のここでの関心は、おそらく、「いかなる根拠によって行われるかには、まったく無関心であ」り、したがって「貸付けた貨幣が、いかに使用せられるかには関係なく、より多くの貨幣として回収される」（同）――という、「貸手」視点に過度に制約されているのであろうが、これでは、この形式の「利潤根拠」は一切示し得まい。まさしく、「G……G′形式利潤規定における、その『限界規定』による『根拠規定』の代替化」以外ではなく、その点で、大きな理論的空隙が否定できないというべきであろう。

まさにこの視角を前提にすることによってこそ、次に(c)「限界＝移行論」が位置づく。そこでまず「限界規定」に目を向けると、確かに興味深い歴史的叙述は内容的に厚いものの、先に指摘した、――価値増殖根拠に関する「無関心」から派生する――「この価値増殖はまったくその合理的根拠を持たない」点が述べられるに過ぎない。そうであれば、この「無関心性」と「非合理性」[9]との内的関連こそがさらに追究される必要があろうが、宇野は、その二つを「いい換えれば」（同）という表現で直ちに同一視してしまう限り、結局、宇野・金貸資本的形式論にあっては、その「限界規定」はいわば無きに等しかろう。そして、このように、その具体的な「限界規定」が提示されぬままに、やや外在的に、その「移行」がこう設定されていく。

「G……G′も、その価値増殖をかかる直接的な流通過程において行わないにしても、それをその外部に前提するものであって、貨幣の資本への転化をこの形式自身のうちに完成するものではない。第三の形式は、その価値増殖を流通過程において、しかも直接的流通過程においてでなく実現するものとしてあらわれ、これを完成するのである。」（旧『原論』七八頁）

こうして、「増殖根拠の具体的限度」ではなく、何よりも、「価値増殖の場」における「流通過程の内―外」[10]を論拠とした、「貨幣の資本への転化」に関わるその「自己完成性」を基準にしてこそ、G……G′形式からの移行が図られていく。いうまでもなく「産業資本的形式」に他ならない。

以上のようなつながりの下で、最後に(ハ)「資本の産業資本的形式」がくる。そこで、まず(a)「規定＝定義」を確認しておく必要があるが、この「第三の形式」の規定上の特質は、いうまでもなく「生産の包摂」にこそある。つまり、「資本は貨幣をもって商品を購入はするが、もはやG－W－G′のごとくに、その商品をそのまま再び販売するものではなく」、「この購入した商品をもって生産過程Pにおいて新たなる商品を生産し、これを販売してその価値を増殖する」（旧『原論』七九頁）という形式を描く。すなわち、G－W…P…W′－G′という定式をもつが、その場合に重要なのは、この運動の目的が「生産」であることからして当然の如く、この定式中の「W」が、「生産手段Pm」と「労働力A」とから構成される点に他ならない。しかも、この二要因の中でも取り分け重視されるべきはもちろん労働力であって、「労働力は、しかし元来商品たるものではない。また商品として生産せられるものでもない」(旧『原論』八〇頁)として、まず何よりも、その「歴史的な特殊規定性」が確定される。しかもそれだけではなく、「労働力は、しかし商品として売られるとしても特殊の商品である」(同)といわれつつ、——後の例えば労賃論で規定されるような——「労働者身体からの不可分離性」・「転売不可能性」・「消費するより外に途のない商品」性格などが指摘されることを通して、取り分け、生産過程次元での特殊性が強調されるが、そのうえで一層注意されるべきは以下の点ではないか。

「労働力は、労働者にとっては商品であるが、資本家にとっては消費するより外に途のない、そのままにもしておけない使用価値である。いい換えれば資本家は、その資本の価値を労働力なる使用価値の代価として労働者に引渡すのであって、資本は労働力なる姿をもって存在しはするが、労働力として価値を有するわけではない。……資本家は労働力を使用価値として消費するのである。」(旧『原論』八一頁)

みられる通り、極めて重要な説明だといってよい。すなわち、生産手段価値が生産物へ「移転する」のと比較して、労働力価値はそうではなく、「消費されることを通して価値を新たに形成する」ことが明確にされていよう。まさに、「価値形成＝増殖」規定のその伏線である。

この視角を直接の前提として、ついで(b)「利潤根拠論」へと接続していく。その場合、この形式の利潤根拠は、以上までの説明ですでに明らかな通り「生産過程における価値増加」に求められているが、宇野によって、その内容がもう一歩立ち入って示される。すなわち、そのポイントは「生産の結果たるW′」にこそあり、具体的には、「この生産過程で生産せられた新たなる商品W′は、G－WのWとはまったく異った商品であるという意味でもW′である」とともに、さらに、「Wより、より多くの価値を有するものとしてもW′でなければ資本の生産過程は無意味である」（旧『原論』八一－二頁）という点が明瞭にされるといってよい。要するに、「生産を通してヨリ高い価値の生産物を作る」ことこそがこの形式の「利潤根拠」をなす――わけであるが、さらにそうであるが故に、「W′－G′の過程はもはやこれを、より高く売るということなくしても、資本GはG′に価値増殖することになる」（旧『原論』八二頁）のも自明となろう。まさしくこの結果から、最終的に、こう総括されるのは当然ではないか。

「……この形式においては、労働力なる商品が如何にして消費せられるかということを除いては、他はすべて商品経済の原則にしたがって売買され、G－W－G′のごとくに不等価交換によることもなく、またG……G′のごとくにその背後に剰余価値の出所を求めることもなく、資本はその価値を増殖し得ることになる。」（同）

こうして、この産業資本的形式は、前の二形式とは異なって、流通過程やその「背後」にその「利潤根拠」をもつのではなく、何よりも、「生産の過程そのもの」に立脚している点が明確に解明をみた。そして、それはよいのだが、なお気になるのは、この「生産立脚型・利潤根拠」が、――宇野によって前の二形式の「限界」だとされていた――「利潤率均等化の非実現」や「合理的根拠の欠落」などとどのような関連にあるのかの説明が一切ない点であろう。換言すれば、「生産・立脚型」になればそれらは自動的に克服されるというのか、それともそれらは別のことなのか――には何ら触れられていないのであって、そこには、まだ基本的な解明余地が残る。

これらをうけて、最後に(c)「移行論」が位置づく。いうまでもなく、ここまでのロジックからして、この産業資本的形式にその「限界」の指摘がないのはいわば当然だから、直ちに「移行規定」へと接続しつつ、「労働力商品の特殊性」をキーにして「生産への移行」が開示されていく。つまり、労働力が「一旦売られてしまうと」、「他人の所有する資本となっている」以上、「そこで資本家は労働者に対しても売買の際と異って資本家として対することになって来る」（同）とされる。こうして場面は、「流通→生産」へと体系的に転換するわけであろう。

最後は、第三に③「生産分析への移行」だが、これまでに詳細に検討してきた「第三形式＝産業資本的形式」の終結規定において、それはすでに明瞭だといえる。一応、もう一度念のために確認しておけば、この点を、宇野は例えば以下のような総括的な表現を用いてこういう。

「資本家は労働者に対して資本家として対することによって、労働力を消費することが出来る。しかしこの労働力が資本家によっていかに消費せられるかは、もはや流通論で明らかにし得ることではない。進んで生産論においてその点を明らかにするであろう。」（同）

もはや説明の必要はないであろう。まさしく、産業資本的形式の特質をなす「生産包摂＝労働力商品の消費」[11]を基軸としてこそ、宇野体系は「流通論→生産論」へと転換していくわけである。

［3］宇野・資本形式論の特質　では、このような展開内容からなる宇野・資本形式論の(3)「特質」は、どのように集約可能であろうか。そこで、その「特質」の第一としては、①その「形式論的視角」が確認されてよい。もう一歩内容的にいえば、例えば『資本論』と比較すると、宇野の資本形式論はいうまでもなく「貨幣の資本への転化」論に対応するが、両者の性格は著しく異なる。すなわち、『資本論』の場合には、「資本の一般的定式」としてG－W－G′定式を設定するとはしても、それは、あくまでも、「産業資本型資本定式」を導出するためのいわば仮設的定式に過ぎず、このG－W－G′をも含めて、「資本形式」を実質的に展開しようとしているわけではない。言い換えれば、『資本論』にあっては、「資本形式」という発想はそもそも存在し得なく、あえて短縮して表現すれば、「貨幣→産業資本」という一元的ロジックがストレートに進行していくに止まる。まさに「貨幣の『産業資本』への移行」だと

いってよい。

それに対して、宇野体系おいては、「貨幣の資本への転化」論はいわば「三段階論理」によってこそ組み立てられていよう。つまり、(A)「世界貨幣→資本」(B)「資本の三形式」(C)「資本→生産」という構成であって、ここでは、「三つの資本形式」が、まさしく、「資本形式論」として独自な展開領域を実質的に作り上げている。その点で、「資本形式論」が、流通形態論の中で明確な存在理由を発揮している点――が、その特質として何よりも目立つ。

このように判断してよければ、宇野・資本形式論が、原理論体系上でその一定の重要な位置を占めていることは自明ではないか。すなわち、『資本論』のように、貨幣論から直接的に産業資本定式へと直結させてしまえば、「資本」を事実上「産業資本」と同一視することになってしまう以上、それに制約されて、「資本の本質」をむしろ切り詰めてしまいかねない――という、「宇野の恐れ」をそこに読み取ることが可能だと判断できよう。要するに、「資本形式論」の独自的設定こそが宇野体系の第一特質だと整理されてよく、したがってその点において、例えば『資本論』などと比べて、その篇別構成上の質的独自性が検出可能だが、まずこの視角の確認が取り分け重要なように思われる。

そのうえで、宇野・資本形式論の第二の特質としては、②その「形態的性格」が指摘されてよい。換言すれば、資本形態を、価値の実体的根拠をなす「労働関係」からは自立させて「形態規定の展開」に即して解明する――という方向性に他ならず、資本形態論をいわば「純粋な形態規定」として展開する点にこそ、宇野・資本形式論のその特質があろう。しかも、もう一歩その内容的含意にまで立ち入ると、宇野によるこのような形態的視角は、大まかに判断すると、例えば特に以下の三点にこそその実質的内実を有していると考えられる。

つまり、まず第一点は(イ)「流通形態的方法の貫徹」であって、宇野によってここまでに進められてきた、「商品→貨幣」規定に関するその「形態論的方法」が、この資本規定にまで発展させられていることが確認されてよい。すでに前章まででフォローしてきた通り、商品・貨幣規定を、労働実体から独立化させて何よりも形態論的に体系化するという視角にこそ、宇野体系の際立った特質＝意義が検出できたが、そのような「流通形態的方法」がこの資本形式論にも見事に貫徹していよう。要するにその点で、宇野によるこの「資本の形態的把握」は、資本形態に関する独自的な視角というよりも、むしろ、「商品→貨幣」規定の「形態的再構成」に立脚した、「流通形態的方法」というヨリ体系的なロジック構成の、まさしくその一貫した貫徹に他ならない点――こそが強調されるべきではないか。ついで第二点として、(ロ)「『資本論』型論理との異質性」が目立つ。というのも、すでに通説になっているように、『資本論』の「貨幣の資本への転化」規定にあっては、最終的には、「価値実体規定」こそがロジック構成のその枢軸をなしているからに他ならない[12]。やや具体的に指摘すると、『資本論』の説明によれば、まず一面で、W－G－W′と「並んで」G－W－G′を「独自に見いだ」しつつそれを「資本の一般的定式」として設定したうえで、しかし他面で、「流通または商品交換は価値を創造しない」（『資本論』国民文庫①二八七頁）以上、資本は、「価値の源泉であるという独特な性質をその使用価値そのものがもっている」（同二九三頁）ような「労働力商品」を包摂した「産業資本」としてのみ成立する――という図式が描かれる。まさしく、ここでは、「剰余価値の『実体的生産』」という、「労働量レベルの支出関係＝価値創造関係」こそが資本成立の枢要点をなしているのは明白であって、文字通りの、「実体的な資本規定」が一目瞭然であろう。このような、『資本論』型「資本規定」の難点については後に立ち入って検討する通りだが、何よりも、その論理展開構図における、宇野体系型と、『資本論』型との間の、その異質性の大きさに関しては、基本的な異論はまずあり得ないのではないか。

そのうえで、最後に第三点として、(ハ)「宇野体系全体への波及性」も重視されてよい。すなわち、それは、宇野による以上のような「形態的資本理解」が、単に流通形態論レベルでの画期的な特質にのみ止まるのではなく、さらにそこを越えて、宇野・原理論体系の全体にまでその波及力を有していること――に関わる。ヨリ構成的に言い直せば、宇野によるこのような「形態的資本理解」からこそ、「流通形態としての資本」が「実体としての生産構造」を「包摂した総体」がまさしく「資本制的経済メカニズム」に他ならないという把握が導出可能だということだが、そうであれば、「流通形態型資本規定」を中軸にした、まさにこのような、「形態―実体―機構」トリアーデ認識が、何よりも、宇野原理論におけるこれ以後の体系構成に対して、その決定的な規定性を発揮していくのも当然であった。その詳細は追々検討していくことになるが、例えば、この「形態―実体―機構」トリアーデをキイー概念としながら、宇野原理論体系が、これ以降、「労働＝生産過程―価値形成＝増殖過程の関連」・「労働価値説の論証」・「再生産表式論の抽象水準」・「利潤―競争行動論」・「地代メカニズム論」などといういくつかの重要点において、極めて画期的なその新展開を繰り広げていく――のはすでに周知のことであろう。

したがってこう整理可能であろう。すなわち、宇野・資本形式論においては、商品↓貨幣の「形態的規定性」を継承しつつ、『資本論』の「実体的資本規定性」への批判の上に、「形態的資本理解」が取り分け明瞭だと把握されるべきだが、しかも、まさしくそれを土台としてこそ、宇野原理論体系における、「生産論↓分配論」全体に渡るその画期性もがいわば体系的に展開されていくのだ――と。

最後に、宇野・資本形式論の第三特質は③「歴史的叙述への依存性」[13]ではないか。その場合、後に立ち入って検討するように、宇野には、「商品、貨幣の場合と異なって、資本にあっては、その形態規定も資本主義社会に先立って具体的にあらわれる、商人資本、金貸資本によって与えられざるをえない」（宇野「『貨幣の資本への転化』について」四二頁）[14]という独自な視角があり、それに立脚してこそ、この「歴史的叙述への依存性」が発現しているのは確実だが、それにしても、歴史具体的な指摘のその分厚さには改めて驚かされる。

そこでまず第一点として、(イ)「商人資本的形式」に関わる歴史的叙述から追っていくと、最初に総体的には、「G－W－G′の形式は、具体的には商人資本として何人にも知られるところである」としたうえで、取り分け「危険負担」に基づく利潤根拠に関して、「商品経済の発達に伴って拡大せられる市場における遠隔地間の価格の相違による利益はもちろんのこと、多かれ少なかれ自然経済に基礎をおく社会に対する掠奪的取引による利益の獲得も同じ性質のものとせられる」（旧『原論』七三頁）という具体的な説明が続く。こうしてまず、商人資本的形式の「設定基準」および「利潤根拠」の論点に即して「歴史的叙述」が重要な位置づけを示しているが、それだけには止まらない。それに加えて、その「限界規定」もが歴史的次元で処理される傾向が無視できないのであって、例えば、この形式の価値増殖は、「相手が安く売るか、高く買うかすることの出来る範囲において行われる価値増殖であ」りしたがって「偶然的なる個別的事情によって種々異なる」（同）もの以外ではない――などという指摘も、まさにその一環をなそう。こうして、「商人資本的形式―歴史性」に関わるその関連性は十分に深い。

ついで第二点目に(ロ)「金貸資本的形式」のケースではどうか。そこでその「設定基準」に注目すると、最初から、極めて濃厚な歴史的叙述に目が射られる。というのも、「具体的に独立のものとしてはG－W－G′が商人資本としてあらわれたように、G……G′は貨幣自身を取引する特殊な商人の転化した金貸資本としてあらわれる」としつつ、さらに踏み込んで、「最初から多数の商人を多かれ少なかれ集中的に相手とするために、その資本にまったく新たなる規定を与える」（旧『原論』七六頁）――とさえいわれるからに他ならない。その点で、このG……G′形式の「設定基準」が、極めて高い密度で歴史的叙述に依拠していることが明瞭だが、それだけではなく、この歴史的叙述への傾斜は、さらに進んで、その「利潤根拠」および「限界規定」にまでつながってしまう。すなわち、まず、「この形式の資本も、多かれ少なかれ自然経済を基礎とする社会に対しても、資本として機能し、まったく無際限にその利子率を高め、いわゆる高利貸資本としても現われる」という「利潤根拠」を示したうえで、ついでその「限界規定」に関しても、「商品経済が社会的に全面的に行われることになると、そういうようにその根拠にまったく無関心に価値増殖をなすことは出来なくな」り「金貸資本も社会的には一定の限界を与えられている」（旧『原論』七七頁）と説明されていく。みられる如く、歴史的叙述への依存性は、ここにおいてなお一段と濃いのではないか。

そのうえで第三は(ハ)「産業資本的形式」の場合である。もっとも、これに先立つ二つの資本形式とは異なって、この形式が資本主義に固有なものであるため、そのことから当然のこととして、例えば資本主義以前に関わる「歴史的叙述」はほとんどみられない。そうではなく、この資本形式を巡るその「歴史性」は、この形式が内包する「労働力商品」にこそ集約される以上、「歴史的叙述への依存性」はむしろ「労働力商品」へと集中していく。すなわち、いわゆる「二重の意味での自由」な特殊歴史的存在である無産労働者を形成する歴史過程としての、周知の「資本の原始的蓄積過程」が直接的に設定されて、こういわれる。

「労働力は……歴史的には……中世的封建社会が崩壊して、直接的なる生産者が、封建的なる支配従属の関係から一般的に解放せられると同時に、その生産手段、特に従来主たる生産手段とせられて来た土地を失って無産労働者となる、資本の原始的蓄積の過程によって始めて商品として売買せられるものとなったのである。」（旧『原論』八〇頁）

みられる如くに明瞭ではないか。つまり、産業資本的形式が規定可能なためには「そういう自由をもった大衆が出現することが前提条件となる」（同）――という「歴史性」が強調されているのであって、商人資本的形式および金貸資本的形式のケースにおける「前資本主義的叙述」とは確かに異質だとはしても、「資本主義的・歴史叙述」を前面に押し出す点では、この産業資本的形式に関しても、その「歴史的叙述への依存性」はやはり否定はできまい。

要するに、総じていえば、宇野・資本形式論の展開にあっては、かなり色濃い「歴史的叙述への依存性」が検出可能だと思われる。もちろん、これは、一面では、宇野の積極的な意図に由来するものだという点も否定できないかぎり、その背景を立ち入って検討する余地を抱えてはいるが、それでも、宇野の特筆すべき「論理体系的」視角からすると、以上のような「歴史的叙述への依存性」が、極めて「意外な」印象を残すことだけはどうしても打ち消し難い。

Ⅱ　宇野・資本形式論の意義と問題点

［1］宇野・資本形式論の位置　ここまでで、宇野・資本形式論の内容をやや詳細にフォローしてきたが、このような内容把握に立脚しつつ、ついで、宇野・資本形式論の「意義―問題点」にまで立ち入っていこう。そこで、最初にその前提として、まず宇野・資本形式論の(1)「位置」を手短に振り返っておこう。このような視角から宇野・資本形式論の体系的位置を改めて確認してみると、その焦点は、この資本形式論が、「流通形態規定」の何よりも総括的規定をなす点にこそある。すなわち、繰り返し関説してきたように、宇野体系の際立った特質の一つとして、「商品―貨幣―資本」規定を「生産過程」から独立した「流通形態」としてまず把握したうえで、次に、この「流通形態」によって包摂された「生産過程」をついで「資本制的生産」として解明する――という、その特有な「形態―実体」図式が指摘可能だが、そのような体系的構成において、この資本形式論こそはその枢軸をなすと判断してよいことになろう。そして、その枢軸たる所以は二方向から明らかであって、まず一つは、資本形式論が「流通形態」規定の帰着点を担うことに他ならない。換言すれば、資本形式こそは、「商品→貨幣」として進行してきた「流通形態」のその到達点以外ではないことからして、その意味で、それが、「形態―実体」図式の、「形態サイドから」する一つの「終結型・枢軸」であることは自明であろう。そしてもう一つは、資本形式論が「生産過程」論の出発点を担う側面に関わる。ヨリ立ち入っていえば、資本形式のうちの「産業資本的形式」が、その姿態変換内部に「生産」を取り込

んだ形式である以上、その点からいって、それが、「形態―実体」図式における、「実体サイドから」する一つの「出発型・枢軸」になっていることは明白ではないか。こうして、資本形式論は重要なその「枢軸点」を占める。

そうであれば、「資本形式論の位置」は結局こう集約できるように思われる。すなわち、この資本形式論は、「商品↓貨幣」に連続する「流通形態の第三規定」だとまずいえるが、まさにそのような在り方からして、それが、「形態による実体包摂システム」解明作業における、その「第三プロセス」をこそ請け負っているのだ――と。もう一歩正確に表現すれば、この宇野・資本形式論は、まず一面では、「商品↓貨幣」として展開してきた「流通形態規定」[15]を一層完成させて形態規定としての「最終的整備」を実現するとともに、他面では、産業資本的形式の中で「労働力商品―生産」の導入を図ることを通して、次に連結していく「生産過程」論へのその接続を指向する――、という「位置付け」を担っていることに他なるまい。要するに約めていえば、それは、「形態による実体包摂システム」の解明作業における、まさしくその現実的役割をこそ果たしているというべきであり、その意味で、その体系的任務は極めて重かろう。

［2］宇野・資本形式論の意義

このような宇野・資本形式論の「位置」を参照点にして判断すると、ついで、宇野・資本形式論の(2)「意義」はどのように整理できるであろうか。そこでまず第一の意義としては、何よりも①「資本形式論としての整備」が特筆されてよい。すなわち、これまで詳細に跡づけてきた通り、宇野の資本形態規定は「資本の三形式論」としてこそ構成されていた。具体的には、貨幣論の最終規定である「世界貨幣＝資金」規定を前提としつつ、「全ての自由な使用方法を潜在的にもつ」この資金の展開形式としてこそ、「商人資本的形式↓金貸資本的形式↓産業資本的形式」という「資本の三形式」が描かれる――とされているわけである。その点からいい直せば、「貨幣の資本への転化」が「資金」の「産業資本」への単純な「移行」には止まっていないということであり、「資本」の規定内容がヨリ拡充されて設定されるという意義がそこには検出されてよい。そしてこの点は、『資本論』の以下のような展開と比較すればむしろ一目瞭然であろう。すなわち、周知のように『資本論』においては、(A)「単純流通としてのW－G－W′と相並ぶものとしてG－W－G」をまず無媒介的に設定したうえで、次に(B)このG－W－Gの「完全な形態」であるG－W－G′を「資本の一般的範式」という点から押さえるものの、この範式は等価交換を前提とする単純流通次元では成立不可能だとして、最終的には、(C)「貨幣の資本への転化」は労働力商品の「現実的消費」としての「産業資本」に即してしか成り立たない[16]──という図式が描かれる以上、『資本論』の場合には、「資本＝産業資本」以外にはその資本概念は広がるまい。そうであれば、『資本論』の一面にも、確かに、「G－W－G′＝資本の一般的範式」という規定の中において、このG－W－G′形式こそ、産業資本・商人資本・利子生み資本などあらゆる種類の資本に共通するその一般的形式であるとする「ヨリ広範な資本概念」が見い出せるとはしても、結局はG－W－G′形式の独自な成立が否定されていくかぎり、その方向性は決して活かされてはいない。

したがって、宇野による「資本の三形式論」整備は、「G－W－G′＝資本の一般的範式」規定を「ヨリ広範な資本概念」把握へと活かす点でなお限界を抱える、『資本論』の基本的な問題点を克服する意義をもつといってよいが、単にそれだけではない。なぜなら、宇野「資本の三形式論」を通して、産業資本的形式と並んで、「G－W－G′形式」と「G……G′形式」とが原理的に解明可能になれば、それによって、資本主義システムにおいてこの二形式を現実運動として描く、例えば「商業資本・銀行資本」もが、資本主義システムにおけるその存立根拠をいわば「始めて」得ることになる──からに他ならない。そうではなく、『資本論』におけるように、もし、「資本＝産業資本」という命題がリジットに固定化されてしまえば、極端にいって、産業資本以外の「商業資本・銀行資本」などは何らその原理的存立根拠を確定できないことにもなってしまおう。いわば「偽者の資本」にもなりかねまい。要するに、宇野「資本三形式論」は、資本主義システムで機能する各種の資本形態をまさにその「流通形態次元の資本形式」に即して解明する――という体系的意義を担っているとみてよく、その有効性は極めて高い。まさしくその点で、それは、原理論の全体編成そのものにとって無視できない役割を占めることになろう。

ついで、宇野・資本形式論の「意義」の第二として、②「資本の形態的把握」こそが指摘されてよい。すなわち、それは、資本形式の展開を社会的物質代謝過程と切り離しつつそれ自体として独立に処理する――という把握であり、もう一歩具体的に表現すれば、資本形式の基盤に「生産過程＝実体規定」を前提とはしない処理を意味していよう。まさにその点で、資本形式を――あえていえば産業資本的形式をも含めて――「純粋な流通形態」として純化しようとする方法が、ここには明瞭に現出している。そして、このような「形態的視角」が、宇野体系にあってはすでに「商品論→貨幣論」を通して実行されてきたことに照らし合わせれば、宇野によるこのような「形態論的・資本理解」が、「商品論→貨幣論」を前提としそれに接続する、「商品→貨幣→資本」として構成されるまさしく全体的な「流通形態論」の、その基本的な一環として位置付け可能なのはむしろ自明だというべきであろう。

そうであれば、宇野のかかる「形態的資本理解」が、『資本論』の資本把握と基本的に相違せざるを得ないこともまた自明ではないか。すでに触れた通り、『資本論』の場合には、まず、「G－W－G′」を「資本の一般的範式」と一応は設定するものの、「等労働量交換＝実体規定」が前提となるため、それに規定されて、流通次元でのこの「資本範式」は結局は次に直ちに存立不可能だと断定されてしまう。そしてそのうえで、労働力商品に即しつつ、「労働支出＝価値創造」という「実体規定」に立脚してのみ資本の存立規定が提示されていく――という論理構成へと帰着する。したがって、この意味で、『資本論』の資本概念は、「実体規定」に立脚してのみ成立していることが一目瞭然だという以外にはあるまい。まさにこの点で、宇野体系における「形態的・資本把握」との決定的な段差が否定し得ないが、その場合、このような『資本論』型の「実体的資本理解」に、無視できない問題点があるのはすでにみた通りであった。すなわち、『資本論』型「実体的資本理解」を前提してしまえば、資本概念の成立は、「価値の実体的増加」を可能にする「産業資本」以外にはあり得ないことになってしまう以上、一面では、「資本＝産業資本」という硬直した定式が固定化されるという難点を孕むとともに、逆に他面では、「商業資本・銀行資本」などの、「価値の実体的『非創造』」をこそその特質とする諸資本の存立根拠を開示し得ないという欠陥をも払拭し得まい。要するに、『資本論』が抱える「実体的・資本把握」にはその大きな問題点が否定できない以上、それを「形態的・資本把握」として克服した宇野・資本形式論には、その点で極めて明瞭な意義が確認されてよい。まさしく、「形態規定の有効性」には改めて瞠目させられるというべきであろう。

以上のような二つの意義を前提としてこそ、宇野・資本形式論の第三の「意義」が、③「生産分析への移行設定」としてこそ明確になる。つまり、原理論体系の中で、「生産」を論理過程に導入する契機がここで与えられるということに他ならず、それによって、宇野体系における、「流通論」から「生産論」への移行ロジックが明瞭となる。もう一歩立ち入れば、産業資本的形式に即して「資本による生産の包摂」が開示される以上、それを通じて、「商品→貨幣→資本」として展開されてきた「流通形態」が、「社会的物質代謝過程」としての「生産」といわば始めて交差することになるわけであって、一旦は「実体」と分離されて純粋に「形態」として処理されてきた「流通形態」が、ここで、再度「生産」との内的関係を回復することとなろう。換言すれば、「形態と実体の分離」という抽象化操作がその「完結化」に帰結する――と整理可能だが、それを通じて、「形態―実体」の「区別と統合」とが体系的に処理されているというべきではないか。

結局、宇野のこのような体系構成は、「原理論篇別構成における生産位置付けの明確化」という意義にパラフレーズされてよいが、それは、『資本論』における生産の位置付けをヨリ一層明晰にすることにも連結していく。何度かすでに指摘した通り、『資本論』においては、一面で、まず第一巻第一・二篇において直接は生産に触れずに商品・貨幣を分析しつつ第三篇に入って始めて労働・生産過程を説くという方法――が形式的には採用されているものの、他面では、冒頭商品論における「実体的価値規定」によって、商品・貨幣の基礎には労働・生産過程が最初から不可分離的に設定されるという方法がむしろ実質的には貫徹されていた。[17] したがって、『資本論』の場合には、「生産」の導入・設定に関するその位置関係に一定のブレが生じているといわざるを得なく、その点で、『資本論』体系における「生産の位置付け」に関してはなお問題余地が大きい。これに対して、まさしく宇野・資本形式論は、まず一方では、『資本論』が体系的にはすでに指し示していた、「流通形態→生産」という正当な「分離視角」をヨリ明瞭に検出・拡張・整備しながら、しかも他方において、「産業資本的形式」をこの「流通形態→生産」の媒介項として適切に配置することを通して、「生産の位置付け」を明示的に解明しながら「流通形態―生産」の構造的接合関係を明らかにした――と集約可能であり、その画期性は大きな評価に値しよう。こうして、宇野・資本形式論は「生産の位置づけ」明瞭化へも直ちに連結する。

そうであれば、結局こう整理できるのではないか。すなわち、宇野・資本形式論は、「形態論的方法」を徹底化することを通じて「資本＝産業資本」という硬直化した図式を解除しつつ、それによって、「資本」を「三つの『運動形式』論」として整備＝体系化しながら、最終的には、「流通形態→生産」への論理的経路を指し示すことを可能にするに至った――のだと。

[3] 宇野・資本形式論の問題点

このような宇野体系の積極的意義を前提にしつつ、次に、(3)宇野・資本形式論の「問題点」検討へと急ごう。そこで、最初に問題点の第一は、①各資本形式に関する、「利潤根拠―限界」の不明瞭性が無視できまい[18]。いまざっと、宇野によるその具体的指摘フォローを試みると、まず(イ)「商人資本的形式」では、最初に利潤根拠の外形が、「商品の売買価格の差額を利益として獲得すべきもの」として当然にも「価格差」においで設定されるが、問題は、その「価格差」が成立する論理的条件にこそあろう。そしてそれについては、「『命懸けの飛躍を意味する』過程としてのG－Wを引き受ける」という、「いわゆる危険を負担する」(旧『原論』七三頁)点が指摘されるが、これでは解答にはなるまい。なぜなら、(a)これを、「具体的には商人資本として何人にも知られる」(同)という歴史記述に即していうだけではその根拠が判断困難である他、(b)さらに「危険負担」が「価格差成立」と「当然に」結びつく必然性も確証し得ないし、(c)最終的には、資本形式論が論理的にその前提とすべき「商品論・貨幣論」との内的連関が一切断ち切られる――という点でも大きな疑問が残るからである。したがって、G－W－G′形式の「利潤根拠」は明確ではないが、そうであれば、そこから、この形式の「限界規定」にも当然揺らぎが発生せざるを得まい。すなわち、宇野はこの「限界規定」を、例えば、(a)価値増殖の「偶然的なる個別的事情」、(b)「一般的なる必然的根拠を有する価値増殖ではない」点、(c)「社会的にはこの過程の前後になんらの価値の増加も行われない」こと、(d)利潤率の「平均化が実現されるということはない」点、などとしてバラバラに摘出する(旧『原論』七五－六頁)に止まるから、それらの「相互関係」はおよそ不明瞭ではないか。要するに、この商人資本的形式に関する、宇野の「利潤根拠―限界」規定には依然として難点が孕まれており、その意味で、整理の必要性がなお高い。

ついで(ロ)「金貸資本的形式」はどうか。そこでまず「利潤根拠」だが、それは恐ろしく希薄だといってよく、ただ、「相手に対して本来の意味の前貸をなし、これに利子としての剰余価値を加えて回収する」(旧『原論』七七頁)という説明に任される。しかし、解明が不可欠なのは、まさしく、「利子として剰余価値を加え」得ることの理由なのではないか。したがって、最も示して欲しいポイントが欠落しているのである以上、宇野による、このG……G′形式の設定されるべき、G……G′形式の「限界規定」もが不鮮明になるのも当然であって、それは例えば、(a)「この価値増殖はまったくその合理的根拠をもたないこと」および(b)「価値増殖がいかなる根拠によっておこなわれるかには、まったく無関心である」点として列挙されつつ、最終的には、(c)価値増殖を「その外部に前提するものであって、貨幣の資本の転化をこの形式自身のうちに完成するものではない」(旧『原論』七七－八頁）と集約されていく。しかし、これらの三論点がいかなる連関にあるのかが何ら示されていないだけではなく、先にみた、G－W－G′形式の「利潤根拠・限界」からどのように接続してくるのか――という側面への関心も著しく弱い。総じて、G……G′形式自体の「根拠・限界」が不明確であるのみならず、それと、G－W－G′形式との内的関係も極めて浅いのではないか。

最後は(ハ)「産業資本的形式」だが、その性格上「限界規定」がないのは自明だから、その「利潤根拠」だけが焦点をなすが、これは、「労働力商品化」との関係で極めて優れている。もはや詳述は避けるが、いま約めていえば、生産過程における労働力商品の消費を通じて生産した「このW′がもしWより、より多くの価値を有するものとしてW′であれば、W′－G′の過程はもはやこれを、より高く売るということなくしても、資本GはG′に価値増殖することになる」と説明されて、「生産における価値創造」こそが提示されていこう。

したがってもはや明瞭だと思われる。要するに、宇野・資本形式論の第一「問題点」は、G－W－G′形式およびG……G′形式における「利潤根拠・限界」規定の不明確性として総括可能であって、その内容理解・相互関係設定に関しては、なおその検討余地を残していよう。

そのうえで、宇野・資本形式論における「問題点」の第二は②その「歴史記述依存性」ではないか。つまり、すでに詳細に検出した通り、宇野の説明によれば、まず商人資本的形式および金貸資本的形式の二つに関しては、資本主義に先立つ歴史的な「商人資本・高利貸資本」を巡る諸条件と一体化して記述されていたし、また産業資本的形式についても、固有の歴史的過程としての、「資本の原始的蓄積――『二重の意味で自由な労働者』」規定と密着化してこそ示されていた。しかし、そのような「歴史記述依存性」は、宇野原理論体系の圧倒的意義としての「原理的一貫性」を大きく損なう点で基本的な疑問があるが、その場合に重要なことは、宇野が無配慮にこのような方法に落ち込んでいるのではなく、むしろ意識的にそのような視角を採用している点であろう。例えば、別の著作では、こういわれているのである。

「貨幣の『蓄蔵』がその貯蓄の内に、あるいはまた『世界貨幣』が資金の特殊の使用方法の内に包括して規定されうるのに反して、商人資本的形式はむしろ商人資本自身によって、また金貸資本的形式は金貸資本自身によって、その形式としての理論的規定をも与えられ、産業資本の一面をも示すということになる。この点は、資本の場合には、当然に産業資本的形式自身が実は具体的に産業資本として展開されざるをえないということに通じるものがあるのではないかとも考えられるのである。」（「転化」四二頁）

みられる通り、論理的には、(イ)まず産業資本的形式を、それが特殊歴史的な「労働力商品化」に立脚するが故に、「もはや単なる資本形式」ではない「産業資本そのもの」として考えるべきこと→(ロ)それとは逆の対応で、G―W―G′形式およびG……G′形式は、「労働力商品化」という前提をもたないという消極的意味において、歴史的規定をもたざるを得ないこと→(ハ)したがって、これら二形式は歴史的な「商人資本」および「金貸資本」に即してその「理論的規定」を与えられる他はないこと――と説明されていよう。しかし、論理系全体の出発点にそもそも難点が否定できないのではないか。というのも、産業資本的形式がその総体としては「単なる形態規定」に止まり得ないことは、「労働力商品化」の点からして自明だが、しかし、この資本形式論の論理段階では、――宇野が実際に行っているように――それは、あくまでも生産過程の具体的展開にまでは及ばない「流通形式」として考察されることこそが、その課題といってよいからである。こうして、まずその出発点が何よりも不適切であろう。

したがって、産業資本的形式も、資本形式論領域では、あくまでも「流通形式＝流通形態規定」に即してこそ処理されるべきだとすれば、G－W－G′形式とG……G′形式とを歴史具体的な「商人資本・金貸資本」に立脚して展開する必要性は一切あるまい。むしろ、この「歴史記述依存」性が、宇野・原理論体系の「論理一貫性」という圧倒的成果を台無しにしてしまいかねない以上、もはや、「歴史記述依存性」の清算[19]こそが何よりも必要ではないか。

最後に、宇野・資本形式論の第三「問題点」としては、③「三形式間の移行論理未整備」が指摘されてよい。すでに立ち入ってフォローした通り、まずG－W－G′形式→G……G′形式については、「利潤率の平均化」に関するその「実質的基準」の欠落が、またG……G′形式→産業資本的形式に関しては、主に「価値増殖の根拠」の欠落が、それぞれ形式移行の中心動因とされていたが、このような説明内容は決して明確とはいえない。つまり、(イ)まず一つには、これら二「動因」の相互関連が曖昧なうえに、(ロ)次に二つとして、三形式全体を貫く統一的な移行動因の検出も著しく不十分だというしかない以上、宇野による「移行論理」設定は、依然として未整備に終わっているのではないか。しかも、それに加えて、宇野には、(ハ)G－W－G′およびG……G′という「二つの形式は各々資本の性質の一面を示すものにすぎない」(旧『原論』七二頁)とするような、いわば「三形式関連視点」もあるが、この独自視点の位置づけもなお中途半端に止まる。

したがって、宇野・資本形式論における「移行論理規定の未整備」がやはり目に付くが、それは結局、「資本形式論の機構的整備」作業における、その不徹底性にこそ帰着するのではないか。言い換えれば、この「資本形式論」が、これに先立つ「商品論→貨幣論」と比較して、その「機構的メカニズム」という次元でどのような進展をみせるのか

――という視角が、宇野には希薄だということに他ならないが、この「機構論的整備」作業を進めるためには、後述のように、「価格調節機構視点―価値法則把握」の深化こそが何よりも不可欠なように思われる。

Ⅲ　資本形式と生産分析への移行

［1］資本形式論の体系化　以上のように検討してきた宇野・資本形式論を前提として、そこに残存する未解決点の克服を試みつつ、一定の問題提起を提出してみたい。そこで最初に⑴「資本形式論の体系化」はどうか。まず第一に①「商人資本的形式」から入ると、最初に(イ)「移行」がくるが、いうまでもなく、貨幣論の最終規定たる「資金」がそのスタートラインに立つ。そして、「全ての自由な使用方法」の潜在的保有というこの資金機能が、――すでに「貨幣の価値尺度論」において設定された――「価格差」を利用することによって、「商人資本的形式」への論理的「移行」が示される。そこで次に(ロ)「定義」が問題となるが、この移行規定から直ちに明らかなように、それが、「商品売買に伴う価格差に基づいて利潤をあげる資本形式」であることは自明であり、そうであれば、(ハ)その「定式」が「G－W－G′」とこそ提示される点にも何ら疑問はあり得ない。念のため、この定式プロセスの軌跡を追えば、まず「購買」（G－W）が出発点を画すが、その目的は自己消費ではなくあくまでも再販売にしかない以上、次に、Wは価格差を利用して転売される（W－G′）。こうして、この運動が成功すればGはヨリ多くのG′として回収され、価値増殖が実現をみよう。

このようなG－W－G′形式の外形を前提としてさらにその内部へと立ち入ると、まず(ニ)その「特徴」が確認されねばならないが、最初に「G′－G＝利潤」（Profit）が定義されてよい。しかも資本は「循環性」を要件とする限り、例えば一年間にこのG－W－G′が何度か更新された結果に即して、「元本Gと増殖総計ΣΔgとの比率」が、ついで「利潤率」（Profit-rate）という形でさらに定義可能になっていく。そして、資本の具体的な目標としてはむしろこの利潤率こそが基軸をなす点も――そこから当然のこととして自明になる。以上を受けて、最後に(ホ)「利潤根拠」がいうまでもなく重要だといってよいが、そのポイントが「時間的・空間的な『価格差』」にある点はここまでのロジックを通してすでに明白だが、その枢要点は、この「価格差の必然性」以外ではあるまい。しかし、それはこれまでの貨幣論展開を前提とすればいわば当然のことであり、「価値表現の主観性→価値尺度機能→価格変動」[20]という――宇野体系の決定的有効性に立脚した――論理系によって、何よりも一点の曇りもなく解明可能になる。まさしく、G－W－G′形式の「体系的存立必然性」ではないか。

ついで第二に②「金貸資本的形式」[21]へ移ると、まず(イ)その「移行」は、いま確認した商人資本的形式と「支払手段機能」との合成によって提起されてくる。すなわち、「資金貸借にともなう利子に基づいて利潤をあげる資本形式」として(ロ)「定義」されるこの資本形式は、(ハ)「定式」としては、「G……G′」（「……」＝流通の中断）という運動軌跡を描きつつ、次のようなプロスを辿る。すなわち、すでに規定し終えたG－W－G′形式を前提にしたうえでその活発な展開が進めば、事業拡大要望が資金需要拡大へとつながるのはまず当然の想定だといってよい。しかも他方で、すでに貯蓄手段機能論を下敷きとして「貯蓄形成」をも前提にしてよい以上、そのような貨幣論ロジックをもふまえると、一方での「資金借用需要」と他方での「資金貸与可能性」とが相まって「資金貸借関係」の形成が導出可能になっていく。そうであれば、一定期間後には、元金Gと「貸借代価」Δgとの返済が「支払手段機能」に基づいて遂行されるのは当然であって、その結果、契約履行が破綻なく完遂すれば、GはΔgを付加されてヨリ多くのG′として回収されていこう。まさしく価値増殖の実現に他なるまい。

そのうえで、この形式へもう一歩内容的に入り込んでみよう。そこで(ニ)その「特徴」だが、まず資金貸借「代価」

としてのΔg（G′－G）が「利子」（Zins）をなすのはいうまでもない（利子／G＝利子率、Zins-rate）。しかも、資本としては増殖が可能な限り循環＝更新を継続するから、例えば一年間を基準とした「Σ利子／G」は、「利子率」に対して「利潤率」を示す。その点で、このG……G′形式はまさに「資金―債権―資金」という特有な運動を展開しているのであり、ここには一種の姿態変換が生じている点にも注意しておきたい。以上を総括して、最後に(ホ)その「利潤根拠」が注目されるが、まず一面で「直接的」には、その根拠が「貸借代価＝利子」にあるのは疑い得ない。しかしその「背景」を探ると、それが「借手」からの分与以外ではない以上、その源泉は「借手の利潤形成」だともいえる。まさしく「根拠の外部依存性」こそがこの資本形式の特徴だというべきであるが、この点からして、この資本形式が「資本に対する資本」という関係を描くことも目立つ。

これらに対して、第三に③「産業資本的形式」はどうか。最初に(イ)その「移行」に着目すると、そのポイントは「G－W－G′形式・G……G′形式の利潤根拠不十分性」に求められてよい。すなわち、前者におけるその「ゼロ・サム性」と後者に関わるその「外部依存性」とが論理的接点をなすのであって、その克服という関連でこそ、「生産」への帰着が図られよう。そうであれば次に、(ロ)その「定義」が「生産における価値創造に基づいて利潤をあげる資本形式」として表現されるのも当然であって、この「定義」を通して、利潤形成における、「ゼロ・サム性」と「外部依存性」との両方が、「生産」に立脚した「価値創造」を通じて乗り越えられる――関係がよく分かる。そこで、この資本形式の(ハ)「定式」は、端的に「G－W（Pm＋A）…P…W′－G′」（Pm＝生産手段 Produktions-mittel、A＝Arbeits-kraft、P＝Produktion）として図式化可能だが、そのプロセス軌跡は以下のようになろう。すなわち、その運動は「購買」（G－W）を出発点とするが、その目的はもはや「自己消費・転売」にはなくあくまでも「生産」でしかない以上、購買されるWが「Pm＋A」以外でない点は自明だといってよい。そして、この二要素を生産的に結合する活動しての生産によってW'が生み出されるが、このW'は、次の「二つの意味」で「新生産物」という姿を取る。つまり、それが、「新しい使用価値」であるという意味と「価値がヨリ高まっている」という意味との「二つ」に他ならず、――その内実はここでは解明できないにしても――生産を媒介にして「ヨリ高い価値の生産物」が作られている点こそがここでの焦点をなそう。したがってそうであれば、後は、この「W'」を「価値通り」にさえ販売すれば「G'」というヨリ多くの貨幣として回収可能なのであるから、その結果としてこそ、この関係の中で価値増殖が実現されていく。

このようなフォローを試みれば、結局、この産業資本的形式の㈡「利潤根拠」はこう集約できるのではないか[22]。つまり、その何よりもの基軸が「生産における価値増殖」にこそあるのは一目瞭然であって、換言すれば、まさしく「生産における『価格差の形成』」だとも表現できよう。しかし、その場合に取り分け重要なのは、このような価値増殖の「源泉」は「労働力」以外にはあり得ない――という点であって、――後に「生産過程論」で解明されるように――労働力こそ「価値を増殖させるという特殊な能力をもつ」点が予め示唆されていく。そしてここからこそ、この資本形式の㈭「特徴」が最終的に導出されてくるのは自明であろう。すなわち、総体的にいって、まず、「労働力商品化」というこの資本形式の特質が、まさに「資本主義の基本矛盾」をなす点が重要だといってよい。というのも、この「労働力商品」こそ、一面では、「価値増殖にとって不可欠である」にもかかわらず、それが「人間存在そのもの」以外ではないことからして当然に、他面では、「資本による自律的調達は不可能である」から――に他ならず、まさにそれは、「基本矛盾」とこそ命名される他はあるまい。要するに、産業資本的形式は、「生産における価値創造」という点で「ヨリ社会的な価値増殖根拠」を確保しており、その意味で、「資本主義の中心的な資本形式」だと一応は結論可能だが、そのうえで、それが、あくまでも「労働力商品化＝資本主義の基本矛盾」[23]に立脚してのみ実現されていること――も、決して軽視されてはなるまい。この点こそ、「資本形式論」のいわば最終的到達点ではないか。

［2］資本形式論の動力　以上のような積極的展開を土台としながら、宇野・資本形式論になお残存したいくつかの問題点に対して、特に(2)「資本形式論の動力」というサイドから一定の体系的整理を試みてみたい。そこで第一は①「利潤根拠―限界」規定論点に他ならないが、最初に(イ)「根拠規定の確定」を整理してみれば以下のようであった。すなわち、まず(a)「商人資本的形式」に関しては、端的には「商品価格差」以外ではないが、それは、「価値表現の主観性→貨幣の価値尺度機能→価格変動」という、まさに資本主義型価格機構の発動に立脚して、明確な「成立条件」を有しているといってよい。したがって、宇野の展開のように、その「利潤根拠」を、「偶然的なる個別的事情」に依存した、「必然的根拠を有する価値増殖ではない」とか、あるいは「それ自身には内容のある合理的目的を有するものではない」(旧『原論』七三―五頁)などとは決していえまい。そうではなく、「価値尺度機能」を現実的に発動させつつその結果としての「価格差」によって、まさしく「現実的な利潤根拠」を内的に確保している――わけである。ついで(b)「金貸資本的形式」へ移ると、それが、「資金貸借代価としての利子」であることはいうまでもない。すなわち、すでにその存立根拠が確定された商人資本的形式の土台の上で、その拡大展開に起因した「資金需要」がさらに規定できれば、そこに「資金貸借関係」を設定できる限り、それに立脚して、資金貸手が「利子」を要求できるのは自明であろう。したがって、資本活動を一層活発化させるという「合理的目的」が明らかに確認可能なのであるから、宇野の指摘の如く、――「いかなる根拠によって行われるかには、まったく無関心である」にしても――それが「まったくその合理的根拠を持たない」(旧『原論』七七頁)とは結論できまい。そこで最後に(c)「産業資本的形式」だが、もはや贅言は不要であって、「労働力商品化」を基軸とした「生産実行＝価値創造」こそがその「利潤

根拠」であり、その点で、まさしくそこに「合理的目的」があるのは余りにも当然であろう。

そこで次に、これを受けて、(ロ)「利潤根拠論の位置」を集約すればこう整理できよう。すなわち、「三資本形式」はそれぞれに固有な「利潤根拠」を確保しているのであって、『資本論』のように、「価値の実体的増殖＝生産実行」という硬直した基準を墨守しない限り、「三資本形式」は三つとも、それぞれ独自な「合理的根拠」を有している――と意義付けされる他はあるまい。したがって、「三資本形式」を、「利潤根拠＝合理性」の点からその優位性を順序づけつつそれに従って展開を図るというベクトルは、いわば最初から封殺されているわけであろう。(24)

そうであれば、その裏返しという意味で、(ハ)「限界設定の妥当性」についても直ちに答えが見えてくる。というのも、「三資本形式」は「利潤根拠の濃淡」によってはランク付けできないとすれば、そのことは、「三資本形式」を「限界→克服」という操作によって論理展開してはならない――ことを同時に意味しているからに他なるまい。要するに、資本形式論のライトモティーフとしては、まさにこれとは別の契機が探求される以外にはないことになろう。

そのうえで第二に②「歴史叙述への依存性」論点はどうか。しかしこの論点を巡っては、宇野の具体的説明を素材としてすでにかなり立ち入った検討を加えてきた。そして、それに対しては、(イ)「産業資本的形式」が歴史的規定性を捨象できないことの裏返しとして他の二形式は「前・資本制的規定」を免れ得ないという、その「一般的説明」にそもそも難点があるうえに、(ロ)そこで採用されている歴史的叙述の妥当性も正確には判断が困難だし、さらにそうなると、(ハ)宇野体系の画期的な成果であるその「論理体系性」にも支障が生じざるを得ない――という疑問が、具体的には禁じ得なかった。そしてそれに加えて、いま直前で、「資本形式論の体系化」というスタイルに則して、このような「歴史叙述」に一切依存せずとも資本形式論の論理的展開が可能なことが、まさしく、現実的に示されたと考えてよい。

したがって、この「歴史叙述への依存性」に関してはもはやこう断定して誤りあるまい。すなわち、まず一面で、「歴史叙述」に依存すると「いくつかの錯誤を惹起させてしまうこと」、しかも他面で、資本形式論は「歴史叙述」に「一切依存することなく展開できること」、これである。要するに、「必要条件─十分条件」という両面サイドからして、資本形式論は、「歴史叙述への依存性を排除してこそ遂行されるべきこと」が結論可能ではないか[25]。

以上を前提にしてこそ、最後に第三として③「資本形式論のライトモティーフ」へと進もう。そこで、まず(イ)「具体的移行ロジック」を総合的に振り返っておくと、最初に(a)「G－W－G′形式→G……G′形式」に関してはどうか。すでに確定した通り、この移行については、G－W－G′形式の活動を前提にしつつ、G……G′形式がそれに追加資金を供給する点で、それをさらに活発化するという関係が設定できた。すなわち、「G－W－G′形式→機能促進→G……G′形式」という「移行ロジック」がここでは検出されてよく、その意味で、一応の論理性がみて取れよう。ついで(b)「G……G′形式→産業資本的形式」についての移行ロジックへ目を転じると、もう一歩内実的な性格を帯びる。つまり、いまみた「機能促進」が進行した上での、さらなる未決点が焦点をなすといってよく、G－W－G′形式・G……G′形式における「利潤根拠の不十分性」こそが移行モメントに接続していく。具体的にいえば、「利潤根拠」における、G－W－G′形式＝その「ゼロ・サム性」およびG……G′形式＝その「外部依存性」が重視されてくるのであり、その克服策として、「生産への移行」が連関づけられよう。要するに、「G……G′形式→利潤根拠の不十分性→産業資本的形式」という「移行ロジック」が描かれる。その点で、論理性の貫徹はもちろん否定はできない。

そのうえで、この(a)(b)を(c)「総括」するとどうか。そうすると、三資本形式間の「移行ロジック」には「統一的要因」を設定できないことが明瞭になるといわざるを得なく、それぞれには一定の論理性が確保されているとはしても、三形式を統一的に貫くロジックを確定する作業は難しい。したがって、統一的な「移行論理」を「資本形式論のライトモティーフ」として採用する視角は断念する以外にはなく、[26] そこには、別の模索が不可欠となってくる。

そこでクローズアップされざるを得ないのは、何よりも、(ロ)「価格調整機構＝需給調節機構」視角以外ではあるまい。換言すれば、三資本形式を「価格＝需給調節機構」[27] というベクトルを基準として整序する――という体系化であって、それに立脚すれば、三資本形式に関する、以下のような「ライトモティーフ」が軌跡化可能なのではないか。すなわち、最初に(a)商人資本的形式は、価格基準確定機能としての「価値尺度機能」（G－W）を、自己の姿態変換過程（G－W－G′）のまず「前半過程」に包摂することによって、市場に対するその「需要作用」を発揮しつつ「価格調整機構」として作動し、ついで「後半過程」（W－G′）において、「価格差」を織り込みながら、一定の思惑の下に「供給作用」を演じてその「価格調整機構」を完結させる。こうして、商人資本的形式は、「価格調整＝需給調整機構」的役割を基本的・総合的に果たしていく。

このような「調整機構」は、ついで(b)金貸資本的形式によってさらに一層加速・拡大されるといってよい。というのも、「価格差」をヨリ効率的に活用可能なG－W－G′形式は、その事業拡大を通じてこの「調整機構」をそれだけ拡張し得るが、そのような事業拡大を資金的に補完・促進する資本形式こそ何よりもこの金貸資本的形式に他ならない――からである。そう考えてよければ、この金貸資本的形式が、――あくまでも「外面的関係」においてではあれ――商人資本的形式を加速・促進することを通して、「価格調整＝需給調整機構」構築に対する、商人資本的形式レベルをもう一段超える、その発動力を発揮しているのは自明であろう。

そのうえで、しかし、「価格調整＝需給調整機構」形成に対してさらなる決定力を有しているのは、いうまでもなく(c)産業資本的形式以外ではあるまい。つまりこの資本形式は、G……G′の如く、G－W－G′形式が発揮する「価格調整＝需給調整」作用を単に外面的に拡張するだけではなく、まず一面では、姿態変換過程内部に包摂した「W…P

…W′」という「生産過程」を通じて、「価格差」の点から選択された特定商品を、――労働力商品化に立脚しつつ――いわば「自律的種類・規模・コストにおいて」供給可能（W′－G′）であると同時に、他面では、その特定商品に規定された生産手段としての「Pm」を目的意識的に「買い付ける」（G－W）という需要行動をも発動する――という、まさしく、ヨリ「内面的＝実質的」なその運動機構的作用を果たし得る。約めていえば、この産業資本的形式は、労働力商品化を基軸にして「生産」をその姿態変換内部に包摂することによって、需要と供給とを内的に結合させつつ、それを通じて、「価格調整＝需給調整機構」におけるヨリ体系的なメカニズムを構築可能になっているわけである。まさにこのような意味においてこそ、この産業資本的形式が、「価格調整＝需給調整」についての、G－W－G′形式およびG……G′形式を決定的に凌駕する、そのヨリ体系的な機構として理解されてよいのはもはや自明であろう。その意味で、産業資本的形式の枢要点は何よりもこの点にこそ求められる。

こうして要するに、資本形式論の「ライトモティーフ」としては、その基軸が、取り分けこの「価格調整＝需給調整機構」を強調してこそ設定されねばならないことが明確となった。

以上をふまえつつ最後に、このライトモティーフを特に(ハ)「価値法則論」[28]との関連で総括しておきたい。言い換えれば、資本制的生産の体制的法則をなす「価値法則」における、「資本形式論」の体系的位置を確定する作業だが、まずその大前提として、(a)「価値法則の定義」はこう整理可能である。すなわち、言葉を極度に惜しんでいえば、別の箇所ですでに何度も指摘してきた通り、価値法則とは、「商品相互の『価値関係』の、一定の客観的基準による規制を基軸としつつ、資本制生産における『生産』『再生産』『分配』の諸関係を、『同時的』『統一的』に、一定の基準と限度をもった『価値関係』において規制する『法則』である」――と定義されてよい。そしてその場合、この定義の何よりもの焦点は、『資本論』に濃厚な「等労働量交換に立脚した商品交換法則」への、「価値法則」の「切り詰め」の排除にこそあるといってよいが、そうであれば、「資本形式―価値法則」関係を適切に把握するためには、「価値法則」を、原理論の全体系を包摂する、このような「体制的運動法則」として理解することがまず前提をなそう。

そのうえで、(b)「価値法則の構成」こそが次の問題となり、この資本形式論が所属する「流通形態論」の、「価値法則論」におけるその役割が示されねばなるまい。そして、この点も繰り返し指摘してきた如くであって、原理論の他の構成パートである、「生産過程論」および「分配関係論」と対照させると、例えば以下のように纏められる。すなわち、「生産過程論」＝「価値法則展開の『必然性』をその『実体』的特殊性を基礎にして分析するための『実体的根拠』論」、そして「分配関係論」＝「価値法則展開の『メカニズム』を個別的市場行動に即して現実的に解明していくための『運動的機構』論」であるのに対して、当面の「流通形態論」こそは、まさしく、「価値法則を現実の運動法則として展開していくための『形態的装置』論」としてこそ整理可能である――のだと。しかも、もう一段立ち入れば、この「流通形態規定」がさらに「商品→貨幣→資本」としてその形態上の機能深化を遂げる以上、そこまで見越して再定義すれば、結局、「資本形態」こそ、この「価値法則の形態的装置」の、何よりもその極限だともいえる。

このようにロジックを進めてくれれば、「資本形式論」こそ、「価値法則の『形態的装置』論」におけるその終結規定として最終的に設定可能だといってよいが、最後にその土台の上に、すでに具体的に確定した通り、(c)「資本形式論のライトモティーフ」がこう軌跡化できた。すなわち、「価格調整＝需給調整機構」というベクトを基準として、「商人資本的形式＝その調整機構の『基本形式』」→「金貸資本的形式＝その調整機構の『拡張形式』」→「産業資本的形式＝その調整機構の『内実形式』」という体系構成を担う――という全体ビルドに他ならず、したがってそうであれば、最終的にいまや以下のような極限点にこそ帰着しよう。すなわち、「産業資本的形式」こそ、「価値法則の『形態的装置』論」の、いわばその到達点以外ではないのだと。

〔3〕生産分析への移行　以上の全体をひっくるめて、原理論全体をも視野に入れつつ、(3)「生産分析への移行」という「切り口」から総合的な総括を試みたい。そこで最初に第一として、①「資本形式論の到達構図」を総体的に図式化しておけば以下のようであった。すなわち、それは、「価格調整＝需給調整機構」の構築水準をこそ基準として、「商人資本的形式＝その『基本型』」→「金貸資本的形式＝その『拡張型』」→「産業資本的形式＝その『内実型』」という序列に従って論理編成し得る――というものであった。そしてその到達点として、「産業資本的形式＝価値法則における『形態的装置規定の完成』」という命題が同時に手に入ったのもすでに解明された通りだといってよい。ここまでは明らかであろう。

そこで、それを前提にしてもう一歩ロジックを進めると、第二に、この命題は②「生産分析への移行」としてこそ表現し直せることに辿り着く。すなわち、この命題を原理論の全体構成という視点から換言すれば、「商品→貨幣→資本」というプロセスで展開されてきた「流通形態規定」が、この「資本形式論」を画期点として、いまや「生産過程規定」へと移行していく――という論理構成において再把握されることに他ならない。要するに、この「資本形式論」こそ、原理論体系構成上からすると、まさしく「生産分析への移行」接点論理を形成しているのだと意義付け可能なのであって、「資本形式論の課題」は、もう一つここに求められる。

こうして最後の論理環へと帰着しよう。すなわち、第三としては、③「生産分析移行の意義」がここで明瞭になるからであって、こう集約されてよい。つまり、まず一つ目は(イ)「流通形態論の裏打ち＝完遂化」の確定であって、このような「生産分析への移行」によってこそ始めて、「商品・貨幣・資本の展開を実体からは独立した純粋の形態規定としておこなう」という「流通形態的方法」が、ここでその「裏打ち」を確保することになろう。換言すれば、

「流通形態論」のその正当性がここで改めて担保されるのだといってもよい。そしてそうであれば、二つ目に、(ロ)「『資本論』体系への補完作業化」という性格も一層明確になるように思われる。すなわち、何度も指摘した通り、『資本論』型構成では、一面で、第一巻を生産過程ではなく商品規定から開始するという適切な方法を実行しつつも、他面では、その商品規定に実体規定を前提する点で「暗黙的」に「生産」をすでに前提してしまっている――という混乱が無視できなかったが、この混乱もここで見事に解消に向かおう。要するに、「資本形式論」を媒介とした「生産分析への移行」作業によって、『資本論』論理の整除化へもその道が開かれていくことに注意したい。

要するに、最後に三つ目として、何よりも、(ハ)「原理論体系の全体的構築化への展望」が確保されていく。というのも、このような「生産分析への移行」ロジックの確定によって、原理論体系における、「流通論→生産論への道筋」がまず手に入ることとなったが、その成果はそこに止まるのではない――からに他ならない。そうではなく、この「生産分析への移行」解明によって論理化された、「形態―実体の『包摂化』」に関わるその構造的見取り図は、さらに、「形態―実体の『機構化』」という次の作業にも延長・適用されざるを得ないのは自明ではないか。それこそ、篇別構成の次の局面で開示されていく、「形態―実体―機構」を集約させた「分配関係論」への展開であるが、そこで重視される、「形態―実体」関係にともなういわば「接合作業」のその基礎は、まさしく、この「生産分析への移行」に即してこそ培われるというべきであろう。

そこで次に、「資本形式論」を離れて、積極的にこの「生産過程論」へと入っていくことにしよう。

（1）拙稿「貨幣機能と価格の役割」（『金沢大学経済論集』第三一巻第二号、二〇一一年）。
（2）宇野『経済原論』上（岩波書店、一九五〇年）は旧『原論』と略称して『宇野弘蔵著作集』（岩波書店、一九七三年）第一

巻の頁数で示す。また同様に宇野『経済原論』（岩波全書、一九六四年）は新『原論』と略記したうえで『宇野弘蔵著作集』第二巻の頁数で表す。

（3）宇野・資本形式論を検討した文献は必ずしも多いとはいえないが、例えば、降旗節雄『資本論体系の研究』（青木書店、一九六五年）、武井邦夫『利子生み資本の理論』（時潮社、一九七二年）、時永淑『「資本論」における「転化」問題』（御茶の水書房、一九八一年）、拙著『価値法則論体系の研究』（多賀出版、一九九一年）、などを参照のこと。問題点の焦点は一応理解できよう。

（4）この「資本への移行」に関して、新『原論』では、旧『原論』と比較してその「姿態変換の不可避性」重視が目に付く。つまり、「かくて資本は、価値増殖をなしながら無限に同じ過程を繰り返すものとして資本となるのであ」り、「商品、貨幣の姿をとっては捨てる、マルクスのいわゆる変態をなす運動体として存在することになる」以上、「それはG－W－G′という変態過程自身の中にあって資本となる」（新『原論』三二頁）と的確に整理されている。

（5）ちなみに、G－W－G′およびG……G′という「二つの形式は各々資本の性質の一面を示すものにすぎない」（旧『原論』七二頁）とする説明は、新『原論』ではなくなっている点が目立つ。

（6）新『原論』では「歴史的記述への依存性」は旧『原論』と比べると顕著に弱い。例えば、「G－W－G′の形式は、具体的には資本主義に先立つ諸社会においても、商品経済の展開と共に、あるいはむしろその展開を促進するものとしてあらわれる商人の資本に見られる」（新『原論』三三頁）と指摘されるに止まり、それが「歴史的例証」に過ぎない点はヨリ明確であろう。

（7）商人資本的形式に関わる「利潤根拠―限界規定」について、新『原論』では、旧『原論』程ではないが、やや歴史的「商人資本」に即しつつ、「資本自身がその価値を増殖するものとはいえ」ず「その価値増殖は社会的に一般的根拠を有するものではない」（新『原論』三三頁）とされる。したがって、旧『原論』の問題点が新『原論』で改善されているとはいえまい。

（8）この「移行」について、新『原論』では、「（G－W－G′形式という）資本形式の出現はまたそれを基礎にして、いわば資本に対する資本として、G……G′という資本の他の形式をも展開する」（同）という形で、旧『原論』よりも一歩進んだ「移行規定」が与えられている。

（9）これに対して新『原論』では、依然として、「価値増殖の根拠を自分自身には全然もたない」――したがって「自主的な運動体をなすものではない」――点は強調されるものの、ただ「非合理性」および「無関心性」という表現はなくなっている。

一応評価できるのではないか。

(10) このような「流通過程の『内―外』」視点は新『原論』では消えている。それに代わって、「かくて資本は、G－Wの過程で購入した商品をそのまま売るのではなく、この商品によって新しくヨリ多くの価値を有する商品を生産し、その商品をW－Gの過程で販売して剰余価値をうるというのでなければ、自らの基礎を確立するというわけにはゆかない」(新『原論』三三頁)というヨリ適切な説明がなされていく。その点で、論理的整理の進展がみて取れよう。

(11) この「包摂」の意義は新『原論』ではさらに一層明確にこういわれる。「その生産過程は、商品、貨幣、資本の流通形態に応じて展開される。しかしそれだからといってそれは従来の諸社会における生産過程自身と全く異った生産過程をなすというのではない。むしろ反対にあらゆる社会の生産過程に共通なる、いわば社会的実体として社会の基礎をなすものとしての生産過程を把握することによって、商品経済をして歴史的に一社会を形成せしめることになるのである」(新『原論』三五頁)と。「労働＝生産過程」への見事な接合規定ではないか。

(12)『資本論』における「貨幣の資本への転化」の諸問題に関しては、前掲、拙著『価値法則論体系の研究』第一章第四節においてすでに詳細に検討した。ここではその成果を前提にしている。

(13) この「歴史性問題」の体系的焦点について詳しくは、前掲、降旗『資本論体系の研究』第一編第二章の他、岩田弘『世界資本主義』(未来社、一九六四年)第二章、などを参照のこと。

(14) この頁数は、宇野弘蔵『マルクス経済学の諸問題』(岩波書店、一九六九年)のもの。

(15) 流通形態論の全体的意義について詳しくは、例えば宇野自身の『経済学方法論』(東大出版会、一九六二年)の他、大内秀明『価値論の形成』(東大出版会、一九六四年)、前掲、拙著『価値法則論体系の研究』、桜井毅他編著『宇野理論の現在と論点』(社会評論社、二〇一〇年)、をみよ。

(16)『資本論』の展開方法を巡る論争に関しては、大内他編『資本論研究入門』(東大出版会、一九七六年)、拙稿「貨幣の資本への転化」(『資本論を学ぶ』Ⅱ、有斐閣、一九七七年)、をみよ。

(17) この『資本論』による「価値実体規定」の問題点については、例えば、注一五の文献の他、永谷清『資本主義の基礎形態』(御茶の水書房、一九七〇年)、鎌倉孝夫『資本論体系の方法』(日本評論社、一九七〇年)、大内力『経済学方法論』(東大出版会、一九八〇年)、山口重克『価値論の射程』(東大出版会、一九八二年)、小幡道昭『価値論の展開』(東大出版会、一九八八年)、をみよ。

(18) この「利潤根拠―限界」については、前掲、拙著『価値法則論体系の研究』においてすでに詳細な検討を行った(一四五―一五一頁参照)。ここではそれを前提としてその焦点だけを示す。

(19) この点もすでに具体的に検討された。前掲、拙著『価値法則論体系の研究』一五四―九頁。

(20) 「貨幣の価値尺度機能が実際に不断の価格変動のうちに価値関係を社会的に確認することになるのは、商品流通が、このような『いわば自分自身に対する関係』をもつ『価値の自立的な運動体』としての『資本』の運動を『流通形式』としてもつことを通さなければならない、ということが重要な論点として浮かび上がってくることになろう。／このように見てくれば、G―W―G′の形式というのは、まず基本的には、貨幣を出発点としてそれ自身に運動する――つまり『貨幣による購買』の『繰り返し』をそれ自身に必然的なものとしてもつ――形式であり、諸商品の不断に変動する価格の実現を通して、商品の売買を価値を基準にした売買たらしめ、価値関係を社会的に確認していく『流通形式』であるとされねばならないであろう。」(前掲、時永『「資本論」における「転化」問題』一七頁)

(21) 資本形式論の出発点を金貸資本的形式に設定するのは武井邦夫説であって、「貨幣形態の中から必然的に発生する資本形式はG―W―G′ではなく、G……G′であり、したがって資本形式の展開もG……G′→G―W―G′→G―W…P…W′―G′の順でおこなわれなければならない」(前掲、武井『利子生み資本の理論』八六頁)といわれる。改めて検討される必要があろう。

(22) 産業資本的形式の意義に関しては、前掲、時永『「資本論」における「転化」問題』Ⅱをみよ。そこでは、「利潤根拠」だけではなく「価値法則」との関連指摘も重要だと思われる。

(23) いうまでもなく原理論体系全体に関わる中枢的キー・ポイントだというべきだが、取りあえず宇野「労働力なる商品の特殊性について」(宇野『価値論の研究』岩波書店、一九五二年)をみよ。

(24) この点についての詳細は、前掲、拙著『価値法則論体系の研究』一六二―四頁を参照のこと。

(25) 資本形式と歴史規定との関係については、前掲、拙著『価値法則論体系の研究』一五四―九頁において立ち入った考察を加えた。「宇野氏がG―W―G′形式とG……G′形式との『理論的規定』をそれぞれ『商人資本』および『金貸資本』によって与えざるをえないとされる場合の、氏の理論的根拠にはいくつかの問題があることがあきらかとなり、したがって、氏の資本形式論と歴史性との関係の議論そのものもかならずしも説得的とはいえないことが示されたと思われる」(一五八頁)。さらに詳しくは、前掲、大内『価値論の形成』八六―九九頁もみよ。

(26) 「その三形式の相互関係が、一つの形式の論理展開の中から、次の形式が、その形式の内的限界＝矛盾の発生・解決というかたちで、いわゆる内的・論理必然的に措定されるという関係にはかならずしもならない」（前掲、拙著『価値法則論体系の研究』一六六頁）。

(27)「価格調整＝需給調整機構」の展開に関しては、前掲、拙著『価値法則論体系の研究』一六七－七五頁ですでに立ち入って考察を加えた。また前掲、大内『価値論の形成』二九八－三〇五頁をもみよ。

(28)「価値法則論」の全体系については、総合的に、前掲、拙著『価値法則論体系の研究』を参照のこと。

第二篇　生産論の構造

第一章　労働＝生産過程と価値形成＝増殖過程

――生産過程論を読む――

はじめに

前章(1)では、流通形態の最終規定たる位置を占める資本形式論を考察舞台として、宇野・原理論体系の意義と問題点との析出を追究した。すなわち、宇野・資本形式論は、貨幣論の最終規定たる「資金」規定を出発点としつつ、それの、増殖を目指した特殊な使用方法としてまず「資本」を定義したうえで、この資本を、さらに、商人資本的形式・金貸資本的形式・産業資本的形式という三つの「資本形式展開」として解明する点――にこそ、その画期的卓越性が確認できた。まさにその点で、このような作業を通して、流通形態規定の極点にこそ資本形態を位置づけながら、最終的には、「労働力の商品化」を基軸とする産業資本的形式を論理的に措定することが可能になったといってよい。換言すれば、商品→貨幣→資本が流通形態規定体系としてまさに統一的に解明されたわけであり、宇野・原理論体系における顕著な成果をなす「純粋な流通形態規定」が、そこで一定の完結性を実現していよう。

そうであれば、ここから事態は一転を遂げる。というのは、以上のようなストーリーを読み替えれば、このような「資金規定→産業資本的形式」という流通形態規定の極限化は、「形態規定から生産分析への移行」以外ではないからであって、こうして、前章で解明された「産業資本的形式の措定」が、次いで「生産分析への移行」へと直ちに接続していかざるを得ないのは自明だといってよい。まさにこのような論理的含意に立脚してこそ、本章の課題が以下のように設定されていくのはいわば当然ではないか。すなわち、流通形態規定の極点たる産業資本的形式に即しつつ、「資本＝形態規定」と「生産＝実体規定」とがいかなる論理関係において接合を実現するのか――を何よりも「構造的・立体的」に解明すること、これである。まさしくその意味で、宇野型「形態による実体包摂」の構造分析こそが本章の課題をなす。

したがって、やや表現を換えてヨリ具体的に集約すれば、むしろこういうべきであろう。すなわち、実体規定としての「労働＝生産過程」が形態規定たる「資本」によって包摂されることによって「価値形成＝増殖過程」として現実化する、その相互関連を――構造的視角に即してあくまでも体系的に解明していく点にこそ、本章の最終的課題があるのだと。

Ⅰ　宇野「労働＝生産過程・価値形成＝増殖過程」論の構造と展開

［1］宇野「労働＝生産過程・価値形成＝増殖過程」論の構造

まず全体の基本的前提として、宇野体系の(1)「構造」を大まかに確認しておく必要があろう。そこで、最初に旧『原論』[2]に即してその展開[3]をフォローすると、まず第一に①「生産論への導入」が図られる。その場合、この「移行規定」は三段階からなると判断してよく、まず最初に、すでに考察を終えた(イ)「流通形態論からの接続」が確保されるのであって、流通論の最終規定である産業資本的形式を受けて、次に分析対象になってくるのは、「商品として買入れた生産手段と労働力との消費による生産過程」（旧『原論』八五頁）としての「資本の生産過程」に他ならないとされる。そしてそのうえで、この「資本の生産過程」のまず第一側面が(ロ)「超歴史的側面」において示されていき、それが、「いかなる社会関係の下に行われるかに関係のない労働過程であり、生産過程であ」（同）るという点で、何よりも「労働＝生産過程」として設定をみる。こうして、この「資本の生産過程論」では、「まず第一に、あらゆる社会形態の下に共通に行われるものとしての労働＝生産過程を考察する」（同）ことが必要になろう。[4] しかしそれだけではない。

ついでそのうえで、「資本の生産過程」の(ハ)第二側面へと進む。すなわち、「かかる一般的なる労働＝生産過程が資本の形態の下にも行われることが明らかにされなければ、資本は、資本主義として歴史的なる一社会を支配するものとはいえない」（同）として、「労働＝生産過程」のその資本制的包摂にこそ辿り着く。要するに、「第二には資本の生産過程は価値形成＝増殖の過程たることを明らかにされなければならない」（旧『原論』八六頁）という点が強調されるのだといってよい。こうして「生産論への導入」が提示されていく。

まさしくこのような図式の上で、第二として②「労働＝生産過程・価値形成＝増殖過程」論の展開に入る。そこで最初は(イ)「労働＝生産過程」だが、まず(a)「労働過程」が対象とされつつ、それを、「人間は自己の労働力をもって労働手段を通して労働対象物に、一定の目的に従った変化を与えて、自然物を特定の使用価値として獲得する」（旧『原論』八八頁）プロセスとして把握しながら、この労働過程の要因として、「労働力・労働対象・労働手段」の三つがヨリ詳細に説明されていく。その点で、何よりもの前提として、「労働過程はかくのごとき人間と自然との間に行われる物質代謝の過程の基礎をなすもの」（旧『原論』八七頁）だという定式こそが示されるといってよい。そのうえでもう一歩ロジックが進められて、「労働過程は同時に生産過程となる」（旧『原論』八八頁）という視点から、次に(b)「生産過程」へと移り、「労働過程は人間がいわば主体的に自然物に対して働きかける過程であるが、この同じ過程が客観的には生産過程としてあらわれ」（同）る――と規定される。まさに重要な説明であって、従来必ずしも明瞭ではなかった、「労働過程―生産過程」の論理的区別が、ここでは、「労働過程＝主体的」―「生産過程＝客観的」というメルクマールに即してヨリ明確にされているのではないか。[5] しかし、このような区別の効果はさらに射程が長いというべきであり、まず一つは、この「客観性」の土台上でこそ、「労働力―労働対象―労働手段」の三要素を貫く、「投下労働の量的加算関係」が設定可能になるといってよいし、ついで二つとしては、労働過程で遂行される労働が「二重の性質を持っている」＝「同じ労働が二面をもって作用する」（旧『原論』八九頁）という点の折出にこそ他なるまい。まさしく、このような「生産過程型視点」に立脚してこそ、「具体的有用労働―抽象的人間労働」という「労働の二重性」の十全なる解明と、それが「あらゆる形態の生産に当然なこと」（旧『原論』九〇頁）の設定とが、十分に可能になるのはいわば自明であろう。何よりも、「生産過程論」のその絶大なる意義である。

そして、以上のような「労働の二重性」を根拠としつつ、三つ目に、「労働＝生産過程」の総括という点から、「生産的労働の社会的規定」が集約されていく。換言すれば「必要労働―剰余労働」規定に他ならないが、まず、「この物質代謝の過程において、人間は必ず自己の生活に必要とせられる使用価値以上の生産物を獲得して来ている」（旧『原論』九一頁）という、いわば「人間社会の公理」を指摘し、この事実を土台として、直接労働における理論的概念区別が導入をみるといってよい。いうまでもなく、「その生活に必要な物資を生産するに要する労働時間」としての「必要労働」と、「一日の生活資料以上のものを生産する」労働時間としての「剰余労働」との区別以外ではないが、極めて重要なこの概念区分を通してこそ、資本主義社会の、その特殊な「階級社会」としての本質も設定されよう。

以上をうけて、(c)「価値形成＝増殖過程」論への「移行規定」[6]がこう提示されていく。

「かくてあらゆる社会に共通な、人間生活の絶対的基礎をなす労働＝生産過程は、資本主義社会においては商品形態を与えられると共に、もはや単なる労働＝生産過程としてでなく、同時に価値形成＝増殖過程としてあらわれるのである。」（旧『原論』九三頁）

そこで次に(ロ)「価値形成＝増殖過程」へ入るが、最初は(a)「価値形成過程」であって、ここでは、数多くの論争が繰り広げられている、周知の「価値法則の論証」が試みられる。その詳細は後に立ち入って検討するが、その骨組みとしては、「価値形成過程」の基軸をなす「労働力の商品化」を枢軸としながら、「労働者による生活資料の『買戻し』過程」を通じて投下労働時間が生産物価値を規制する関係――が解明をみる。(7) 例えばこういわれる。

「……労働力なる商品が、その生産に要する労働時間によってその代価を支払われるということは、生活資料の代価がその生産に要する労働時間を基準にして支払われることを意味するばかりでなく、生産手段もまた社会的にはその生産に必要なる労働時間を基準にして比較計量せられることにならざるを得ない。あらゆる生産物が商品として互いに質的に一様なる単に量的に異るにすぎないという価値関係は、かくして労働力の商品化によって、生産過程を基礎にして全面的に確立せられることとなる。」(旧『原論』九六頁)

何と見事な論理構図ではないか。後に詳細な批判的検討を加える必要がもちろん否定はできないが、この宇野「価値形成過程」論において、「商品価値の労働による規制」という「価値法則論証」図式が、一応その輪郭を形成した点だけは決して無視されてはなるまい。

このような基本図式を踏まえて、ついで(b)「価値増殖過程」へと進むが、その場合の、宇野による移行ロジックは、『資本論』を始めとする通説を何ら越えてはいない。(8) すなわち、「一日の労働力を買った資本家は、もちろん、これを六時間使用して一〇斤の綿糸を生産し、あとは使用しないというようなことはしない」のであり、「資本家としては一日の労働力を購入したのであって、これは出来得る限り長くしようとする」(旧『原論』九八頁)――という点を接点としてこそ、「価値増殖過程」への接続が図られる。要するに、労働時間を必要労働時間に限定したものとしての「価値形成過程」に対して、それを必要労働時間以上に延長したケースこそを「価値増殖過程」として規定しているわけであろう。いかにも「分かり易い」俗説的説明に他ならないが、いずれにしてもその結果、「この紡績資本家は、より多くの労働時間を体現した生産物を獲得し、より多くの貨幣として剰余価値を実現する」（旧『原論』九九頁）ことは当然といってよい。まさしく、「価値増殖過程」の発現であろう。

以上のようにして、宇野パラダイムでは、「価値形成過程」において「価値の実体規定」がまず確保されたうえで、次にそれを土台として、「価値増殖過程」で「剰余価値の生産」が開示されていくという構成が確認されてよい。要するに、「形態による実体包摂」の、その構造化ではないか。

まさにこのような「価値形成＝増殖過程」の総括としてこそ、最後に(c)「価値法則の確立」が提示されていく。というのも、いま確認した通り、この「価値形成＝増殖過程」こそ「形態による実体包摂」構造に他ならないが、それは、言い換えれば、「あらゆる社会に共通なる物質的基礎をなす労働＝生産過程が商品形態を通して実現される特殊な方法に外ならない」かぎり、宇野によれば、ここから、「資本主義社会は、社会の存続の基礎をなす労働＝生産過程を商品の価値法則をもって規制する」（旧『原論』一〇一頁）という関係が導出できる――とされていくからである。その際、「商品の価値法則」という表現にやや違和感が拭えないものの、総体的にみて、この「価値形成＝増殖過程」論こそが、「価値法則の確立」を体系的に表示する、その「必然的基礎」である点に関しては、もはや異論はあり得まい。そしてそうだからこそ、「商品の価値関係」は「労働が商品として売買される労働力の消費として行われる資本主義社会において始めて全面的に確立される」（同）とされつつ、それを根拠にして、「価値形成・増殖過程」＝「価値関係の必然的基礎」(9) なる命題が最終的に設定されていくわけであろう。

かくして、「価値形成＝増殖過程」は(ハ)「価値法則の必然的根拠」の点からこう総括される。

「……資本主義社会では……労働を基準とする価値による社会的規制は必然的根拠を与えられる。それはまったく

客観的法則性をもってあらわれる。」（旧『原論』一〇八頁）

要するに、「価値形成＝増殖過程」論は、「労働の二重性」および「物神崇拝的性格」にも触れつつ、この「価値法則の必然的根拠」規定においてその帰着点に至ると考えてよい。

そしてここから、最後に③「資本家的生産方法の発展」への移行規定が探られる。すなわち、「資本がその生産過程を価値形成＝増殖過程として実現するということは、一般にいかなる使用価値をも生産し得る労働力が、商品として社会的に与えられることを基礎とする」が、そうであれば、「むしろ資本の生産過程が価値増殖過程として行われるということ自身が、かかる労働力を形成せざるを得なかった」（旧『原論』一〇九頁）という関係にこそなる。したがって、「それは資本の価値増殖過程そのものの展開の過程に外ならない」（同）以上、ここまで追ってきた「価値形成＝増殖過程」論は、ついで「資本家的生産方法の発展」へと転じていく。

［2］宇野「労働＝生産過程・価値形成＝増殖過程」論の展開

このような宇野体系の基本構造に立脚したうえで、ついで、⑵その「展開」にまで考察を深めてみたい。そこで第一は①「生産導入論」に分析メスを入れてみるが、「資本形式論」の極限規定である産業資本的形式からの接続性は意外な程弱い。換言すれば、この旧『原論』では、「生産」との形式的つながりが抽象的に指摘されるに止まるのであって、産業資本的形式によって先行論理を受け止めつつそれに対する「実体規定」を形成する点への「こだわり」は、決して明瞭ではないように思われる。この点が有するその弱点としてのニュアンスは後に立ち入ることにして、その内容へと進むと、まず⑴「基本視角」としては、いうまでもなくその「超歴史性」が強調される。つまり、考察の現実的対象は、あくまでも、「商品として買入れた生産手段と労働力による生産過程」としての「資本の生産過程」だとしても、それは、「一般になんらかの使用価値を生産するものとしては、生産手段に労働が加えられておこなわれるものに外ならない……点ではいかなる社会関係の下に行われるかに関係のない労働過程であり、生産過程である」（旧『原論』八五頁）わけであり、まさにその「超歴史性」こそが顕著だといってよい。もっとも、この点は通説的であって新味は特にないが、問題は、(ロ)その「抽象可能性」ではないか。というのも、翻って、このような「超歴史的規定」はではどのような根拠によって設定可能なのか――が直ちに問われるからであるが、宇野の、それへの回答は極めて興味深い。すなわち、宇野は、「商品形態に単純化され、あらゆる他の外被をはがれた資本主義社会において始めてかくの如き一般的な労働＝生産過程が明らかにされ得る」（同）として、その抽象根拠を明瞭に抉り出す。したがって、その点で、「労働＝生産過程の資本による全面的包摂」という資本主義社会の歴史的特殊性こそが「労働＝生産過程の純粋な抽象化」を支えている、というその構造――が見事に提示されていよう。

そして、それを前提としてこそ、(ハ)その「論理構成」の大枠が提示をみる。すなわち、(a)「あらゆる社会形態の下に共通に行われるものとしての労働＝生産過程」→(b)「生産された新たなる使用価値は商品として生産される」ものとしての「価値形成＝増殖過程」→(c)「資本の生産力の増進として（の）資本主義的生産方法の発展」、というストーリーが描かれよう。ちなみに、すでに触れたように、(b)の中では「価値法則の論証」もその焦点をなす。

続いて早速、以上のような「生産導入論」をふまえながら、次に第二として②「労働＝生産過程」論へと進もう。そこで最初は(イ)「労働過程」に他ならないが、まず(a)その「定義」が以下のように示される。つまり、「労働過程は……人間と自然との間に行われる物質代謝の過程の基礎をなすものとして、人間の自己生産の過程である」（旧『原論』八七頁）とされるから、その焦点が、何よりも「人間―自然間の物質代謝関係」にこそあるのは明白であろう。逆からいえば、「人間の相互関連」はまだ射程に入っていないのであって、そこに、「生産過程」との区別が窺える。ついで(b)その「内容」にまで入ると、「労働過程の構成要因」として現実的には以下の四つが指摘される。具体的には、(A)「一般的にあらゆる物に転化し得る力……人間の目的にしたがっていかようにも使用し得る力」たる「人間労働力」、(B)「労働の一般的対象をなす」「自然・原料」などからなる「労働対象」、(C)「自然力としての労働力をいわば増幅するもの」としての「道具・機械」などの「労働手段」、(D)「労働対象、労働手段そのもののために使用せられる生産物」としての「補助原料」(同)、に他ならないが、ここでは特に新展開はみて取れまい。いわばその通説的範囲を超えていない。

そのうえで、最後に(c)その「特質」だが、その「主体的・能動的性格」こそが強調される。すなわち、「一定の目的を以って行われる人間的活動」が基軸に設定されるのであって、「人間も自然に対しては一個の自然力として働きかける」というまさにこの過程に即して、「人間は、労働過程において、自己の労働力を物に変えつつ、物を使用価値として獲得する」(同)のだ——と図式化されることとなろう。何よりも、その「主体性＝能動性」が印象的ではないか。

ついで、そこから(ロ)「生産過程」へと移る。そこでまず(a)その「定義」が注目されるが、すでにみた「労働過程」との内的関連で、例えば二つの視角からこう説明されていく。

「そしてこの生産物の見地からすると、労働対象も労働手段も共に生産手段とせられ、労働もまた生産的労働としてあらわれ、労働過程は同時に生産過程となる。」(旧『原論』八八頁)／「労働過程は人間がいわば主体的に自然物に働きかける過程であるが、この同じ過程が客観的には生産過程としてあらわれ、労働力は生産手段と共に生産の要素となる。」(同)

こうして宇野の定義づけは明白だといってよい。すなわち、人間労働の遂行という「同じ過程」を「主体的過程」として把握したものが「労働過程」であるのに対して、それを、「生産物の立場」から「客観的過程」として理解したものが「生産過程」である――のだと。周知の通り『資本論』の一面にすでに存在していた重要な指摘を、さらに拡充・発展させた視角に他ならないが、このような宇野による整理を通して、「労働過程」との対比の中で、「生産過程」の「定義」がヨリ一層明瞭になっていよう。そして、この「客観性」が極めて重要な効果をもつ。

そこで、(b)「生産過程の特質」をその効果という点から摘出すると、以下の三点が取り分け注目に値する。すなわち、まず一点は(A)「投下労働の量的加算関係」ともいうべき側面であって、具体的数字をも示せば、「綿糸一〇斤は、単に六時間の労働の生産物ではなく、二四時間の過去の労働に六時間の紡績過程の労働を加えた三〇時間の労働の生産物である」(旧『原論』八九頁)という数量関係の成立に他ならない。まさしく、――「労働過程」ではなく――「客観的過程」たる「生産過程」に立脚してのみ可能な把握方法ではないか。ついで、これを受けて、第二点として(B)「労働の二重性」がくる。というのも、いま確認した「量的加算関係」に即して始めて、「この紡績過程で行われる労働」が、「一面では綿花を綿糸に生産する具体的な……いわゆる有用労働として」あらわれるとともに、「他面では二四時間の労働生産物たる生産手段に、新たに六時間の労働を加え、一〇斤の綿糸の生産に必要な労働三〇時間の一部を構成するもの」(同)としてもあらわれる――からであり、何よりもそこから、「具体的な有用労働と抽象的な人間労働との二面」(旧『原論』九〇頁)からなる「労働の二重性」が、その根拠をもって理解可能になろう。しかし、その場合にくれぐれも注意すべきは、宇野によって、一つは、この「二面は……あらゆる形態の生産過程に当然のことである」(同)として、「労働の二重性＝超歴史性」が主張されていることであり、そしてもう一つは、この「労働の二重性」があくまでも「紡績過程という個別的な生産過程」に即してこそ設定されている点であるが、このうちの後者からは、後にその問題性が表面化して来ざるを得ない。

そのうえで第三点こそ、(C)「必要労働―剰余労働関係の導入」ではないか。つまり、その前提として、「労働過程を通して得られる使用価値を、労働力の維持に必要な生活に消費するという関係」をまず指摘し、そのうえで、「このいわゆる物質代謝の過程において、人間は必ず自己の生活に必要とせられる使用価値以上の生産物を獲得して来ている」（旧『原論』九一頁）という事実を確認する。要するに、超歴史的図式の中でこそ、「自己の生活に必要とせられる使用価値」を生産する労働時間たる「必要労働」と、その「使用価値以上の生産物を獲得する」労働時間としての「剰余労働」との区別も、導入されていくといってよい。そして、このような区別は、種々の労働を投下労働量を基準にして客観化しつつそれを労働時間数によって表示する――という操作によってのみ可能である以上、この「必要労働―剰余労働関係」が、何よりも「生産過程」論に即してこそ規定し得る点にも異論はあり得まい。

こうして(c)「生産過程の総括」がくる。具体的には、この「剰余労働の処理」を接点にして資本主義社会の構造的特質が改めてクローズアップされつつ、そのうえで、その特殊規定性が次のように提起されるといってよい。つまり、「資本主義社会は、労働力の商品化によって、生産過程自身を根柢から商品化したのであって、剰余労働をも商品形態を通して実現することになる」（旧『原論』九二頁）という関連に他ならず、その意味で、「生産過程」論による、資本主義社会的特殊性の、その鮮明化が示されよう。まさしく、「生産過程」論の体系的意義付け以外ではない。

そこを足場にして、「価値形成＝増殖過程」論への(ハ)「移行」がこう指し示されていく。

「かくてあらゆる社会に共通な、人間生活の絶対的基礎をなす労働＝生産過程は、資本主義社会においては商品形態を与えられると共に、もはや単なる労働＝生産過程としてでなく、同時に価値形成＝増殖過程としてあらわれるのである。」（同）

何よりもこのような移行規定に沿って、第三として③「価値形成＝増殖過程」論へと入る。そこで、最初は(イ)「価値形成過程」であり、まず(a)その「定義」が注目されるがそれは必ずしも明瞭ではない。というのも、「価値形成過程」へ移行するに当たって、その定義が、一つは「労働＝生産過程」との関連で、そしてもう一つは「価値増殖過程」との関連で、それぞれ明確になっている必要があるが、宇野にあっては、その両者とも、意識的には明示されてはいないからに他ならない。もっとも、一方に、「資本家と労働者との間に行われるこの交換過程は、単に貨幣を媒介としての生産物の交換ではなく、生産過程を通して行われる特殊な過程であ」り、その点で、「いわば自然と人間との間に行われる物質代謝過程を商品形態をもってする一種の回り道ということが出来る」（旧『原論』九三頁）という指摘があるから、「超歴史的な物質代謝過程の商品形態による実現過程」というのが、その「定義」に相当するとも推量できるが、もちろん確定はし難い。また、「価値増殖過程」との関連指摘もあいまいだという以外にはなく、無前提的に、必要労働時間＝六時間に限定された具体例が一方的に描かれるに止まる。

こうして、明確な定義設定がなされぬまま、「価値形成過程」が「個別資本による紡績過程」に即してフォローされていくが、その展開図式に関しては、最初に以下のような限定がなされる。

「社会的には結局、資本家は労働者に対して、賃銀を通して、労働者の生産物たる生活資料を販売し、労働者は、その労働力の代価として受取る賃銀によって、自己の労働の生産物を買戻すということに帰着するのである。」（旧『原論』九四頁）

周知の「買戻し」(10)構造の明確化以外ではないが、極めて注目すべき視点だということができる。その場合、このような「買戻し構造」を「価値形成過程」において設定し得る条件の説明がなお不十分だ――という難点が依然として残るとはしても、この「買戻しシステム」の明確化を通してこそ、「個別的紡績過程を集約点とした社会総体への連関拡大」とそれに立脚した「価値法則論証の可能性」とが、手に入ったことだけは決して否定できまい。まさしく、大きな注目に値しよう。

そのうえで(b)「価値形成過程の展開」がくる。さて、この箇所は、「価値法則の論証」問題として繰り返し議論の俎上に載せられてきた部分でもありすでに周知のことに属するから、ここではそのポイントのみに絞ると、それは以下の三点に集約されてよい。すなわち、まず第一点は(A)「生活資料の実体規定」であって、「今、かりにこの労働力の生産に要する労働時間、いい換えれば労働者一日の生活資料の生産に要する労働時間を六時間」とした場合、「一労働時間の生産物が〇・五シリングに価するとすれば、労働者は賃銀として三シリングを得ていることになり、資本家は二斤の綿糸を三シリングに販売すればよいことになる」（旧『原論』九四頁）とされる。こうして、労働者による「買戻し」過程を通す「必要労働―賃金―生活資料」関連によって、最初に「生活資料の実体規定」が確定をみよう。しかし問題は、いうまでもなくその理由に他ならないが、宇野は、第二点として(B)その「根拠」をこう説明していく。つまり二つに分かれるが、仮にこの「三シリング＝六時間」が崩れると、まず「第一に労働者はその生活を維持し、労働力を再び商品として販売するのに支障を来たすことになる」し、さらに「第二にはその資本家は、他の資本家に対して……紡績資本家以上の利益を得るわけであって、紡績資本家も二斤の綿糸を三シリングで売って紡績業を継続している理由はない」（旧『原論』九五頁）、と宇野はいう。要するに、もしその命題が成立しなければ「二つの背理」に陥る――という、いわば一種の「背理法」を駆使しながら、紡績労働過程における「買戻し」関係を基軸として、まず「生活資料の実体的価値規定」が示されよう。

しかしそれだけではない。ついで第三点として、その土台上で、さらに(C)「生産手段の実体規定」も確保されることになるのであって、そのロジックがこう組み立てられる。すなわち、「生活資料の実体規定」↓「労働力商品の実体規定」を経由して、実体規定作用がさらに生産手段に対しても適用されることに他ならず、その波及関係がこう述べられていく。

「……労働力なる商品が、その生産に要する労働時間によってその代価を支払われるということは、生活資料の代価がその生産に要する労働時間を基準にして支払われることを意味するばかりでなく、生産手段もまた社会的にはその生産に必要なる労働時間を基準にして比較計量せられることにならざるを得ない。」（旧『原論』九六頁）

こうして(c)「価値形成過程の意義」に連結する。なぜなら、以上のプロセスの中で、「いずれも一時間の労働の生産物を〇・五シリングの価格をもって売買したことになり、商品はすべて一定の社会的なる客観的基準によって交換せられる」（旧『原論』九七頁）点が明瞭化されるが、まさにこの事実に立脚して、「価値形成過程の意義」がこう集約できる――からに他なるまい。すなわち、このような内実をもつ「価値形成過程」論の体系化を通して、最終的には、「あらゆる社会に共通な労働＝生産過程を商品形態をもって実現するものとして、資本主義社会を一社会たらしめる根拠を与えるものということができる」（同）のだと。

そのうえで(ロ)「価値増殖過程」へ進む。そこで、まず(a)「移行」がくるが、それは単なる「労働時間の延長」に止まる。したがって、宇野の移行規定は極めて形式的なものに切り詰められるが、ともかく、「労働力の代価として支払われた三シリング」が「六時間の労働の生産物」の価格だからといって、「しかし一日の労働力の使用価値としての労働が六時間でなければならぬということにはならない」として、例えば「一二時間労働」が設定をみる。要するに、「価値形成―増殖過程」の区別は、「単なる労働時間の差」に帰着していこう。

そうなってしまえば、ついで(b)「価値増殖過程の定義・内容」も極端に内容の薄いものとならざるを得まい。すなわち、「一日の労働力を買った資本家は、もちろん、これを六時間使用して一〇斤の綿糸を生産し、あとは使用しないというようなことはしない」として、「例えば三シリングで購入した労働力を一二時間使用したとしよう」（旧『原論』九八頁）というケースを採用する。そしてそのうえで、宇野は、この「一二時間労働」に対応した、綿花・機械・綿糸の使用量・生産量および価値量をそれぞれ計量しつつ、結局、「資本家は、生産手段に二四シリング、労働力に三シリング、合計二七シリングの資本に対して三〇シリングを得ることになり、明らかに三シリングの剰余価値を獲得する」（同）という結論に至る。こうして、剰余価値が形成される「価値増殖過程」が説明されるが、しかしこれには何らの新しい規定性もないのであり、すでに設定された「六時間＝三シリング」を再説するに過ぎまい。換言すれば、「価値増殖過程」の新基軸は皆無であって、その点でやや内容に乏しい。

そのような疑念を含みながら、しかしそれでも、「価値増殖過程」の「定義」が以下のように一応は与えられていこう。つまり、「労働力と共に生産物は互いにその生産に要する労働時間を基準にして交換せられながら、それによってこの紡績資本家は、より多くの労働時間を体現した生産物を獲得し、より多くの貨幣として剰余価値を実現する」（旧『原論』九九頁）のだと。いずれにしても、労働時間で区切られた「価値増殖過程」の意味は顕著に薄い。

そして最後に(c)「移行規定」が置かれる。換言すれば、この「価値増殖過程」論を受けて、宇野が次に検討しようと意図する「価値法則の確立」ロジックへの橋渡しが試みられるといってよいが、その論理的焦点は、価格変動調節の実体的条件が何よりも「生産過程を基礎とする決定自身」にある――という点にこそあろう。例えばこのように説明される。

「商品の価値が、価格として貨幣によって表現せられるということは……単に繰り返し行われる社会的交換によって決定されるというのではなく、あらゆる生産物を資本の下に商品として生産する資本主義社会では、生産過程を基礎とする決定自身が、かかる価格の運動を媒介とすることなくしては実現され得ないということを示すのである。」（旧『原論』一〇〇頁）

まさしく明瞭ではないか。つまり、この「価値増殖過程」を土台として、「価値―価格―生産」三者の構造的関連が解析可能になるとされているのであって、その意味で、先にフォローした「薄味の数量関係」ではなく、何よりもここにこそ、「価値増殖過程」のその意義が求められてよい。

ここを接点として、宇野体系は(ハ)「価値法則の確立」論へと向かう。そこで、まず(a)その「焦点」が定められるのであって、以上までで解明されてきた「価値形成＝増殖過程」が総括されながらこういわれる。すなわち、ここまでの展開を通して、「各種の使用価値は、互いに商品として、その生産に社会的に必要な労働によって価値を有するものとして交換せられることになる」（旧『原論』一〇一頁）点が明らかになったが、その基礎土台には、「全社会の総労働は各種の生産に、資本を通して、その生産物が社会的に互いに一定の関係をもって要求せられるのに対して、その生産に技術的に要する生産時間を基礎にして配分せられる」（同）という関連が存在する——のだと。要するに、「六時間＝三シリング」という実体的関係成立の基盤には「総労働の社会的均衡配分」という根拠がなくてはならない点が強調されているといってよく、「価値法則の確立」を提示するに当たって、結局、宇野は、何よりも、このような「全社会の労働の幾分子かを体現したもの」（同）という関連をこそ重視していく。

そして、まさにこのような「価値規定—総労働の均衡配分」関係にこそ依拠して、「資本主義社会は、社会の存続の基礎をなす労働＝生産過程を商品の価値法則をもって規制することになる」（同）という帰結が導き出され、(b)「価値関係の必然的基礎」規定へと移る。つまり、「労働が商品として売買される労働力の消費として行われる資本主義社会」（同）において「のみ」、以上のような「均衡労働配分に立脚した実体的価値規定」（六時間＝三シリング）が客観的に成立するという、その「必然的基礎」の解明がポイントをなすが、宇野は、「自己の生産手段をもって生産するいわゆる単純なる小生産者」と比較してこう説明する。

「一日の労働力が、その消耗を回復し、新たなる労働力として維持せられるのに必要な一日の生活資料と交換せられるということは、自ら生活資料を生産するに要する生産手段をもっていない無産労働者にとっては、小生産者と異って必然的根拠を有することである。」（旧『原論』一〇二頁）

もはや明白であろう。何よりも、「労働者の存続」＝「労働力商品化の維持」という根底的条件に基づいてこそ、「必要労働によって決定された賃金による生活資料の『買戻し』」関係が、「六時間＝三シリング」という実体的価値規定をその「必然性」をもって支えているのだ――といってよい。まさしく、このような土台的連関こそ、宇野が始めて解明に成功した「価値関係の必然的基礎」論なのであり、したがって、再生産表式との関係で後に説明されていく「価値法則の絶対的基礎」論と対比させていえば、「価値法則の必然的根拠」論に他なるまい。

こうして、(c)「価値法則確立の意義」が、宇野によっていまや鮮やかに構図化されるというべきであろう。なぜなら、「買い戻し」をアルキメデス・ポイントとしたこの「必然的根拠」がさらに進んで「またあらゆる生産物を商品として価値法則に従わしめる基点をな」す以上、最終的に、それは「商品の交換関係を生産過程そのものに基礎づけることになる」（同）のだとして、宇野はさらにその論理射程を延ばすからに他ならない。したがってそうであれば、「価値形成＝増殖過程」論は、まさにこの「価値法則の確立」論に即してこそその体系的総括が図られている――と整理されて大過ないのではないか。こうして、いまやその到達点に至った。

〔3〕宇野「労働＝生産過程・価値形成＝増殖過程」論の特質　では、このような展開内容をもつ宇野体系の(3)「特質」はどう整理できるだろうか。そこで、その「特質」の第一としては、取り分け①「形態―実体関係の明晰性」が指摘されてよい。すなわち、この「労働＝生産過程・価値形成＝増殖過程」の展開が、「形態―実体関係」という統一的視角の下に立体的に組み立てられているということであって、その統一的明瞭性が何よりも際立つ。そして、このような特質はさらに以下の三点からなるが、まず一つ目は、(イ)それが、宇野による「流通形態的方法」からの直

接的反射に他ならない点であろう。周知の通り、「商品→貨幣→資本」を実体規定から自立した「流通形態規定」として展開するという「流通形態視角」に宇野体系の決定的斬新性があり、そこには、――前章までで詳述した通り――その画期的な意義が検出できたが、生産過程におけるこのような「形態―実体関係の明晰性」は、「商品→貨幣→資本」の「流通形態規定」としての純化作用の、まさにその延長線上にこそ位置づくのはいうまでもあるまい。そしてそうであれば、このような、宇野による、「形態―実体」に関わる方法的処理は、二つ目として、(ロ)一面では、『資本論』による体系的な篇別構成を継承・発展させる位置関係にあるのはまず当然であろう。というのも、『資本論』においては、その第一部は「資本の生産過程」とされつつも直ちに「生産過程」分析に入るのではなく、まず第一篇「商品と貨幣」および第二篇「貨幣の資本への転化」を経た後に、ようやく第三篇「絶対的剰余価値の生産」に至って始めて「労働過程と価値増殖過程」が対象となっている――からに他ならない。換言すれば、『資本論』の篇別構成にあっても、「商品―貨幣」という「流通上の規定」と「労働―価値増殖過程」という「実体過程」とは特有な位置関係において設定されているわけであり[12]、その意味で、宇野によるこのような体系化は、まさしくその継承に当たっていよう。

しかし、もちろんそれだけではない。そのうえで三つ目に、(ハ)他面では、宇野によるこのような継承には、いうまでもなく『資本論』からの批判的脱却もが含まれている。すなわち、『資本論』にあっては、冒頭商品論においてすでに「価値の実体規定」が与えられたために、「流通上の規定」と「実体過程」とが一部で混濁しつつその「分離―統合」作用に少なくない錯綜性が残存した。その点で、宇野による体系的な整理は、まさしく『資本論』の純化作業をも伴った。

そのうえで、宇野「労働＝生産過程・価値形成＝増殖過程」論の第二の「特質」として、②「構造論的体系化」が何よりも顕著なように思われる。もう一歩具体的にいえば、いま確認した「形態―実体関係」を統一基準として、この「労働＝生産過程・価値形成＝増殖過程」の全体が、一定の「構造的組み立て関連」においていわば「立体化」された――ことを意味しよう。すなわち、最初に一つ目として、(イ)「労働＝生産過程」が全ての社会形態に共通する経済土台として確定されることによって、それが、まず「実体規定」において純化される。その点で、超歴史的なこの「労働＝生産過程」こそが、「形態―実体関係」におけるその根底的基盤という点から、宇野型「立体化の基礎基盤」＝「実体」をなそう。ついで二つ目には、そのうえで、(ロ)「価値形成＝増殖過程」こそが「形態による実体の包摂化」を表現することになるといってよい。いうまでもなく、それこそ、「実体たる労働＝生産過程」を資本によって実現する現実的システム以外ではないからであって、何よりもここにおいて、宇野型「立体化の実現過程」が具体的に示されていく。まさしく、「構造的体系化」の設定であろう。

これが「構造的体系化」の基本骨格だが、さらにもう一段深めると、三つ目には、このような基本図式を土台にして、さらに、(ハ)その「内部構成」が二つのレベルで明確に設定をみる。具体的には、最初に一つとして(a)「労働＝生産過程」の内部区分が示され、その「超歴史性」が確定されたうえで、まず(A)「労働過程」が、何よりも、労働主体による「対自然関係」の点から「主体的過程」として理解されるのに対し、ついで(B)「生産過程」が、「生産物の見地から」、「労働主体間の相互関係」をも含めた「客観的過程」としてこそ把握されるといってよい。その点で、宇野体系における、「主観―客観性」をメルクマールとした、「労働過程―生産過程」という「内部区分」が手に取るように分かろう。しかしそれだけではない。ついで二つとして、(b)「価値形成＝増殖過程」における内部構成が問題とされ、最初に(A)「価値形成過程」が「必要労働時間のみの遂行」として定義されるからこそ、次に他方の(B)「価値増殖過程」が「剰余労働時間の遂行」プロセスに即して規定されざるを得なくなろう。要するに、宇野体系にあっては、

「価値形成過程―価値増殖過程」という内部区分が、あくまでも「労働時間数」を基準にして、いわば「外面的」にこそ設定されているとみる以外にはない。こうして、宇野によれば、「資本の生産過程」は、合計、「労働過程」・「生産過程」・「価値形成過程」・「価値増殖過程」という四つのサブ・プロセスから構成されていることが明白であり、まさにそのような組み立てに従って、その「構造論的体系化」が試みられているのである。まさしく、宇野体系の際立った特質だというべきではないか。

そして、第三の特質こそ③「価値法則の論証体系化」以外ではない。言い換えれば、宇野の「資本の生産過程論」がまさしく全体として「価値法則の論証」体系をなしている――という特筆すべき性格のことだが、それは、差し当たり以下の三論点から成り立っていよう。すなわち、まず一つ目は、(イ)この論証体系の基軸が、取り分け「労働者による買戻し」関係にこそある点である。もう一歩立ち入っていえば、資本制的生産の基軸を労働力商品化に立脚化させることにより、何よりも、この労働力の自立的再生産の社会的確保をこそ商品価値規定の中心に設定されることに関わろう。そしてその場合、宇野論証体系におけるその決定的な固有性こそ、労働力再生産の基点を「労働者による、賃金による生活資料の自立的購買必然化」に求めている――ことに他ならないのであって、まさにこのような「買戻し」関係が基点となってこそ、そこが重心となって、「労働力価値↓生活資料価値↓生産手段価値」という、価値規定関係の波及連鎖が進行するわけである。その結果として、「一労働時間＝〇・五シリング」という「価値の実体規定」が全商品について成立するとされるが、このような宇野「価値法則の論証」体系の基軸が、何よりもこの「買い戻し関係」にあるのは明白であろう。そのうえで二つ目として目立つのは、(ロ)このような論証体系が――「価値増殖過程」ではなく――あくまでも「価値形成過程」でこそ実行されている点ではないか。その際、宇野はその両者の区別を「剰余労働」を基準とした労働時間数に置いている以上、宇野による「価値法則の論証」は、結局のところ「剰余価値を含まない場面」でしか遂行されていないことにもなる。そしてそうだからこそ、そこから、「剰余価値を含んだ、資本制生産の本舞台」への「空隙」が問題とされていくという課題を残すのであるが、逆にいえば、その点に掣肘を受けて、他面で、「価値増殖過程」が、実質的内容に欠けた、いわば「形骸化した過程」に止まるという帰結へも結びつく。したがって、「価値法則論証」の、その実行場面にも注意を要する。

以上を総括して三つ目に、(ハ)宇野による「価値法則の論証」体系は「価値法則の必然的根拠」論として総括されていく。いうまでもなく、宇野原理論体系にあって、「価値法則体系」は、いわばその全体系において貫徹していく、文字通り体制法則以外ではないが、その「価値法則体系」が、この「資本の生産過程」レベルでは、まずその「必然的根拠論」としてこそ展開される点が重要だといってよい。すなわち、この次元では、「労働者による生活資料の買戻し関係」を通す、「商品価値—投下労働量」間の、まさしく「内在的必然性」解明が追究されたのであり、その意味で、ここでは、「価値法則の必然的根拠」の論理化が試行されたわけである。そしてこれを前提として、宇野体系の後の箇所で、さらに「再生産表式」論を基盤として、「価値法則の絶対的基礎」論が展開されることになるが、そのような宇野・価値法則論の全構図にあって、この「資本の生産過程論」では、まずその「必然的根拠」が提示されていくこととなろう。

Ⅱ　宇野「労働＝生産過程・価値形成＝増殖過程」論の意義と問題点

［1］宇野体系の位置　さて、ここまでで宇野体系の展開内容をやや立ち入ってフォローしてきたが、その作業を下敷きにして、以下では、そのような宇野による展開内容がもつ、その「意義—問題点」へと分析メスを入れていきたい。そこで最初にその前提として、まず宇野「労働＝生産過程・価値形成＝増殖過程」論の(1)「位置」を手短に振

り返っておく必要があろう。そうであれば、いま改めて宇野体系の体系的位置を確認しておくと、その焦点が、「形態による実体包摂の構造化」にこそ見出せるのは自明ではないか。すなわち、まず宇野原理論体系の際立った特質の一つが――そしてその画期的な成果が――、「商品―貨幣―資本」を生産過程から自立した「流通形態」として把握する点にあったが、まさにその「流通形態」が、実体規定としての「労働＝生産過程」をその内部に包摂することによって「価値形成＝増殖過程」として現実化させる論理系こそ、この「労働＝生産過程・価値形成＝増殖過程」論以外ではあり得ない。したがってそうであれば、「形態による実体包摂の構造化」こそが、宇野体系におけるその「位置」関係の、いわばキー・ポイントを占めることとなろう。

要するにこういうべきではないか。前章で確定した「産業資本的形式」によって指し示された「生産分析」への移行に沿いつつ「生産分析」へと入るが、まさにその中で、すでに解明をみた「流通形態規定」を前提にして、その「形態」による「実体」の「包摂システム」を明らかにすること――にこそ、その「位置づけ」の集約点があるに違いないのだと。

［2］宇野体系の意義　では、このような、宇野による展開内容の「位置」を踏まえると、まず⑵宇野体系の「意義」はどう整理可能であろうか。そこで第一の意義として、何よりも①「形態―実体関係の構造化」が指摘できる点に関しては異論があり得まい。つまり、「労働＝生産過程・価値形成＝増殖過程」の全体を「形態―実体関係」の下に統一的に編成したことであって、そのような「体系的構造化」はまさに特筆に値しよう。もう一歩立ち入っていえば、まず一面で、「労働＝生産過程」をあらゆる社会体制に共通する超歴史的「実体」として客観的に把握したうえで、ついで、「価値形成＝増殖過程」を、「労働＝生産過程」の「資本＝流通形態」によるその「包摂形態」として構造化した――ことに他ならない。まさしくその点で、「資本の生産過程」が、「形態―実体―包摂形式」というトリ

アーデに即して体系的に「構造化」されているわけであり、その効果は極めて絶大だといってよい。

その場合、このような「形態—実体関係の構造化」という意義には、内実的にいって、以下の三点が含まれるように思われる。つまり、まず一つは(イ)「流通形態規定の純化」[13]であって、宇野に対して、「資本の生産過程」論の体系化を可能にしたその前提条件として、「商品—貨幣—資本」展開の「流通形態規定」への純化作業があるのはいうまでもない。換言すれば、「商品—貨幣—資本」が「純粋な流通形態」として予め確定されたからこそ、それとの対比によって、「労働＝生産過程」の「実体」への抽象作業がまず可能になったし、さらにそれら「二つの作業」の総合化の下でこそ、ついで、「価値形成＝増殖過程」が「形態による実体の包摂システム」として解明し得たのは自明ではないか。その意味で、「流通形態論」の、その前提的役割はとてつもなく大きい。次に二つとして、宇野によるこのような「形態—実体関係構造化」が、(ロ)「資本制的生産の歴史体制的特質」を鋭く抉り出している側面が注目される。というのは、このような「構造化」が、まず一面では、資本制的生産も、他の経済社会体制と相並ぶ人間社会における「一つの社会システム」以外ではないというその「共通性」をいうまでもなく指し示しているとともに、それだけではなく、次に他面で、資本制的生産は、その「共通性」を何よりも「資本」という独特の方式によってのみ遂行している、極めて「特異な社会システム」に他ならないことをも明示している——からに他ならない。要するにその点で、宇野による「形態—実体関係の構造化」は、「資本主義の存立根拠」とともに、——その裏側において——いわば「資本主義の歴史的限界性」をも証明しているのだと判断してよい。したがって、その「歴史的射程」の長さには改めて瞠目させられるというべきであろう。

それだけではない。最後に三つ目に、(ハ)「原理論体系化への役割」も決定的に重要である。すなわち、周知の通り、宇野原理論体系は「流通論—生産論—分配論」という三部構成をなし、そのうちの「分配論」は、個別資本に立脚した資本主義の運動機構が対象とされるが、このような個別資本の運動メカニズムをヨリ体系的に解明するためにも、「生産論」におけるこの「形態―実体関係の構造化」がまさにその前提をなす。なぜなら、この「資本の生産過程論」において「形態による実体の包摂関係」が設定されてこそ、まさにその基盤のうえに始めて、その「包摂関係」の個別資本を通した現実的編成関係も解明し得るから――に他ならない。そう考えると、宇野によって画期的に実現されたこの「形態―実体関係の構造化」成果は、ここまで確認してきた、「流通論→生産論」関連の明確化だけではなく、それをさらに超えて、「分配論」の体系的位置[14]をも適切に指し示しているのだと意義付け可能であろう。それの、「原理論体系全体への役割」関係が取り分け強調されるべき、その所以である。

そのうえで、宇野体系の意義の第二は、いうまでもなく②「価値法則の論証」だといってよい。この点は、多面的な論争過程ですでに繰り返し問題となってきたが、例えば『資本論』のように商品関係で価値の実体規定が試みられるのではなく、まさにこの資本の生産過程論でこそ遂行される点に、宇野「価値法則論証」図式の極立った特質がある。それは、すでに何度も指摘してきた通り、労働者による、生活資料の、必要労働時間を基準とした「買戻し関係」を基軸とする、全生産物価値における「一労働時間＝〇・五シリング」関係の必然的成立――として構図化可能だが、そこには、基本的にみて以下のような決定的意義が含まれていよう。

すなわち、まず一つには、(イ)『資本論』による「価値実体規定の難点」を克服する意義をもつといってよい。つまり、『資本論』の商品冒頭論での価値規定は、――すでに他の機会に詳細に検討した如く[15]――例えば、「冒頭商品の歴史的規定性の不確定性」・「使用価値捨象操作の恣意性」・「生産価格との齟齬性」などの点で大きな難点を抱えていた。それは大きくいえば、商品関係という流通次元で価値実体規定を与えようとすることの無理に淵源すると思われるが、宇野による、「生産過程における価値実体規定」というこの新基軸は、『資本論』型の基本的隘路に対してその克服方向を提示したのだと評価できる。したがってそうであれば、次に二つとして、(ロ)「生産過程における価値実体論証」の意義が特筆されねばなるまい。すなわち、すでに何度も確定してきたように、宇野によれば、「資本の生産過程」においてこそ、「形態による実体の包摂」を根拠にして「形態―実体間の全面的結合・一体化」が実現をみ、したがってその構造土台上においてこそ、「価値・価格関係たる形態規定」と「労働量関係たる実体規定」とがいわば始めてその接合関係を確保するに至る。まさにそうだからこそ、宇野は、この「価値（価格）関係―労働量関係」の接合構造に条件付けられて、「価値の実体規定」がようやく適切に解明可能になる――という図式を描いたのだと判断してよい。要するに、宇野による、「生産過程での価値実体規定」という構図こそは、「価値の実体規定」をそのヨリ適合的な篇別構成に即して実現し直したという意義をもつというべきであって、宇野「価値法則論証」図式が切り開いたその画期性[16]は、いわば限りなく大きい。

そのうえで三つ目に、(ハ)「価値―生産価格関係の齟齬性」という難問への解決提示も見過ごせない。というのも、宇野体系に従って、『資本論』のような「商品論における価値実体規定」方式から脱却しつつ「生産過程論での価値実体規定」へと編成替えをすれば、「価値」と「生産価格」とを商品交換という同一レベルで対比する必要が一切なくなるから、その結果、その両者を、いわば平面的に並べて量的に比べるという操作は全く必要なくなる――からである。むしろ、そのような操作はかえって誤りにしかならない以上、『資本論』ロジックを前提にすると解決不能になる、この「価値―生産価格の齟齬問題」は、ここで見事に氷解してしまおう。

最後に、宇野体系の第三の意義は、③「価値法則論体系への展望」が強調されるべきではないか。いうまでもなく、それは、原理論体系の全体に則して、「価値法則論」をどのような編成様式において設定するかという論点以外ではないが、「生産過程における価値法則論証」実現という宇野体系の意義は、原理論体系全体に向けて、以下のような広範な展望を可能にする。そこで、まず一つ目は(イ)「価値法則の必然的根拠」という把握であって、この「資本の生産過程」における「価値実体規定の論証」は、宇野・価値法則論体系の全体からすると、その「必然的根拠」論という位置づけをもつ。すなわち、「労働者による、必要労働を基準とした生活資料の『買戻し』」という操作を通してこそ「価値の実体規定」が「必然化」する――ということの集約的表現だとみてよいが、まさに、この「価値法則の必然的根拠」という理解の中に、宇野による、生産過程における「価値実体規定論証」のそのエッセンスが含蓄されていよう。しかしそれだけには止まらない。なぜなら、二つとして、この「必然的根拠論」に立脚したうえで、(ロ)「価値法則の絶対的基礎」論がさらに構築可能になっていくからであって、宇野体系では、ついで、同じ「生産論」の中の「再生産表式」論で、その「絶対的基礎論」が展開をみる。周知の通り、そこでは、資本主義の商品売買関係がまさしく「再生産の絶対的原則」に基礎づけられていることが明確化されるといってよいから、この論理レベルでは、「価値実体規定」がその原則的基盤を「絶対的」に獲得する側面こそが解明可能になろう。こうして、「生産論」の範囲で「必然的根拠→絶対的基礎」という論証過程が進む。

こう考えると、三つ目に総合的にみて、(ハ)「生産過程における価値法則論証」がもつ、その枢軸的役割が何よりも重要ではないか。換言すれば、この「必然的根拠論」こそ、原理論全体に貫徹する価値法則論体系の、何よりもその基軸をなす――という点に他ならず、まさしく、そのような価値法則論体系への展望を切り開いたという意味で、宇野体系のこのような意義は限りなく大きい。

［3］宇野体系の問題点　以上のような意義を踏まえたうえで、次に(3)宇野「資本の生産過程」論の「問題点」へ目を移そう。そこでまず問題点の第一としては、①「生産過程論の未整備性」が指摘されねばなるまい。すでに具体的にフォローしたように、宇野「生産過程」論では、『資本論』の叙述を拡充させながら、「人間労働の超歴史的な客

観的側面」という視角から、「投下労働の量的加算関係」・「労働の二重性規定」・「必要労働―剰余労働関係」などという重要な論点の解明に成功していた。しかしそのうえでも、さらなる考察余地を残存させた論点としては、「生産過程の社会的連関性＝有機的総体性」[17]の把握不十分性が無視し得まい。すなわち、産業資本的形式によって包摂される「実体としての生産過程」は、何よりも「有機的総体性＝社会的連関性」をその決定的固有性として保持する――という点への考慮が弱いといわざるを得なく、そのために、「個別的な生産過程」との区別も極めて弱い。具体的に立ち入ると、一つ目として、(イ)その「難点」はまず「生産過程の特質理解」の不十分性となって表面化しよう。すなわち、「労働過程」との区別の焦点をなす「生産物の立場」が的確には活かされておらず、単に、「この生産物の見地からすると、労働対象も労働手段も共に生産手段とせられ、労働もまた生産的労働としてあらわれ、労働過程は同時に生産過程となる」（旧『原論』八八頁）として、いわば「定義的」に言及されるに止まっている。したがって、この「生産物の立場」によって始めて可能となる、「生産手段―生産物」の有機的連関を結び目とする「生産過程間の有機的連関性」への重視が決して強くないのも自明であり、その点で、宇野の「生産過程の独自性」理解にはまず問題が残ろう。そうであれば二つには、このような「難点」を残した(ロ)「原因」が注目されるが、以下の二点が特に目立つのではないか。つまり、第一に、先にも簡単にふれたが、宇野の論理の運びによれば、「流通論」から「労働＝生産過程」論への移行に関して、意外にも、「産業資本的形式」の媒介性がほとんど皆無であったが、それが、原因のまず一つを構成する。なぜなら、すでに前章で考察したように、この資本形式は「需給調整機構＝価格調節機構」を内在化させる点にその体系的特質をもっていたが、もしこの特質が正当に重視されるならば、そこから、このような機構的機能を有する「産業資本的形式」によって包摂されていくこの「労働＝生産過程」が、始めから、「社会的・有機的質・量連関性」に即してのみ抽象化されざるを得ない――のは自明だからに他ならない。したがって、「産業資本的形式」による媒介的役割の欠如がここには影を落としている。ついで第二として、生産過程における「労働力商品化」効果についての配慮がやや物足りない。つまり、「あらゆる使用価値を生産し得る」という「労働力」の固有性がもう一歩強調されるべきだと思われるのであるが、宇野体系では、この「労働力の汎用性」重視が弱かったが故に、そこを接点として開かれてくる、「労働＝生産過程」が本来「社会的・有機的な質・量連関性」を具有するというその基本理解が、その分だけ、徹底化され得なかったのではないか。その点で、「労働力がもつその汎用性」認識の不足が、その「原因」として大きく作用したといってよい。

このような「難点」の帰結として、三つ目に、(ハ)その「悪影響」が次の二点となって表面化していよう。そのうちのまず第一は、「労働の二重性」が、「個別的な生産過程」モデルに即してのみ説明されていることだといってよい。具体的に確認すると、「例えば一〇斤の綿花と一台の紡績機械とをもって……六時間の労働によって一〇斤の綿糸が生産される」というモデル上でこそ、「この紡績過程で行われる労働は、かくして二重の性質を持っている」（旧『原論』八八－八九頁）とされているから、この場合、「労働の二重性」は、明らかに「個別・紡績過程」に立脚してのみ設定されていると判断する以外にあるまい。しかし、個別的な生産過程において「労働の二重性」を確定することには限界があるというしかなく、特に、その「抽象的人間労働」の「抽象＝検出＝確定操作」を、特定の「紡績過程」を取り上げつつそこに関与するいくつかの「特殊労働」のみを対象にして遂行することは、明らかに困難ではないか。そうではなく、「労働の二重性」は、あくまでも「社会的労働の有機的質量編成」を土台としてのみ設定可能だと思われる[18]が、宇野による「生産過程連関性」の弱さがそれを阻害している。

しかしそれだけではない。さらにその「悪影響」は、いうまでもなく「価値法則の論証」にも大きく響いていよう。その立ち入った内容は次に詳述するが、以上のようにして、「生産過程の社会的連関性」が適切に確定できなければ、この「生産過程」の資本による包摂システムとしての「価値形成過程」も、その「社会的連関性」が弱められつつもっぱら「個別的過程」面に即して配置されていく他ない以上、その結果、宇野の、「価値形成過程を舞台とする価値法則論証」も、著しく「個別資本モデル」となっていかざるを得ない。そして、まさにこのような「論証図式」そのものにこそ、宇野「価値法則の論証」におけるその問題性が淵源しているように思われる以上、その意味で、「生産過程の社会的連関性欠如」の悪影響はその根が極めて深い。

次に、宇野体系の第二の問題点としては、②「『労働＝生産過程』および『価値形成＝増殖過程』におけるその相互関係」に関して、一定の不適切性がなお無視できない。そこで、まず一つ目に(イ)「労働過程―生産過程関連」から入ると、何度もふれたように、その区別は、「労働過程は人間がいわば主体的に自然物に対して働きかける過程であるが、この同じ過程が客観的には生産過程としてあらわれ」る(旧『原論』八八頁)といわれて、前者＝「主体的」に対して後者＝「客観的」という点に置かれている。もちろんこの区別は重要ではあるが、これでは、「生産過程」の有効性はなお弱い。なぜなら、「労働過程」は、人間がいわば「主体的に自然物に働きかける過程」という意味でその「構造」が明断なのに比べて、単に「客観的」側面を対比的に強調するだけでは、「生産過程」の構造は一向に明瞭ではない――からに他ならない。一体、「生産過程」の内実としては、「客観的」視点に立脚しながら何を示すべきなのであろうか。その場合、極めて強く注目すべきは、『資本論』と同様に宇野『原論』にあっても指摘されている、「生産物の立場＝見地」(19)という規定であって、この点を深く考慮すれば、「生産過程」は「労働過程」から区別されつつ、そこから、「生産過程」における、「生産の連関編成＝人間労働の連関編成」側面こそが浮かび上がってくるのではないか。

ついで二つには、(ロ)「価値形成＝価値増殖過程連関」にも問題性が大きい。すなわち、宇野も、『資本論』そのままに、この二過程を、単純に「剰余労働の有無」をメルクマールにして区別するが、それは極めて安易で無意味な区別というしかない[20]。そもそも、「必要労働に限定された資本制的生産」はあり得ないだけではなく、概念的に考えても、「価値形成─価値増殖の区別」の基本を「労働時間の量的差」に還元するのは全くの錯誤だろう。そうではなく、この区別の原点をなす「形成という概念」は、あくまでも、──不変資本における単なる「価値移転」とは異なって──可変資本は「ゼロから価値を新たに『創造』する」というものであるかぎり、その「価値形成」規定を、無配慮に「労働時間数」に切り詰めつつ「価値増殖」規定と同列化することなど決して許されまい[21]。まさしく、この点にこそ注目したい。

そうであれば結局三つ目として、(ハ)「統合的視角の重要性」こそが指摘可能なように思われる。換言すれば、宇野体系では、『資本論』におけるネーミングよりは工夫されて、「労働＝生産過程」および「価値形成＝増殖過程」の如くに、それぞれが「＝」を使って統合的に扱われている点が重要なのではないか。もちろん、それぞれの「過程」にその特質・力点・効果の相違的アクセントがあって「相対的」には区別されるとはしても、「総体的」には、それらは、「統合的システム」における、そのそれぞれ独自な側面としてこそ位置づけられるべきなのではないか[22]。要するに、これら「四つの過程」に関する、その相互関連が改めて問われている。

最後に第三に、宇野体系の最終的な「問題点」こそ③「価値法則の論証」であろう。そして、この論点はいくつかのポイントからなるが、最初に一つとして、(イ)「論証の場面設定」がそもそも不適切なように思われる。いうまでもなく、宇野によるその「論証」は──「価値増殖過程」ではなく──「価値形成過程」でこそ試みられているが、それは適切ではあるまい[23]。なぜなら、それには、「剰余価値分が関与しない」という点で「証明し易い」という効果があるのであろうが、そもそも、「剰余価値の存在しないケース」で「価値法則の論証」が「万が一」成功したとしても、「資本制生産の基本法則としての価値法則」という基準からしてそれは全く無意味であることに加えて、そこで「論証に成功した」価値法則を、今度は、「剰余価値の存在する」「価値増殖過程」へと再度「証明し直す」ことは絶望的に困難に違いない――からである。したがってまず、最初から「ボタンを掛け違っている」のだ。

そのうえで二つ目に、(ロ)「論証の構図」そのものが適合的ではあるまい。周知の通り、宇野の「論証図式」は概略以下のようであった。つまり、まず(A)「紡績資本家―労働者」において「必要労働―賃金」関係を前提した上で、次に(B)「労働者―生活資料資本家」の間で「賃金―生活資料価値」関係を決定しつつ、最後に(C)「生活資料資本家―生産手段資本家」に即して「生活資料価値―生産手段価値」関係への波及を示すこと――これである。要するに、「必要労働→賃金→生活資料→生産手段」という連動的規定関連を通じて、最終的に、全生産物＝商品の価値に対する、「一労働時間＝〇・五シリング」という「価値の実体規定」が証明されるという論理構図が提起されるといってよい。もちろん極めて魅力的な図式ではあるが、これまでに数多くの疑問がすでに提出されているように、どう工夫を施してみても、それは、いくつかの産業部門と幾人かの資本家を組み込んだ論証図式である限り、「利潤率―競争―生産価格[24]」という媒介項の不可避性を否定することはできまい。したがって、「労働者による生活資料の『買戻し』」という操作がどんなに魅力的ではあっても、それを、このような「複数部門・資本家からなる論証構図」に立脚させようとすれば、その「複数性」に障害を受けて、「一労働時間＝〇・五シリング」という「価値実体関係」は決して証明できないであろう。こうして、まず何よりも、「証明」の意図を活かすべきその「構図」に、その基本的な誤りがみて取れる。

このようにロジックを追ってくれば、三つとして、宇野「価値法則論証」失敗の(ハ)「基本原因」は、結局こう整理できるのではないか。すなわち、それは、「価値法則論証」図式に「複数の部門および資本家」を導入したこと以外ではない――のだと。現実の資本制生産過程が事実として「そのようになっている」ことと、その証明をどのような図式を論理的に設定して実行するのかとは、全く別の事柄という以外にはないが、宇野がこのような「迷路」に入ってしまったその一つの大きな要因として、何度も指摘した、宇野による、「生産過程＝社会的有機的な労働編成過程」という把握に関するその弱さがあった点には、もはや贅言を要しないであろう。何よりも、宇野が別の箇所で適切に指摘しているような、「この篇では……資本家と労働者の関係を一般的に扱うのであって、個々の資本家は原則として全資本家を代表するものとしてあらわれる。資本家同士の関係……は、なお問題になっていない」（旧『原論』八四頁）という視点こそが、取り分け、重視されるべきだと考えられる。宇野の意図は、まさにこの方向でこそ活かされよう。(25)

Ⅲ　形態による実体包摂の基本構造

[1]「資本の生産過程論」の体系化

以上までで検討してきた宇野体系の意義・問題点を前提として、さらに残された未解決点への解答をも試みつつ、一定の問題提起を提出してみたい。そこで最初に、(1)「資本の生産過程論の体系化」から入るが、まず第一に①その「移行」はどうか。そうであれば、(イ)その移行ポイントが「産業資本的形式」に設定されるのはいうまでもない。すでに前章で確定した通り、商品→貨幣として展開してきた流通形態規定はこの産業資本的形式においてその到達点に至るが、その到達基準は、何よりも、資本の姿態変換過程における生産の包摂にこそあった。換言すれば、この資本形式こそ流通形態規定の極限規定だということに他ならないが、その点から直ちに、(ロ)「生産分析への移行」が必然化してくる。こうして、「形態による実体の包摂」化を接点として、原理論は、「流通形態論」から「生産過程論」へとそのロジックの歯車を一段階進めることとなっていこう。したがって、「包摂されるべき実体」が始めて論理的に措定可能になるが、その包摂主体が「産業資本的形式」であることからして、(ハ)この「実体」もすでに一定の質的規定性が免れない。というのも、すでに解析したように、この資本形式が、一つには、その姿態変換内部に生産を捉えているが故に「需給調節＝価格調節機構」をすでに内在化させていること、二つには、あらゆる使用価値を原則的に生産し得る労働力を把握しているが故に「労働生産の同質性」を予め内部化していること、という二つの特質(26)をもつ以上、それに包摂される「実体」も、いわば最初から、「社会的有機的な編成統一体」という固有性を具有する以外にはない――からである。要するに、「労働＝生産過程」の、その「社会統合的性格」の明瞭化であろう。

以上の含意を前提として、第二に②「労働＝生産過程」に入るが、最初に(イ)「基本視角」としては、「労働過程」と「生産過程」とを外面的に分離して扱うのではなく、それを何よりも一体化した「労働＝生産過程」として理解した上で、そのいくつかの特徴を、二つのうちのヨリ適切な過程に即してそれぞれ規定するという方式こそが重要だといってよい。そこでまず(ロ)「労働過程」では、「人間主体による自然への主体的・能動的作用」という点から、「労働・生産の目的意識的性格」や「労働力―労働対象―労働手段の区別・関連」などが解明をみる。まさに「労働＝生産過程の主体的側面」に他なるまい。ついで、「生産物の立場＝見地」を媒介にして(ハ)「生産過程」へ移ると、ここでは、「労働＝生産過程」のむしろ「客観的側面」こそがその固有性として際立つ。すなわち、先に示唆された「実体の社会統合的性格」が直接的に発現をみるのであって、その視角からこそ、「投下労働の量的加算関係」・「労働の二重性」・「必要労働―剰余労働関係」などという、その極めて枢軸的規定が導出可能になってこよう。要するに、「労働＝生産過程」の「社会的質量編成過程」側面こそがその導出条件なのである。

そのうえで、この「労働＝生産過程」の、資本形態による包摂システムとしてこそ、第三に③「価値形成＝増殖過程」が位置づく。そこで最初は(イ)「基本視角」だが、この「二過程」を、「剰余労働の有無」を基準として「量的」に区分してはならない。それは全く通俗的な操作であって、そのような区分では、「資本の生産過程」論の基軸をなす、「価値形成」という重要規定は空中分解を遂げてしまう。したがって、この「二過程」は、一体化した統合システムとしてこそ分析されることが不可欠であるが、まず(ロ)「価値形成過程」に即しては、「価値移転」とはその質を決定的に異にする、何よりも「価値形成」の内実が解明されねばなるまい。すなわち、一方で、投下資本のうち生産手段投資部分については、生産手段に投下された労働量が生産物へそのまま「付加」されるから、その価値は生産物にそっくり「移転」するという関係になるが、他方、労動力投資部分はそれとは全く異質な関係を示す。やや具体的にいえば、この部分に関しては、資本家は契約の時点で必要労働に規定された賃金を労働者に対してすでに支払っており、それ故、資本家の保有価値額としては一旦ゼロになっていよう。そしてそのうえで、資本家は、賃金と引き換えに入手した「労働力の使用権利」を実際に行使することを通して「新たに価値」を「創造する」のであり、したがって、そこで進行している過程は、――「移転＝付加」では決してなく――まさに（ゼロからの価値創造という）「価値形成」以外ではないわけである。こうして、「賃金―労働力使用権利」を軸点として進行するこの「資本の生産過程」は、かかる意味において「価値形成過程」になっているのであり、まさしくこの点の解明にこそ、「価値形成過程論」のその課題があろう。

そうであれば、逆に考えると、この「価値形成過程」が独立した存立根拠をもたないことも明瞭となってくる。そうではなく、それは、剰余価値が現実に生産される(ハ)「価値増殖過程」に関する、その一つの質的基本性格として理解されるべきだといってよく、約めて表現すれば、「『価値増殖』を通して『価値形成』が実現する」とこそ把握可能ではないか。もう一歩立ち入れば、資本家は、賃金と引き換えに得た労働力使用権利の行使によって「新価値の『形成』」を実現するが、その際の「労働力行使時間」が「必要労働時間」を超過するならばそこに剰余価値が生産されるから、その結果、「資本の生産過程」は「価値増殖過程」として定義され得る。そして、その場合にくれぐれも注意すべきは、先に検出した「価値形成」作用は、このような「価値増殖過程」の現実的展開の中で、それに即してのみ確定可能である――という関係であって、「価値形成―増殖過程」の位置関係に関するそのポイントは、まさしくここにこそあろう。

［2］形態による実体の包摂構造　このように追跡可能であれば、以上のような体系化のライトモティーフが、(2)「形態による実体の包摂システム」に求められてよいのは自明だといってよい。換言すれば、「資本形式↓労働＝生産過程↓価値形成＝増殖過程」という体系編成は、まさしく「形態―実体の包摂体系」を意味するということだが、その構成を改めて整理すれば以下のようであろう。すなわち、まず第一に、①「産業資本的形式」の特質が強調されるべきであって、労働力商品化による「生産把握」を条件にして「需給調節＝価格調整機構」を内在化させた点にこそ、この資本形式の何よりもの特質がある。そして、この特質を根拠として始めて、「産業資本的形式」が、「実体包摂」の、その「形態的担い手」になり得る。

そこで第二に、「産業資本的形式」に「包摂されるべき実体」として②「労働＝生産過程」が位置づこう。つまりそれは、「質的・量的な労働編成」をもちつつ「社会統合性・労働の二重性・必要労働―剰余労働関係」を兼ね備えた、まさに「超歴史的システム」として定式化できるのであり、その意味で、「産業資本的形式」によって包摂可能なその「実体」をなす。そうであれば第三として、③この「価値形成＝増殖過程」こそが、「形態」によって包摂された資本主義的システム」そのものである点にはもはや何の疑点もあり得まい。まさに見事に、資本による剰余価値実現過程となるのであり、「新価値創造」作用を組み込んだ「価値増殖プロセス」が発現しつつ、その結果、「労働＝生産過程」という「実体」の、特殊資本制的実現形態における、その基本的な成立をみる。

要するに、「資本の生産過程」こそ、「形態による実体包摂」の、まさにその現実化システム以外ではなく、したがって、原理論体系上からして、何よりも、この点の確認が取り分け重要なように思われる。

〔3〕 価値法則の論証

以上を前提にして、いうまでもなく最後の論点こそ(3)「価値法則の論証」以外ではない。そこで、最初に第一に①「論証構図」を確認しておく必要があるが、まず一つ目に、(イ)「篇別構成上の位置」としては「生産論での論証」が決定的に重要である。[27] この点は繰り返し確認してきた通りであって贅言を加える余地はないが、極めて深刻な諸問題を発生させざるを得ない、『資本論』型の「冒頭商品論」での価値実体規定方法を排して、「労働関連―価値関連」が始めて接合関係を結ぶこの「資本の生産過程」において価値実体規定を与える――という、周知の宇野方式には、まず絶大なる意義が確認できる。したがって、篇別構成上における「価値法則論証の位置」が「資本の生産過程」に求められてよいのは自明だが、問題はその先にこそある。すなわち二つ目として、(ロ)「固有な論証舞台」としては、「資本の生産過程」の内部であっても、宇野方式のように「価値形成過程」で実施してはならないのであって、すでに示したように、その固有な論証舞台は、あくまでも「価値増殖過程」にこそ定められねばならない。[28] 要するに、「価値法則論証」に相応しい場所は、唯一「価値増殖過程」に限定される。

そのうえで、「論証構図」の三つ目としては、(ハ)「総資本的設定」が指摘されねばなるまい。というのも、宇野のように「複数資本・複数部門」を設置してしまえば、恐らくどんなに工夫を凝らしてみても、「複数―競争―利潤率―生産価格」という概念系列の介在が否定できない以上、そのアリーナ上で、一定の「価値（価格）―労働量」関係規定を「論証」することは永久に不可能である――からに他ならない。その点で、宇野「論証」の「躓き」はここにこそあるといってよい限り、逆に、「総資本的設定」の必須性がむしろここから導出されていこう。

では、このような「価値増殖過程―総資本図式」に立脚すると、②「価値法則論証の軌跡」はどのように描かれるであろうか。そこでいま、「総資本―総労働」という舞台上における簡単なモデルを設定すると、「一日の総労働時間＝八時間、必要労働＝四時間、生産手段生産投下労働時間＝二二時間、一労働時間生産物価値＝二〇〇〇円」という条件の下で、以下のような労資間取引が進行しよう。まず一つとして、(イ)労働者総体は必要労働によって決定される八〇〇〇円の賃金を受け取り、その義務として八時間労働を実行して三〇時間生産物（六万円）を形成する。ついで、労働者グループは受け取ったこの賃金で四時間分の生活資料を購入・消費するが、それを通して、労働力の再生産を確保することが可能になろう。その結果、資本家階級は、賃金投資分（八〇〇〇円、四時間生産物）を回収したうえでその所有生産物としてはなお二六時間分（三〇－四時間分）を残す。そして、これに加えて二つとして、(ロ)資本家総体としては、なお残存するこの二六時間分生産物の中から生産手段分二二時間生産物をグループ内部で相互処理することによって四四〇〇〇円を入手し、それで、生産手段投資分（四四〇〇〇円、二二時間生産物）を回収する。こうして、資本家階級総体は賃金および生産手段両者の投資分を滞りなくその手に取り戻すが、彼らの掌中にはなお四時間分生産物（二六－二二時間生産物、八〇〇〇円）の残余があり、これは全く純粋な純増加分だが、最後にその売却を通じて、そこから、最終的に八〇〇〇円の剰余価値を獲得するといってよい。まさしく、「価値増殖過程」における価値増殖の基本的モデルではないか。

そこで最終的問題は、この軌跡では便宜上その前提においた、(ハ)「一労働時間生産物＝二〇〇〇円」という「仮定」の取り扱いに絞られよう。そして、これこそ「価値法則論証のキー・ストン」以外ではないが、それは以下のように考えられるべきではないか。すなわち、宇野体系の画期的意義である、「賃金による、必要労働を基準にした『買戻し』」操作がここで決定的な役割を演じるのであって、それを通していまや、「必要労働四時間（Arbeit）＝賃金八〇〇〇円（Geld）＝生活資料四時間分（Ware）」の間に、まさしく「等労働量交換」成立の必然性が確定されることになる。そして、この「A－G－W」間の「等労働量交換」が成立するとすれば、それを条件として、「全生産物たる三〇時間分生産物」についても、「四対三〇時間＝八〇〇〇対x」という比例関係によって「x＝六万円」という関係が合理的に導出可能になろう。すなわち、「一労働時間生産物＝二〇〇〇円」という「仮定」の、その「後追い」的論証に他なるまい。これこそが、宇野図式で「一労働時間の生産物が〇・五シリングに価する」（旧『原論』九四頁）とされていた、「価値の実体規定」におけるその枢軸以外ではなく、したがって、「価値法則論証」のそのエッセンスではないか。

こうして、「資本の生産過程」において「価値法則の論証」が実現可能になるが、それを踏まえて最後に、③「価値法則論証の体系的意義」が総括されねばならない。それこそが本章の最終的論理環であるが、最初にまず一つは、(イ)「資本の生産過程論における価値法則論証」の「体系的位置」が見定められる必要があろう。つまり、いま確定した、「価値増殖過程」における「価値実体規定」の、篇別構成上のその役割に他ならないが、これに関しては、宇野によって解明された、「価値法則の必然的根拠」という重要規定がそのまま継承されてよい。なぜなら、この「価値増殖過程」における、「労働者による、必要労働を基準とした、賃金による生活資料の『買戻し』」過程こそ、全生産物について、「一労働時間生産物＝二〇〇〇円（宇野の例では一労働時間生産物＝〇・五シリング）」という「価値実体公式」を「必然的」に成立させる、まさにその基本的な「根拠」をなす——からに他なるまい。こうして、「価値増殖過程における価値法則論証」は、「価値法則論体系」のまず「必然的根拠」を占める。

ついで二つ目として、もう一歩視角を拡張して、(ロ)「生産論全体における役割」を探るとどうか。そうすれば新たに視界に入ってくるのは、この「必然的根拠」論と、同じ「生産論」内部の「再生産表式」に立脚した「価値法則の

『絶対的基礎』」[29]論との、その相互関係なように思われる。周知の通り、別の機会に検討したように、宇野体系では、「再生産表式」の解明に基づきつつ、資本制的生産によるその「再生産的原則の充足」を示し、まさにそれを通じて、再生産過程論で「価値法則の絶対的基礎」を明確化する――という構図が設定されている。したがって、「生産論」全体のレベルでは、価値法則論は、「資本の生産過程論」での「必然的根拠論」と「資本の再生産過程論」における「絶対的基礎論」との立体的構造として編成されていくが、この複合的構想は極めて魅力的なように思われる。何よりも、「価値実体規定」という基本命題が、「資本主義的運営方式」という、その「実現方式の特殊性」に関するベクトルからまず「必然的根拠」として説明されたうえで、さらに次に今度は、「再生産原則の充足」という、その「立脚土台の原則性」に即した側面からついで「絶対的基礎」として補完されている――点が秀逸だといわざるを得ないわけである。要するに、「価値法則論証」は、「生産論」全体の中で、まさしく「二段階構成」においていわば総合的に果たされていこう。

そこで三つとして、最終的に、(ハ)「価値法則論の全体的体系」[30]は結局以下のように総括されるべきだといってよい。別著を通してこれまで何度も指摘してきた如く、原理論全体を通じて貫徹していく「価値法則論体系」は、原理論各篇別パートの方法と課題とに対応して独自の位置づけをもつが、概略的には、以下のような(a)「三レベル構造体系」において集約可能であろう。すなわち、(A)「流通形態論」＝「価値法則を現実の運動法則として展開していくための『形態的装置』論」、(B)「分配関係論」＝「価値法則展開のメカニズムを個別的市場行動に即して現実的に解明していくための『運動的機構』論」であるのに対し、この「資本の生産過程論」が帰属する(C)「生産過程論」こそは、「価値法則展開の『必然性』をその『実体』的特殊性に基づいて解明する『実体的根拠』論」だと整理できる。その点で、原理論全体と対応した価値法則論体系の中で、この「資本の生産過程論」が属する「生産論」が、「価値法則論体系における、その『実体的根拠』論」をなすことはまず明白であろう。

そしてそのうえで、この「実体的根拠論」が、「生産論」内部で、(b)「必然的根拠論―絶対的基礎論」という構成においてさらに二段階に亙って展開されていくが、その相互関係という基準からすると、それぞれの考察課題・抽象水準レベルからして、「資本の生産過程論」＝「必然的根拠論」こそが、「資本の再生産過程論」＝「絶対的基礎論」を土台的に根拠付けているのはいうまでもあるまい。したがって、そう考えてよければ、その意味で、「資本の生産過程論」で解明をみる「必然的根拠論」こそ、「生産論」全体が自らの課題とする「価値法則論の実体的根拠論」の、そのさらなる規定的基盤であることが明瞭に確定され得よう。

いまや最終的にこう判断してよいことになる。つまり、(c)「価値形成＝増殖過程論」におけるこの「価値実体規定」こそ、「価値法則論体系」全体の、まさしくその枢軸以外ではない――のだと。

(1) 拙稿「資本形式と生産分析への移行」（『金沢大学経済論集』第三一巻第一号、二〇一一年）。

(2) 宇野『経済原論』上（岩波書店、一九五〇年）は旧『原論』と略称して『宇野弘蔵著作集』（岩波書店、一九七三年）第一巻の頁数で示す。また同様に宇野『経済原論』（岩波全書、一九六四年）は新『原論』と略記したうえで『宇野弘蔵著作集』第二巻の頁数で表す。

(3) 宇野「資本の生産過程論」を検討した作品は決して多くはない。いずれもやや断片的だが、例えば、宇野編『資本論研究Ⅱ』（筑摩書房、一九六七年）、大内・桜井・山口編『資本論研究入門』（東大出版会、一九七六年）、拙著『価値法則論体系の研究』（多賀出版、一九九一年）、などがある。

(4) この点に関して、新『原論』では「形態―実体の包摂関係」がもう一歩明確であってこういわれる。その点で、旧『原論』からの改善がみられて評価できる。「労働力の商品化によって資本は生産過程をも資本の生産過程として実現することになるのであるが、それは物としての使用価値の生産として、あらゆる社会に共通なる、その経済生活の基礎をなす労働生産過程

が、資本によって行われるということにほかならない。」（新『原論』三七頁）

（5）それに対して、新『原論』ではこの「主体的―客観的」という区別は消えている。それに代わって、「労働過程は、その目的に対する結果としての生産物からいえば生産過程である」（新『原論』三九頁）という「目的―結果」関連が主張されるが、やや後退した感がある。

（6）この「移行」に際して興味深いのは、新『原論』では、旧『原論』にはなかった以下のような叙述がみられることであろう。すなわち、「この過程の主体は、もはや直接の生産者たる労働者にあるのではなく、資本にある。資本家もまた資本の人格化したものとしてこの過程における資本家的作業にあたるわけである」（新『原論』四二頁）という重要な指摘であるが、そうであれば逆に、労働過程の「主体性」がやはり強調されるべきであったろう。

（7）この「価値実体規定」は、新『原論』では、「形態による実体包摂」関係をヨリ強調しつつ以下のような一層エレガントな表現で叙述されていく。まさしく「価値法則」の内実である。「それは単に労働生産物が商品として交換されるというのではなく生産過程自身が商品形態をもって行われることを示すものにほかならない。かくしてまたあらゆる生産物がその生産に要する労働時間によってえられるという労働生産過程の一般的原則は、商品経済の下にあっては、その交換の基準としての価値法則としてあらわれるのである。」（新『原論』四三頁）

（8）新『原論』でも以下のようであって、旧『原論』からの改善は検出できない。「しかし一日の労働力を商品として買入れた資本家は、労働力の消費を綿糸六キロの生産に要する六時間に留めなければならぬ理由はない。また労働者としても……その労働時間を自己の生活資料の再生産に要する労働時間で打切ることを許すものではない。」（新『原論』四六頁）

（9）ただし、新『原論』ではこの「必然的基礎」なる用語は影を潜める点にも注意を要する。

（10）「勿論、資本家としては労働力と生産手段との購入に要した貨幣を、その生産物の販売によってできうる限りヨリ多くの貨幣として回収すればよいのであるが、労働者がその労働力の再生産に要する生活資料は必ずえなければならないという事情を基礎にして、資本は、その生産物をその生産に要する労働時間を基準として互いに交換するということになる。」（新『原論』四二頁）

（11）この点に関する議論は数多いが、代表的なものとしては以下を参照のこと。大内秀明『価値論の形成』（東大出版会、一九六四年）、降旗節雄『資本論体系の研究』（青木書店、一九六五年）、桜井毅『生産価格の理論』（東大出版会、一九六八年）、永谷清『科学としての資本論』（弘文堂、一九七五年）、小林弥六『価値論と転形論争』（御茶の水書房、一九七七年）、時永淑『資本論における「転化」問題』（御茶の水書房、一九八一年）、伊藤誠『価値と資本の理論』（東大出版会、一九八一年）、拙著『価値法則論体系の研究』（多賀出版、一九九一年）、などがある。

(12)『資本論』における「形態—実体」関係の詳細は一つの重要な論争テーマであって、すでに多くの議論が積み重ねられている。その詳細に関しては、冒頭商品論での価値実体規定をも含めて、前掲、拙著『価値法則論体系の研究』第一章第一節・第二章第一節をみよ。

(13)宇野「流通形態論」の成果としては、宇野『価値論の研究』（東大出版会、一九五二年）、『経済学方法論』（東大出版会、一九六二年）、『価値論』（青木書店、一九六五年）、などが重要である。

(14)この点に関しては、前掲、桜井『生産価格の理論』に加えて、鈴木鴻一郎編『経済学原理論』下（東大出版会、一九六二年）、岩田弘『世界資本主義』（未来社、一九六四年）、を参照せよ。

(15)『資本論』の価値規定については、例えば、前掲、拙著『価値法則論体系の研究』一九−二九頁をみよ。

(16)宇野「生産過程での価値実体規定」の画期性については、前掲、拙著『価値法則論体系の研究』二三六−二六一頁において立ち入った検討を加えた。その体系的意義を確認しておこう。

(17)この宇野『原論』の不十分性を反省して、「生産過程の全体的関連性」＝「社会的労働の有機的質量編成」を明確化したのは、前掲、鈴木編『経済学原理論』上一〇三−五頁である。

(18)「労働の二重性」を社会的総労働の「質量編成」に即して解明したのも、前掲、鈴木編『経済学原理論』上一〇一−五頁の大きな成果だといってよい。本章もその成果に依拠した。

(19)「生産物の立場」の含意については、前掲、鈴木編『経済学原理論』上一〇七−九頁をみよ。

(20)「形成過程と増殖過程のちがいは、労働時間のうちの必要労働時間と剰余労働時間という二部分のちがいではなしに、同じ全労働時間についての見方のちがいでなければならないのではあるまいか。形成過程も増殖過程も同じ労働時間をとりあつかうのであるが、一方は価値形成という側面から、他方は価値増殖という側面から把えたものとした方が論理の展開としては正しいように考えられる。」（日高普『経済原論』有斐閣選書、一九八三年、六六頁）

(21)やや図式的に整理すると、「形成過程」＝「質的」規定、「増殖過程」＝「量的」規定といえよう。いずれにしても、両者を「労働時間＝量」に還元することだけは不適切である。

(22)ちなみに新『原論』では、ヨリ直裁に「労働生産過程」・「価値形成増殖過程」となっている。

(23)「価値の実体規定」を「形成過程」でおこなうことをむしろ評価するのは、山口重克「労働生産過程と価値の実体規定」(『宇野弘蔵をどうとらえるか』芳賀書店、一九七二年)、鎌倉孝夫『資本論体系の方法』(日本評論社、一九七〇年)、などであるが、基本的に疑問である。

(24)この点に関して、「個別資本」を設定しつつも「競争」を捨象することよって、そこで問題となるのは、「利潤率」ではなく「剰余価値率」であるとするのは、小林弥六『経済原論』(御茶の水書房、一九七八年)、永谷清『価値論の新地平』(有斐閣、一九八一年)、である。しかし、この処理はやや恣意的ではあるまいか。

(25)前掲、大内『価値論の形成』三二〇－七頁、前掲、拙著『価値法則論体系の研究』二四九－六〇頁。

(26)「産業資本的形式」の特質については、前掲、大内『価値論の形成』三〇一－五頁をみよ。

(27)いうまでもなく、このような方法を始めて確立したのは宇野原理論体系の圧倒的成果である。その確立背景については、前掲、宇野編『資本論研究』Ⅱ一六四頁などを参照のこと。

(28)この場合、剰余価値部分については労働実体との厳密な内的関係を否定し、むしろ一定の「自由度」をこそ強調・評価するのは、前掲、伊藤『価値と資本の理論』一九八頁である。しかしこれでは、「価値法則貫徹のブレ」を公式的に認めてしまうという点で、問題が大きい。

(29)「絶対的基礎」論の詳細については、前掲、拙著『価値法則論体系の研究』第二章第五節ですでに検討を加えた。それとの内的関連がもつ全体像こそが注目されるべきであろう。

(30)「価値法則論の全体的体系」については、前掲、拙著『価値法則論体系の研究』をみよ。

第二章　資本の循環と回転
——流通過程論を読む——

はじめに

前章(1)では、宇野型・流通形態論の自立化を踏まえて「労働＝生産過程」をまずその実体構造に即して析出し、そのうえで、まさにそれを前提としてこそ、「形態による実体包摂の基本システム」を何よりも「価値形成＝増殖過程」として解明を試みた。そしてそれを通して、宇野体系に立脚しつつ極めて枢要な論理系が明らかとなったといってよく、具体的には、以下の三論点が取り分け重要なように思われる。すなわち、まず①「労働＝生産過程↓価値形成＝増殖過程」から構成される「資本の生産過程論」こそ、「形態による実体包摂」を析出するためのその現実的舞台であること、そのうえで、②このような「歴史規定的な資本形態による超歴史的な実体の包摂構造」を通じて始めて、資本制的生産システムが有するその「固有な歴史規定性」が明瞭に確定可能になること、したがって最終的には、③かかる「形態—実体の歴史固有的実現過程」を現実的土台としてのみ、資本制的生産の体制法則としての「価値法則」もその「必然的根拠」をもって論証可能となること——これである。まさしくその意味で、「資本の生産過程」における、このような「形態による実体包摂解明」作業こそ、資本主義の「存立根拠解明」を理論課題とする「生産論」の、いわばその基軸的作業を担っている点については、もはや何の疑問もあり得まい。これこそが、前章までのその到達点に他ならない。

そうであれば、この到達点に立脚すると、それに続く本章の課題はどう設定されるべきであろうか。その場合に課題設定の帰趨を制するのは、いうまでもなく、ここまでにおける宇野体系の検討を通して、「形態→実体→包摂化」という成果がすでに手に入っている——という点以外ではあるまい。言い換えれば、まさにこの「包摂化」をこそ起点として、ここから次のロジック展開が開始されるべきであり、したがってそうであれば、このような「形態—実体の包摂統合体」におけるその現実的開示過程分析こそが、次の考察アジェンダとして表面化してくるのは自明であろう。そして、この「包摂統合体の現実的開示過程」が、資本形態による生産把握を媒介とする姿態変換運動の具体的現実化展開という点で、「資本循環・回転過程」であることもいわば当然である以上、「資本の生産過程論」に接続する次の分析テーマとしては、何よりも、この「資本循環・回転」論が直ちに位置づくことになる。そこでこう判断されてよい。すなわち、「形態—実体の包摂実現論」に接続する本章の課題は、まさしく、この「包摂実現システム」を現実的土台とした「資本循環・回転論」にこそ設定されるべきだ——と。

Ⅰ　宇野「資本循環・回転論」の構造と展開

〔1〕宇野「資本循環・回転論」の構造

まず全体の総体的前提として、宇野「資本循環・回転論」の(1)「基本構造」を確認しておかねばなるまい。そこで、取りあえず旧『原論』[2]を素材にして宇野・循環＝回転論の道筋を追うと、いうまでもなく、宇野・循環＝回転論は「生産論」のうちの第二章「資本の流通過程」に配置されているが、この章は大括りに捉えて、概略以下の三セクターから構成されている。まず第一は①「資本の流通過程論への導入」であるが、意外なことに、この章に先立つ「資本の生産過程」からの移行規定は驚くほど弱い[4]。換言すれば、「形態による実体包摂化」が次に「資本の流通過程」分析を要請する——その接続規定が不分明だということだが、それが不足したまま、「資本は……自己増殖をなす運動体としての価値であ」り「しかもそれはつねに同じ段階的過程を繰り返すものである」という理解から、「資本の流通過程は……連続的運動体として、自主的な価値の変態過程をなすことになっている」（旧『原論』一三六頁）として「資本の流通過程」への移行が果たされる。そして、この点を前提として、「資本の流通過程」の「定義」を「生産過程によって中断せられながら行われる資本価値変態の過程」としてを把握するとともに、それとの関連で、さらにその「課題」が、この「価値変態過程」が必然的に生じさせる「時間を要する」という不可避性が、「剰余価値生産への制約」に与えるその影響の解明にこそ、求められていく。

このような「資本の流通過程」論の構図設定に立脚しつつ、ついで第二に②「資本の流通過程論の展開」へと進むが、まず最初に(イ)「資本循環論」がくる。すなわち、「資本の流通は、繰り返し行われると……必ずしもGにはじまってG′に終るものとするわけにはゆか」ず「Pにはじまって P に終るものとも、またW′にはじまってW′に終るものともなる」（旧『原論』一四〇頁）という点から、「G……G′＝貨幣資本の循環」・「P……P＝生産資本の循環」・「W′……W′＝商品資本の循環」という「三形式の循環」を導出する。[5] まさにこれに立脚して、この三形式の特質を「A資本循環の三形式」として立ち入って分析しつつ、そのうえで、「B生産資本と流通資本」という形で、「資本が生産過程では生産資本として価値を増殖し、流通過程では単にその形態転化をなすにすぎないものであること」（旧『原論』一四五頁）という、資本循環三形式論におけるその基礎的土台もが押さえられていく。

そして次に、まさにこの「資本循環論」との内的関連においてこそ、「C流通費用」論が設定をみよう。つまり、いま直前に指摘された「流通資本」規定に基づきつつ、「流通資本は、商品の売買自身にも、その保管にも、さらにまたその運輸にも、資材と労力とを必要とする」（旧『原論』一四八頁）点から、「流通のための費用」たる「流通費用」が設定されるといってよい。具体的には、宇野は、(a)「純粋の流通費用」――「これがために労力、資材を要したからといって、より多くの価値を有する商品となるわけではない」「まったく不生産的な空費である」費用、(b)「保管費用」――「単に使用価値の保管として価値が追加せられるのであって、個々の資本にとっては完全に外部からの社会的規定としてあらわれる」（旧『原論』一五〇頁）費用、(c)「運輸の費用」――「物が使用価値として現実的に消費されるための条件をなす点でこれに要する労働は価値を形成し、剰余価値を生産する」（旧『原論』一五一頁）費用、という三費用を説明するが、この三つの「展開順序」には予め注意しておきたい。

ついで(ロ)「資本回転論」へ移るが、その際、いまみた循環論からの移行規定は何ら明瞭ではない(6)。この不備は、そもそも「循環とは何か」の不明瞭性とまさしく表裏の関係をなすが、「回転の定義」が曖昧なまま、「かくて資本家は、この見地から資本の運動を資本の回転として問題とするのである」（同）として「資本の回転」へとつなげられる。その場合、宇野によって、「資本の回転は、一定量の資本が一定量の剰余価値を加えて、いかなる期間に回収されるかという形であらわれる」（旧『原論』一五二頁）と説明されるが、この「回転」の第一契機としては、まず(a)「A回転期間」がこよう。そして、この「回転期間」が、その構成部分という点から「生産期間（労働期間および非労働期間）と流通期間」とに区分されたうえで、特に「生産期間―生産資本」のあり方を媒介にして、「固定資本と流動資本」の区別へと進む。すなわち、「使用価値としてはつねに全体として機能しながら、価値としては一部分ずつ……流通するという独特の流通形式を有するか否かによって区別せられる」という基準に即して、「固定資本―流動資本」が定義されるわけであり、結局、「労働手段が一般に生産過程において機能する特殊の仕方」（旧『原論』一五六頁）にこその強調点が置かれるといってよい。

そのうえで、宇野による「回転」の第二契機としては(b)「B資本の回転期間と資本の前貸」が問題とされる。つまりそこでは、「例えば九週間の労働期間を要する生産物が三週間の流通期間を有するものとして労働期間中毎週一〇〇ポンドの流動資本が投ぜられるものとする」（旧『原論』一六二頁）——というモデルの下で「回転期間の変動」が取り扱われ、それを通して、「労働・流通両期間への資本の分割」・「流通期間の短縮と延長」・「貨幣資本の遊離」・「総資本の回転」などの諸問題にも関説されていく。そして、いわばそれを前提としてこそ、「回転」の第三契機として、宇野は(c)「C可変資本の回転」＝「剰余価値の年率」の説明へと繋ぐ。すなわち、「回転」が招来させる重要ポイントの一つとして「剰余価値の年率」規定を設定するといってよく、具体的には、「一方は五〇〇ポンドの資本を一〇回転させることが出来たのに反して、他方は五〇〇〇ポンドの資本を一回転せしめたにすぎ」ず、「一年間に充用された資本は共に五〇〇〇ポンドであるが、前貸資本は一方は他方の一〇分の一にすぎない」という例を使って、「剰余価値の年率M′は、剰余価値率m′に可変資本の回転度数を乗じたものとなる」（旧『原論』一六五頁）とされる。まさしく、「回転の現実的効果」[7]ではないか。

そのうえで、ここまでの「資本循環・回転論」のいわば総括として、宇野は、(ハ)「剰余価値の流通」を取り扱うことになる。そこで、まず(a)「移行規定」が示されるが、その軸点は、「回転の産物たる剰余価値自身の流通も、その後半はこの回転の外に行われることになっている」（旧『原論』一六七頁）という事情に求められる。そしてそうだからこそ、そこに、「もはや回転の問題としては考察し得ない新たなる問題が生じて来る」と宇野は判断し、そこから、「剰余価値の流通→再生産問題」へと移る。すなわち、この「剰余価値の流通」問題は「商品資本の循環形式によって解かれなければならぬ」点が確認された後、剰余価値の貨幣による実現が、次回の生産規模に対して規定的な作用を果たす以上、宇野理解は、「剰余価値の流通」規定を経由して直ちに「再生産問題」へと接続していくわけである。

すなわち、最初に先ず(b)「単純再生産」が問題とされる。具体的には、「その剰余価値が全部個人的に消費せられて従来と同一規模の生産が続けられる単純なる再生産」（旧『原論』一六八頁）だと定義されて、再生産におけるその基盤性が確かめられるといってよい。そしてそのうえで、この単純再生産の発展規定として、次に、(c)「拡張再生産」が、「剰余価値の一部分が蓄積される」点で位置づけられるのは当然であろう。すなわち、それが、「剰余価値が蓄積せられて生産規模が拡大される資本家的生産に一般的なる拡張再生産」（同）として説明されていくのであり、それを通して、「剰余生産物自身によって社会的に資本の生産規模が拡大されることを意味する」（旧『原論』一七一頁）事情――が明確化されている。

以上を受けて、最後は、第三に③「総括＝再生産論への移行論理」に他なるまい。いまフォローした通り、意外にも、「剰余価値の流通」の箇所で驚く程詳細な再生産規定を与えたうえで、宇野旧『原論』では、この「資本の流通過程論」の末尾で、次章「資本の再生産過程」への移行が改めて提起されていく。そして、その場合の接続ポイントは、「剰余価値の流通」に象徴されるような、資本の生産を可能にするための、「W′－G′」の円滑な実現に求められるが、そこには断絶があると宇野はいう。すなわち、「W′－G′の過程は……商品にとってはいわゆる命懸けの飛躍を意味する」以上「個々の資本にとっては極めて重大な問題である」が、しかし、「資本の流通過程」の範囲では、この「飛躍」を乗り越えつつそれで得た貨幣で再生産に必要な生産手段や労働力を「いかにして購入し得るかは、問題となっていない」（旧『原論』一七二頁）とされる。[8]まさに、そこを跳躍台にしてこう述べられる。

「われわれは進んでこの問題がいかにして社会的に解決せられているかを明らかにしなければならないのであるが、しかしそれはもはや資本の流通過程の問題ではない。……それは資本の生産過程と流通過程を統一した資本の再生産過程においてはじめて明かにされ得る問題である。進んで次の章においてその点を明かにする。」（同）

こうして、「資本の流通過程」は「資本の再生産過程」へと移行していくが、このように概観できれば、宇野「資本循環・回転論」は結局以下のような「構造」をもっていると整理可能ではないか。すなわち、「循環・回転導入論」→「循環・回転展開論」→「再生産論移行論」という大区分的構造をまず前提にしつつ、さらにその基幹部分としての「循環・回転展開論」が、そのうえで、「循環形式論→流通費用論→回転期間論→固定資本・流動資本論→可変資本回転論→剰余価値年率論」という小区分的構造を作り上げている――のだと。まさしくこのような有機的編成構造においてこそ、宇野「循環・回転論」はその姿態をみせていこう。

［2］宇野「資本循環・回転論」の展開　このような宇野「循環・回転論」の基本構造に立脚したうえで、次に、⑵その「展開」へと立ち入った分析メスを入れていかねばならない。そこで、第一に①「循環・回転導入論」がまず問題となる。もっとも、この「導入論」は「循環・回転論」の外側にあるが、そこで宇野が提起する「資本の流通過程」論全体に関わるいくつかの論点は、「循環・回転論」に対しても重要な示唆を与えているので、この「導入論」をもざっとフォローしておくことが肝要であろう。そこでまず(イ)「移行規定」が注目されるが、先にも指摘した通り、「流通形態→実体→流通過程」という、宇野『原論』の篇別構成レベルからする、その大きな「移行規定」は明瞭ではない。換言すれば、「形態による実体包摂」という次元からみた、「生産過程→流通過程」の移行論理は明らかではないということだが、それでも、生産過程論の最終規定をなす「労働賃金」からの接続は一応図られてこういわれる。

「資本家の支払う賃銀が、労働力の価値乃至価格としてでなく、労働賃銀なる形態を与えられて費用化することは、その点で資本の運動を単なる価値の変態過程として、生産過程をも流通過程化するものといえるのである。」（旧『原論』一三八頁）

もう一歩立ち入った説明を聞きたい気もするが、宇野の主張は明瞭だといってよい。つまり、「資本―賃労働関係」を「労働への報酬関係」へと転化させる賃金形態の作用を通して、価値増殖過程（不等価交換）としての「資本の生産過程」が等価交換関係化されつつ、その結果、「生産過程をも流通過程化する」とされているわけである。したがって、極めて重要な論理付けであるというべきであり、このような宇野の「移行規定」によって、資本運動が全体として「単なる価値の変態過程」＝「資本の流通過程」として把握される根拠――は明らかに明確化されていよう。したがって、まずこの点に関する宇野体系の成果は決定的に大きい。

そして、「移行規定」がこのように理解されれば、ついで、(ロ)「資本の流通過程の定義」が宇野によってこう整理されるのも自明ではないか。周知のように、「資本の流通過程」定義に関して、『資本論』には、それを、「『生産過程』とは異なる『購買および販売過程』」とするものと、「ヨリ大きく『資本の姿態変換過程』の全体」とするもの、との二つの道筋が混在しているが、宇野の「移行規定」に立脚すれば、その混乱は一挙に収束しよう。なぜなら、「賃金形態↓生産の等価交換化↓生産過程の流通過程化↓資本運動全体の価値の変態過程化」という、宇野の「移行規定」を前提にすれば、「資本の流通過程＝資本の全体的姿態変換過程」という定義以外にはあり得ない――からに他ならない。つまり、この点に関してこういわれる。

「かくてG－W……P……W′－G′の資本の流通過程は、生産過程によって中断せられながら行われる資本価値変態の過程なのである。」(同)

したがって、何の疑点もあり得まい。「資本の流通過程」は、「購買・販売過程」という狭い意味での「流通過程」ではなく、まさしく、「資本価値変態の過程」以外ではあり得ないことになろう。

そのうえで、では、宇野は「資本の流通過程」の(ハ)「課題」をどこに置いているのであろうか。もちろん、この「課題」が宇野によって明言されているわけではない。しかし、宇野による、ここまでの「移行・定義」を延長して忖度すれば、以下のような「課題図式」がその姿を現してくるのは自明ではないか。すなわち、以下の三段階論理が読み取れるといってよいが、まず(a)「第一段階」として、「この過程は、当然のことであるが、生産過程ばかりでなく、G－W、W′－G′の流通過程でも多かれ少なかれ時間を要する」(同) という点から、資本価値変態過程の焦点として「時間」概念が抽出される。そして、そのうえで次に(b)「第二段階」へ進み、ここから、「時間の費用化」が導出されていく。つまり宇野は、「資本にとっては、この時間を要するということは……生産過程自身が……一定の費用を要したものとしてあらわれるという事実に対応して、時間的経過そのものを費用化せしめるのである」(旧『原論』一三九頁) というのであり、この点で、「時間―費用」が相互にクロスしていく。こうして、最後に(c)「第三段階」へと帰着を遂げ、以上で設定した「時間・費用」の、価値増殖運動に対するその「制約」こそが表面化することになろう。具体的には、「流通過程に資本があるということは、いうまでもなく資本は資本でありながら一定期間は価値、したがって剰余価値の生産にあたらないでいるということであって、一定量の剰余価値を生産するということも、この流通過程における資本の量によって制約されることを意味する」(同) といわれるといってよく、結局、この「価値増殖に対する時間の『制約関係』」こそが、その軸点として浮上してこよう。要するに、この三段階ロジックを通じて、宇野は、何よりもこの「制約関係の解明」を「資本の流通過程論の課題」に設定していることが明瞭ではないか。

続いて早速、このような「導入論」を踏まえて、次に第二に②「循環・回転展開論」へと目を移そう。そこで最初は(イ)「資本循環論」だが、まず(a)「資本循環の三形式論」がくる。いうまでもなく、「資本の運動の三側面」を示す、「貨幣資本の循環」・「生産資本の循環」・「商品資本の循環」の比較分析に他ならないが、それに先立って、宇野における、次の二点の欠落が気になる。まず一つは、すでに確認した、「資本の流通過程＝資本価値の変態過程」という宇野による正当な「定義」を前提にした場合、そこから直接に連結する規定が何よりも「循環」以外ではない――という、その理由が明確ではない点であろう。換言すれば、資本の流通過程論の冒頭規定が「循環」にこそ求められる、その説明が欠けているといってよい。そしてその疑念は、二つ目の欠落を裏面から指摘することになるが、「循環の定義」が――特に「回転の定義」との関連で――具体的には与えられていない点が目立つ。というのも、「循環」も「回転」も、資本の円環運動を一定の基準で表現したもの以外ではないが、宇野の説明では、その両者の相違が決して明瞭ではないからである。反対からいえば、「循環」が「回転」との違いにおいて明確に定義されなかったからこそ、資本の流通過程の冒頭規定を「循環」に設定するその理由も弱くなったのだ、というべきかもしれない。その意味で、この欠落にはくれぐれも注意しておきたい。

そのうえで、宇野「三循環形式論」をやや詳しく追うと、まず(A)「貨幣資本循環」(G……G′)では、総体的にみて、「それは資本の三形式に共通し、価値の自己増殖を端的に表現する」という点で「資本の運動」の何よりも「基本的形式」(旧『原論』一四二頁)だとされる。しかし同時に、それは、「資本の価値増殖の基礎をなす生産過程を単なる媒介物となす」他、「循環を繰り返すのは、資本家の個人的なる主観的立場による」以上、この「貨幣資本循環」は結局「資本家社会的意義を却って不明瞭にする」(同)以外にはないと整理されていく。それを受けて、次に(B)「生産資本循環」(P……P)へ進むが、この形式では、「終点はそのまま始点をなすものとなっている」以上、貨幣資本循環とは違って「再生産の必然性」が端的に表現されており、その点で、「主観的な個々の意図も社会的に決定されてあらわれる」という、「いわば資本家社会的一面」(旧『原論』一四二頁)が濃厚に表出しているとされる。しかも、この点と関係してさらに注目すべきは、この「生産資本循環」における貨幣の性格規定に対して興味深い発想が提起されている点であって、この形式では、「流通過程を媒介物とする」側面に起因して、「貨幣も流通手段としてW′とWとを媒介するものとしてあらわれる」(旧『原論』一四三頁)が、その場合、「あたかも流通手段としての貨幣が、蓄蔵貨幣によってその流通手段量を調節されたように、ここでは資本が自らこれを資本としての貨幣によって調節しなければならぬ」（同）――という、取り分け「貨幣機能の進展」が示されるといってよい。

そして、最後こそ(C)「商品資本循環」（W′……W′）以外ではない。その際、この形式の体系的意義が何よりも「社会的総資本の流通を理解し得る」（旧『原論』一四四頁）点に求められるのは、『資本論』と同様に周知のことだが、宇野は、それを具体的には以下のように説明する。

「商品資本の循環の形式は、以上述べてきた二形式と異って、その出発点がすでに価値を増殖されたW′である。それと同時にその終局点はW′－GのG′や、G－W……PのPのように、単に流通過程における変態の結果としてではなく、生産過程の結果としてのW′である。いい換えればここでは循環は流通過程にはじまって生産過程に終り、両者が互いに相制約する関係にある。」（同）

もはや明瞭ではないか。要するに、「いずれを手段とし、目的とするというのではな」く、まさに、生産過程と流通過程とが相互規定的に資本制的に実行されていく関連が明示されている――と宇野は主張するわけであろう。後にみるように、ここにはなお論理の空隙が否定できないと思われるが、まさに以上のようなロジックに立脚してこそ、最終的に、宇野によって、この「商品資本循環」こそ、「社会的再生産過程とその流通とを表現し得る形式となっている」（旧『原論』一四五頁）のだと集約されるといってよい。全体として、むしろ通説的理解だというべきではないか。

それを前提にして、宇野体系は続いて(b)「流通費用論」へと入る。そこで、「流通費用」各論に先立って「流通費用導入規定」がまず気になるが、それは決して明瞭とはいえまい。というのも、宇野の論理構成では、いまみた「資本循環の三形式」の後「生産資本と流通資本の区別論」へと移りつつ、この「区別論」に即して「流通費用論」へと接続させようとしているが、その論理の運びは、やや説得性を欠くからに他ならない。すなわち、「何故この箇所であえて『生産資本―流通資本の区別』をもち出す必要があるのか」という点で、資本循環論→「生産資本―流通資本区別論」という連関にそもそも疑念が湧くだけでなく、ヨリ積極的にいって、以下のような宇野の説明には、さらに基本的な疑問があるのではないか。具体的に指摘すると、「生産資本と流通資本への資本の分割は、しかしまた決して絶対的なものではな」く、「生産過程も直接的なる生産過程としての価値形成＝増殖過程に止まるものではない」のと同様に「また直接的な生産過程自身が資本の流通過程のうちにも行われる」とし、この事情を受けてこそ、宇野は、最終的に、「流通費用はいわばその中間物としてあらわれるのである」（旧『原論』一四七－八頁）との結論を与える。要するに、宇野による「流通費用導入規定」は、資本循環における「流通過程および流通資本」の独自性を再説したものに過ぎず、したがって、その導入を内容的に説明するものとはなっていないのである。

そうであれば、「流通費用の定義」もいわば空疎なものに止まるのも当然であって、「商品乃至貨幣の形態をとる流通資本は、商品の売買自身にも、さらにまたその運輸にも、資材と労力を必要とする」が、「それは明かに流通のための費用である」（旧『原論』一四八頁）というに過ぎない。こうして、宇野「流通費用導入論」には問題が多いといわざるを得ないが、その一つの原因が、「流通期間論」の、回転論への篇別移動にこそあるのは後にみる通りである。

そのうえで、宇野「流通費用論」へやや詳しく立ち入ると、最初に(A)「純粋の流通費用」がくる。いうまでもなく、「それはまったく不生産的な空費であ」りしたがって「資本家的にこれが労働者の労働によって行われても……剰余価値の内から支払われる他はない」（同）費用である点は自明だが、宇野体系の特徴は、この「純粋の流通費用」が、他の流通費用である「保管費用」・「運輸費用」に先立ってその先頭に配置されている点ではないか。言い換えれば、これら三つの「流通費用の展開順序」が問題を構成するが、宇野による、その点への説明は基本的に欠けていよう。ついで、二番目は(B)「保管費用」であるが、この費用に関しては、それが、二つのパターンに区別される点がポイントをなす。すなわち、まず一つは「商品経済に特有なるもの」であって、これが「純粋の流通費用と同様になんらの価値をも追加するものではない」(旧『原論』一四九頁)のに対し、もう一つは「あらゆる社会形態に共通なるもの」に他ならず、これは、「あらゆる社会に共通に必要とせられる使用価値の貯蔵が資本主義社会では商品の形態で行われる」点を根拠として、「その費用は当然に価値を追加する」とともに「それに要する労働は価値と共に剰余価値をも生産する」(旧『原論』一五〇頁)――と宇野のロジックは進む。まさしく、「流通費用」を巡る、「実体―形態」関連視点からする価値形成判断が明瞭であって、要するに、宇野型「形態―実体」関連把握のその見事さではないか。

そして最後が(C)「運輸の費用」に他ならない。つまり、まず宇野は、「これも流通過程における費用には相違ないが、しかしこれは明かに流通過程に延長された生産過程である」(同)と性格づけたうえで、価値形成上の特質としては、その「価値形成性」を明確にする。というのも、「流通過程でも運輸は、なんら使用価値的な追加をなすわけではない」とはしても「物が使用価値として現実的に消費されるための条件をなす点でこれに要する労働は価値を形成し、剰余価値を生産する」(旧『原論』一五一頁)――と把握されるからであろう。そしてその根拠が、(「単に商品の売買上の目的から行われる輸送」を除いて)「これもまたいかなる社会においてもその社会的物質代謝に欠くべからざるものとして価値を追加する」(同)という、宇野型の「形態―実体」関係図式にこそあるのは自明だといってよい。

これらを総括する形で、最後に「流通費用」の総体的意味づけが提示されていく。約めていえば、「流通費用における、価値形成的二面性」に関わる総括だともいえるが、それを、以下のように、「生産資本―流通資本の位置関係」

において位置づける点が興味深い。

「流通費用は、商品の価値を追加するものと、然らざるものとを含むのであって、一概には規定され得ないが、生産過程の生産資本と流通過程の流通資本とを両極として、その中間に運輸、保管、売買の費用としてあらわれ、いわば両者を連結するものとなっている。一様に資本の一部をなすものと看做される。」（同）

これこそ、宇野による「流通費用」の積極的集約なのであろうが、資本投下のいわば「ストック概念」である「生産資本・流通資本」と、いわばその「フロー概念」をなす、「費用規定」である「流通費用」とを同一平面上に設定する積極的な意味が、果して何かあるのであろうか。その点で、この叙述が有する宇野の含意に対しては、後にさらに立ち入った検討を加えたい。

以上までを踏まえて、最後は(c)「回転移行論」となる。その移行ロジックは必ずしも明瞭には読み取れないが、次のような流れは一応検出可能ではないか。すなわち、いま直前で確認した、「流通費用の資本への『一様化』」という見方を起点としつつ、その後、「一定の剰余価値を得るための費用化」→「節約原理の強化」→「費用を超過する価値部分としての剰余価値」という説明を積み重ねることを通じて、宇野は、最終的に、「かくて資本家は、この見地から資本の運動を資本の回転として問題とする」（同）という帰結を引き出す。その場合、ここでの「この見地」がなお不確定だというしかないが、それでも、「流通費用は、いわば生産資本と流通資本との内面的対立を外面的に解消することに役立つ」（同）という宇野把握の枢軸が、「回転移行論」のその中心を担っている点だけは間違いあるまい。

そこで、宇野体系は続いて(ロ)「資本回転論」へ入る。そうであれば何よりも先駆けて、「回転の定義」がまず知りたくなるが、宇野は、「個々の資本にとっては、資本の回転は、一定量の資本が一定量の剰余価値を加えて、いかなる期間に回収されるかという形であらわれる」（旧『原論』一五二頁）という以上の説明は与えてくれない。しかしこれでは、特に「循環」との相違において、「回転の定義」が明らかになったとはとてもいえまい。いずれにしても、「定義」が曖昧なまま、宇野の説明は唐突に(a)「回転期間」へと進んでいく。すなわち、「貨幣の形態をもって前貸しされた資本が貨幣の形態で回収されると、その貨幣は先に前貸ししたときと同様に自由に処分し得る資金の形をとり「そこでこの一過程は資本の一回転期間をなす」とされ、それを受けて、「そこでこの一回転期間は、いうまでもなく生産期間と流通期間とからなる」（同）とされる。こうして「期間論」が設定されるが、しかし、「一回転期間は……生産期間と流通期間とからなる」ことと「回転論の冒頭規定が期間論である」こととは、決して同じではなかろう。言い換えれば、「期間論」が、「循環論」ではなくこの「回転論」の先頭に配置されてよいのか――に関しては異論があり得るのであって、宇野の説明においては、「回転論」が「期間論」から開始されるべきその理由付けが欠けていよう。

この点は後に立ち入ることにして先を急ぐと、不思議なことに、「回転期間」を構成する、その不可欠な一部である「流通期間」には触れられないまま、まず(A)「労働期間―生産期間」が問題にされる。すなわち、その焦点は「労働過程の行われない生産期間」の存在だとみてよく、宇野はその意味を、「この期間中には新たなる価値の形成も、剰余価値の生産も行われないのであって、使用価値の形成の点では本来の労働期間と共に流通期間に対立する関係にあるが、この点ではむしろ流通期間と共に労働期間に対立することになる」（旧『原論』一五三頁）として示していく。要するに、この期間は、「労働期間と流通期間とのいわば中間にあるもの」（同）という側面が重要だとされるが、しかしそれだけではない。なぜなら、このような性格をもつ点で、この「労働過程の行われない生産期間…の存在」は「資本家的経営にとってはむしろ非合理的なるものであって、しばしばその障害とさえなる」（同）からに他ならず、したがって、そこから宇野は、「かくて労働期間は、労働過程の行われない生産期間と共に回転期間の構成部分としてその短縮が、価値増殖の効率の基準としてあらわれる」（旧『原論』一五四頁）――という行動規定性をも導いていくといってよい。

ついで(B)「固定資本―流動資本」論へとつなげられる。しかし、いうまでもなく、この「固定資本―流動資本」区別は「生産資本循環」に立脚する以外にない以上、「期間論」から「回転論」を開始した宇野体系では、そこから「生産資本循環」論に戻りつつこの「区別論」へと向うロジックは、その点で、目立って弱くなる以外にはあり得ない。つまり、宇野によって、「資本の流通を貨幣資本の循環の形式で資本の回転として把握したからといって、資本の運動がすべて貨幣資本の循環運動となるわけではな」く、「貨幣資本の循環運動自身が、そのうちに展開される生産資本の循環運動によって制約されているのである」（旧『原論』一五五頁）と説明されるが、それは間違いではないとしても、「期間論」から「固定資本―流動資本」区別へとロジックを切り替えるための、その説明としては、やはり決定的に弱かろう。なお一定の無理が否定できないその所以である。

この点も後に検討したいが、いずれにしても、宇野による「区別論」へ立ち入ると、その具体的内容に通説と大きな相違があるわけではない。つまり、最初に先ず生産手段だが、「生産手段の購入にあてられた資本も、生産過程に入ると、その使用価値の性質によってそれぞれ異った機能を果たす」（旧『原論』一五五頁）としつつ、以下のような区別を提示する。

「使用価値としてはつねに全体として機能しながら、価値としては一部分ずつを、したがって一定の期間中は漸次にその価値を減価しつつ、流通するという独特の流通形式を有するか否かによって区別せられるのである。それは労働手段が一般に生産過程において機能する特殊の仕方によるものである。」（旧『原論』一三〇頁）

したがって明らかであろう。要するに、「生産過程における機能の差→価値移転方式の差→価値回収方式の差」というトリアーデに即してこそ、宇野によって、「固定資本―流動資本」の区別が体系化されているといってよく、これにさらに付け加える余地はない。この後、いわゆる「補助材料」にも触れられつつ、宇野は、もう一つとして「労働力」への適用を試み、その特殊性を考慮しながらも「流動資本への参入化」を示すといってよい。なぜなら、「労働力に投じられた資本は……もはや価値を有するものではなく、価値を形成するものであって、資本価値の流通をもって片付け得ない」が、「しかし資本の回転の問題としては、資本として前貸しされた貨幣が回収されるという観点から、不変流動資本と共に全部的に回収されるものとして流動資本とみなされる」（旧『原論』一五七－八頁）から――に他なるまい。こうして、可変資本をも含めて、「回転の相違」を基準としながら「固定資本―流動資本」区別が完成をみるわけであり、ここに、「回転」概念の積極的効果が確認されるべきであろう。

そのうえで、宇野体系では、最後に(C)「流通期間の変動」に焦点を当てながら次への移行が試みられる。すなわち、以下のような宇野の説明は、「原理への現実条件の過度の取り込み」という点でなお検討の余地を抱えているように思えるが、宇野は、「資本家的生産方法が一定の発展段階に達する」（旧『原論』一六一頁）と不可避的に発生する、その独特な「流通期間の変動」をまず指摘する。そしてそのうえで、宇野は、それが「むしろ純粋に回転期間そのものの影響としてあらわれる」（同）点を重視することによって、結局、「この流通期間の変動は、回転期間の長短を代表するものとして、回転がいわば純粋に資本の価値増殖にいかなる影響を及ぼすかという点を一般的に問題とすることができるものとなる」（同）という論点をこそ、引き出していく。まさにこうした手順を踏んで、宇野体系はついで「資本分割論」へと入る。

そこで(b)「資本分割論」である。まずその場面設定が置かれるが、宇野は、「例えば九週間の労働期間を要する生産物が三週間の流通期間を有するものとして労働期間中毎週一〇〇ポンドの流動資本が投ぜられるものとする」（旧『原論』一六二頁）というモデルを用いて、「回転期間の変動と資本前貸との関連」に立ち入る。すなわち、「流通期間が二週間に短縮された」ケースと「流通期間が五週間に延長された」場合とを取り上げて数値分析を行いつつ、その結果を、「要するに資本の価値増殖の効率は剰余価値率その他の条件に変りはないとしても、回転期間の変動によって種々変り得るのであって、流通期間の延長は追加投資を必要とし、その短縮は資本の遊離を来たす」（旧『原論』一六三頁）——と集約するといってよい。いうまでもなく、「回転期間の変動」に対応した「資本の分割・遊離・拘束」現象に他ならないが、これこそ、「つねに一部分の資本は貨幣資本に留まる」と同時に「貨幣形態の資本がつねに準備されてなければ労働過程が継続的に行われるということはない」という意味で、「資本主義に特有なる現象である」（同）点も、ここから明瞭にされていこう。

そしてこの側面から、回転規定の奥行きがもう一段深められる。というのも、回転にともなう時間的契機の、剰余価値生産への内的影響は、「剰余価値の生産と直接に関係のない不変資本とその回転とを可変資本と共に考察したのでは明らかにならない」（旧『原論』一六四頁）とし、そのためには、「可変資本そのものの回転を採って問題としなければならない」（同）——と宇野は論理を組み直していくからである。そこで、ここから「可変資本の回転」へと進む。

こうして(c)「可変資本の回転」がこよう。以上までの経緯を前提とすれば、ここでの焦点が、「回転の価値増殖運動への影響分析」以外にないのは自明だが、そうであれば、宇野によって、その中軸が「剰余価値の年率」規定に求められるのも当然といってよい。つまり、「剰余価値の年率M′は、剰余価値率m′に可変資本の回転度数を乗じたものとな」り「M′＝m′nである」（旧『原論』一六五頁）と規定されるが、この規定の中に、「両者共に同数の労働者を同一時間労働せしめ、その必要労働と剰余労働との比率も同様なわけであるが、一方は五〇〇ポンドの資本を一〇回転させることが出来たのに反して、他方は五〇〇〇ポンドの資本を一回転せしめたにすぎない」（同）という事態が反映しているのはいうまでもなかろう。そしてそうであるが故に、「資本の回転が単にその資本価値を回収し、剰余価値を実現するに要する期間であるというだけでなく、一定量の剰余価値を獲得し、これを資本家的に使用するために、いかなる資本量を前貸ししなければならぬかを決定する」（同）という事情も、いわば改めて明確になるのではないか。宇野の力点もまさしくそこにこそあろう。

以上のような帰結として、宇野のロジックは、最後に(ハ)「剰余価値の流通」へと辿り着く。そこで、最初に(a)「移行論」が注目されるが、それは必ずしも明瞭とはいえず、例えば次のように述べられるに止まる。具体的に立ち入ると、「資本の流通は、以上述べてきたように、個々の資本にとっては、その前貸資本の回転として現れるのであるが、しかしかかる回転自身は、つねにその外部に市場のあることを前提として行われる」（旧『原論』一六七頁）としたうえで、宇野は、この「剰余価値の流通」を巡って「突然」――まさしく「突然」に――以下のようないわば環境変化を持ち込む。すなわち、「現にこの回転の産物たる剰余価値自身の流通も、その後半はこの回転の外に行われることになっている」（同）として、「特定の一資本の回転」と「その外部」という、いわば「資本の抽象水準問題」が「突然」顔を覗かせてくるといってよい。いうまでもなく、「資本流通過程における『個別―総体』関係」はそれ自体として重要な論点ではあるが、しかし、この「剰余価値の流通」の導入に際して、突然それを前面に出す宇野の処理にはなお違和感が拭えない。それはともかく、以上のような点を接点にしつつ、宇野は、「そこには資本の流通過程として、しかしもはや回転の問題としては考察し得ない新たなる問題が生じて来る」（同）と説明しながら、続いて「剰余価値の流通」論へと駒を進める。

こうして結局、「剰余価値がいかにして貨幣に実現されるかということの問題は、かくして商品資本の循環形式によって解かれなければならぬ」（旧『原論』一六八頁）点が強く強調されたうえで、宇野は、それを、「単純なる再生産」と「拡張再生産」とにおいて示していく。

そこでまず(b)「単純再生産」がくるが、宇野の具体的な叙述に入っていくと、大きな意外感に襲われる。というのは、ここで宇野によって述べられている内容は、まさに「再生産論としての単純再生産」論そのものであって、何故、この「剰余価値流通論」でこれほど詳細な「単純『再生産』」の説明が必要なのかは理解し難い――からに他ならない。もっとも、この「単純再生産」が「その剰余価値が全部個人的に消費せられて従来と同一規模の生産が続けられる」（同）ものであることを前提として、宇野の関心は、むしろ、「剰余価値の実現」のために必要となる貨幣の由来にこそあるのも当然であろう。その点が例えばこういわれる。

「図式的にいえばW′を実現すべき貨幣は、資本としての貨幣Gと生活資金としての貨幣gとによって市場に対してこの資本家自身が投じている。この自ら投じた貨幣をW′の販売によって再び得るということになるのである……。」（旧『原論』一七〇頁）

要するに、「単純再生産においては、明らかに、より多くの貨幣の獲得自身が資本の価値増殖を意味するものとはいえない」（同）点こそが、ここでの宇野の力点なのであろう。

そのうえで次が(c)「拡張再生産」だが、この「剰余価値が蓄積せられて生産規模が拡大される」（旧『原論』一六八頁）場合にも、「剰余価値として実現される貨幣」の源泉問題に関しては同様だと宇野はいう。つまり、「資本の蓄積も、決して単なる貨幣の蓄積ではない」（旧『原論』一七〇－一頁）ことは「単純再生産」のケースと同じであって、まず根底的には、「剰余生産物が剰余価値としての貨幣への実現を通して蓄積されるということも、剰余生産物が互いに必要とせられる生産手段と労働者の生活資料とに交換せられることに外ならない」(旧『原論』一七一頁)という原則に触れる。しかし、実際は、その原則は貨幣によって媒介される以外にないが、「貨幣は流通手段として役立つわけである」としたうえで、最終的には、「市場にこれを実現するに必要な貨幣が不足するとすれば、流通速度の促進、支払手段としての貨幣の機能、或いはまた蓄蔵貨幣の動員乃至世界貨幣の流入によって、その量を調節せられることになる」(同)ことで解決される――と宇野は解決策を示していく。

要するに、宇野によって、この「拡張再生産」においても、「剰余価値の流通」は結局以下のように整理可能だと集約されるといってよい。つまり、「資本の蓄積は決してGをG′に実現するというだけのことではな」く、「剰余生産物自身によって社会的に資本の生産規模が拡大されることを意味する」(同)のだと。何よりも、宇野の最終的なその主張眼目はここにこそあろう。

以上を全体的に受けて、最後に第三として、③「総括＝再生産論への移行論理」が設けられる。すなわち、宇野は、「資本循環・回転論」の一過程を構成する「W′－G′の過程」に関して、確かに、「個々の資本」にとっては、「貨幣さえ得れば自己の必要とする生活資料をも、生産手段をも、労働力をも、必要に応じて購入し得るということになっている」ものの、「しかしこれがいかにして購入し得るかは、問題となっていない」(旧『原論』一七二頁)として問題を組み直す。換言すれば、「生産手段と生活資料とがいかにして生産せられるか、さらにまたそれを基礎にして労働者の労働力がいかにして供給せられるかを明らかにしなければならない」が、「しかしそれはもはや資本の流通過程の問題ではない」(同)のは当然だといってよい。まさしくこのようなロジックに立脚して、視角はこう転回せざるを得まい。

「それは資本の生産過程と流通過程とを統一した資本の再生産過程においてはじめて明らかにされる問題である。

進んで次の章においてその点を明らかにする。」（同）

こうして、宇野体系は、「資本の流通過程」から「資本の再生産過程」へと移行していく。

〔3〕宇野「資本循環・回転論」の特質

では、このような展開内容からなる宇野「循環・回転論」の(3)「特質」はどのように整理可能であろうか。そこで、その「特質」の第一としては、まず篇別構成形式の点からいって、①「生産論の一環」という性格ではないか。もう一歩踏み込んでいうと、この「循環・回転論」を内容とする「資本の流通過程」論が、宇野『原論』体系にあっては何よりも「生産論」の中に編成されている——という点に他ならないが、このような、宇野「循環・回転論」が有するその大きな構成上の位置が、宇野「循環・回転論」のその性格を基本的に決定せしめていることは当然といわねばならない。周知のように、『資本論』の場合には、「資本の流通過程」は、第一巻「資本の生産過程」とは切り離されて独立の第二巻として構成されているが、第一章「資本の生産過程」および第三章「資本の再生産過程」と合わせて、「資本の流通過程」を第一篇「生産論」の一つの構成パートとする、このような宇野体系は、その点で、『資本論』体系とは大きく相違していよう。

そうであれば、このような体系構成改変の意味が問題となるが、その決定的なポイントとして、「剰余価値生産——資本流通の内的関係性」の確保が指摘可能なのはいうまでもあるまい。ヨリ立ち入っていえば、「資本流通」（第二巻）を「剰余価値生産」（第一巻）から外面的に区別して篇別構成する『資本論』の展開では、「資本流通」は「剰余価値生産」とは外的に切り離されつつ、「資本流通」が、「剰余価値生産」に引き続いてその後に進行するプロセスにされてしまうため、その結果、「資本流通」は、「剰余価値生産」をむしろ「補完する過程」へと消極化されてしまいかねない。それに対して、「資本流通」を「生産論」内部に位置づける宇野体系は、まさにそのような欠点をクリアする作用を果たしているというべきであって、その点に、宇野体系における、「剰余価値生産と資本流通との内的関連性」が検出されてよい。こうして、宇野『原論』体系の編成論理が無視できない効果をもってくる。

したがってそうであれば、宇野「資本循環・回転論」は何よりも「価値増殖関係分析」との内的連関の下でこそ展開されている点が――その決定的な特質としてまず指摘されてよいことになろう。裏からいえば、宇野の主眼は、その単なる「流通問題」にはないのである。

そのうえで、宇野「循環・回転論」の第二の「特質」として②「形態―実体関連の貫徹」が指摘されてよい。といっても、宇野「循環・回転論」の具体的展開の中でこの連関性が生のままで発現しているとはいえないとしても、この連関性が、「循環・回転論」の底部に一貫して流れていることは決して否定できないであろう。まさに、「循環・回転論」のいわば「通奏低音」に他なるまい。あえて贅言を重ねる必要はないと思うが、念のため確認しておけば、この「形態―実体関連視点」は、宇野体系における、例えば以下のような場面にあって特に顕著なように思われる。すなわち、(A)「資本家の価値増殖動機」としての「形態性」と「生産継続の不可避性」という「実体性」との、その結合関係において理解される、独特な「資本の三循環形式論」、(B)「価値増殖からの遂行要請」に立脚した「形態性」と「社会的な原則的効果」に関わる「実体性」との、その相互関係から明確になる、特有な「流通費用の生産性把握」、(C)「資本利用の効率性」から発する「形態性」と「固定設備の存在的制約」に絡む「実体性」との、その錯綜性に即して図式化可能となる、いわゆる「資本の遊離・拘束・保蔵」、などの側面に他ならず、このような論理環においては、「形態―実体関連視角」の発現が取り分け濃厚ではないか。

その場合、宇野「循環・回転論」における、このような「形態―実体関連」の明瞭化に、その決定的な必然性があるのはすでに自明であろう。なぜなら、これまで前章までで具体的に検証してきた通り、宇野『原論』体系では、まず「商品―貨幣―資本」の展開を「純粋な流通形態」に純化したうえで、ついで「労働＝生産過程」を超歴史的な

いる。

然性に規定されてこそ、この「形態―実体関連性」は、宇野「循環・回転論」におけるその基本的な特質を形成して
脚している点に関しては、いわば何の不思議もないわけである。要するに、宇野体系がもつその固有性からの内的必
こそ「資本循環・回転論」に着手されている以上、この「循環・回転論」が、何よりも「形態―実体関連分析」に立
理過程が進行してきたからに他ならない。そして、この「形態による実体包摂」の、「まさに一つの現実形」として
「実体」として析出し、しかる後に、これらを前提としてこそ「形態による実体の包摂化」を解明する――という論

最後に、宇野「循環・回転論」の第三の「特質」は、③「流通による価値増殖への制約性」ではないか。まさにこれこそが、その全体的「主調」をなすように判断できるが、もう一歩立ち入って指摘すれば、それは、以上二つの「特質」の、その総合化としてこそ図式化可能となる。すなわち、宇野体系によれば、まず一方で、「資本循環・回転論」を「生産論」内部に編成することを通して「資本流通と価値増殖関係との内的連関性」を確保したうえで、他方において、「形態―実体関係」視点の貫徹化によって「資本動機に基づいた社会的物質代謝過程運営の特殊性」が解明される――という論理構成が採用されているが、その二方向を統一化すれば、そこから、「流通による価値増殖への制約性」という第三の特質が帰結するのは、いわば見易いことだといわねばならない。言い換えれば、資本があくまでも流通形態であり、したがって資本は「循環・回転運動」を不可避的に遂行せざるを得ないとすれば、その「循環・回転運動」が結果として発現させるこの「流通過程」が、資本の固有の目的課題である「価値増殖運動」に対して、いわばその本質的な制約を課していくのは余りにも自明なわけである。

まさしくこのようなロジックに立脚してこそ、結論的には、宇野「資本循環・回転論」は、その最も現実的な特質として、「流通による価値増殖への制約性」というテーマを内在化させていると総括されてもよい。むしろ誤解を恐

れずに断言すれば、宇野「資本循環・回転論」は、須らく、この「流通による価値増殖への制約性」を焦点にして回転している――と整理されても、決して言い過ぎではないようにさえ思われる。最終的には、この点こそが注目されよう。

Ⅱ　宇野「資本循環・回転論」の意義と問題点

［1］宇野「資本循環・回転論」の位置　以上までで、宇野「資本循環・回転論」の具体的内容をやや詳細にフォローしてきたが、その検討作業を前提として、ここからは、宇野「資本循環・回転論」の「意義―問題点」の摘出を試みていくことにしたい。そこで、最初にその下敷きとして、まず宇野「資本循環・回転論」の(1)「位置」を手短に確認しておく必要があろう。いま改めて宇野「資本循環・回転論」の体系的位置を振り返っておくと、そのキー・ポイントは、何よりも「形態による実体把握の現実的姿態」という点にこそ求められてよい。というのも、これまでに繰り返し確定してきた通り、宇野原理論体系の際立った特質の一つが――そしてその画期的な成果の一つが――、「商品―貨幣―資本」を「生産過程」から自立化した「流通形態」として把握したうえで、次に、この「流通形態」によって包摂された「実体＝生産過程」をついで「資本制的生産」として解明するという篇別構成にあるが、以上のような、「形態による実体包摂化」の「現実的運動姿態」が、まず差し当たり「資本循環・回転」としてこそ発現してくるのは自明だから――に他ならない。

したがってこう集約されるべきではないか。すなわち、「形態による実体包摂の『現実的運動姿態』」たるこの「資本循環・回転論」の「位置」も、まさにこの点に即してこそ設定されるべきであって、それは、この「資本循環・回転論」こそ、「形態による実体包摂」のその「現実的運動姿態」分析という点からして、「資本流通の価値増殖運動に対する制約」を解明すべきその役割をまさしく担っている——のだと。約めていえば、「資本循環・回転論」こそ、「流通の価値増殖に対する制約関係」を「形態による実体包摂の現実的運動姿態」という立場から解明する、まさにその中軸領域以外ではないとこそ位置付けられるべきであろう。

〔2〕宇野「資本循環・回転論」の意義　このような宇野体系の「位置」を基準にすると、最初に、(2)宇野「資本循環・回転論」の「意義」はどう整理可能であろうか。そこでまず第一の「意義」としては、取り分け、①「形態による実体包摂の現実化」という視角が評価されねばなるまい。つまりそれは、「資本循環・回転」を、流通形態としての資本が社会的物質代謝過程としての生産過程を自らの姿態変換運動として包摂した場合の、何よりもその「現実的運動姿態」として理解する——という点の意義そのものに関わる。宇野が、まさしくそのような位置に立つものとして「資本循環・回転」を規定した点こそが、優れてユニークだといってよい。

その場合、「資本循環・回転＝形態による実体包摂の現実的姿態」というこのような宇野把握が、まず「資本」を「純粋な流通形態」に純化したうえで次に「生産過程」を「実体」において整序し、しかる後に、その二作業を前提にして、「資本の生産過程」を「形態による実体包摂システム」として整備するという、その独特な論理構成[9]に立脚しているのはいうまでもなかろう。換言すれば、実体としての「生産過程」が「形態としての資本」によって包摂＝実現されるからこそ、その包摂結果たる「資本運動」は、必然的に「循環・回転運動」として発現せざるを得ない——というロジックの明確化であるが、その結果、このような宇野体系を通して、資本運動の、「循環・回転」運動としての不可避性が明瞭になったという成果が取り分け大きかろう。

それだけではない。同時に、宇野によるこのような「資本循環・回転」理解を通じて、資本流通に関する『資本論』の曖昧性が見事にクリアされた効果もまた軽視できない。というのも、すでに多くの議論が何度も重ねられてきているように⑩、『資本論』第二巻「資本の流通過程」論に関しては、その固有の対象は何に求められるべきか――という難問があるからであるが、以上のような宇野による体系的意義によって、その対象は、通説のような、「資本の流通過程＝G－WおよびW′－G′」では決してなく、あくまでも「資本の流通過程＝G－W…P…W′－G′」という図式でこそ設定されるべき点――が一点の曇りもなく確定可能になろう。したがって、宇野による、「資本循環・回転＝形態による実体包摂の現実的姿態」という、この「第一意義の範囲と射程」は、驚くほど大きくて広いと考えるべきであろう。

そのうえで、宇野「資本循環・回転論」の意義の第二として、②「資本循環・回転論の課題の体系的明確化」が指摘されてよい。つまり、宇野体系にあっては、その課題が、何よりも「価値増殖に対する時間的契機の制約性」としてこそ明瞭化されている。もう一歩立ち入っていえば、すでに指摘したように、宇野は、「資本循環・回転」を、「流通形態としての資本」が「生産過程たる実体」を包摂する際に必然的に発現させるその「現実的姿態」として捉えるが、そうであれば、このような意味を有する「資本循環・回転」が、資本の価値増殖関係をその側面で「制約」するのは当然だとされる。というのも、贅言を費やす必要がない如く、「循環・回転」には、価値増殖が実行されない「流通過程」が不可避的に含まれる以上、資本の全過程を「生産過程と流通過程を包括した姿態変態過程」として理解する視点からすると、この「資本循環・回転」が「価値増殖運動への制約作用」を果たすのは自明だから――に他ならない。そして、すでに具体的にフォローしてきた通り、宇野「循環・回転論」はまさにこのような「制約関係」解明を可能にする論理構造を準備していたのであって、その意味で、その成果は決定的に大きい。まさしく、「資本循環・回転論課題」のその体系的明瞭化ではないか。

その場合、宇野によるこのような「資本循環・回転論の課題明確化」の前提として、「資本の流通過程論」の「定義と焦点」に関する、宇野の卓越した理解があるのはいうまでもなかろう。具体的にいえば、まず一つは、「資本の流通過程の定義」について、それを「生産過程と流通過程とを包括した資本の全体的姿態変換過程」として適切に把握したことであり、そしてもう一つは、そのうえで、「資本の流通過程の焦点」を正しく「時間契機の導入」(11)に設定したこと――これである。そして、これらの、宇野型「資本の流通過程への認識」は、いずれも、『資本論』のそれとはいわば質的に異なりつつそれを超えるものである以上、結局、宇野による、このような「資本循環・回転論課題」に関するその明確化水準は、その『資本論』レベルを乗り越えるものだとも評価可能である。その方向からする、対『資本論』関係にも注意しておきたい。

最後に、宇野「資本循環・回転論」における第三の「意義」は、③「流通費用論の体系的整理」ではないか。つまり、「流通費用」をなす「純粋の流通費用・保管費用・運輸費用」の三つを、「形態―実体の相互作用」を基準としていわば体系的に位置づけたことに他ならない。その場合、この「流通費用」を本質的に性格づけるその規定性は、いうまでもなく「生産的―不生産的基準」以外にはないが、それが、宇野「流通費用論」によって、「形態―実体の相互関連」を統一的立脚点にしつつその一貫した基準によって体系化された点が、その意義として光ろう。

やや具体的にまとめると、資本によって収益動機に基づいて支出される各流通費用の、その「生産的・規定性」は、それが、「超歴史的な物質代謝遂行側面を土台とする『実体的』作用」に関わるケースでは「生産的」であるのに対し、そうではなく、「資本の収益追求側面のみを土台とする『形態的』作用」に接続する場合には「不生産的」だ――と集約されるといってよい。その意味で、「流通費用」の本質的性格が、宇野によって、「形態―実体の相互関連」という、いわば客観的視点から確定的に決定可能になったわけであり、したがって、「流通費用」論における、そのような確定基準の体系的明確化に関する成果は、極めて大きいように思われる。そして、「流通費用」についての、以上のような宇野体系の成果が、すでに繰り返し指摘してきた、宇野体系に固有な「形態—実体関連把握」がもつ、その画期性にこそ立脚しているのももはや周知のことではないか。まさしく、宇野型「形態—実体関連把握」がもつ、その射程距離の遠大性であろう。

〔3〕宇野「資本循環・回転論」の問題点　そのうえで、⑶宇野「資本循環・回転論」の「問題点」へと急ごう。そこで最初に問題点の第一としては、①「概念定義の欠落・不明瞭性」が無視できない。換言すれば、「資本循環・回転論」の重要規定に関していくつかの未整備が残存することに他ならないが、やや具体的に指摘すれば、例えば以下の諸点が特に目に付こう。すなわち、まず一つ目は、最も大きく捉えて、宇野にあっては㈠「『資本の流通過程』規定」が明瞭にはされていない。つまり、何度も指摘したように、宇野による「資本の流通過程」論の対象が——『資本論』での不明確性を克服して——「資本の全体的姿態変換過程」に確定された点は大きな成果といってよいが、そうであれば、そこから、「資本の流通過程」の「定義」が直ちに導出可能になるはずであるが、そうはなっていない。換言すれば、「狭義の流通過程」たる「G－W・W′－G′」とは区別された、「姿態変換全体過程」としての「資本の流通過程」の、その厳密な「概念」が必要になるということに他ならないが、宇野体系ではその点が欠けているのではないか。事実、通常、「資本の流通過程」は circulation process of capital と表記されるのであろうが、これだと、「姿態変換の全過程」というニュアンスは決して明らかではなく、いわば「資本が展開するその流通過程」とも読めてしまう。したがって誤解を避けるためには、そうではなく、むしろ process of capital circulation とこそ表現されるべきだが、その点をも念頭におくと、「資本の流通過程」は、「資本の『流通過程』」ではなく何よりも「『資本流通』の過程」とこそ「定義」付けられねばなるまい。まさにこの点で、宇野の「資本の流通過程」定義にはなお一定の欠落があろう。

そのうえで二つ目としては、(ロ)「循環─回転」の相互関連的な概念付けが不明瞭なのではないか。言い方を換えれば、同じく「資本の姿態変換運動」を表現するものであるこの二つが、「定義」上どう異なるのか──を宇野は決して明瞭にはしていない。すなわち、まず「循環」だが、宇野はその正確な「定義」を与えていなく、ただ「繰り返し行われる資本の変態」という表現が示されるに止まるが、これでは、「資本の姿態変換過程」と区別されないし、また、「回転」との概念的発展関係も一向に明らかとはなるまい。次に宇野の「回転」定義に移ると、例えば、「資本の回転は、一定量の剰余価値を加えて、いかなる期間に回収されるか」（旧『原論』一五二頁）という表現がなされて、「期間・回収」という含みが加えられるが、これでも、「繰り返し行われる資本の変態」たる「循環」との質的な相違は、なお明瞭とはいえないのではないか。こうして、宇野体系においては、「循環─回転」それぞれの定義が不十分なうえに、それらの相互区別に関しても依然として未決性を残している。

最後に三つ目として、(ハ)「期間・費用」に関する、その厳密な「定義」の欠落が指摘されてよい。そこでまず「費用」だが、例えば宇野は、「商品乃至貨幣の形態をとる流通資本は、商品の売買自身にも、その保管にも、さらにまたその運輸にも、資材と労力とを必要とする。……それは明らかに流通のための費用である」（旧『原論』一四八頁）とするが、これだけでは、「流通資本」との関連で、「流通費用」の「定義」が的確に示されたとはいえまい。というのも、「生産資本─流通資本」と区別される「生産費用─流通費用」の意味が何ら提示されないからに他ならず、したがって、ここからは、「資本─費用」の相違は一向に導出不可能であろう。ついで、もう一つ「期間」概念も不明確だといってよく、例えば宇野によれば、「この一過程は資本の一回転期間をなすのであるが、この一回転期間は、いうまでもなく生産期間と流通期間とからなる」（旧『原論』一五二頁）と説明されるに止まる。しかしこの叙述だけでは、「生産期間─流通期間」はすでに前提にされてしまっていて、それが「資本の変態過程」において占める概念上の位置付け自体は、見事にパスされてしまう。こうして、宇野「循環・回転論」では、「期間・費用」の定義付けがなお弱いように思われる。

次に、宇野「循環・回転論」に関する問題点の第二は②「移行規定の不明瞭性」ではないか。そこでまず一つ目は、(イ)「生産過程論からの移行規定」が問題となる。すでに立ち入ってフォローしてきた通り、宇野は、「労賃論」[12]を媒介にして「生産過程論→流通過程論への移行」を設定するが、それは大枠として優れた方法ではあるとしても、その説明はなお不十分なように思われる。というのも、その点に関して、宇野は、まず「資本家の支払う賃銀が、労働力の価値乃至価格としてでなく、労働賃銀なる形態を与えられて費用化することは、その点で資本の運動を単なる価値の変態過程として、生産過程をも流通過程化するものといえる」（旧『原論』一三八頁）としたうえで、さらにもう一歩立ち入りつつ、「かくして資本の生産過程における剰余価値の生産は、まったくその根拠を見失われる……と同時に資本の生産過程は、資本の本来の形態規定としての流通過程のうちに行われるものとなる」（旧『原論』一三四頁）という道筋を描く――からに他ならない。まさに見事なロジックだと評価せざるを得ないが、ただ一つ不足なのは、「剰余価値の生産」が「その根拠を見失われる」となぜ「流通過程化」してしまうのかに関する説明がなお弱い点ではないか。したがって、その「二つの命題」を接合する媒介項を十全にしてこそ、「資本の流通過程への移行規定」に関する宇野の卓越したロジックが、さらに一層その輝きを増すように思われる。

そのうえで、次に二つ目は(ロ)「循環論への導入論理」ではないか。すなわち、生産過程論からの移行が図られたこの「資本の流通過程」論が、まず何よりも「循環論」としてこそ設定されるべきその必然性論に他ならないが、宇野体系にあっては、例えば、「なぜ回転論ではなく」て「循環論がくる」のかの説明は無きに等しい。換言すれば、「資本の全体的姿態変換過程」としてこそ把握された「資本の流通過程」の最初の契機が、――「回転」では決してなく

――あくまでも「循環」でなければならないその必然性が欠落しているわけである。そしてその理由が、すでに指摘した「循環定義の不在」にこそあるのはいわば明白ではないか。

そして、この問題性は、三つ目として(ハ)「回転論への移行規定」へと直ちに反射していく。なぜなら、「循環―回転」に関する「相互比較的な定義付け」が不足していることによって、まず一面で、（いま確認した通り）「循環論の導入論理」が曖昧になってしまうが、そうであれば、そこから同時に、他面で、「循環規定の限界」を接点にして次に「回転論への転化」を図るという、その道筋も見えにくくなる――のはいわば自明だからである。もっとも、ここには次にみる「流通費用」論の難点も影響しているが、総合的に判断して、宇野「循環・回転論」では、「資本の流通過程→循環→回転」を繋ぐその移行規定になお未整理性が否定できまい。

そこで、宇野「循環・回転論」に関する第三の問題点こそ③「論理展開順序の不適切性」であろう。総体的にいって、宇野「循環・回転論」における構成順序のいくつかについて、その不適切性が無視できないという難点[13]であるが、まずその一つ目は(イ)「期間論の位置」であろう。つまり、具体的にフォローしたように、宇野の「期間論」は――「循環論」ではなく――「回転論」にこそ配置されていた。そしてその理由も決して明確ではなく、卒然と、「一回転期間は、いうまでもなく生産期間と流通期間とからなる」（旧『原論』一五二頁）といわれるに止まっているが、これは、単に「期間」という言葉からの類推に流されているだけであって、「期間論」がこの「回転論」の冒頭に置かれる、その不可避性を内容的に説明するものではあるまい。例えば、「両期間＝『一循環』過程の構成要因」という命題もそれと同等な資格で成り立つ以上、宇野のこの説明では不十分性を決して免れ得ないのであるが、ヨリ積極的に判断すると、「期間論」は、資本の変態運動をその「回数・速度」などの点から考察すべき「回転論」には馴染まず、むしろそうではなく、資本変態運動の経路分析を課題とする「循環論」にこそ適合的な契機だと判断すべきではないか。いずれにしても、ヨリ立ち入った考察の必要性がなお残る。

したがってそうであれば、ついで二つ目として、(ロ)宇野体系における「費用論↓期間論」という展開順序にそもそも基本的な疑問が浮上してこよう。すなわち、宇野のように、まず「費用論」を「循環論」に置いたうえで、次にそのうえで、「回転論」内部で「期間論」を説くことはできないといってよい。つまり、この構成順序では、――先に確定した――「期間論の場所の不適切性」に加えて、さらに、「『期間』の存在こそが『費用』の不可避性を生む」という、「期間―費用」に関する、その相互内的関係への考察糸口を遮断してしまうという点で、基本的な問題を残そう。

そして、最後に三つ目こそ(ハ)「流通三費用の展開順序」に他ならない。具体的にいえば、「純粋の流通費用↓保管費用↓運輸の費用」という、宇野型順序が適切か否かという点に関わるが、まず何よりも、宇野によるその根拠付けが明瞭ではあるまい。何度も指摘した通り、この「流通費用論」を「形態―実体関連性」から体系的に整理した側面にこそ、宇野「流通費用論」のその画期的な成果が確認されてよいが、しかし、この三流通費用の展開順序に、それが適切に適用されているとは判断しかねる。その点が不明確なうえに、それともちろん連関して、「純粋な流通費用」を「流通費用論」の先頭にもってくることにも疑問が小さくない。というのも、この「純粋な流通費用」こそ、その「性格の二面性」[14]からして、「循環↓回転」を結び付けるその媒介規定として重要だからであって、後に提示するように、それは、むしろ、「流通費用」論終末にこそ設置される必要があろう。

Ⅲ　資本循環・回転論の体系的位置と役割

[1] 資本循環論の構成と展開

以上までに検討してきた宇野「資本循環・回転論」を下敷きにしつつ、さらにそこに残存する未決論点にも解答を与えながら、「資本循環・回転論」の構成と展開に一定の積極論を提示していきたい[15]。そこで最初に⑴「資本循環論」から入るが、まずその基本前提として①「導入規定」から始めると、全体の大枠として、(イ)「資本の流通過程への移行」確定が必要となる。そして、この「移行論理」に関しては、すでにフォローした通り宇野の卓越した説明があり、「賃金規定→価値増殖根拠の曖昧化→生産過程の等価交換化→資本運動全体の等価交換化→生産過程と流通過程との同質化→資本価値の単なる姿態転換過程化→『資本の流通過程』把握化」というロジックが採用されてよい。その点で、宇野の説明に付け加えることは多くないが、ただ、「等価交換化」という視点が宇野においてやや弱いことだけには注意しておこう。そうすれば、そこから次に、(ロ)「資本の流通過程の焦点＝課題」が直ちに引き出されるのは自明であって、「資本の流通過程」を「資本価値の単なる転換過程」と理解したことから当然のこととして、その「焦点」が「時間概念の導入」にあるとともに、その「課題」が「価値増殖に対する時間の『制約』解明」に求められていくのも自明だといってよい。まさにそれを前提としてこそ、ついで(ハ)「循環の導入」を設定し得る。というのも、「資本価値の全体的転換過程」は図式的には「円環状運動」を描くが、その「円環状運動」のまず何よりもの契機こそ、――その経過時間および回数をまず捨象した――「出発点から一定の経路を経て出発点に回帰する運動」という側面以外ではないからに他ならない。これこそ、(経過時間・回数視点から把握した)「回転」概念とは質的に区別可能な、まさしく「循環の定義」(Kreislauf)なのではないか。

そこで次に②「期間論」がくる。まず最初は(イ)「導入・定義」が必要だが、いま確定した「循環概念」を前提にすると、「出発点への規則的な回帰運動」としての「循環」における、まずその最初の基本側面こそ、この「回帰運動」がいくつかの構成部分からなっている――という点以外ではない。したがって、この「循環を構成する各時間パート」こそ「期間」(Periode)の「定義」をなすが、まさに、「循環概念」とのこのような内的関連に立脚することによって、この「期間論」は何よりも「循環論」の冒頭にこそ位置づけられるべきであって、これを「回転論」へと移している宇野体系については、その点で疑問が大きい。因みに、この循環期間が(ロ)「生産期間」と(ハ)「流通期間」とからなる点については贅言を要しまい。

そのうえで③「費用論」が次に展開されるが、まず注意すべきは、(イ)「期間論からの移行規定」ではないか。その場合、いまみた如く、循環が「期間分析」を不可欠にする点が示されれば、そこから、その各期間を円滑に進行させるためには一定の「貨幣支出」が必要なことも直ちに浮かび上がってこよう。まさしく、「期間―費用の内的関連性」こそが重要なのであって、宇野のように、この二つを「回転論」と「循環論」とに分断してはなるまい。

そうであれば、(ロ)「費用の定義」がこう与えられるのも当然であろう。すなわち、「費用（Kosten）＝各期間を円滑に進行させるための貨幣支出」がその定義であるが、それが、「生産期間に支出される、生産資本の別表現としての『生産費用』」と、「流通期間に支出される、流通資本とは区別される『流通費用』」とに区分されていくことに多言は要しない。その場合、やや難題を抱えているのは、周知のように(ハ)「流通費用の展開順序」ではないか。もちろん、「三つの流通費用」の性格付けについては、「形態―実体関連視角」からする、宇野による優れた解明があるからそれに付け加える点はないにしても、宇野にあっても、それを踏まえた三費用の展開順序については疑問があった。すなわち、「純粋の流通費用」を三つの先頭に配置するのは不適切であって、「生産過程との距離の近さ」＝「実体との接近性」を基準として、宇野とはむしろ逆に、「運輸費用→保管費用→純粋の流通費用」というオーダーこそが採用されるべきではないか。しかも、このように、「純粋の流通費用」を「流通費用論」の終結規定に置くことによってこそ、次の「回転論」へもヨリ滑らかに接続していけるように思われる。

［2］資本回転論の構成と展開　続いて(2)「回転論」へと急ごう。そこで最初は①「回転導入論」が注目されるが、

まず(イ)「移行規定」はどうか。その場合、この「回転への移行」契機として重要なのは、何よりも、すでにみた「流通費用論」の最終規定をなす「純粋の流通費用」以外ではない。というのも、この「純粋の流通費用」はその「性格の二面性」を免れ得ないからであって、まず一面で、それが、「不生産的性格＝価格への算入不適切性」をもつことは周知のことだとしても、しかし他面で、この「純粋の流通費用」支出が、循環スピードを加速させることを通して、販売量拡大＝資本収益拡大に結果することもなお否定はできない――からに他ならない。要するに、「純粋の流通費用」は、個々の商品価格には算入できないにもかかわらず総収益を拡大させるという「二面性」を有するのであり、したがって、その点からして、この「純粋の流通費用」の総合的効果は、最終的には、それによって実現される、「循環速度の上昇＝循環度数の向上」程度にこそ左右されることになろう。そして、この「循環速度＝回数」概念が、「一定の経路を経由する出発点への回帰」という「循環概念の範囲」をもはや超えているのは当然である以上、ロジックは、ここから質的転回を余儀なくされる。

こうして、「純粋の流通費用」の「二面性」を接点として「循環」から「回転」への移行が図られるといってよく、そうであれば、そこから、(ロ)「回転の定義」は自動的に導出をみよう。すなわち、「回転（Umschlag）＝一定期間における循環の回数」という命題であるが、まさしくここでこそ、「回転」が、「循環」を前提にしてのみ成立するそのヨリ発展した概念である――という、「循環―回転相互の比較的定義区別」が何よりも一目瞭然になるように思われる。そして、以上の根拠全体を包含して、(ハ)「回転の定式」が最後にこう表現可能になっていくのもいわば当然といってよい。つまり、「回転数ｎ＝Ｕ（一年）／ｕ（循環期間）」という定式、これである。

ついで、このような「回転」規定を踏まえて②「回転展開論」[16]へと進むと、回転規定から新たに検出可能な概念としては、最初に(イ)「固定資本―流動資本」論がこよう。これこそ、まさしく回転規定に立脚してのみ把握し得る区分であるが、まず(a)その「区別根拠」としては、いうまでもなく、生産資本における、「生産における機能形態の差↓価値移転方式の差↓価値回収方式の差」こそが重要だといってよい。そしてこの基準に立脚してこそ、次に具体的に、(b)生産過程で「繰り返し」機能しつつ「価値移転＝価値回収」を「部分的」におこなう「固定資本」(fixed capital)と、(c)生産過程で「一度のみ」機能することによって「価値移転＝価値回収」を「全面的」におこなう「流動資本」(circulating capital)とが規定可能になっていこう。まさしく、――「循環」規定を超えた――「回転」概念の絶大なる論理効果だとみるべきだが、その応用問題として、続いて(ロ)「可変資本の特殊的処理」が表面化してくる。すなわち、可変資本は、それがもつ価値を生産物へ移すという意味での「価値移転」をなすわけではなく、あくまでも「価値を新たに創造する」という特性をこそ担う以上、「価値移転方式」を基準とすれば、この可変資本に、「固定資本―流動資本」型区別は適用できないといってよく、したがってその意味で、その「特殊的処理」が不可欠にならざるを得ない。そして、その際の「逃げ道」こそ「価値回収方式」の重視であって、「可変資本」は、――たしかに「価値移転」は実行しないとしても――「価値回収方式」という面では、原料などと同様にあくまでも「全面的」であるかぎり、ここに論拠を定めて、それを「流動資本」に範疇分けしてもよいこととなろう。まさしく、「可変資本＝流動資本」という「特殊処理」以外ではないが、しかも、この処理が、「回転規定」と結合して、現実的には、以下のような効力を発揮していく。

そこで、「『流動資本としての可変資本』の回転」から導出可能となる、その現実的効果概念こそ、(ハ)「剰余価値の年率」規定だというべきであろう。なぜなら、可変資本は、一面で、剰余価値生産のその基軸であるという本質的特性をもつとともに、他面で、流動資本に分類されるという側面で「複数回転の実行」という性格をも有するかぎり、その回転数が、剰余価値生産の現実的効果に対してその決定的な影響を与えるのは自明だから――に他なるまい。まさしくこの点に立脚してこそ、「剰余価値の年率」が「M′＝m′×n」として定式化されるが、以上のような背景からして、このM′が、「回転を考慮した剰余価値生産のヨリ現実的な指標」として意義付けられるのも当然ではないか。約めていえば、「回転→固定資本・流動資本→vの特殊処理→M′」という一連の論理系におけるその到達点だとみるべきであって、その意味で、このようなロジックの基部にある「回転概念」がもつ、その絶大なる意義が何よりも確定されてよい。

以上全体を踏まえて、最後は③「再生産論への移行論」であろう。その場合、すでにフォローした如く、宇野旧『原論』にあっては、このテーマに関して意外な程詳細な叙述が費やされていたが、それは次の「再生産過程論」の任務であって、ここでは、「剰余価値の流通」に即して「再生産への道筋」を付けるだけでよい。そう考えれば、以上までの展開によって、資本価値の回転が全体として解明された以上、「回転論」としてさらに残された論点は、M′規定に引き付けつつ、資本価値全体の中における「剰余価値の回転・流通」にその焦点を集中する作業に限られよう。すなわち、回転を通して貨幣形態に回帰した「剰余価値の処分」だけに絞られるといってよく、そこから次に、「剰余価値の資本外消費」としての「単純再生産」と「剰余価値の再投資」たる「拡大再生産」との二ケースが論理化されてくるのはいうまでもない。こうして、「資本回転論」は、その必然性をもって「再生産過程論」へと移行していくわけである。

［3］「資本循環・回転論」の体系的役割　以上全体を総括して、(3)「循環・回転論」の「役割・意義」を、取り分け「価値法則論」のベクトルから体系化しておきたい。そこで、最初に①「循環・回転論のライトモティーフ」の確定が不可欠だが、ここまでで具体的に追跡してきた通り、それは、「時間概念」の導入を通した、「流通運動の剰余価値生産への制約」の解明——にこそ求められてよい。もう一歩丁寧にいえば、「期間・費用」などという、「時間概

念」に固有な新規定を駆使しながら、しかも、この「時間規定」の現実現象たる「回数・速度」規定を織り込みつつ、「価値流通運動」という新しい姿態を纏った資本運動が、「実体＝生産過程」を現実的に編成しながら「価値増殖」に対して特有な作用を及ぼしていく、そのような「新システム」を理論的に解明すること――これである。まさしく、「生産過程論」の、「時間契機」を媒介とする、その「拡張」作業ではないか。

そのうえで、次が②「価値法則論体系の基本構成」であろう。この点については繰り返し指摘した如くだが[17]、それが、以下のような構造をもつのはもはやいうまでもない。すなわち、言葉を極端に惜しんで図式化すれば、「流通形態論」＝「価値法則論の『形態的装置』論」・「分配関係論＝価値法則論の『運動的機構』論」であるのに対し、この「資本循環・回転論」が属する「生産過程論」は、まさに、「価値法則論の『実体的根拠』論」としてこそ位置づけ可能になっていく。要するに、「形態」と「機構」とを接合する、その「根拠」をこそなそう。

こう整理することによって、最後に、③「資本循環・回転論の総体的役割＝意義」はこう総括できるように考えられる。すなわち、「『期間・費用・速度』カテゴリーに準拠して、資本価値運動による生産過程包摂の、その『特有な編成方式』を提示する」点にこそ、「循環・回転論」が有する、その画期的な「新地平」が確認できるかぎり、何よりもこの点に即して、それは、「価値法則論の『実体的根拠』論」に立脚しつつも、さらにヨリ一歩進んで、それらの、「形態的装置論」と「運動的機構論」とを構造的に連結させる、いわば、その「枢軸的役割」を現実的に担っているのだ――と。「資本循環・回転論」の体系的役割は、まさしくこの点以外にはあり得まい。

（1）拙稿「労働＝生産過程と価値形成＝増殖過程」（『金沢大学経済論集』第三一巻第一号、二〇一一年）。ここでは、「実体」の客観的確定とその資本形態による「包摂」論理が解明をみた。

（2）宇野弘蔵『経済原論』上（岩波書店、一九五〇年）は旧『原論』と略称して『宇野弘蔵著作集』（岩波書店、一九七三年）第一巻の頁数で示す。また同様に宇野『経済原論』（岩波全書、一九六四年）は新『原論』と略記したうえで『宇野弘蔵著作集』第二巻の頁で表す。

（3）宇野「資本の流通過程論」を検討した文献は多くはないが、例えば、宇野自身による宇野『資本論入門第二巻解説』（岩波書店、一九七七年）の他、宇野編『資本論研究』Ⅲ（筑摩書房、一九七六年）、大内・桜井・山口編『資本論研究入門』（東大出版会、一九七六年）、日高普『資本の流通過程』（東大出版会、一九七七年）、拙著『価値法則論体系の研究』（多賀出版、一九九一年）、拙稿「『資本の流通過程』論の論理構成」（『金沢大学経済学部論集』第二四巻第一号、二〇〇三年）、などを参照のこと。宇野「流通形態規定」との内的関係こそがその焦点をなしている。

（4）新『原論』でもこの点はなお明確とはいえず、例えば次のように説明されるに止まる。「ただ流通形態としての資本は、それがために生産過程を直接に且つ精確に価値の増殖過程とはしないことになる。個々の資本としての利潤の獲得の内に、いわばその実質的根拠をなすものとしてしか把握できない。それは商品経済に当然なる形態的回り道といってよい。」（新『原論』六二頁）。「形態的回り道」という表現は魅力的だが移行理由としては弱い。

（5）その場合、「三つの循環形式」を独自に設定する方法自体は旧『原論』と同じだが、新『原論』ではややニュアンスの相違が否定できない。というのも、新『原論』では、資本循環運動が「円環状」で図式化されたうえで、「資本の運動の時間的に展開される変態過程が、空間的に並んで進行している」（新『原論』六五頁）点が強調される――からに他ならない。

（6）この不備は新『原論』でも改善されているとは言い難い。旧『原論』と同様に「回転の定義」が不明確なうえに、循環からの移行規定も、「貨幣資本の循環は……流通期間と……広い意味での生産期間……とを含み、それぞれ一定の期間を要するものとして、一般に資本の価値増殖を制約する回転の速度を計る基準ともせられる」（新『原論』六七－八頁）といわれるに過ぎない。これだけでは「循環→回転」への移行ロジックは一向に明らかではあるまい。

（7）「ところがこの資本部分（可変資本）こそ資本価値の増殖をなすものであって、生産期間によって決定されるその回転の速度は、資本の価値増殖に対して、生産手段としての固定資本部分や流動資本部分の回転と異って、いわば積極的意義を有している。」（新『原論』六九頁）

（8）このような、「いかにして購入し得るか」という「難問」の提示は新『原論』では削除されているように思われる。それに代わって、「剰余価値部分は、資本の流通過程に、いわば付随的な流通をなすわけである。かくして資本は、その再生産過程を展開するのである」（新『原論』七一頁）と簡略されつつ詳細は「再生産論」に持ち越されるが、この方がよいように思われる。

（9）宇野体系における「形態―実体関係の画期性」についての詳細は、例えば、鈴木鴻一郎編『経済学原理論』上・下（東大出版会、一九六〇・六二年）、大内秀明『価値論の形成』（東大出版会、一九六四年）、降旗節雄『資本論体系の研究』（青木書店、一九六五年）、鎌倉孝夫『資本論体系の方法』（日本評論社、一九七〇年）、前掲、拙著『価値法則論体系の研究』、などを参照のこと。

（10）『資本論』・「資本の流通過程」論の諸問題に関しては、拙稿「『資本の流通過程』論の課題と方法」（『金沢大学経済学部論集』第二三巻第一号、二〇〇二年）、「『資本の流通過程』論の論理構成」（同第二四巻第一号、二〇〇三年）、「資本循環論の構造と展開」（同第二五巻第一号、二〇〇五年）、「資本回転論の構造と展開」（同第二六巻第一号、二〇〇六年）、などをみられたい。

（11）この「時間概念」の重要性について優れた考察を展開しているのは、桜井毅『宇野理論と資本論』（有斐閣、一九七九年）である。まさしく、宇野体系の意義を的確に摘出し得ていよう。

（12）労賃論の立ち入った内容・意義に関しては、大内秀明「『労賃』について」（『唯物史観』五、河出書房、一九六七年）および拙稿「労賃論の課題」（『経済学』第四六巻第三号、一九八四年）などをみよ。

（13）この「難点」についてはすでに別稿で詳細に検討を終えている。詳しくは、前掲、拙稿「資本循環論の構造と展開」および「資本回転論の構造と展開」を参照されたい。

（14）この「性格の二面性」に関して詳しくは、前掲、拙稿「資本循環論の構造と展開」八七―八八頁をみられたい。まさしく、この「純粋の流通費用」の体系的接点性こそが重要ではないか。

（15）資本循環・回転論についての積極的展開については、すでに別の機会にその基本線を提示した。例えば、前掲、拙稿「資本循環論の構造と展開」および「資本回転論の構造と展開」はそれを直接的な課題としている。何よりも、「循環・回転」の統一的把握が重視された。

（16）「資本回転」規定が帰結させる論点としては、もう一つ「資本分割論」も重要だが、この点について詳しくは、亀崎澄夫『資本回転論』（昭和堂、一九九六年）が参照されてよい。

（17）「価値法則論体系」の総合的図式・展開およびその立体的奥行きに関して詳しくは、何よりも、前掲、拙著『価値法則論体系の研究』序論・終章をみられたい。またその前提として、前掲、大内『価値論の形成』による卓越した「価値法則理解」こそが重要であろう。

第三章　資本蓄積様式と過剰人口の形成機構

――資本蓄積論を読む――

はじめに

前章(1)では、資本の循環と回転を対象として、「資本主義の生産構造」分析のヨリ立ち入った内容解明を試みた。すなわち、価値形成・増殖過程という、「資本の生産構造」におけるその「基本展開」を前提に置いたうえで、この「基本展開」のいわば「拡張展開」として、「資本の流通過程」を何よりも「資本循環・回転」として考察したわけである。そして、そのような論理図式設定を促した基本認識として決定的に重要だったのは、取り分け、資本をあらかじめ「流通形態規定」において把握しながらついで「資本の生産過程」を「形態による実体の包摂システム」と理解する――という、宇野による、その特有な「形態―実体関連方法」以外ではなかった。しかも、まさにこのような宇野型「形態―実体関連方法」に立脚してのみ、「資本の流通過程」を「資本の姿態変換運動の全過程」と「定義」しつつ、その「課題」を「時間による価値増殖への制約」へと適切に帰着させることが可能だった――のもすでに自明だといってよい。

そうであれば、この地点から、本章の課題が以下のように設定されざるを得ないのはいわば当然ではないか。というのも、以上のように、「資本の流通過程」の体系的位置づけが、「資本の生産過程」という「生産構造の基本骨組み」の、いわばその「拡張展開」という点にあるとすれば、この「基本骨組み」のさらなる「継続展開」として、

「資本の再生産・蓄積過程」こそがその延長線上に次に必然化してくるのはいうまでもない――からに他ならない。要するに、「資本の生産構造」の、その「継続展開」として「再生産・蓄積過程」が現出してこよう。

こうして、本章の課題は、「資本の生産過程」の「継続システム」をなす「再生産・蓄積過程」分析に設定されるが、この「資本蓄積分析」は、周知のように、宇野原理論体系における枢軸的論点の、まさにその重要な一構成テーマをなしている。そもそも、宇野「資本の蓄積過程」論の篇別構成上の位置づけ自体が通説とは異なっているが、そこを基点として、さらに、それが「資本蓄積パターンの体系的構成」におけるその画期性へと接続しつつ、最終的には、「過剰人口形成機構」の現実展開に対しても画期的な問題提起をなすものとなっている――のは後に立ち入って検討する通りであろう。したがって、そのような背景からして、本章の考察ベクトルが以下のように整理されてよいのも明白ではないか。つまり、「宇野・資本蓄積論の体系的位置」に注意を払いつつ、取り分け、「資本蓄積様式―過剰人口形成機構」分析を重視しながら、最終的には、「宇野・資本蓄積論」のその論理的特質の解明を目指すこと――これである。

I　宇野・資本蓄積論の構造と展開

[1] 宇野・資本蓄積論の構造

まず全体の基本前提として、宇野・資本蓄積論の(1)「構造」を確認しておくことにしよう。そこで最初に、旧『原論』(2)を素材として宇野「資本蓄積論」(3)のストーリーを追うと、まず第一に①「資本蓄積論への導入」が図られるが、その際に注目されるのは、『資本論』の篇別構成とは違って、宇野・蓄積論は、第三章「資本の再生産過程」の内部に編成されている点であろう。つまり、この第三章は三つの節から構成されていくのであり、まず第一節「資本の再生産と蓄積」において、「資本の再生産と労働力の再生産」および「蓄積の基本規定」の基礎的図式が解明された後、資本蓄積論は、いわゆる「再生産表式」論としての第三節「社会的総資本の再生産過程」に先立つ形で、続く第二節「資本家的蓄積の現実的過程」というテーマに即しつつ、いわば「資本蓄積の現実的機構展開」として位置付けされるといってよい。したがって、この「資本蓄積の現実的過程論」こそが宇野・資本蓄積論の中軸に相当することになるが、そこへの移行は、いうまでもなく、「剰余価値の資本への転化」に即して与えられていく。すなわち、「如何ようにも使用し得る貨幣として資金をなす」「剰余価値」を生産過程に再投資する過程としてこそ「資本蓄積」が規定されることとなり、まさにこうして、「剰余価値の再投資」を媒介として資本蓄積論へと移ろう。

ついで、そのうえで第二に②「資本蓄積論の展開」へ進むが、資本蓄積の基本条件が確認されたうえで、その「現実的過程」が、最初に(イ)「資本の構成に変化なくして行われる資本の蓄積」(旧『原論』一九七頁)として設定される。すなわち、「資本がその蓄積を従来の有機的構成をもって継続してゆく」という資本蓄積タイプに他ならないが、その結果、「労働力に対する需要は、その供給以上に増大する傾向を有する」ため「労働賃銀は騰貴することになる」以上「剰余価値率を低下せしめることになる」(同)とまとめられていく。こうして、この「構成不変蓄積」をまず最初に位置づけるという「宇野の意図」はもちろん明瞭だが、意外にも、この「構成不変蓄積」がなぜ蓄積パターンの基礎となるのか、そしてそれを強制する根拠は何なのか――総じてこの「構成不変蓄積」の「特質的意義」はどう規定されるべきなのか――、という重要ポイントに関しては、この限りでは決して明瞭ではあるまい(4)。

これを受けて次に、(ロ)「資本の構成の変化を伴う資本の蓄積」へと進むといってよく、具体的には、「不変資本、可変資本の比率を各々五〇%とする」蓄積内容から、「資本の増大と共に構成比率が変化して五対一となった」(旧『原論』一九九頁)という場合が示される。そして、まさにこのような「構成高度化蓄積」の展開によって、「自然的な労働者人口の増殖に制限されることなく資本はその蓄積の伸展を示す」（旧『原論』二〇〇頁）とされつつ、それを前提とすることによって、さらに踏み込んで、この「資本の蓄積に伴う資本の構成の変化」を現実化させる、「資本に特有な形態」としての「資本の集積と集中」と、その結果として生じる、「相対的過剰人口の形成」・「産業予備軍の累積」とにまで立ち入っていくといってよい。

以上のような「二つの蓄積パターン」を土台にしてこそ、宇野によって、最後に、(ハ)「資本家的蓄積の一般的法則」が総括的に明示される。つまり、そのエッセンスは、「生産規模のいわば横への無限の拡大の方向は転換されて、『資本の構成の変化を伴う資本の蓄積』として、いわば縦への深化となってあらわれる」（旧『原論』二〇八頁）という、「蓄積二パターンの交替」にこそあり、まさにそのような「パターン変化」に対応してこそ、ついで、「過剰人口増減―賃金騰落」の交替運動もが帰結していく――と体系化されるのだといえよう。極めて「美しい」見事な、「蓄積様式―過剰人口―賃金」三者間の連関図式[5]に関する、その明確化だというべきであり、ここにこそ、宇野・資本蓄積論体系のその白眉が検出可能な点については疑いはあり得まい。

ここまでを踏まえてこそ、最後に第三として、③いわゆる「再生産表式論への移行」が位置づく。すなわち、以上まででフォローした資本蓄積運動の特質を押さえた上で、この資本蓄積過程と「物質的再生産過程の原則」との、その内的関連が主張されていくといってよいが、まずその前提として、宇野は、資本蓄積運動の「ジグザグ性」を強調する。例えば、「それはいわばジグザグの道ながら一般的にはその規模を拡大するという方式によって発展する」のであり、「そしてまたこの行きつ戻りつの過程の内に行われる発展を通して、資本の蓄積の増進を実現する」（旧『原論』二一〇頁）のだとし、したがって、このような資本蓄積過程の特殊性こそ、「資本の生産物でもない労働力を商品化し、これを基礎にして資本家的生産を社会的に確立するため」の、その「避くべからざる廻り道」（同）以外ではない――と整理される。そしてそうであればこそ、そこから、「あらゆる社会形態に共通な物質的再生産過程の原則は、この産業予備軍によって確立される労働力の商品化を基礎にして、したがってまたそれに特有な発展様式を通して実現されることになる」（同）という、その一定の構造理解が帰結するのもいわば自明であろう。まさしく、このような理解に立脚しながら、「表式論への移行」がこう示されよう。

「……われわれもまたこの特殊な形態に対する理解を前提として、始めてかかる一般的原則の商品経済的表現をも展開し得るのである。進んで社会的総資本の再生産過程の内に実現されるその原則を明らかにしよう。」（同）

みられる通り、その趣旨は自明といってよい。つまり、資本蓄積過程の展開を通して明らかとなる「産業予備軍運動」を条件にしてこそ、「あらゆる形態に共通な物質的再生産過程の原則」も始めて解明可能になる――とされるわけであり、ここから、宇野体系は「再生産表式論」へと移る。したがって、その点で、宇野・篇別構成体系における、「蓄積論→表式論」という展開順序が明らかではないか。

このように概観可能であれば、宇野・資本蓄積論は、結局、以下のような「構造」を有していると整理されてよいこととなろう。すなわち、「蓄積導入論」→「蓄積展開論」→「表式移行論」という三段階構成図式に他ならず、まさにこのような全体的構造を通してこそ、宇野体系において「資本蓄積運動の特質解明」が総合的に試行されているように思われる。

［2］宇野・資本蓄積論の展開　以上のような、宇野・蓄積論の基本構造に立脚したうえで、次に、⑵「宇野・資本蓄積論の展開」へと具体的に立ち入っていこう。そうすると、最初に第一に①「蓄積導入論」がまず問題となるが、その焦点は、何よりも「単純再生産から拡大再生産への転化」にこそ求められよう。その場合、旧『原論』では、それは「資本の再生産と蓄積」というネーミングで示されるが、まず全体の基本認識として、(イ)「単純なる再生産」が

その「前提」として設定される。やや具体的ロジックを追えば、まず(a)その「定義」としては、「年々の労働によって社会的に新しく形成せられる価値生産物v＋m」のうち「剰余価値部分mがすべて資本家によって個人的に消費せられ」（旧『原論』一八〇頁）る点が示されるが、そこから、ついで(b)その「形式」に関して、「したがって資本が、この過程を繰り返し行い得るためには、労働力の再生産に必要な限度で労働者が自己の労働生産物を買戻すということが、前提されるわけである」（旧『原論』一七八頁）という重要な論点が引き出されていく。――すでに他の箇所で何度も指摘した如く――宇野「資本の生産過程論」において決定的な意義をもつ「買戻しシステム」に他ならないが、この単純再生産過程も、内容的には、何よりも、「買戻し操作の現実化プロセス」以外ではない点の確認こそが差し当たり肝腎ではないか。まさにここに、「単純再生産の形式的特質」がまずみて取れよう。

そうであればこそ、最後に(c)その「意義」がこう総括されるのも当然といってよい。

「資本の生産過程は、年々の生活資料と生産手段とを生産しながら、同時にまた資本家と労働者との社会関係をも再生産しつつあるというのは、そういうことから来るのである。それは単に物の生産ではない。物の生産を通して社会関係をも再生産する。」（旧『原論』一八四頁）

もはや明白であろう。単純再生産はまさしく「社会関係をも再生産する」わけである。

続いて、(ロ)「剰余価値の資本への転化＝資本の蓄積」という形でその「定義」へと移る。そこでまず(a)「蓄積の定義」がくるが、それは、いうまでもなく、「剰余価値を実現した貨幣が再び資本として投ぜられること」という行動を通して「剰余価値を資本に転化しつつ無限にその生産の規模を拡張し得る」（一八五－六頁）過程――としてこそまず規定される。その場合、この定義にさらに加える余地はないが、もう一歩立ち入ると、宇野のこのような説明で取り分け注目されるのは、この定義に即しつつ、(b)「労働力の特殊性」に対して特に強い光を当てる点ではないか。

すなわち、蓄積が可能になるためには「新たに貨幣をもって購入される生産手段と労働力が市場になければならない」が、このうち生産手段に関しては、「剰余生産物がより大なる規模で行われる資本の再生産過程に役立つ生産物となる」のに対し、労働力については、「剰余生産物は、労働者の生活資料ではあっても、労働力そのものではない」以上、「資本は、労働力自身はこれを生産することが出来ない」（旧『原論』一八六頁）という難題を免れない――とされる。まさにその点からこそ、「労働人口の自然増殖を条件とするものであって、この条件が与えられなければ、剰余生産物がいかなる生産物から成るにしても、これを資本に転化するわけにはゆかない」（同）と、宇野はみるわけであろう。要するに、蓄積における「労働力商品化」の意義が改めて適切に指摘されるのだといってよい。

そして、以上のような「蓄積定義―労働力特殊性」を踏まえてこそ、(c)「資本蓄積の性格」も明瞭になる。というのも、すでに明らかな通り、「労働者は、その労働によって従来の資本を維持するだけでなく、より多くの労働者をして労働せしめる資本を造出する。資本の側からいえば、労働者が一定量の労働によって生産した生産物は、ますます多くの労働を実現する手段となる」（旧『原論』一八七―八頁）以上、結局、こう整理可能だからに他ならない。

「要するに剰余価値が資本化し、より大規模の生産過程が行われることは、労働者と資本家との関係が拡大されることに外ならない。しかもこの関係の拡大は労働者の賃銀生活による自然増殖を基礎とし、その労働者自身の剰余労働によって行われるのである。」（同）

極めて重要な整理ではあるまいか。「資本蓄積」とは、最終的には、何よりも、「労働者と資本家との関係が拡大されること」＝「階級関係の拡大」だと宇野は明言するわけである。

そのうえで最後に、「蓄積の条件」という方向から、(ハ)「剰余価値の消費資金と蓄積資金（資本）への分割」にも関説されていく。すなわち、資本蓄積は、「資本家の自由に処分し得る資金」としての「貨幣に実現された剰余価値」

の処理方法をその条件とする――という問題に他ならず、したがってそこから、宇野は、資本蓄積の量的規模は結局以下の要因によって決定されていく点を示す。具体的にいえば、「個々の資本家はそのいかなる部分を消費資金に、またいかなる部分を蓄積資金に充てるかは個人的な意思によって決定するわけである」として「蓄積の決定条件」をまず示したうえで、しかもついで、「この個人的な意思なるものが、決して抽象的に考えられるように自由なるものではない」（旧『原論』一八八－九頁）という、その「社会的制約性」にも言及される。まさしく、「蓄積の決定要因」の提起であるといってよいが、このベクトルからも、「資本蓄積運動の機構的側面」が明瞭ではないか。

続いて、以上のような「蓄積導入論」を前提として、早速次に第二に、②「蓄積展開論」へと入っていこう。そこで最初に、「資本家的蓄積の現実的過程」における、(イ)「A資本の構成に変化なくして行われる資本の蓄積」がくるが、まず(a)「移行規定」はどうか。いうまでもなくここでの理論的関心は、資本蓄積の「現実的過程」を、「構成高度化」ではなくまず何よりも「構成不変蓄積」として展開すべきこと――の明確化にこそあるが、この点に関して、宇野は、まず、「大体において資本家的生産方法の発展は、このマルクスのいう意味での資本の構成をますます高度化してゆくのである」としつつも、そのうえでついで、「しかし資本の蓄積による生産規模の拡大は必ずしも資本の構成の変化を伴うとはいえない」（旧『原論』一九六頁）として、さらなる一定のニュアンスを付加する。まさにそこからこそ、「したがって資本の蓄積の労働者の地位に及ぼす影響も先ずかかる構成に変化のない場合と変化のある場合とに分けて考察しなければならない」（同）という視点が設定されるわけだが、しかし、それをふまえてさらに問題なのは、そのうちの「構成不変」がなぜ基本になるのかではないか。その点に関して、宇野はこう述べる。

「理論的にいってもあたかも資本の蓄積の内面的要因として単純再生産の考察を前提としたのと同様に、資本の構成に変化のない場合に行われる資本の蓄積の労働者に対する資本の特有な関係を前提として、始めてその変化のある場合に生ずる特有な現象も理解し得るのである。そこで先ず資本の構成に変化のないものとして資本の蓄積を考察する。」（旧『原論』一九七頁）

みられる通り、「構成不変」から論理を開始する宇野のその理由は明瞭だといってよい。要するに、「単純―拡大再生産」の序列決定論理とパラレルに、「内面的―発展的」という「理論関係」に即してこそ、最初に「構成不変蓄積」が設定されるべきだ[6]――と宇野はいうのであるが、しかし、このような「形式的＝常識的ロジック」では重要な視点が欠落するのではないか。つまり、「資本の流通過程論」を「蓄積論」に先立たせるという篇別構成を採用することによって「固定資本の特殊性」を「資本蓄積論」に反映させ得る利点を確立した、貴重な宇野の画期的なる展開構成が、これでは、何ら活かされないことになってしまう。その点で、なお再検討の余地を大きく残す。

そのうえで、(b)「内容規定」にまで進むと、最初に、この「構成不変蓄積」の基本展開がこう示される。すなわち、「資本がその蓄積を従来の有機的構成をもって継続してゆく」→「労働力に対する需要は、その供給以上に増大する傾向を有する」→「労働賃銀は騰貴する」（旧『原論』一九七頁）というロジック系が、いわば論理必然的に現出してくるといってよい。そしてそうであれば、さらに、宇野が、「このことは資本にとっては、支払労働を増加して剰余労働を減少し、剰余価値率を低下せしめることになる」（同）とするのも当然であろう。何よりも、ここまでが「構成不変蓄積」のその必然的展開論理であるが、問題はその先にこそある。

というのも、宇野によって、いわば「一転して」、「資本は、その蓄積力に与えられる制限を自ら緩和する作用をもっているということが出来る」（同）といわれるからに他ならない。換言すれば、「基本原理はこの資本自身が労働者の剰余労働によって形成せられ、自らまた資本として剰余労働を吸収し得なくなるという点にある」（旧『原論』一九八頁）かぎり、「労働賃銀は決して無限に騰貴して、剰余労働を零にするところまで進み得るものではな」く

「より大なる資本が従来よりも少ない剰余価値量を実現するに過ぎないという点を限界として、その騰貴は停止する」(旧『原論』一九七頁)——とこそ宇野は整理を図る。周知の如く、『資本論』に濃厚な、「資本—剰余労働—賃金」間の内的関連に立脚した、「賃金騰貴の限界設定」ロジック以外ではないが、しかし、その成立妥当性に関しては、考察余地が明らかに大きかろう。

そして最後が(c)「移行規定」に他なるまい。すなわち、宇野は唐突に、「資本は、決してかくの如くにその構成に変化の伴うことなくして常に蓄積されるものではない」(旧『原論』一九九頁)といわば断言し、「資本は、与えられたる労働人口に対し、資本の構成の変化をもってするのである」(同)という点から、次の「構成高度化蓄積」へと転換していく。しかし、その根拠は不明だというしかなく、単に外在的に、「或るときは構成の変化を伴うことなき蓄積が主として行われ、また或るときは構成の変化によって新たなる蓄積が促進せられるということにな」(同)るといわれるに止まろう。こうして、「移行規定」は「宙ぶらりん」というしかない[7]。

しかしいずれにしても、ついで宇野は(ロ)「B資本の構成の変化を伴う資本の蓄積」へ進む。そこで、最初に(a)その「特質」はどうか。その点を、宇野は、まず定義的に、「不変資本、可変資本の比率を各々五〇%とする」ケースから「資本の増大と共に構成比率が変化して五対一となった」場合を示しつつ、それを踏まえて、「資本の構成の高度化を伴う資本の蓄積」は、「労働人口による蓄積の制限の面を示す」「資本の構成の変化なくして行われる資本の蓄積」と比較して、「正に反対」の性質をもつとする。つまり、「構成高度化蓄積」は「労働人口に対する資本の蓄積の限界の面を明らかにする」(同)とされるわけであり、その点で、宇野における、「二つの資本蓄積パターン」の対比は明瞭だといってよい。もっとも、「労働人口に対する資本の蓄積の限界」という言い回しにはなお分かり難さが残るが、「構成不変」の場合には「資本蓄積が労働人口によって制約を受ける」のとは逆に、「構成高度化」においては「労働人口が資本蓄積によって制約を受ける」というベクトル方向こそがその趣旨だ――と理解されるべきではないか。そしてそうだからこそ、この「高度化蓄積」を手段として始めて、「自然的な労働者人口の増殖に制限されることなく資本はその蓄積の進展を示す」（旧『原論』二〇〇頁）ことが可能になるというのであろう。まさしく、「構成高度化」が発揮するその効力である。

ついで(b)「展開」へ移るが、宇野は最初に、「資本の蓄積に伴う資本の構成の変化は、一般に生産規模の拡大によって行われるが、しかしこの拡大はまた資本に特有な形態をもって行われる」点を示す。そしてそのうえで、「それは単なる拡大ではない」（同）としながら、「資本蓄積の現実的進展過程」をまず(A)「資本の集積と集中」に即して追っていく。すなわち、資本構成高度化蓄積は、「一定量の生産手段と労働力とが資本家の支配の下に集積せられなければならない」（同）という「資本の集積」をまず基本前提とするが、しかしそれだけには止まらない。というのも、「またこれに対して資本の集積の増大が、すでに蓄積せられた資本を集中することによっておこなわれることも少なくない」からであって、この「集中」が、「個々の資本の蓄積力の限界を越えて一挙にして大規模の集積を実現することになる」（同）のは当然だとされる。その意味で、宇野における、「集中規定」の存在を確認しておこう。

それを受けて、次に第二ポイントとして(B)「相対的過剰人口の形成」にこそ焦点が合わせられる。すなわち、まず前提的に、「資本の蓄積の増進は、単に資本の量的の増大となってあらわれるばかりでなく、その質的変化を伴ってあらわれ」るとし、そうだからこそ、「この変化の急速なる進展は、資本の蓄積の現実的過程に決定的影響を与える」（旧『原論』二〇二頁）のだとしたうえで、宇野は、さらに進んでそこから、「資本蓄積―労働者人口の相互関係」についてもこういう。例えば、「蓄積の増進と共に、資本額の増大に比例して労働者数は絶対的に増加しながら相対的に減少することになる」（同）という展開に他ならず、それを通して、「相対的過剰人口の形成」もが提示されよう。

もちろん、そこには一定の限定も無視はできなく、例えば、「一般的には資本の蓄積の増進と共に就業労働者は常にその動揺を免れない」とともに「具体的には資本家的生産の発展に伴う景気の変動によって」(同)揺れ動くという点にも、なお注意が払われる。しかし、それらを考慮しつつも、総体的には、「この資本の蓄積に伴う資本の構成の高度化を通して形成される相対的過剰人口によって始めてかかる労働力の商品化の社会的基礎も形成されるという関係にある」(旧『原論』二〇三頁)と把握される以上、宇野図式にあっては、やはり最終的には、「構成高度化蓄積」と「相対的過剰人口形成」とは、互いに内的関係にあるものとして、まさに一体化して把握されている——と理解せざるを得まい。

そうであれば、結局、以下の難問がどうしても表面化することになってしまう。すなわち、宇野の多面的な説明に即すると、「資本蓄積量と構成高度化比率」との相対的関係如何によっては、宇野の最終的帰結をなす、「構成高度化→過剰人口形成」という確定ロジックが果たして維持可能なのか否かは不明瞭となる——という「難問」の発現、これである。まさしく、無視し得ざる未決問題(8)という以外にない。

それを受けつつ第三ポイントとして、宇野は、この「相対的過剰人口」の具体的パターンに対して、(C)「産業予備軍の累積」という位相に即して立ち入っていく。つまり、相対的過剰人口の具体的存在状態を意味するが、極めて強く現実歴史に引き寄せたニュアンスで、例えば「原蓄期→産業革命期→資本主義確立期」などに対応させて、過剰人口の形成・存在パターンが例示される(9)。実際、「一般にいかなる資本主義国もその資本主義の一定の発展段階においてはいわゆる産業予備軍としての過剰人口を有することになるのである」(旧『原論』二〇四頁)としたうえで、「それはそれぞれの具体的事情によって種々異った形態をもってあらわれる」としつつ、「マルクスは大体一九世紀中葉のイギリスによってその典型的存在形態を次の如き三種類に分類している」(同)とする。周知の、「流動的過剰人口・潜在的過剰人口・停滞的過剰人口」という三パターンであり、その詳細にはあえて立ち入る必要はないが、宇野のこのような論理の運びにおいては、以下の点が特に気に掛かるというべきではないか。

すなわち、このような「流動的・潜在的・停滞的過剰人口」類型は、宇野が引用するマルクスの叙述からも明白なように、多かれ少なかれその「累積性」にこそその特徴を有している――しかも宇野は、このような「累積性」に彩られた「産業予備軍を基礎にして始めて労働者を賃銀労働者として使用することが出来る」（旧『原論』二〇六頁）とさえいうのだが――という以外にはないが、そのような「累積性」と、宇野が他方で適切に指摘する、むしろ「相対的過剰人口の循環的運動」とは、一体どのように整合可能なのか――という点に他ならない。事実、この「循環性」に関連して宇野は以下のような指摘をしている。

「……この労働者の増殖自身が……単に人口の自然増殖によって制限されるというのでなく、資本の蓄積過程自身によって相対的過剰人口として形成せられる点に、資本主義に特有な人口法則が確立されるのである。資本の蓄積がかくして単に偶然的に与えられた条件に依存するというのでなく、よって立つ条件を自ら形成するということは、……資本主義が歴史的に独立の社会として存続し得る根拠を与えられることに外ならない。」（旧『原論』二〇四頁）

まさに見事な叙述だといってよいが、このような、「法則的＝循環的」な相対的過剰人口の形成運動論理が――それが見事であればある程――、マルクス型の「累積性タイプの産業予備軍」論理とは、そのロジックの質を全面的に異にしていることはもはや全く否定し難かろう。こうして、宇野体系は、「相対的過剰人口形成論」においても、なおその基本的な未決性を抱えているのではないか。

そして、ここまでのロジックを整理して、最後に、次への(c)「移行規定」が提示されよう。つまり、以上の如く、「相対的過剰人口」の形成を条件としてこそ「蓄積もまた……その現実的基礎を与えられる」（旧『原論』二〇六頁）

と総括されつつ、「それと同時に資本家的蓄積は、極めて特色のある、独自の様式をもって行われる」(同)として、宇野は論理系を組み直す。具体的には、「或るときは急速に膨張するかと思うと、或るときは極度の沈滞に陥るというわゆる景気の循環を繰り返しつつ拡大される」わけであり、何よりも、「これが資本家的蓄積の法則性をなしている」(同)ことになる。まさしく「資本家的蓄積の一般的法則」であろう。

こうして、続いて(ハ)「資本家的蓄積の一般的法則」こそが位置づけられていく。そこで、最初に(a)その「背景」を押さえておく必要があるが、宇野は、まずこの「一般的法則」の焦点をこう定める。すなわち、そのポイントを「労働力需要—賃金の力学関係」に置きつつ、「労働力なる商品は……他の商品と異って資本によって生産され得る単なる物ではな」く「したがって賃銀としてのその価格が騰貴したからといってその生産増加によってそのその価格を調節される機構を有してはいない」(旧『原論』二〇七頁)——という「労働力商品の特殊性」をまず的確に確認するが、まさにそうだからこそ、その特殊性に立脚して、資本蓄積過程を通す「過剰人口形成作用」の決定的役割が以下のように導出されていこう。例えば、宇野によって、「産業予備軍がこれに代わってその需要供給を調節する。しかも蓄積の増進自身がかかる予備軍を形成する」(同)と明確にされるといってよく、結局、「相対的過剰人口動向」こそ、まさに、「労働力需給の調整機構」におけるその内実だとされるわけである。こうして、「資本蓄積の一般法則」のその焦点が、「蓄積—労働力需給—賃金」の相互関係に置かれていく。

それを前提として、次に(b)「展開」にまで立ち入ると、まず(A)その「基本」が「景気循環」視角として設定されるといってよい。つまり、これまでにみてきた通り、「産業予備軍の形成は、資本にとっては労働人口の自然増殖に制限されることなく資本自身によって形成せられる資本の蓄積の基礎をなすのであるが、それと同時にこれがまた資本に特有な発展の様式を展開する基礎ともなる」(同)という視点に立ちつつ、宇野によって、この「資本に特有な発展の様式」が、現実的には「景気循環過程」として把握される。換言すれば、「いわば自分自身によってのみ制限せられる運動体の発展として、常に繰り返される循環過程をますます拡大してゆくという形をとる」（同）わけであって、それは、具体的には、「資本は一方では自ら全力をあげてその生産規模を拡大しながら、また他方では自らこれを制限し、縮小し、これを基礎にして再びまた拡大に転ずるという」（同）循環図式に他なるまい。要するに、「景気循環過程」に即した「一般的法則」こそが、その主題だとみるべきであろう。

以上の舞台に立脚してこそ(B)「運動機構」へと進む。そこで運動過程の第一幕としては、宇野によって、「構成不変蓄積パターン」こそが設定されよう。すなわち、「生産規模の拡大がまず『資本の構成に変化なくして行われる資本の蓄積』としてあらわれると、産業予備軍を動員する」以上、「終には一般的労働賃銀の騰貴を伴わざるを得ない」（同）ことになる。したがって、その結果、「この産業予備軍の動員による資本の蓄積の増進は、当然に資本の目標をなす剰余労働を減少せしめることになるのであって、資本の増大自身が剰余価値量の増加を伴わなくなるという限度にも触れざるを得なくなる」（旧『原論』二〇八頁）――と整理されていくといってよい。要するに、まず景気拡大期には「構成不変蓄積」が進行するとされ、そのうえで、その論理過程が、「構成不変蓄積進行→産業予備軍動員→賃金騰貴→剰余労働減少→剰余価値量削減→価値増殖の限度」というロジックで開示されていこう。

ついで、このような局面に至って、宇野は「それと同時に資本の蓄積は新たなる展開を求めてくる」という。つまり、以上のような「生産規模のいわば横への無限の拡大の方向は転換され」るとされるわけであって、そこから、「『資本の構成の変化を伴う資本の蓄積』として、いわば縦への深化となってあらわれる」（同）と性格付けされることになろう。その場合、宇野による以上のような説明だけでは、このような「転換」が景気循環サイクルのどのような局面に相当するのかは決して明瞭とはいえないが、そのような不明瞭性を抱えつつも、ともかく、宇野による、

「構成高度化蓄積」の進行過程は一応以下の如くに説明されていく。すなわち、宇野はまず、「資本の集中による蓄積の増進」が「最も露骨にあらわしている」ものとしての、「産業予備軍が動員を解除されるだけでなく、現役軍の除隊まで行われる」事態の他、「新たなる技術を利用する生産方法の改善が極度に行われる」（同）――という、「新資本蓄積タイプの導入↓労働力排出」という経過をも設定し、ついでそれを前提にして、「賃金―剰余価値」に対してまでも、以下のようなさらに深いメスを入れる。例えば、「産業予備軍は従前の規模を更に拡大して賃銀の平均水準以下への低落を齎らす」ことを条件にして、「資本は、平均以上の剰余価値の獲得によって漸次にその蓄積を再び横の拡大に向け得ることになるのである」（同）と。こうして、「構成不変蓄積」へと回帰するのだといってよい。

そうであれば、宇野による、この「構成高度化蓄積」の論理過程はこう集約されるべきなのではないか。すなわち、「新技術の導入↓新生産方法の採用↓産業予備軍・『現役軍』の排出↓賃金低下↓剰余価値増大↓構成不変蓄積への回帰」というロジック[10]――これである。

まさしく、見事なメカニズム図式だと評価されねばならないが、これら「構成不変―高度化蓄積」両者を視野に入れて(C)その「全体的意義」を確認すると、最終的にはこう総括される。

「近代的産業の発展の一般的過程、すなわち好況から恐慌、沈滞、活況、再びまた殆ど盲目的に発展する好況といった循環過程は……根本的には産業予備軍の形成と利用とによってあらわれる資本主義の一定の発達段階に特有な、しかもまた同時に最も典型的な現象である。」（同）

約めていえば、「資本蓄積の現実過程」こそは、「蓄積様式↓労働力吸収・排出↓過剰人口増減↓賃金運動↓剰余価値水準」を決定要因とするところの、「膨張と収縮とを周期的に繰り返しつつ、原因は結果を齎し、結果は原因をなして、しかしますますその規模を拡大していく」（同）、まさに資本主義の現実的運動過程以外ではない――というべきであろう。

こう論理を追ってくれば、最後に、「資本家的蓄積の一般的法則」の(c)「総括」が以下のように与えられるのもいわば当然であろう。つまり、宇野は、ここまでの考察をまさに下敷きにしながら、以上のような「資本蓄積の一般法則」について、「個々の資本にとっては、この過程は如何ともすることの出来ない客観的な運動法則としてあらわれ」したがって「それは社会的にもあたかも自然法則の如くに作用する」（旧『原論』二〇九頁）という点から、その「一般法則」性をまず確認する。ついで言葉を継いで、しかも、このプロセスは、決して「直線的に同じ歩調をもって上向して進むものではな」く「いわばジグザグの道ながら一般的にはその規模を拡大するという方式によって発展する」（同）とし、まさにそれを根拠にして、宇野は、「資本家的蓄積の一般的法則」に対してその全体的な総括化を図るといってよい。つまり、最終的にはこういわれる。「元来商品でもなければ、資本の生産物でもない労働力を商品化し、これを基礎にして資本家的生産を社会的に確立するためには、それは避くべからざる廻り道である」（旧『原論』二一〇頁）のだ――と。取り分け、この「廻り道」[11]論に注意しておきたい。

こうして、宇野・資本蓄積論の終結に到達した。換言すれば、全体の最後に、第三として③「表式移行論」が設定されるわけであるが、そこへの導入として、宇野は、以上までの資本蓄積論を大掴みに把握しつつその体系的帰結を、まず、「かくて資本主義が歴史的社会として実現するあらゆる社会形態に共通な物質的再生産過程の原則は、この産業予備軍によって確立される労働力の商品化を基礎にして、したがってまたそれに特有な発展様式を通して実現されること」（同）の解明――にこそ帰着させていく。そして、資本蓄積論の成果をこの点に求めるからこそ、そこから次への移行論理も確定可能になってくるとみてよく、結論的にこう提示されていく。すなわち、したがって、「われわれもこの特殊な形態に対する理解を前提として、始めてかかる一般的原則の商品経済的表現をも展開し得る」のであるから、「進んで社会的総資本の再生産過程の内に実現されるその原則を明らかにしよう」（同）と。いうまでもなく、「表式」論を中軸とした、「社会的総資本の再生産過程」論に他なるまい。

〔3〕宇野・資本蓄積論の特質　では、このような展開内容からなる宇野・資本蓄積論の(3)「特質」はどのように集約可能であろうか。そこで、その「特質」のまず第一は何よりも①「再生産論的性格」だといってよく、宇野・資本蓄積論が、体系構成上「再生産過程論」の一部を構成している点が際立つ。すでに何度も確認してきた通り、宇野・資本蓄積論は、第一章「資本の生産過程」および第二章「資本の流通過程」を経た後に、まさにその二つの章を前提として、第三章「資本の再生産過程」のその一環にこそ位置づけられている。さらにもう一歩正確にいえば、この「再生産論」の中における「拡大再生産」に即しつつ、具体的には、「剰余価値の資本への転化＝資本の蓄積」という形において展開されているといってよい。その意味で、取り分け、「資本の流通過程」がすでに前提となっていることが目を引く。その点は、例えば『資本論』の場合と比較すれば一目瞭然なのであって、周知のように、『資本論』の篇別構成では、資本蓄積論は、第一巻「資本の生産過程」の最終篇である第七篇「資本の蓄積過程」として展開されている。そうであれば、このような篇別構成からして、第一巻末尾に配置されたこの『資本論』・資本蓄積論の課題が、あくまでも第一巻「資本の生産過程」の総括にこそ絞られる――のも当然であろうが、その結果として、『資本論』・資本蓄積論に対して、第二巻「資本の流通過程」論が反映され得ないはいわば自明であろう。したがって、そこから、『資本論』・資本蓄積論では、資本流通の諸契機が資本蓄積分析に適切に適用できないという制約が残り、それに阻害されて、例えば、「資本蓄積の二様式」関係や「人口法則」の内容に一定のブレが生じてしまったのは否定できないところであろう(12)。

こう判断してよければ、宇野・資本蓄積論が、「資本の生産過程論」の一角にではなく、「資本の流通過程論」をすでに前提する形で、「資本の再生産過程論」内部に配置されたことの射程距離は極めて大きかろう。すなわち、宇野原理論体系における篇別構成処理の的確さがこの資本蓄積論の内容展開にまで跳ね返っているというべきであって、その意味は殊の外大きい。こうして、資本蓄積論の「体系的位置」にこそ、宇野説のまず第一特質がみて取れよう。

そのうえで、宇野・資本蓄積論の第二の「特質」としては、②「循環論視角の明瞭化」が指摘されてよい。その場合、この「循環的視角」は取り分け「資本蓄積様式」分析において顕著だといってよいが、例えば、「構成不変―構成高度化蓄積」の相互関連に関して、その「二様式」を何よりも循環過程として把握する側面――において特に目立っていよう。逆から言い直せば、例えば『資本論』のように、その二つを、いわば「歴史論視角」を媒介させて関連付けるという発想を極力弱めようとする工夫が印象的なようにも思われる。実際、『資本論』にあっては、「資本主義体制の一般的基礎がひとたび与えられれば、蓄積の進行中には、社会的労働の生産性の発展が蓄積の最も強力な槓杆となる点が必ず現われる」（『資本論』国民文庫③二〇四頁）などという具合に、「二つの蓄積様式」を、いわば「歴史論視角」に即して処理する方向がなお強い。しかし、このような「歴史的視角」では、「資本蓄積」分析としてはその原理的有効性を大きく殺がれるのは当然であって、その点で、解決すべき問題を大きく抱えていよう。

したがって、『資本論』型の「歴史的視角」に比較すると、宇野・資本蓄積論における「循環論視角」の明瞭化は一見して顕著だといってよく、まさにこの側面からも、宇野・資本蓄積論の特質が色濃く浮かび上がってくる。いわば「循環論視角」の、その画期性[13]ではないか。

以上のような、やや方法論的な特質の上にこそ、宇野・資本蓄積論の第三特質として、③その「機構論的性格」が確認可能なように思われる。もう一歩具体的に指摘すれば、例えば『資本論』のように、資本蓄積論をいわば「歴史傾向的土台」に立脚して展開するのではなく、資本蓄積運動を何よりも資本制生産における運動機構に即して構成しようとする性格――に他ならないが、それは、取り分け以下のような側面において特に目立とう。すなわち、いま直前に確認した、宇野の「循環論視角」にも支えられて、宇野・資本蓄積論では、「構成不変蓄積」と「構成高度化蓄積」とを、――「歴史傾向的」にではなく――あくまでも「資本蓄積運動における二パターン」として機構的に設定し、しかも、その二つを、さらに、「労働力需給↓過剰人口増減↓賃金騰落↓剰余価値上下運動」というメカニズム過程として動態的に構成することとなっている。その点で、資本蓄積過程は、宇野によって、まさしく「運動機構論」的に組み立てられていると理解してよく、その方向からの画期性が極めて明瞭であろう。宇野・資本蓄積論を「機構論的」だと性格付けし得る、その決定的な理由ではないか。

そうであれば、そこから、以下の二点が確認されるべきことが不可欠であろう。つまり、まず第一は、宇野・資本蓄積論のこのような「機構論的性格」が、何よりも、すでに先立ってチェックした、宇野体系の優れた特質である、「再生産論的性格」および「循環論的視角の明瞭化」という二論点を前提にしている――という点に他ならない。というのも、このような「機構論的性格」が可能になるためには、すでに予め、資本蓄積論展開に対し、一つは、「資本の流通過程論」の諸契機が前提とされていることが不可欠だし、さらに加えて二つとして、「循環論的土台」が確保されている点が必須だからであって、この二条件なくしては、「機構論的性格」は決して手に入らなかったに違いない。そのうえで第二として、このような、宇野による蓄積論の「機構論的整備」は、『資本論』型の「歴史傾向的・資本蓄積論」とは、その論理の質を根本的に異にしている点――が指摘されてよい。この点は、すでに、「構成不変蓄積―構成高度化蓄積」の相互関連に即して触れた通りだが、もう一歩体系的にいえば、宇野・資本蓄積論体系が、『資本論』・資本蓄積論がそれに色濃く潤色されている、「資本主義発展の一般的傾向」という方向に即した「資本蓄積運動の歴史的帰結分析」というベクトルとは、その発想・意図において、基本的に全く異なる位相に立っていることを意味しよう。そしてそうだからこそ、宇野・資本蓄積論は、「構成高度化蓄積の一元的進行↓過剰人口の一方的排出↓産業予備軍の累積」という、『資本論』蓄積論の陥穽を免れ得たわけであり、したがってその点にこそ、宇野体系が、いわゆる「窮乏化論」とは無縁であり得た[14]その根拠がみて取れよう。

こうして、宇野・資本蓄積論の最終的な「特質」としては、何よりも、その「機構論的性格」こそが重視されるべきだと結論可能である。まさにそれこそは、まず、「形態―実体―包摂化」という宇野体系の根底的視角に則りながら、ついで、「生産過程―流通過程―再生産過程」という篇別に位置づけられ、そして現実的には、「循環論的土台」に立脚しつつ構成されている――という、宇野・資本蓄積論のその特質を、極めて総合的に表現し得る基軸的側面だというべきではないか。

Ⅱ　宇野・資本蓄積論の意義と問題点

［1］宇野・資本蓄積論の位置

さてここまでで、宇野・資本蓄積論の内容をやや詳しく検討してきたが、このような内容把握にもとづいて、以下では、宇野・資本蓄積論の「意義―問題点」[15]にまで立ち入っていくことにしよう。そこで、まずその前提として、最初に宇野・資本蓄積論の(1)「位置」を手短に振り返っておきたい。いま改めて宇野・資本蓄積論の体系的位置を確認してみると、そのキー・ポイントは、取り分け、「資本の生産過程」および「資本の流通過程」を前提にして始めて展開し得る「資本の再生産過程」の、まさにその動態論に相当している点――にこそ集約されてよい。換言すれば、宇野原理論体系の際立った特徴の一つとして、まず「商品―貨幣―資本」を「純粋の流通規定」に純化したうえで次に「労働＝生産過程」を超歴史的な実体として理解し、さらにそれをふまえて、「流通形態」によって包摂されたこの「実体」を資本制的生産として把握する――という構成展開が検出し得るのは周知の通りだが⑯、当面の資本蓄積論こそは、以上のような篇別構成のうちの、「形態による実体包摂化」における、まさにその総括局面をこそ担っているわけである。もう一歩正確に表現すれば、まず基本的にいって、この「形態による実体の包摂構造」は「資本の生産過程―流通過程―再生産過程」という三層から構成され、しかも、この三層においては、「生産過程―流通過程」をその一環にすでに前提とするという意味で、「再生産過程」こそがその最も現実的なシステムだとみてよいが、それだけではない。そのうえで、この「再生産過程」はさらに「単純再生産―拡大再生産―資本蓄積」からなり、この三つのうちでは、いうまでもなく、「資本蓄積」が資本制的生産におけるその現実過程以外ではないかぎり、結局、この「資本蓄積」こそが、「形態―実体包摂構造」における、まさにその到達点をなしていよう。

したがってこういうべきではないか。すなわち、「形態―実体包摂構造」の「到達点」たるこの「資本蓄積論」の「位置」も、まさに以上のような在り方に基づいてこそ判断されるべきであって、それは、この資本蓄積論こそ、「形態による実体包摂システム」の解明作業における、何よりもその「到達点」を担っているのだ――と。言い方を換えれば、この宇野・資本蓄積論は、まず一面では、すでに解明が完了した「生産過程―流通過程」分析を継承・総括するとともに、他面では、次に展開される「再生産表式論」に対してその条件整備を実行する役割を果たすという、まさしく枢要な分岐点的位置にこそ立つ――と総括可能ではないか。これこそが、宇野・資本蓄積論が、これまでに多面的論争を喚起させてきたその所以であろう。

［2］宇野・資本蓄積論の意義　そうとすれば、以上のような宇野・資本蓄積論の「位置」を基準にすると、最初に⑵宇野・資本蓄積論の「意義」はどう集約できるであろうか。

そこで第一の意義としては、まず①「資本蓄積論の篇別再構成」が指摘される必要があろう。つまり、それは、資本蓄積論を、「資本の生産過程論」の一環としてではなく、「資本の流通過程論」を前提にしつつ「資本の再生産過程論」において展開する[17]――という再編成を実現した成果であるが、そこには以下の三論点が含まれよう。まず第一点は(イ)「新視点」が注目されるが、宇野が資本蓄積論を再生産過程論と結合させて再構成した理由については、以下の二点が重要だと判断できる。つまりまず一つは、資本蓄積分析が可能なためには、それが「剰余価値の再投資」以外ではない以上、生産過程で形成された剰余価値が再び貨幣形態において復帰してくるそのプロセスが予め前提となっていなければならないが、それを解明する理論部分こそ「資本の流通過程論」に他なるまい。したがって、その点からして、宇野は、「資本の流通過程論」を篇別構成上何よりも「資本蓄積論」に先行させねばならない――と考えるわけであって、そこから、宇野によって、「資本の流通過程論→資本蓄積論」という展開順序が導き出されてくるのはいわば自明であろう。しかしそれだけではない。それに加えて、二つ目として、「再生産過程論」と「資本蓄積論」との「内的結合性」論点も無視し得まい。というのも、宇野は、例えば、「資本家的生産方法は、生活資料の拡張再生産と共に、労働力の拡張再生産をも実現し得るものでなければ、資本の再生産過程は現実的基礎を有するものとはいえない」（旧『原論』一七四頁）と適切に指摘するからであって、この点からすると、「資本蓄積論」は「再生産過程論」とむしろ一体化させてこそ展開すべきだ――という宇野型発想が帰結してこよう。こうして、「資本蓄積論」を「再生産過程論」の一環として位置づけるという宇野の画期的処理には、以上のような、宇野原理論体系がもつ、その優れた構成理解がすでに下敷きとなっている点が確認されてよい。

それを踏まえて第二点こそ、(ロ)その「具体的効果＝メリット」に他ならないが、それが、資本蓄積論に対する「流通諸規定の前提化」という側面に集中化可能なことは自明であろう。換言すれば、「資本の流通過程論」で解明可能となった諸規定を、「資本蓄積論」に当然のこととして適用し得る――という効果＝メリット以外ではないが、そもそも、「蓄積＝剰余価値の再投資運動」以外ではない以上、「可変資本流通の特殊性」・「剰余価値の流通・処分方法」・「剰余価値の年率規定」などの「流通諸規定」が、「資本蓄積論」に直接的かつ直ちに反射していくのはまず当然といってよい。しかし、さらに決定的なのは、「資本蓄積論」に対する、「資本の流通過程論」で始めて解明される「固定資本―流動資本」区別論の重要性[18]であって、特に「固定資本規定」の特殊性理解が、「資本蓄積論」において、「構成高度化蓄積の継続的進行の不可能性＝構成不変蓄積進行の不可避性」という、「資本蓄積パターンの区別」視点となって現実化するのはもはや自明ではないか。そして、このような「二資本蓄積様式のパターン型設定」こそ、宇野・資本蓄積論の白眉をなすと同時にその基本的な立脚土台を形成するかぎり、「資本の流通過程論」の前提によって可能となる、このような、「資本蓄積論に対する『固定資本規定の前提』」こそは、まさしく、宇野・資本蓄積論のその中枢部をなそう。

そうとすれば第三点として、(ハ)「『資本論』限界の克服」論点が検出できるのももはやいうまでもないことであろう。すなわち、『資本論』・資本蓄積論では、それが第一巻「資本の生産過程」の終結部分に置かれたため、当然にも、第二巻「資本の流通過程」をその前提とすることはできなかった。そしてその結果、特に「固定資本の特殊性」に配慮が及ばなかった以上、資本蓄積に及ぼす「固定資本の特殊性」が活かされないことに制約されて、いわば、「構成高度化蓄積の持続的進行」こそが一面的に発現をみていく。そうなれば、そこから、「産業予備軍の累積性→賃金の継続的下落」が一方的に帰結せざるを得なくなるため、その極限に、あの「悪名高き『絶対的窮乏化』[19]」が位置づく以外になかった――のはいわば当然の「理論的運命」であったろう。しかし、宇野による画期的処理は、「固定資本の特殊性」を基点として「資本蓄積様式のパターン化」を実現しつつ、それを条件にして、「構成高度化蓄積継続化→過剰人口累積化→賃金下落持続化→絶対的窮乏化深化」という「錯誤の連鎖」を見事に断ち切ったわけであるから、その意味で、その理論的獲得地平は限りなく大きいと評価可能ではないか。

ついで、宇野・資本蓄積論の「意義」の第二として、②その「論理構成的性格」が指摘されてよい。そこで最初に(イ)その「焦点」を確定しておくことが必要だが、それが、「構成不変蓄積―構成高度化蓄積」両者の位置関係にこそあるのは自明であろう。もう一歩立ち入って指摘すれば、これら両者のうち取り分け「構成不変蓄積」のあり方をどう理解するのか――という点こそが議論の分かれ目をなすといってよく、宇野・資本蓄積論にあっては、それを、「一つの独立した資本蓄積パターン」としていわば「現実的」に設定するという点に、そのメリットをもつ。言い換えれば、例えば『資本論』のように、「構成高度化蓄積」こそを資本主義における正常かつ固有な蓄積様式と看做しつつ、この「構成不変蓄積」を、「構成高度化蓄積」に対して、むしろ「一時的・過渡的・非正常的」な蓄積様式に過ぎないと理解するのではなく、あくまでもそれを、資本主義的蓄積過程における「一パターン」として独立に設定する――方法が評価されてよい。とすれば、それを可能にした(ロ)その「条件」が興味深いが、それが、いま直前で確認した、宇野による、「固定資本特殊性規定の資本蓄積分析への適用」という重要な理論的成果に立脚しているのは自明であろう。もはや贅言は必要ないと思われるが、「一定期間の継続的使用の不可避性」という「固定資本の回転上の特殊性」がある限り、一度投資された固定資本は一定期間は継続使用されざるを得ないから、その結果、資本は、「構成不変蓄積」を一定期間は持続させる以外にはあるまい。こうして、「資本蓄積論に対する資本の流通過程論の前提」→「固定資本特殊性の考慮」→「構成不変蓄積継続の不可避性」という、宇野が確立した一連の論理系が確認されるべきであって、それを条件にしてこそ、「構成不変蓄積の独立化」が可能になったのであろう。

こう考えてよければ、そこから、(ハ)その「効果」が以下のように導き出されるのは当然といってよい。すなわち、『資本論』のロジックにあっては、「構成不変蓄積」に対して「独立的・客観的存立根拠」を与える視点は弱く、むしろそれを、「資本主義にとっての本来的蓄積様式たる構成高度化蓄積」の、まさに「歴史趨勢的」な、「踊り場的・小休止的・一時的な蓄積局面」とする傾向が濃厚であった。そしてそこから、かの悪名高き「絶対的窮乏化論」が表面化するのは周知のことだが、宇野のように、「構成不変蓄積」を、「構成高度化」と「相並ぶ」、資本蓄積の「二つの独立型資本蓄積タイプ」として処理可能になれば、最終的には、このような「絶対的窮乏化論」が「ものの見事に」克服されていくのも当然であろう。

まさしく以上のような二つの基本的意義に立脚してこそ、宇野・資本蓄積論の第三の「意義」が、最後に、取り分け③「メカニズム論的性格」として整理されてよい。つまり、まず(イ)その「焦点」を探ると、何よりも、資本蓄積論を、「蓄積パターン―労働力需給―過剰人口動向―賃金推移―生活水準」というファクターを駆使しつつ、まさに「総合的・機構的・動態的」に組み立てていく――という「メカニズム型運動論視角」こそが特筆に価しよう。その点で、資本蓄積論の「運動機構論的再構成」が際立つと考えてよいが、そこからこそ、この資本蓄積論が、まず一面で、「生産過程論―流通過程論―再生産過程論の機構的総括」になり得ている点とともに、次に他面では、「利潤論―利子論」をさらに加味しつつ、やがて本格的な「景気循環論」[20]へと確立していくための、その「基礎土台」となっている点もが、まさしく、その全体的関係性に即して理解可能なのではないか。そうであれば、宇野・資本蓄積論がこのような成果を確保し得た、(ロ)その「条件」が問題となるが、その点はもはや明瞭ではないか。なぜなら、この「機構型資本蓄積論」構築のまさに必須の前提として、すでに検出した、「構成不変―高度化蓄積の『二つのパターン』としての設定」という作業が厳存するのはいわば自明であるからに他ならず、したがって、宇野体系における、資本蓄積論のその「論理構成的性格」こそが決定的に大きかろう。要するに、宇野による、「固定資本特殊性の適用→構成不変蓄積の独立化→二蓄積パターンの設定」というその画期的な基礎作業こそが、宇野・資本蓄積論の最終的な体系的意義としての「機構論的資本蓄積論」を根底的に支えている、――まさしくその基軸的役割だと総括できよう。宇野・資本蓄積論がもつ、その見事な射程距離の大きさである。

このようにロジックを追ってくれば、最後に、この宇野「機構論型資本蓄積論」の(ハ)「効果」はどのように集約可能であろうか。まず最も大きく捉えると、このような「機構論型資本蓄積論」が、『資本論』・資本蓄積論の制約性を基本的に克服するものである点にもはや多言を要しまい。というのも、『資本論』型構図にあっては、それが第一巻「資本の生産過程」の末尾に配置されることによって、むしろ、「資本の生産過程」論の総括規定という任務をことさらに強く負わされ、その結果、この「資本蓄積論」が、資本主義の運動機構に対して有するそのメカニズム的役割が軽視されつつ、逆に、例えば「絶対的窮乏化論」などに帰結する、「資本の生産過程」が傾向的・推移的に発揮するその「歴史傾向」に過度に即して総括される色彩が強められた――という以外にはないからである。取りあえず、対『資本論』関係においてはこういってよいが、しかしそれだけには止まらない。そのうえで、宇野原理論体系の全体にまで目を拡げると、この「機構論型資本蓄積論」の成果が、さらに、宇野が確立した画期的な景気循環論体系において、その決定的な展開土台を担っている点ももはや自明であろう。要するに、宇野が構築したこの「機構論型資本蓄積論」は、まず一方で、『資本論』・資本蓄積論を乗り越えるとともに、さらに他方では、「宇野・景気循環論」に対するその決定的な理論基盤をも構成している――と整理されるべきではないか。

［3］宇野・資本蓄積論の問題点　そのうえで、(3)宇野・資本蓄積論における「問題点」の検討へと急ごう。そう考えると、最初に第一の問題点としては、①「構成不変蓄積設定の必然性」がなお弱いのではないか。例えば宇野は、まず旧『原論』では、「しかし資本の蓄積による生産規模の拡大は必ずしも資本の構成の変化を伴うとはいえない」としたうえで、その理由を、「理論的にいってもあたかも資本の蓄積の内面的要因として単純再生産の考察を前提と

したのと同様に、資本の構成に変化のない場合に行われる資本の蓄積の労働者に対する資本に特有な関係を前提として、始めてその変化のある場合に生ずる特有な現象も理解し得るのである」（旧『原論』一九六－七頁）と説明する。つまり、「単純再生産―拡大再生産」の関係とパラレルに、理論的な「単純→複雑関係」にその理由が求められつつ、「そこで先ず資本の構成に変化がないものとして資本の蓄積を考察する」（旧『原論』一九七頁）とされるわけだが、これでは、極めて「形式論理」に止まっていて「構成不変蓄積の必然性」が理論的に証明されたことにはおよそなるまい。要するにこの説明では、「固定資本の特殊性」規定は全く活きていない。

それに比べると、新『原論』(21)の説明はもう一歩進んでいる。すなわち、宇野によって、「資本家的蓄積の過程は、決して一様の展開をなすわけではな」く、「不断に生産方法を改善し、その資本の有機的構成を高度化して相対的過剰人口を常に新しく形成しつつ行われるものではない」（新『原論』七九頁）と適切に指摘されたうえで、その理由がこう示される。例えば、「一たび投ぜられた固定資本は数年間に亙って使用せられるのであって容易に新たなる方法を普及せしめることにはならない」点および「また新たなる方法の採用による相対的過剰人口を基礎として資本の蓄積が行われる限り、新たなる方法の採用を誘導されるということにはならない」（新『原論』七九頁）という点、であって、非常に優れた理由開示だと思われる。したがって、新『原論』では、「固定資本の特殊性」に考慮が払われつつ「構成不変蓄積の必然性」に照明が当てられるに至っているとみてよいが、ここでさらに残る問題は、それが景気循環視点に過度に引き付けられ過ぎている――というその方法ではないか。

もう一歩立ち入っていえば、その理由開示が、「理論的」というよりはむしろ「現実的」側面に傾斜し過ぎているという難点であって、ポイントとなる「固定資本の特殊性」規定に関しても、いわば「現実的性格付け」という色調が強かろう。事実、宇野によれば、「資本は、生産方法の改善を一般的には相対的剰余価値の生産によって動機づけられながらも、直接かかる動機によっては普及しえなかったと同様に、新たなる方法の採用も、原則的には、いわゆる不景気に強制されて始めて行うことになる」（同）ということになる。いうまでもなく、この認識は決定的に重要であって、景気循環論レベルにおいては極めて死活的効果を発揮するが、しかし、このような現実的な景気循環論視点を、この資本蓄積論次元で「構成不変蓄積必然性」に対して直ちに適用することは不適当なのではないか。そうではなく、ロジックはむしろ逆であり、この資本蓄積論において理論的に証明された「構成不変蓄積の必然性」こそが、後に景気循環論の中でさらに立ち入って確証される[22]――という論理手続きこそが採用されるべきだと思われる。したがって、「いいかえればこの関係は、資本主義に特有なる景気循環による断続的発展を齎すことになるのである」（同）という、宇野の「景気循環依存型・資本蓄積パターン設定方式」には、克服されるべき、その基本的な難点がなお無視はできまい[23]。

そうであれば、結局、このように集約される以外にはない。つまり、宇野による「構成不変蓄積必然性論」は、全体としてその理論的証明が不十分であり、その結果、その分だけ、「景気循環依存性」が強いといわざるを得なく、そこに、さらなるその検討余地を残している――と。

そのうえで、宇野・資本蓄積論における第二の「問題点」としては、②「構成高度化蓄積―過剰人口形成」の相互関係が曖昧である点が指摘されてよい。言い換えれば、「構成高度化蓄積」と「過剰人口形成」との間に依然として「論理的空隙」が大き過ぎるという論点に他ならないが、ヨリ詳細に宇野の説明を追えば、例えばこういわれる。すなわち、まず旧『原論』をみると、この点について、「資本の蓄積の増進に伴う社会的生産過程の拡大は、勿論、資本の下に労働する労働者数を絶対的には増加するのであるが、しかしそれは資本の蓄積の絶対量には比例しない」（旧『原論』一一〇二頁）――換言すれば「蓄積の増進と共に、資本額の増大に比例して労働者数は絶対的に増加しながら相対的に減少することになる」（同）——とされるから、「構成高度化蓄積―過剰人口形成」の相互関連は、あくまでも、「資本蓄積増加量を基準にした場合の、必要労働力量の『相対的』減少」という点に止まろう。しかしこれでは、「蓄積増加量」と「資本構成高度化比率」との「相対的関係」の諸ケースに応じて「必要労働者数」が様々に変動するかぎり、「資本の構成の高度化を通して形成される相対的過剰人口」（旧『原論』二〇三頁）は決して確定的には論証できないのではないか。

それに対して新『原論』ではどうか。しかし、この新『原論』でも、「構成高度化―過剰人口形成」関係の論理付けは決して明確ではなく、例えば、「資本の有機的構成の高度化は……資本の蓄積に伴って必要とせられる追加労働力をも資本自身によって調達することを可能ならしめる基礎を示すのであ」（新『原論』七九頁）る——とされるに止まる。つまり、旧『原論』における「相対的減少論」に代わって、この新『原論』では、「高度化蓄積―過剰人口形成」の相互関連規定は、「資本による、追加労働力の自立的調達可能性」という、極めて抽象的・一般的なるレベルに制限されている——と判断される以外にはない。いずれにしても、新『原論』をみても、「構成高度化蓄積が積極的に過剰人口を形成する」というそのロジックは何ら明瞭ではあるまい。こうして、宇野・資本蓄積論の論理過程において果たして「過剰人口形成を論証できるのか」という、まさしく、その根本的疑問に直面せざるを得ないのではないか。

約めていえば、宇野・資本蓄積論には、意外にも、「構成高度化蓄積―過剰人口形成」という論理環の中に、極めて大きな「論理的空隙」[24]がなお否定でき得ないとみるべきであろう。

こうして第三に、宇野・資本蓄積論の最後の「問題点」は③「資本主義的人口法則」体系の未整備ではないか。その場合、この論点は以下の三点からなるように思われるが、まず一つ目は、(イ)「資本主義的人口法則の定義不明瞭性」が指摘されてよい。すなわち、資本主義的人口法則をどのように理解するかがポイントをなすが、この点について、まず旧『原論』では、「一方における資本の蓄積は、他方における労働者の増殖となってあらわれるわけであるが、この労働者の増殖自身が……単に人口の自然増殖によって制限されるというのでなく、資本の蓄積過程自身によって過剰人口として形成せられる点に、資本主義に特有な人口法則が確立されるのである」（旧『原論』一〇四頁）といわれる。したがって、「人口の自然増殖による制限からの自立」＝「過剰人口の資本による自律的形成」こそが「資本主義的人口法則」の焦点にされていよう。また新『原論』でも、ほぼ同じニュアンスで、「与えられたる労働者人口とその自然増殖とによって直接制限せられることなく、資本の蓄積に適応した労働者人口を確保する、資本主義に特有なる人口法則」（新『原論』八〇頁）と説明されるから、「自然増殖的制限から脱却した、必要労働力の自律的確保」という点が、その中心軸をなしているとみてよい。したがって、総合的にいって、宇野による「資本主義的人口法則の定義」は、「資本による必要労働力の――人口の自然増殖制限から独立した――自律的調達」に即して規定されていると判断可能だが、しかし、この「定義」では明らかに狭過ぎよう。というのは、これでは、「過剰人口形成・吸収運動―資本蓄積運動」間の、資本のイニシアティヴに基づくその相互連関性――という「法則的動態性」が見失われるからであって、その結果として、「資本主義的人口法則」がもつ、その極めて重要な側面がそこから欠落してしまう。

そのこととも結びついて、二つ目として、宇野の説明では、(ロ)「過剰人口動向→賃金動向→生活水準動向」と「資本主義的人口法則」との関連も決して明らかにはならない。言い換えれば、「資本蓄積―過剰人口」関係を基点として、さらに、「賃金動向―生活水準」関連をも「資本主義的人口法則」との対応で体系的に位置づけるべきではないか――という論点に他ならないが、資本蓄積論がある意味で「労働者階級の全体的存在規定論」であり、しかも、

「資本主義的人口法則」論が資本蓄積論のその総括規定論であるとすれば、この「資本主義的人口法則」論は、その包括エリアの中に、「資本蓄積―過剰人口」関連だけに止まることなく、さらに「賃金―生活水準」関連をも的確に取り込むべきではないか。そうしてこそ、資本蓄積論の総括規定たる「資本主義的人口法則」は、いわば始めて、その体系性を確保できることになろう。要するに、逆に、宇野「資本主義的人口法則」論は、そこまでの拡張可能性をも示唆しているように思われる。

そのうえで、最後に三つ目に、宇野「資本主義的人口法則」論にあっては、(ハ)「資本主義的人口法則―価値法則」関係への視点が不足なように思われる。というのも、まさにこの「資本主義的人口法則」に即してこそ「過剰人口動向―賃金水準」の相互関連が解明可能となり、したがって、それを現実的な根拠として、――もちろん「生産論」レベル的にだが――「賃金水準」が始めて動態的に確定をみるからに他ならず、その意味で、この「資本主義的人口法則」が、賃金水準の確定を基軸とする「一般商品の価値規定」という宇野型命題を媒介として、「価値法則の動態的展開」ともその決定的な内的連関を有しているのは自明ではないか。そして、いうまでもなく、かかる理解は、何よりも、宇野が確立した画期的な価値法則体系自体からこそ導出可能な方法であるだけに、実際の、宇野「資本主義的人口法則」論においてこの認識がなお弱い点は、その分だけヨリ大きな不満だといってよい。要するに、宇野体系がもつ潜在的認識の、その自覚的抽出が必要ではないか。

Ⅲ　資本蓄積様式と過剰人口形成メカニズム

［1］資本蓄積論の体系化　以上までで検討してきた宇野・資本蓄積論を前提にして、そこに残された未解決点への解答を試みながら、一定の積極的な問題提起を提出してみたい。そこで、最初に(1)「資本蓄積論の体系化」をト

レースすると、まず全体的前提として①「蓄積の意味」が確定される必要があろう。その場合、直接の移行条件をなすのは(イ)「剰余価値の流通」規定に他ならず、資本蓄積論に先立つ「資本の流通過程論」末尾で展開された、「剰余価値の流通―剰余価値の処分」からこそ「資本蓄積論」への移行が設定される。つまり、生産された剰余価値が全部消費されれば次回の再生産は「単純再生産」に止まるのに対し、その一部が投資資金に回されれば「拡大再生産」として生産過程が継続されていく。ついで、そこから(ロ)「蓄積の定義」へ進むと、いまみたように、再生産は「単純再生産―拡大再生産」に区分可能だが、いうまでもなく、資本主義の現実的再生産としては――いわば「公理」というレベルで――「拡大再生産」以外ではあり得ない。そして、ある時点からある時点までを結果的に計量したその量的増加の再生産を「拡大再生産」といってよいのに対して、その同じ「拡大された再生生産」を、今度は、「その拡大『プロセス』」という運動過程に即して把握した場合の動態的概念こそが、次に、独自に「蓄積過程」（Akkumulation）と命名されるべきであろう。したがってそうであればこそ、最終的に、「蓄積過程」はこう定義可能ではないか。つまり、「蓄積過程＝剰余価値を生産に再投資して生産と投資規模とを拡大していく過程」に他ならないと。こうして、まず、「拡大再生産」と「蓄積」との、その相互関係理解が重要だと思われる。

そのうえで(ハ)「蓄積分析概念」が問題になる。つまり、いま確認した通り「蓄積＝追加投資」以外ではない以上、蓄積分析の概念としては、追加投資に際して、再投資に回されるべき剰余価値をどのような比率で分割しつつ、その二つの構成部分である「可変資本―不変資本」へと組み込んでいくか――という点こそが重要だといってよい。具体的にいえば、それは「c／v＝資本の有機的構成」として表現されていくが、さらに、この指標を基準にして蓄積パターン自体を区分すれば、それは、一つは「c／v＝一定の『構成不変蓄積』」と、そしてもう一つとしては「c／v＝上昇の『構成高度化蓄積』」との、いわば「二様式」において設定可能なことは当然であろう。要するに、資本蓄積がこのような「二様式」構成で展開していく点の確認が不可欠なのである。

以上のような基礎作業に立脚して、②「資本蓄積の二様式」が現実的に展開をみよう。そこで、最初はいうまでもなく(イ)「構成不変蓄積」がくるが、まず(a)その「定義」から入ると、それは、その定式からして「資本構成一定の下での蓄積拡大」として規定できる。つまり、投下総資本増加比率と同じ比率で可変資本の吸収が拡大するという資本蓄積パターンであって、賃金水準一定と仮定すれば、投資額増大と同じテンポで労働力需要が進むのだといえよう。そうであれば、この「構成不変蓄積」の(b)「性格」こそが問題となるが、それは、例えば以下の三点に集約可能だと整理されてよい。すなわち、まず一つ目は(A)「一定期間持続の必然性」に他ならず、それは以下の事情による。周知の通り、資本投資の対象の一部として「固定資本」が不可欠であり、しかも一度投じられた固定資本部分が一定期間は持続的に使用される以上、まさにこの「固定資本の特殊性」に本質的に制約されてこそ、「構成不変蓄積の一定期間持続性」が必然化するのはいわば自明ではないか。したがって二つ目として、この蓄積様式における、(B)「労働力への比例的追加需要進行」こそが無視できない。というのも、もはや明白な如く、投資拡大テンポと同じテンポで可変資本も増大するかぎり、この蓄積パターンにおいては、投資額増大にまさに「比例した」比率での、対労働力需要が進んでいく——といわざるを得ないからである。その結果、投資拡大と同じテンポで「労働力吸収」が膨張していくのはいわば当然なわけであろう。そのうえで、以上を集約すれば、結局、「構成不変蓄積」こそ(C)「資本主義の基本的蓄積様式」に他ならないという理解が導出されてくる。つまり、資本投資諸条件に特段の変更がないかぎり、資本にとっては、この「構成不変蓄積」を継続することこそが自己利益になると判断されるのであり、あえてリスクを冒してまで「構成高度化蓄積」への転換を目指す動機は一切確定し得まい。その意味で、この「構成不変蓄積」こそ、その「基本的蓄積様式」である点——したがってまず最初に設定される必要がある点——が「論理的」に導出可能ではないか。

さらに(c)その「展開」を辿ると、以下のような軌跡が描かれよう。すなわち、「構成不変蓄積拡大進行」→「労働力一方的吸収」→「労働力不足」→「過剰人口減少」→「賃金上昇」→「剰余価値率低下」→「蓄積停滞」という論理系であって、この「構成不変蓄積タイプ」の拡大進行は、最終的には「蓄積停滞」へと帰結してしまう。こう考えてくれば、この「構成不変蓄積」の(d)「意義」は、こう総括される以外にはない。つまり、(A)「労働力不足の発生」(B)「剰余価値率の低下」(C)「蓄積の停滞」であって、まさにそれは、「構成不変」型の、一つの論理完結体をなす。

そのうえで(ロ)「構成高度化蓄積」へと移ろう。そこでまず(a)「定義」だが、それが、「資本構成高度化を伴う資本蓄積拡大パターン」と定式化し得る点に異論がないのはいうまでもない。換言すれば、資本構成を高めることを通じて、投資規模の絶対的増大比率以下へと可変資本量を押さえるという蓄積パターンだと定義されてよく、具体的にいえば、賃金水準一定の条件下では、労働力吸収は投資額増大比率以下へと抑制されることになろう。そうであれば、この「構成高度化蓄積」の(b)「性格」確定が次に不可欠だが、それは以下の三点に直ちに絞られよう。つまり、まず一つ目は(A)「割高な可変資本の、固定資本への代替化」が指摘されてよく、構成不変蓄積進行によって発生した「賃金上昇」を打破するために、資本は、「労働節約的な不変資本比率の上昇」を志向する。しかし、それが可能なためには(B)「技術革新の進展」が存在すべき点は明白であって、その意味で、「構成高度化蓄積」が「技術革新」を基本的条件にしていることにはくれぐれも注意しておきたい。まさしく、「構成高度化」への移行にはその大きな条件変化が否定できないわけである。しかし他面、この「構成高度化蓄積」が、(C)「生産レベルの向上」と結びついている側面ももちろん軽視はできまい。というのも、この蓄積パターンにおいては、「ヨリ少ない労働力によるヨリ大きな生産」が実現可能だからであって、「構成高度化蓄積」を土台として、資本が「生産レベル」の上昇を成し遂げることはいわば自明ではないか。何よりも、実体レベルではこの点こそが注目される。

したがって(c)その「展開」をフォローすれば、こう図式化されてよかろう。つまり、「構成高度化蓄積進行」↓「労働力吸収節約」↓「不要な労働力の排出」↓「相対的過剰人口の形成」↓「賃金低下」↓「剰余価値率上昇」↓「蓄積拡大」という論理的経路であって、「蓄積拡大」こそがその論理的帰着点をなす。こうしてこれは、先に検出した、「構成不変蓄積」での軌跡とは全く逆の論理展開だとみてよく、ここに、資本蓄積様式展開の、その第二タイプが発現しよう。このように押さえると、この「構成高度化蓄積」の(d)「意義」は、いまや以下の如くに総括されるべきではないか。すなわち、(A)「過剰労働力の排出＝相対的過剰人口の形成」(B)「剰余価値率の上昇」(C)「蓄積の拡大」に他ならず、こうして、「構成高度化」型という、もう一つの完結的論理環が作られる。

最後に、以上のような「資本蓄積の二様式」に関する、(ハ)その「総合的総括化」を試みよう。そのような視点からすると、総合的な総括ポイントとしては、差し当たり以下の三点が指摘可能なように思われる。すなわち、まず第一点は、その「形態面」における(a)「周期的交替性」であって、「構成不変—高度化」という二つの蓄積様式は、互いに「相互交替的関係」にある点が確定されてよい。換言すれば、これら「二様式」は、どちらかだけが持続的に連続していくのではなく、一定の周期をもって「周期的交替運動」を描かざるを得ない関連にあろう。そのうえで第二点として、そのように周期的に交替していく、その「根拠」が重要だが、それが、(b)「固定資本の制約性」にこそ立脚しているのはもはや明らかではないか。そして、この点を解明したのは宇野・資本蓄積論の画期的成果であったが、この「固定資本の制約性」を根拠としてこそ、「構成不変蓄積の一定期間持続必然性」と——その裏表現としての——「構成高度化蓄積の間欠的出現」とが明瞭に発現せざるを得ないのは、もはや自明だといってよい。

そうであれば、これら二点から導出される「性格」として、最終的には、(c)「資本蓄積様式のタイプ論化」こそがまさに結論可能になってこよう。むしろ反対方向から言い直せば、「資本蓄積の二様式」は、――例えば『資本論』に濃厚なように――「歴史傾向的推移関係」に傾斜してでもなく、さらにまた――宇野『原論』の場合のように――「景気循環密着関係」に即してでもなく、まさしく「論理的＝タイプ論」的視角においてこそ解明されるべきだと考えられる。要するに、「構成不変―構成高度化」という「二蓄積様式」は、「資本の生産過程論→資本の流通過程論」を篇別上の前提にしつつ特に「固定資本の特殊性」規定を踏まえたところの、何よりも、互いに「周期的交替性」をもつものとして理論的に設定され得る、そのような「二つの資本蓄積『タイプ』」としてこそ明確に設定されねばなるまい。

［2］「資本主義的人口法則」の論理構造　以上のような「資本蓄積の二タイプ論」の前提の上にこそ、その「総括規定」として⑵「資本主義的人口法則」が位置づこう。そこで、最初に①その「展開」の確定が必要だが、それは、以下のように図式化されてよい。すなわち、この「資本主義的人口法則」の判断ポイントは、(イ)「労働力吸収―反撥」(ロ)「雇用増加―減少」(ハ)「過剰人口縮小―膨張」に設定されるが、最初に「構成不変蓄積」のタイプでは、これらの三ポイントは、それぞれ、(イ)「吸収」(ロ)「増加」(ハ)「縮小」というベクトルで動く。したがって、「構成不変」という「資本蓄積タイプ」が何よりもまず「独立変数」となりつつ、それに規定されて、ついで「労働人口」サイドにおいて、次に、その「従属変数」という関連で、「労働力吸収→雇用増大→過剰人口縮小」という動向が「関数的」に進行していくわけであろう。それに対して、続いて「構成高度化蓄積」タイプでは、この三ポイントは、それぞれ、(イ)「反撥」(ロ)「減少」(ハ)「膨張」という形であらわれるが、今度は反対に、「独立変数」としての、「構成高度化」という「資本蓄積タイプ」に規定されて、「労働力反撥→雇用減少→過剰人口膨張」という、「労働人口」サイドでの「従属変数」現象となって発現してくる。まさしくその意味で、「資本蓄積＝独立変数」に対応して「労働人口＝従属

変数」が運動していくという、「資本主義における労働人口の法則」以外の何ものでもあり得まい。「資本主義的人口法則」と命名される、その本質的所以である。

そうであれば、②その「定義」は改めてこう規定できよう。つまり、あえて公式風にいえば、「資本主義的人口法則」とは、「『独立変数』としての資本蓄積パターンに対応して、『従属変数』としての、『労働力の吸収―反撥』と『過剰人口の減少―増加』とが、『周期的』かつ『関数的』に出現してくる資本主義的運動現象」、これである――と。端的にこういえよう。

そのうえで、もう一つ考慮が必要なのは、「資本主義的人口法則」自体はこの定義でもはや尽くされているとはしても、この「資本主義的人口法則」における、③その「包括範囲」の確定ではないか。換言すれば、この「人口法則」に関する、その論理的射程距離の見定めに他ならず、結論的にいえば、この「資本主義的人口法則」の理論エリアには、さらに「賃金動向および生活水準」もが組み込まれるべきではないか――という問題提起だといってよい。というのも、「人口法則」の本体を構成する「労働力需給―過剰人口増減」は、その直接的な反射として、「賃金―生活水準」へと直ちに反映されつつしかもそれと同じ方向で連動するからであって、その意味では、この「賃金―生活水準」運動も、「資本主義的人口法則」の、むしろその不可欠な構成部分を占めるとここそ理解されるべきだと思われる。したがって、そう判断して誤りなければ、最終的には、「資本主義的人口法則」とは、「独立変数」としての資本蓄積タイプが、「労働力需給・過剰人口増減」のみならずさらに「賃金動向・生活水準」をも「従属変数」として関数的に決定していく、そのような、まさしく、「総合的な資本主義的運動法則」以外ではないと結論できよう。

［3］資本蓄積論と価値法則論　こうして、本章の最終論理環に到達する。いうまでもなく、(3)「資本蓄積―価値法則」相互間のその内的関係解明以外ではないが、この相互的解明を、以下では、①「資本蓄積論―価値法則の必然

的根拠論」②「資本蓄積論―価値法則の絶対的基礎論」③「価値法則論体系における資本蓄積論の役割」の三点に即して考えてみたい。

そこでまず①から入ると、すでに前章で考察した通り、「資本の生産過程」における、「労働者による、賃金を通す必要労働分の『買戻し』」関係を媒介にして、「価値の労働による規定」が総体的に明らかになった。つまり、「価値形成＝増殖過程」において「価値法則の必然的根拠」が解明されたといってよいが、では、この「必然的根拠論」に対して、「資本蓄積論」はどのような位置関係に立つのであろうか。その場合にその焦点をなすのは、何よりも、先にすでに確認した、「資本主義的人口法則」エリアに包含されている、「資本蓄積―賃金―生活水準」という関数的決定作用に他ならず、取り分け、「資本蓄積」が「賃金動向＝生活水準」をも動態的に決定していく――という内容が、圧倒的に重要であろう。もう一歩詳しく示せば、まさにその「構成不変」の場合と「構成高度化」のケースとにおいては、いわば逆方向のベクトル運動が展開していくが、まさにその「平均化」を通じてこそその一定の均衡レベルが総体的に形成をみるわけであるから、資本蓄積運動過程で作られていく、まさにこのような「賃金＝生活水準の均衡レベル」こそが、「価値法則の必然的根拠」との、いわばその結合ベルトとなっていく。

なぜなら、結局以下のように論理化可能だからに他なるまい。すなわち、まず「価値形成＝増殖過程論」においては、「賃金―必要労働」関係を基軸にして「価値法則の必然的根拠論」が基本的に解明されるが、しかしそこでは、この「賃金―必要労働」の「内実」もが開示され尽くすわけではなかった。それに対して、まさにこの「資本蓄積論」における「資本主義的人口法則」展開の中でこそ「賃金―生活水準の均衡レベル」形成が明らかになる以上、「価値法則の必然的根拠論」ではまだペンディングとなっていた、「賃金―必要労働」のその「内実」が、ここで、いわば、その内容を伴って始めて示されていくことになろう。要するに、資本蓄積論は、「賃金―必要労働」のそのとこそ整理可能ではないか。

そのうえで、②「資本蓄積論―価値法則の絶対的基礎論」関連はどうか。いうまでもなく、この場合、「価値法則の絶対的基礎論」とは、具体的には、再生産表式論において「再生産の原則的基本条件」が導出されることを受けて、「価値の労働による規制」が、いかにしてそのような「再生産条件」に基礎付けられているかを解明するロジックに他ならない。したがってそう考えれば、「資本蓄積論」がこの「価値法則の絶対的基礎論」に対して発揮する役割も、自ずと以下のように明らかとなってこよう。すなわち、繰り返し指摘した通り、「資本蓄積論」において「賃金―生活水準」がその均衡レベルに即して検出可能になってこそ、その均衡値に対する、「再生産の原則」からの「絶対的制約付け」が始めて解明できる――といえるかぎり、「資本蓄積論」におけるこの「賃金―生活水準」関連確定作業は、「価値法則の絶対的基礎論」成立の、いわばその「必須条件」[25]をなしていると考えられる。

要するに、こう結論することが可能ではないか。すなわち、「資本蓄積論」は、「賃金―生活水準」の「均衡水準形成」という点を根拠にして、「価値法則の絶対的基礎論」に対して、何よりも、その「必須条件確保」という決定的な役割作用を体系的に果たしているのだ――と。

以上を前提にして、最後に、③「価値法則論体系における資本蓄積論の役割」を大掴みに総括しておきたい。そこで、第一に(イ)「価値法則論の全体的体系」[26]から入ると、すでに様々な機会に繰り返し指摘してきた通り、資本制的生産の「体制的法則」をなす「価値法則」は、原理論体系の全体において次のような構成連関をもつ。すなわち、「流通形態論」＝「価値法則を現実の運動法則として展開していくための『形態的装置』論」、「分配関係論」＝「価値法則展開のメカニズムを個別的市場行動に即して現実的に解明していくための『運動的機構』論」であるのに対して、

「資本蓄積論」が属する「生産過程論」は、「価値法則展開の『必然性』をその『実体』的特殊性に基づいて解明する『実体的根拠』論」だと理解でき、したがって最も基本的にみて、この「資本蓄積論」は、その「実体的根拠論」レベルにおいて「価値法則」と関連を有していることはいうまでもない。ついで第二に、この点を前提にしつつもう一段その抽象レベルを下げて、(ロ)「生産過程論内部における価値法則論の位相構成」にまで立ち入るとどうか。そうすると、周知のように、この「生産過程論」領域内では、「価値法則論」は、「価値形成=増殖過程論」でまず「価値法則の必然的根拠論」として解明された後、ついで「再生産表式論」において次に「価値法則の絶対的基礎論」に即して考察される――という二段階ロジックが採用されていた。換言すれば、このような、「必然的根拠―絶対的基礎」からなる「二段階ロック」を通じてこそ、価値法則はその「実体的根拠」を確保し得るというべきだが、要するに、「資本蓄積論」がそこでその位置を占める「生産過程論」において、「価値法則論」は、これら二つの論理領域に区分されてこそその現実的展開を示す。

こうして、最後に第三として、(ハ)「価値法則論における資本蓄積論の役割」が結論的に確定されていく。すなわち、この「資本蓄積論」は、先に明らかにし終えたように、まず一方で、「賃金―必要労働」関連の「内実開示」という点をポイントにして、「価値法則の必然的根拠論」のその「裏打ち」を実現しているとともに、ついで他方で、「賃金―生活水準」における「均衡条件形成」を軸にして、「価値法則の絶対的基礎論」のその「必須条件」を確保している――という相互関連を担っていよう。したがって、表現を変えれば、以上の論理を総括することによって、この「資本蓄積論」こそ、「生産過程論」内部における「価値法則論の二つのサブ領域」である、「価値法則の必然的根拠論」と「価値法則の絶対的基礎論」とを相互に結びつける、まさしく、そのような「連結環ロジック」になり得ているのだと結論されてよい。

要するに、このような「連結環」作用こそ、「資本蓄積論」が果たすべき、その基軸的役割なのではないか。

（1）拙稿「労働＝生産過程と価値形成＝増殖過程」（『金沢大学経済論集』第三三巻第一号、二〇一一年）。

（2）宇野『経済原論』上（岩波書店、一九五〇年）は旧『原論』と略称して『宇野弘蔵著作集』（岩波書店、一九七三年）第一巻の頁数で示す。また同様に宇野『経済原論』（岩波全書、一九六四年）は新『原論』と略記したうえで『宇野弘蔵著作集』第二巻の頁で表す。

（3）宇野・資本蓄積論を検討した文献は意外に多くはない。例えば、宇野編『資本論研究』Ⅱ（筑摩書房、一九六七年）、大内・桜井・山口編『資本論研究入門』（東大出版会、一九七六年）、降旗節雄編『宇野理論の現段階』一（社会評論社、一九七九年）、日高普『資本蓄積と景気循環』（法政大出版局、一九八七年）、拙著『価値法則論体系の研究』（多賀出版、一九九一年）、などに限られる。

（4）この点は新『原論』では一定の改善がみて取れる。例えば、「資本家的蓄積の過程は、決して一様の展開をなすわけではない。それはしばしば誤り解されるように、不断に生産方法を改善し、その資本の有機的構成を高度化して相対的過剰人口を常に新しく形成しつつ行われるものではない。実際また一たび投ぜられた固定資本は数年間に亙って使用せられるのであって容易に新たなる方法を普及せしめることにはならない。また新たなる方法の採用による相対的過剰人口を基礎として資本の蓄積が行われる限り、新たなる方法の採用を誘導されるということにはならない」（新『原論』七九頁）といわれるのであって、評価されてよい。

（5）それに比べて、新『原論』では、この「蓄積様式―過剰人口―賃金」連関図式は後退している。

（6）ちなみに、このような「形式的＝常識的ロジック」は新『原論』では適切に削除されている。

（7）他方、新『原論』ではこの「移行規定」はもっぱら現実の景気循環過程に依存しつつ示されており、かえって別の難点を惹起させている。「資本は、生産方法の改善を一般的には相対的剰余価値の生産によって動機づけられながらも、直接かかる動機によっては普及しえなかったと同様に、新たなる方法の採用も、原則としては、いわゆる不景気に強制せられて始めて行うことになる」（同）。これでは「歴史的景気循環過程」の「言い換え」に過ぎまい。

（8）そして、この「難問＝未決問題」は新『原論』でも決して解決されているわけではない。というのも、「旧来の生産方法の改善に伴って生じる、資本にとっての相対的過剰人口」（同）とはいわれるものの、それが論理的に説明されているわけではなく、「一九世紀二〇年代から六〇年代にいたるイギリスの資本主義の発展」に即して、「恐慌後の不況期には、恐慌による撹乱を整理して新たなる生産方法の採用による有機的構成の高度化を実現する基礎をつくり、次の好況期の発展に要する相対的過剰人口を形成する」（同）というに止まるからである。

（9）この点で、新『原論』はややそのニュアンスを異にする。つまり、このような「相対的過剰人口パターン」は、あくまでも「一九世紀中葉のイギリスにおける過剰人口の種々なる具体的な存在形態を例解するものにほかならない」（新『原論』八〇頁）としつつ、本文からは外して（注）へと移されている――からである。妥当な処理だと評価できるが、それでもなお叙述量は多い。

（10）ただし意外にも、新『原論』では、このような見事なメカニズム描写はその姿を消してただ以下のようにいわれるが、それは極めて惜しまれる。「かくて労働者の賃銀もまたこの周期的な景気循環によって、あるときは騰貴して労働力の価値以上となり、あるときは低落して価値以下となる。」（新『原論』八四頁）しかし他面、旧『原論』にはなかった「資本蓄積と生活水準との関係」が新『原論』では明らかにされているという画期的な成果にも注意しておくべきであって、例えばこう説明される。すなわち、「実は、この（労働賃銀）騰落の過程自身の内に労働力なる特殊の商品の価値を決定する、労働者の生活水準自身も決定されるのである。……いわば資本の蓄積に適応した生活水準を歴史的に形成するのである」（同）と。

（11）「直接に労働によって、したがってまた資本によって生産されえない、労働力なる特殊の商品は、資本の蓄積に伴って展開される、資本主義に特有な人口法則によって、その需要供給を規制せられると共に、その価値を決定する生活水準自身をも決定されることになるのである。」（同）

（12）『資本論』・資本蓄積論の位置とそこから帰結する問題点に関しては、すでに多くの議論が積み重ねられてきている。その詳細については、前掲、宇野編『資本論研究』Ⅱ、前掲、大内・桜井・山口編『資本論研究入門』、前掲、拙著『価値法則論体系の研究』、などをみよ。

（13）もっとも、この視角はいわば「諸刃の剣」でもある点には注意を要する。後に問題にするように、「現実の景気循環過程」に過度に依拠する処理はまた「別の難点」へと繋がろう。

（14）「生活水準は、決していわゆる歴史的に与えられたものとして留まるというものではない。」／「循環過程を繰り返す発展の過程でその向上を許されないというものではない。」（同）

(15)宇野・資本蓄積論の「意義―問題点」に関しては、別の機会にすでに詳細に検討を加え終わっている。例えば、前掲、拙著『価値法則論体系の研究』三一五－三二五頁などを参照のこと。

(16)このような「形態―実体―包摂」に関する総合的な構造に関して詳しくは、拙稿「労働＝生産過程と価値形成＝増殖過程」(『金沢大学経済論集』第三三巻第一号、二〇一一年)をみよ。

(17)例えばこういわれる。「資本の再生産過程は、従来屢々……所謂再生産表式論に解消される傾向が強かった。しかし此の資本の再生産過程は『資本論』第一巻の第七篇『資本の蓄積過程』と切り離されては論じ得ないものである。……資本の再生産過程論は、単に生産手段と生活資料との再生産を以って現実的に行われ得るものではない。」(旧『原論』一九〇頁)

(18)「資本の流通過程論」の諸契機について詳しくは、「固定資本―流動資本」区別論をも含めて、拙稿「資本の循環と回転」(『金沢大学経済論集』第三三巻第一号、二〇一一年)をみよ。

(19)宇野はこの「窮乏化論」について例えばこう説明する。すなわち、「資本の蓄積過程における労働者と資本家との基本的な対立関係の一般的な、原理論で与えられる規定を基準にして、段階論乃至現状分析において解明されるべきものである」(新『原論』一一二－三)のだと。

(20)景気循環論の体系的展開に関しては、拙著『景気循環論の構成』(御茶の水書房、二〇〇二年)で詳細な検討を加えた。資本蓄積論がその根底的土台をなす点についてはもはや贅言を要しまい。

(21)総体的にみて、新『原論』では旧『原論』からの修正がかなり大きい。そしてその場合、その変更の含意は、単にボリューム圧縮の要請からする簡潔化だけではなく、この資本蓄積論においては、むしろ、実質的な「論理的深化・体系化」という性格が顕著に強いように思われる。

(22)換言すれば、「資本蓄積論」で解明される「資本蓄積の二様式」を前提にして始めて景気循環の各局面が論理的に説明できるのであって、逆に、景気循環局面をア・プリオリに設定し、それとの関連で「資本蓄積の二様式」を規定しようとするのは、その意味で、形式論理矛盾を冒すことになろう。

(23)もちろん、宇野はこういうのも忘れてはいない。いうまでもなく、このような視角こそ宇野体系の基本軸だといってよい。「なおこの資本の蓄積論では、資本主義の発展が循環過程をなして行われることが人口法則によってその基礎を解明されるだけである。この過程が何故恐慌現象を媒介するかは後に利潤論並びに利子論において明かにされる。」(新『原論』一〇九頁)

(24)もっともこの場合、資本蓄積規模の増大比率との関係では、過剰人口の形成・増大を積極的にはいえないという議論も成り立ち得る。しかし、「構成不変」と「高度化」との両蓄積様式を比較する際には、「構成不変」と同じ量的規模という同一条件上で問題にすべきであって、与件としての蓄積規模を変更させてしまえば、すでに別の条件を混入させているに過ぎない。

(25) これに対して、「表式論」を「資本蓄積論」の前に置くのは、例えば、鈴木鴻一郎編『経済学原理論』上（東大出版会、一九六〇年）、大内力『経済原論』上（東大出版会、一九八一年）、であるが、いずれも疑問である。

(26) 「価値法則論体系」の全体については、その「抽象条件」・「定義」・「構成」・「機能」・「意義」などをも含めて、前掲、拙著『価値法則論体系の研究』「序論」および「終章」を参照されたい。さらにその基礎的認識に関しては、大内秀明『価値論の形成』（東大出版会、一九六四年）をみよ。

第三篇　分配論の構造

第一章　利潤規定の運動機構的役割

――利潤論を読む――

はじめに

前章(1)では、原理論体系の第二領域＝「生産過程論」における、いわばその終結規定をなす「再生産論―資本蓄積論」を対象にして、宇野原理論体系の意義と問題点の解明を試みた。すなわち、資本蓄積過程論という、生産過程論の総括規定に即しながら、宇野体系における、「資本蓄積様式と過剰人口形成機構」との内在的関係論理を整除したが、それを通して、宇野・資本蓄積論が原理論体系の中でもつ、その画期的意義の検出が可能になった――のはいうまでもない。そしてその場合、宇野体系のその画期性が、何よりも、資本蓄積論を、「蓄積パターン↓労働力需給↓過剰人口動向↓賃金推移↓生活水準」という一連のロジックに即して体系化した点にこそ還元できるのは、もはや自明ではないか。しかも、まさにこのような作業の到達点としてこそ、宇野「生産過程論」構成の全体が、「総資本パラダイム」に立脚した、いわば「資本―労働の総体的構造論」として最終的に総括可能になること――も同時に明瞭である以上、その点で、資本蓄積論体系化の射程は極めて大きい。

そうであれば、このような到達点からして、それに続く本章の課題が、まさしく論理的に導出可能になることは自明ではないか。すなわち、前章までの帰着点をやや大きく図式化すれば、宇野体系におけるその顕著な特質である「形態―実体」関連を基準とした場合、前章で解明された「再生産―資本蓄積」過程は、明らかに、「形態による実体包摂」における、その総体的完成構造の提示解明だといってよかった。もう一歩立ち入って示せば、総合的な編成構成としては、第一に「商品→貨幣→資本」をまず「流通形態」規定に純化しつつ、ついで第二として「労働＝生産過程」を「実体過程」として明確化したうえで、それらを前提としてこそ、最後に第三に、「資本の生産・流通・再生産過程」が「形態による実体包摂」プロセスとして設定可能であったが、そのような理論土台のうえで、まさしく「資本蓄積過程」こそ、この「形態による実体包摂」における、何よりも、その「完成構造」として設定され得る――という位置づけになるからに他ならない。したがって、約めていえば、「資本蓄積論＝形態による実体包摂の完成構造」という最終的帰着点が手に入ったことになるが、まさにこの到達点からこそ、本章の課題も、いわば必然的に現出してこよう。

というのも、いま説明した通り、まず最初に「形態」と「実体」とを個別的に解明し、そのうえで次に「形態による実体包摂」を開示した以上、それらの作業を前提として実行すべき最後の作業としては、もはや、この「全体的包摂構造」のいわば「個別的メカニズム発現分析」以外にはあり得ない――からである。そして、その「個別的機構分析」の冒頭規定こそいわゆる「利潤論体系」であるのは当然であるかぎり、本章の主題が、宇野原理論体系を「利潤論」に即してこそ検討する点に設定されるべきなのは当然だし、しかもその場合の考察準拠点が、以上のような推論過程の結論からして、宇野・利潤論における、取り分け、その「個別的運動機構」分析にこそ設置されざるを得ないのもまた自明ではないか。本章を、「利潤規定の運動機構的役割」とネーミングしたまさしくその所以である。

Ⅰ　宇野・利潤論の構造と展開

［1］宇野・利潤論の構造　まず全体の基本前提として、宇野・利潤論の⑴全体的「構造」を把握しておく必要が

あろう。そこで最初に、旧『原論』(2)に従って宇野「利潤論」(3)のストーリーをフォローすると、初めに第一として①「利潤論への導入」が置かれるが、意外なことに、「利潤論」が展開されるこの第三篇「分配論」に先立つ、第二篇「生産論」から「利潤論」への移行規定は驚くほど希薄だといってよい。例えば、第二篇から第三篇への移行に伴って「資本の抽象水準・行動様式」などがどのように変化し、それが「利潤規定」にどう影響するのか――などの指摘は皆無だとみる他はなく、ただ、「G－W…P…W′－G′の形式をもって表わされる資本の運動は、Gを投じてG′を実現する資本の価値増殖の過程を示すものであって、すでに第一篇第三章で述べたように、その増殖分たる剰余価値は資本Gに対してはその利潤をなすわけであ」り、「資本は、この利潤の獲得を唯一の目標とするものであ」(新『原論』一〇〇頁)るといわれるに止まる。確かに、「生産論」の「資本形式論」で「利潤規定」がすでに提起されているのは事実だが、しかし、宇野体系としては、それに引き続いて、「価値増殖過程・資本流通・再生産・資本蓄積」などが見事にしかも分厚く展開されている以上、それらの画期的な成果を前提にすれば、この「分配論」の冒頭で、「流通論」での「利潤規定」をそのまま「横滑り」させるかたちで「利潤論への導入」を設定することには、極めて大きな違和感が残ろう。こうして、宇野・利潤論におけるその躓きが冒頭から目に付く。

いずれにしても、やや肩透かしをくらわされた感を与えつつ、宇野は例えばこう述べていく。

「かくてこの第三篇は、剰余価値の利潤としての分配方式を一般的原理として展開し、続いて地代、利子を、その原理の展開を補足するものとして規定し、最後に資本主義社会の特殊の階級性を明かにすることをもって全体の結論とするのである。」(新『原論』一〇三頁)

したがって、宇野の含意は明瞭であって、「利潤論への導入」に関しては、以下の二点が読み取られてよい。つまり、まず一つは、「利潤論のライトモティーフ」であり、それは何よりも、「剰余価値の利潤としての分配方式を一般的原理」として展開する点――にこそ設定されている。そしてもう一つは、「地代、利子を、その原理の展開を補足するものとして規定する」点に他ならず、そこからは、第三篇における「利潤論の主流化」がみて取れよう。そこでこうまとめられていく。まさしく、宇野による「利潤論への導入」規定の集約であろう。

「かくしてわれわれは、進んで剰余価値が資本家的に資本の利潤として分配せられるために生じる、この価格の価値からの乖離を基軸として剰余価値の利潤としての分配を明かにしなければならない。」（旧『原論』二五六頁）

ついで、そのうえで第二に②「利潤論の展開」へと進む。最初に、(イ)「剰余価値率の利潤率への転化」という枠組みに即して「利潤論」展開の基本カテゴリーが確定されていくが、そのスタートには(a)「費用価格と利潤」がくる。すなわち、まず「商品の生産に要したc＋v部分」が「その商品の費用価格」とされたうえで、その性格が、「それは産業資本家の生産資本を、しかも個々の商品において商人資本的に……表示するものに過ぎない」という点で示される。そしてそのうえで、「この資本価値の費用価格化によって初めて剰余価値は利潤化するのである」とされて、まさに「費用価格」との関連においてこそ、「これ（費用価格）と販売価格との差額をなす剰余価値m部分は、その利潤をなすわけである」（旧『原論』二六二頁）と規定されることになる。こうして、「費用価格の概念は、商品の生産に要する資本の投下を商人資本的に表現するものに他なら」ずしかも「これによって剰余価値は利潤の形態を与えられるが、しかしこれを基準にして直ちに剰余価値が利潤として分配せられるわけにはゆかない」（旧『原論』二六八頁）として、次に(b)「利潤率」へと向う。

したがって、「費用価格→利潤→利潤率」という順で、利潤論・基本カテゴリーの導出が進み、宇野によって、「剰余価値を利潤として資本に対して分配する基準は、剰余価値率ではなく利潤率である」（同）と説明されていく。つまり、「資本家はこれによってその量を総資本の生産物として判断する」ことになるが、その場合に重要なのは、この「利潤率」が基準になることによって、「資本家と労働者との関係は、それを前提としながら資本家と資本家との関係に転化する」（同）点に他ならず、ここにこそ、「利潤率」規定のその枢軸点がある。

そのうえで、以上をふまえつつ、宇野・利潤論は(c)「利潤率決定の三要因」解析に入っていく。そこでまず、「剰余価値率m′＝m／v」と比較しながら「利潤率p′＝m／(c＋v)＝m′・v／(c＋v)」を定式化したうえで、両者の共通点と相違点とに詳細な検討が加えられる。そしてその作業を前提にしてこそ、最終的には、「剰余価値率、資本の価値構成、資本の回転期間」の三つが、「社会的生産力の増進と共に相関連して変化する」、まさしく「利潤率決定の三要因」（旧『原論』二七七頁）だと総括される。そのうえで、こう集約されよう。

「しかし一般的にいって剰余価値率は増進して利潤率を高める方向に作用するのに反して、価値構成にあっては寧ろ反対に利潤率を低くする方向に作用する。回転期間は一方では短縮されて利潤率を高め、他方では延長されてそれを低くする傾向にある。」（同）

こうして、この「利潤率決定の三要因」に規定されて利潤率は変動を余儀なくされるが、その方向からして、次に(ロ)「一般的利潤率の形成」が導出可能になっていく。すなわち、この利潤率を基準としながら「資本はその各々に対して同一の利潤率を実現するまでは生産部門間の移動を止めない」（旧『原論』二九八頁）とし、まさにこのような「利潤率」規定に立脚して、分析視角の切り替えこそが進む。換言すれば、宇野は、「かくの如くにして形成せられる一般的利潤率と共に資本の生産物としての商品の価格と価値との関係を明らかにしよう」（同）とするのであるが、その論理プロセスの第一は、まず(a)「異部門間利潤率の相違」に他ならない。その場合、宇野はこの「相違」を二つのレベルから説明しているとみてよく、まず一つは、やや大きな次元から、「異った商品を生産する異れる生産部門に投ぜられる資本の間の利潤率の相違は、いかに自由な競争が行われることになっても残存し、資本主義の発展と共に消失してゆくものとはならない」（旧『原論』二九八－九〇頁）とされる。そのうえでもう一つとしては、すでに確認した「利潤率決定の三要因」が適用され、それを通じて、「一般に種々異れる商品の生産をなす資本の間には、たとい剰余価値率を同一としても、その生産過程を技術的に異にし、資本の価値構成、並びに回転期間を異にするのであってその利潤率は異らざるを得ない」（同）と結論されていく。要するに「利潤率規定分析」の帰結であって、「利潤率決定の三要因→部門間利潤率の相違」というロジックがみて取れる。

それを受けて、第二論理プロセスとしては(b)「競争の展開」がこよう。すなわち、宇野によれば、「資本にとっては単に新たなる使用価値を生産するということにはなんらの関心もあるわけではな」く「それはひたすら剰余価値の生産を目標とするものであ」る以上、他に「有利な事業のあるとき」に、不利な「利潤率しかあげられない自己の事業を継続している理由は全然ない」（旧『原論』三〇二頁）――わけであって、そこから、「資本の部門間移動」が発現することになろう。その際、宇野の論理をいわば「素直に追えば」当然こうなる以外にはないが、ただやや不思議なことに、宇野の叙述は「部門間利潤率の相違→部門間資本移動」とは繋がらず、そこで一回、「価格基準」の問題へと屈折してしまう。

したがってそのために、論理プロセスの第三としての(c)「一般的利潤率の形成」は、極めて内容の乏しいものになってしまう。つまり、「部門間利潤率の相違」に突き動かされた「資本の部門間移動＝競争」の、まさにその帰着点として「一般的利潤率の形成」を動態的に解明する視角は極度に希薄になるという他はなく、例えば、このような説明が続いていく。

「生産物の価格は、かくて価値による売買から生ずる利潤率の相違を止揚して一般的利潤率を形成すると共に、その価値に代って新たなる客観的基準となる。いわゆる生産価格がそれである。」（同）

確かに、「一般的利潤率を形成する」という文言は出て来てはいるものの、それは、「一般的利潤率の形成」を内容的に示すものに決してなってはいまい。ただひたすら、「生産価格の成立」のいわば「付録として」設定されているに過ぎない。言い換えれば、ロジックの方向性は、「一般的利潤率→生産価格」ではなくむしろ逆に「生産価格→一般的利潤率」だとさえいえる程であり、したがって、その点で、宇野・利潤論における、「競争論＝動態論の軽視」が最初から目に付く。

そこで、次こそ(ハ)「生産価格の成立」に他なるまい。さて、こうして「商品の価格は……価値から乖離した」が、宇野は、しかし「その価格は決して無制限に価値から乖離するものではな」く「一定の限度」をもつ――とする。そして、まさにこの「乖離の限度」を示すためにこそ、宇野・利潤論では、この「生産価格論」の冒頭で、何よりも(a)「一般的利潤率の形成」がいわば初めて取り扱われていく。すでに検出した通り、宇野・利潤論では、利潤論をまず「費用価格→利潤→利潤率」規定から開始するという適切な方法が取られつつも、そこで「捩れ」が生じて、その後は、「利潤率→部門間利潤率の相違→競争→資本の部門間移動→一般的利潤率の形成」というプロセスには至っていなかった。それに代わり、むしろ、「個々の生産物の価値」に関する部門間関係を基礎にしつつ、「価値によって販売せられる場合のその資本の利潤率」（旧『原論』三〇四頁）の関係に即してこそ、当面の「一般的利潤率の形成」が示されていく。いうまでもなく、周知の、「価値通りの販売」を前提とした、資本構成を異にする五つの同一量投下資本が生み出す関係であって、具体的に、宇野はこう説明する。

「そこでこの新たなる利潤率は、当然のことであるが、各資本の利潤率を平均した二二％になるわけである。資本家的には全資本五〇〇が、全剰余価値一一〇を生産したのであるから、いずれも一〇〇の資本に対して二二の剰余価値を利潤として分配せられるように各産業に対して資本が投ぜられているものとしなければならない。」（旧『原論』

三〇五頁）

要するに、第二篇「生産論」と同一理論レベルをそのまま維持しつつ、まさに「実体的価値規定」の土台上で、「一般的利潤率の形成」が何よりも「静態的」に処理されていよう。換言すれば、「異った生産部門における利潤率の相違は、かくしてその商品価値を生産価格に転化することによって平均的な、一般的利潤率を形成することになる」（旧『原論』三一一頁）という説明だが、このロジックでは、「生産価格→一般的利潤率の形成」という、独特な方向性が明瞭ではないか。

そうであれば、このような図式が「乖離の限度」＝「相互相殺関連」を直ちに表現しているのは自明だが、ついでそのうえで、このパラダイムに乗っかりながら、次に(b)「生産価格の定義」がこう導出される。すなわち、ここまでの論理の運びでもはや自明といってよいが、宇野は、その「定義」を改めてこう纏める。例えば、「各資本は、それぞれ異った利潤率を平均利潤率に変え、資本に対するこの平均利潤率による平均利潤をその費用価格に加えたものをその商品の生産価格となすわけである」、あるいは同じことだが、「生産物は、その費用価格に投下資本に対する平均利潤を加えたものをその生産価格とするのである」（旧『原論』三〇九頁）――と。この「生産価格の定義」自体には特に目新しい問題はなかろう。

それに対して、むしろ(c)「生産価格の意義」こそが問題になる。そこで、宇野は、この「生産価格の意義」として以下の三論点を指摘していくが、まず第一論点は(A)「総生産価格＝総価値」命題に他なるまい。つまり、宇野・利潤論にあっては、すでにみた如く、「価値通りの交換」のいわば単なる「配分替え」という手続きによって「生産価格での交換」を設定する以上、「その平均利潤の総計が剰余価値を資本額に対して平等に配分したものに過ぎない」ことから当然のこととして、「生産価格総額は価値総額と等しくならざるを得ない」（同）ことになる。まさにその点でも、「生産価格がいかに価値から乖離するにしても、この限度を出ることは出来ない」（同）といってよいが、それは一種の同義反復に過ぎまい。

ついで第二論点だが、この点には大きな注意を要する。いわば(B)「生産価格＝回り道」論とでもいってよく、特に「価値法則論」との関係で重要であって、宇野は例えばこういう。

「かくして生産価格は、社会的に需要せられるそれぞれの量の種々なる生産物を資本の形態を通して生産する一種の廻り道たるに過ぎない。それは決して商品の生産に要する労働によってその価値が決定されるという価値法則を否定するものではなく、寧ろこの労働者との関係を基礎とする資本家的方法に外ならないのである。」（旧『原論』三〇七頁）

みられる通り、宇野の主張は明瞭だといってよい。というのも、繰り返し確認してきたように、「生産価格交換＝価値交換の『配分替え』」である限り、「生産価格」関係が「価値」関係の「一種の廻り道」であり、したがって、「労働による価値の決定」に立脚したいわゆる「価値法則」がそれによっては「否定されない」――のは、いわば当然だとされるわけであろう。その点で、宇野の主張の、その延長線的理解としては十分に説得性が確認できる。

そのうえで第三論点としては、(C)「生産価格の規制的役割」が注目に値する。すなわち、いま確認した「廻り道」論の一つの系論だと理解されてもよいが、宇野はこう説明する。

「いい換えれば資本家的商品経済は商品価値を生産価格として社会的再生産過程を規制するのである。しかしそれは決して商品の価値関係を生産価格関係に解消するものではない。それは価値関係を基礎にして展開される資本家的関係に外ならない。」（旧『原論』三二七頁）

極めて重要な指摘だが、その正確な理解は決して易しくはあるまい。というのも、一面では、「商品価値を生産価格として社会的再生産過程を規制する」としつつも、他面では、「それは価値関係を基礎にして展開される資本家的関係に外ならない」とするのであるから、それら二命題の相互関連把握には特有な難しさが予想される――からに他ならない。しかしそれにしても、この「規制的役割」の提示は実に見事であって、後に、詳しく検討されるべきであろう。

以上を受けて、最後に③「市場価値論への移行」[4]規定が置かれていく。すなわち、固有の「利潤論」はここまでで一応の終結を実現し、そのうえで、宇野体系は「生産価格と市場価格。資本の競争」へと向かう。したがって、その「移行論理」が問題となるが、その場合の接点として宇野が設定するのは、直前に指摘された、「生産価格による社会的再生産の『規制』」に他ならない。つまり、「資本による社会的生産の規制は、しかしそれと同時に資本に特有な形態的要請を満たすことなくしては行われない」とし、そして、その「特有な形態的要請」を呼び起こす理由としては、結局は、「商品の市場における価格の運動は、かくして全体としては価値を基準としながら個別的には生産価格を基準とするものとなる」（旧『原論』三三〇頁）という、その独特な「複合性」こそが強調されていく。まさしく、「個々の商品の個別的価値と市場を媒介にして決定される社会的価値」（同）との相互関係であって、こういわれる。

「……個々の資本の生産物たる商品の個別的生産価格が、市場を媒介にして一定の生産価格を決定するというのは、実は商品の個別的価値が市場を媒介としてその社会的価値を決定するということを原理とするのであって、その逆ではないのである。」（旧『原論』三三一頁）

いうまでもなく「市場（生産）価格論」であって、宇野・利潤論はここで一応その終結をみる。

以上のようにフォロー可能であれば、宇野・利潤論は、差し当たり、以下のような「構造」をもっていると整理できるのではないか。すなわち、「利潤論・導入論」→「利潤論・展開論」→「市場価値論・移行論」という三段階構成図式に他ならず、まさにこのような総合的構造を通じてこそ、宇野体系における、「利潤規定の特質解明」が試行されていよう。

［2］宇野・利潤論の展開　以上のような宇野・利潤論の基本構造に立脚しながら、続いて、⑵「宇野・利潤論の展開」へと具体的に立ち入っていこう。そこで最初は、第一に①「利潤論・導入論」が問題だが、その基点がまず(イ)「分配論への移行」にあるのは当然である。そこで宇野は、まず「篇別構成」に改めて着目しつつ、「第一篇で資本主義経済の一般的前提をなす商品、貨幣、資本の流通形態を明らかにし、第二篇でその物質的基礎をなす生産過程を究めたわれわれは、第三篇でその特殊歴史的原理をなす分配関係を展開することができる」（旧『原論』二五三頁）という点から、「流通形態→生産過程」分析を基礎にした、資本主義経済の「特殊歴史的原理」たる「分配関係」の分析こそを、この第三篇の課題に設定する。その場合、「特殊歴史的原理をなす分配関係」という言い回しを除けばこの方向に異論はないが、そのうえで直ちに問題となるのは(ロ)「分配の意味」に他ならず、宇野は、労働者は「その生産物の分配に……協力者としてあずかるわけではない」（旧『原論』二五四頁）点に周到な注意を払いつつ、「分配の意味」をこう立ち入って説明していく。

「かくて資本主義社会の分配関係は、原理上の問題としては、直接には生産に当たらない者の間に行われる過程を通して確立される。年々の純生産物が、それを生産し、それを所有する産業資本家の間に利潤として分配されるということが、先ず第一の基本的関係として問題となるわけである。」（旧『原論』二五五頁）

こうして、「資本主義社会の分配関係」のその「特殊性」が示されつつ、そのうえで、その「第一の基本的関係」としてこそ、まず何よりも「利潤関係」が導出されていくといってよい。

しかしそれだけではない。しかも、この(ハ)「利潤としての分配」の性格がもう一歩深く提示されるといってよく、

「それは一定量の与えられたる剰余価値が資本に対して分配せられるための特殊の機構に外ならない」（旧『原論』二五六頁）点が押さえられる。[5] そして、このようなロジックを積み重ねることによってこそ、「利潤論・導入論」は、宇野によって、最終的にこう総括されるわけである。つまり、「かくしてわれわれは、進んで剰余価値が資本家的に資本の利潤として分配せられるために生じる、この価格の価値からの乖離を基軸として剰余価値の利潤としての分配を明らかにしなければならない」（同）——のだと。

続いて、以上のような「利潤論・導入論」を前提として、早速、次に第二に②「利潤論・展開論」へと分析メスを入れていくことにしよう。そこで、最初は(イ)「剰余価値率の利潤率への転化」に他ならないが、そのための一つ目の基本概念として、まず(a)「費用価格」規定が扱われる。取りあえず(A)その「定義」から入るが、宇野の場合も、『資本論』とほぼ同様に、いわば「実体論」的に規定されるといってよい。つまり端的に、「商品の生産に要したc＋v部分は、その費用価格をなす」（旧『原論』二六三頁）といわれる限り、それが「c＋v」という労働量に裏付けられた表示に基づく以上、たとえどんな限定をそれに施しても、宇野による「費用価格」規定が実体論的である点は免れ得まい。まずこの点を正確に確認しておくことが肝要だが、しかし直ちに明瞭なように、宇野・費用価格規定がこの方向でのみ単色化されているわけではもちろんない。そこで、その点を(B)「費用価格の性格」として検出していくと、おおよそ以下の三点が特徴的ではないか。すなわち、(Ⅰ)「商品価値形成の隠蔽化」——「商品の生産過程における不変資本と可変資本との相違は無視されて、単に資本価値を回収し補填する部分」（旧『原論』二六四頁）になること、(Ⅱ)「固定資本―流動資本の同質化」——その両者は「単にその補填、回収以外にはなんらの関係をも有していない」（旧『原論』二六六頁）ことになること、(Ⅲ)「純粋な流通費用の算入化」——「生産手段を購入し、或いはまた生産された商品を販売するに要する費用……いわゆる純粋な流通費用までが含まれる」（同）こと、これである。

要するに、――「実体規定」からはむしろ逸脱した――「費用価格の形態的性格」こそが指摘されていると判断すべきであり、そしてそれは評価できるが、しかしそうなると、この「方向」と、先に確認した「実体論的方法」との齟齬が明らかに残る。

以上のような「定義↓性格のブレ」[6]を含みつつ、最後に(C)「費用価格の本質」としては、以下のように、むしろ「形態的側面」に沿って決着が付く。まさしく、「商人資本的歪曲」論に他ならない。

「ところがこの費用価格なる概念は、決してその商品の生産に要した資本を精確に表現するものではない。いわばそれは産業資本家の生産資本を、しかも個々の商品において商人資本的に――それは一般に資本の基本的な一面をなすものであるが――表示するものに過ぎない。したがってまた商人資本的歪曲を免れないが、しかしこの資本価値の費用価格化によって初めて剰余価値は利潤化するのである。」（旧『原論』二六三頁）

確かに、「『商人資本的』歪曲」という表現にはなお違和感を禁じ得ないが、「費用価格の本質」規定という点で、極めて優れた叙述ではないか。こうして、宇野は、「費用価格」規定を、「個々の商品」というレベルにおいて「商品コストの補填・回収」という点で把握することによって、それが、「剰余価値の利潤化」における、その概念的基礎である関係を明確にした。

ついで、二つ目の基本概念として(b)「利潤」規定へと進む。しかし、この「利潤」規定は、「費用価格」に比較してその概念的な含みは深くはなく[7]、その分、宇野による叙述も多くはない。そこでまず(A)「利潤の定義」だが、先の費用価格の定義と直接接続して、直ちに、「商品の生産に要したｃ＋ｖ部分は、その商品の費用価格をなし、これと販売価格の差額をなす剰余価値ｍ部分は、その利潤をなすわけである」（旧『原論』二六三頁）とされる。すでにみた、「実体論」的「費用価格」規定からして、このような「実体論的な利潤規定」が帰結してくるのには何の不思議もないのだが、少し気になるのは、宇野が、利潤を、「商品『価値』マイナス費用価格」ではなく「『販売価格』マイナス費用価格」とする点であろう。もしこの側面を重視すれば、宇野のこのような差額定式からして、その差額は、「実体論的な『剰余価値m』」ではなく「『価格次元』の売買差額」という理解になってもおかしくはないと思われるが、そのようなニュアンスは消失して、結果的には、「実体論的な利潤規定」に帰着してしまっていよう。要するに、「W＝c＋(v＋m)」から「W＝(c＋v)＋m」への転化である。

そのうえで(B)「利潤の性格」へと移る。その場合、その契機をなすのは、いま検出した、「Wの構成部分定式」における その転化に他ならず、「このことはいうまでもなく商品の価値の形成を全く隠蔽するものである」(旧『原論』二六四頁)としつつ、そのために、「商品の生産過程における不変資本と可変資本との相違は無視されて、単に資本の価値を回収し補填する部分と、剰余価値とを区別するものとなる」(同)とされていく。まさしく、以上のようなロジックの到達点でこそ「利潤の性格」が示されるといってよく、宇野は、この「利潤規定」を通して、「剰余価値がいかなる部分の資本によって生産せられるかには、全く無関心なる商人的表現を与えられる」(同)という、その「商人的性格」を開示するわけである。

それを前提として、最後に(C)「利潤の本質」がくるが、以上までの論理を繋げればそのエッセンスはもはや自明であって、「剰余価値の本質」隠蔽という点からこうまとめられる。

「商品は労働の生産物としてその生産に労働を要したものとしてではなく、その獲得に資本を要したものとしてあらわれる。かくて資本家的には当然のことであるが、剰余価値部分は、なんらの費用をも、したがってまた労働をも要しなかったものとせられる。」(同)

こうして、要するに、利潤規定が、「労働実体関連の隠蔽化」に即して繰り返し強調されるとみてよいが、しかし、何としても、その全体的な違和感は拭い難い。というのも、何度も確認した如く、宇野の「利潤」規定は、（費用価格規定とともに）まさしく「実体論」をこそその出発点としていたが、にもかかわらず、その「実体論的利潤規定」が、自己の成立母体である「実体論的利潤規定」自体をさらに「隠蔽する」というのは全くの「自己矛盾」ではないのか――といわざるを得ないからである。何よりも、後に立ち入った検討が必要であるその所以である。

最後に、基本概念の三つ目としてこそ(c)「利潤率」規定が指摘されよう。そこで、まず(A)その「定義」だが、差し当たりは「剰余価値率」と比較しながら、――やはりまた「超・実体論」的に――以下のように定式化される。もっとも、その内容は例えば『資本論』などと何らの違いはないのであって、具体的には、まず「剰余価値率m/vをm'をもって表わせば、利潤率p'は、$p'=m/(c+v)=m'\cdot v/(c+v)$となる」（旧『原論』二七二頁）と数式化される。まさに「見事な」「実体論的」表現というしかないが、それにしても、この直前ですでに「利潤」を規定し終わっているにもかかわらず、その「利潤」規定を「利潤率」に取り入れずに、相変わらず、「剰余価値m」をそのまま使っている点――は、少なくとも論理連関性だけからいってもおよそ適切ではあるまい。そしてそのうえで、「しかし費用価格としての$c+v$は……必ずしも総資本を表わすものとはいえない」としつつ、最終的には、「生産過程に残る固定資本をも加えた総資本をCをもって表わせば、$p'=m'v/C$　$p':m'=v:C$となり、剰余価値率と利潤率の比率は、総資本と可変資本との比に等しい」（同）と集約されていく。しかし、数式の変形だけが示されるだけで、ただひたすら「実体論的性格」[8]が目立つに過ぎない。

次に、この「定義」を前提として(B)「利潤率の性格」へ移るが、宇野は、その中心論点を何よりも「利潤率決定の三要因」規定にこそ置く。すなわち、まず一般的に、「各資本にとっては剰余価値率と資本の構成並びに回転は、その利潤率決定の三要因をなす」と説明されたうえで、さらにその特殊性が、「しかしこの三要因はそれぞれその性質を異にするのであって、……資本家は、互いに競争してより高い利潤率を得ようとするにしても、その場合、この三要因は個々の資本家にとって必ずしも同じように処理し得るものではない」（旧『原論』二七七頁）と具体化されるといってよい。そしてその方向から、宇野による、この「三要因」に関する詳細な叙述が続くが、ここでその立ち入ったフォローは必要ないにしても、利潤率に与えるその作用が、総合的にこう総括されている点だけは重要であろう。

「……利潤率決定の三要因は、社会的生産力の増進と共に相関連して変化する。しかし一般的にいって剰余価値率は増進して利潤率を高める方向に作用するのに反して、価値構成にあっては寧ろ反対に利潤率を低くする方向に作用する。回転期間は一方では短縮されて利潤率を高め、他方では延長されてそれを低くする傾向にある。」（同）

こうして、「利潤率決定の三要因」に即してこそ、「利潤率の性格」が具体的に示されよう。

以上を受けて、最後に(C)「利潤率の本質」がくる。すなわち、宇野は、まず「一定量の資本で、いくらかの剰余価値を獲得するという、資本の効率としての利潤率は、常に一定の時間を基準として比較されねばならない」（旧『原論』二七三頁）とし、それを通して、この「利潤率」が、「一定の時間を基準として比較」される「資本の効率」に他ならない点を明確にする。そして、その点を根拠にして、この「時間基準性」こそ、例えば「剰余価値率」などとは区別される、「利潤率」のまさにその固有性だ——と宇野は強調するわけであり、その意味で、宇野による、「利潤率の本質」把握は一応明瞭だといってよい。もっとも、このような「時間基準性」と、利潤率定式に濃厚な「実体論」視角との相互関係については、なお疑点が打ち消し難いが、差し当たり、まずこの「時間基準性」には注意しておこう。

それに加えて、宇野の「利潤率本質論」には、もう一つ以下のような重要な指摘がある。つまり、「剰余価値を利潤として資本に分配する基準は、剰余価値率ではなく利潤率であ」り「資本家はこれによってその量を総資本の生産物として判断する」（旧『原論』二六八頁）という形で、ここまでの「利潤率の本質」規定をまず確認したうえで、さらにもう一歩踏み込んでこう説明する。

「……それと同時に資本家と労働者との関係は、それを前提としながら資本家と資本家との関係に転化する。資本家はその労働者に対する関係をも、それによって得る剰余価値の分配における個々の資本家の間の関係として利潤率を通して規制するのである。」（同）

まさしく、極めて重要な説明ではなかろうか。何度か指摘してきた如く、宇野・利潤論にあっては、「資本家―労働者の総体的関係」と「資本家―資本家の個別的関係」との相互位置関係が必ずしも明確ではないように思われるが、この叙述は、その疑念に対して、一つの解決を与えてくれるのではないか。なぜなら、この「利潤率」こそ、「資本家と労働者との関係」を、「資本家と資本家との関係」へと「転化」させる意味をもち、したがって、「利潤率」によってこそ、「前者の関係」を、「後者の関係」を媒介していわば「間接的に」「規制する」のだ――と明瞭に把握されているからに他ならない。要するに、「利潤率」規定こそ、「資本家―労働者の総体的関係」を「資本家―資本家の個別的関係」へと「転化＝転轍」するという作用をもつ、まさにその基軸的概念だということになり、したがって、そこにこそ、「利潤率の本質」のその白眉が求められてよい。もっとも、そこでもまた「実体論」が顔を覗かせてはいるのだが。

そのうえで、「利潤論・展開論」の第二ブロックは(ロ)「一般的利潤率の形成」に他ならない。そこで最初に、いうまでもなく(a)「部門間利潤率の相違」がその前提をなす。すなわち、宇野は、いくつかの「種々異れる商品の生産をなす資本」を設定し、そのうえで、これまでと同様に、「費用価格」を「不変資本c」・「可変資本v」との単なる「実体論的合計」としながら、それに、「剰余価値m」および「剰余価値率m′」をこれまた「実体論」次元でそのまま適用することによって、まず「異部門間の個別利潤率」を算出する。そしてそうであれば、その結果、「一般に種々異れる商品の生産をなす資本の間には、たとい剰余価値率を同一としても、その生産過程を技術的に異にし、資本の価値構成、並びに回転期間を異にするのであってその利潤率は異らざるを得ない」(旧『原論』二九九頁)のは当然だとされる。こうして、宇野によって、「価値実体規定通りのc・v・m・m′」→「資本構成・回転期間の相違」という道筋で、まず最初に、「異部門間利潤率の相違」が設定されていく。

そして、それに立脚してこそ、(b)「異部門間利潤率相違の解消」が表面化してこよう。[9] つまり、最初にその(A)「動機」に目が向けられるのであって、例えば、「実体論」的計算にもとづいてまず異なった「個別的利潤率」を算出したうえで、宇野は、「しかし資本Ⅰにとっては、資本Ⅱのような利潤率四三・五%の有利な事業のあるとき、一八・四%の利潤率しかあげられない自己の事業を継続している理由は全然ない」(旧『原論』三〇二頁)という事情を指摘する。そしてそこからこそ、「資本Ⅰの生産物がいかに有用なものであっても、より有利なる資本Ⅱの事業がある限り、それはこれを固執する理由とはならない」(同)という、「資本Ⅰ」に関わる特殊な「動機」を正当に引き出すが、しかしそこから、宇野の論理運びは突然不可解なものとなる。というのも、宇野によって設定された、ここまでの適切な道筋を前提とすれば、「自己の事業を継続している理由は全然ない」「資本Ⅰ」が取るべき当然の行動は、——「より有利なる資本Ⅱの事業がある限り」——その「有利な事業」へと資本を移動させること以外にはないはずだが、宇野はそのような手続きを採用してはいないから、に他ならない。そうではなく、その(B)「対処」としては、宇野は、むしろ「価格の変化」をこそそこで持ち出すのであって、例えばこういう。つまり、「社会的に必要とせられるそれぞれ一定量の商品が生産されるためには、資本としては利潤率の低い資本Ⅰの生産物は、その価値以上に価格が騰貴しなければならない」し、「これに反して利潤率の高い資本Ⅱの生産物は、その価値以下に価格が低落するのであるが、また低落してもよいのである」（同）、という具合だが、宇野のここまでの論理をふまえると、いかにもその唐突感は否み難かろう。

では、そのような「価格の変化」は一体何によるのか――を宇野に問えば、宇野はこう述べる。すなわち、その(C)「行動」に他ならないが、「資本としてはその商品を価値通りに売らなければならぬということはな」く「寧ろ反対に利潤率が少しでも高ければ資本は、少なくとも追加資本はその商品に集まって価格を引下げることとなり、少しでも低ければこれを避けて価格を引上げる傾向を示す」（同）、というのがその回答になろう。

そのような帰結としてこそ、最後に(c)「一般的利潤率の形成」が指摘されるが、宇野による、ここまでの理論処置をすでに追ってきた目からすれば、それが極めて形式的なものに過ぎない点はもはや自明ではないか。言い換えれば、「個別的利潤率の相違➡一般的利潤率の形成」という骨太の論理は一切その姿を喪失し、ただ、「価値から乖離した価格水準の形成」を媒介とする、まさしく「抽象的なロジック」[10]が宙に浮いている――だけに過ぎない。

「生産物の価格は、かくして価値による売買から生ずる利潤率の相違を止揚して一般的利潤率を形成すると共に、その価値に代わって新たなる客観的基準となる。所謂生産価格がそれである。」（同）

まさに、「生産価格形成」論に依存した「一般的利潤率形成」論だという以外にはない。その点で、「競争論の欠落＝資本行動論の解消」という誇りを免れ得ないように思われる。

したがって、宇野・利潤論では、「一般的利潤率の形成」論が「生産価格形成」論に「飲み込まれている」とさえいってよい程だが、その点を、引き続き(ハ)「生産価格」論に即して検証していこう。そこで、まず(a)「生産価格の成立＝一般的利潤率との連関」が直ちに注目されるが、最初に(A)「動機」から入れば、「生産価格―一般的利潤率の相互関係」は、以下のようにいわば「二面的」になされる。つまり、まず一面では、宇野は、ここまでの叙述をむしろそのまま引き継いで、「資本がその生産物を生産価格をもって売買するということは、それによって資本はいずれの事業に投ぜられるにしても一様の利潤率をあげるということに外ならない」し、しかも、「商品の価格はそれがために価値から乖離したのである」（旧『原論』三〇三頁）という。確かに、この言い方は、すでに確認してきた、「生産価格形成論に依存した一般的利潤率形成論」という文脈であって、宇野の考えとしては理解し易い。しかし問題は、他面で次のようにも述べられる点であって、そうなると、宇野の説明に齟齬が出て来てしまう。というのも、宇野は続いて、「しかしそれも資本にとっては単に一様の利潤率をあげればよいということから生じるのではな」く「常により多くの利潤を得、より高い利潤率をあげようとする結果がそうなるのである」（同）とも説明される――からに他ならず、その結果、「前者の説明」との相互関係矛盾が浮上して来ざるを得ない。その場合、「後者の説明」は、いうまでもなく「資本の部門間移動＝競争」を重視する論理だとみてよいが、それは、前者の、「価値の生産価格への転化」を媒介とする、抽象的かつ形式的な、「生産価格成立論に依存した一般的利潤率形成論」とはまさしく「水と油の関係」以外ではあるまい。したがって、「生産価格――一般的利潤率成立」の関係付け「動機」に関しては、その齟齬がなお大きかろう。

ついで(B)「場面設定」に移ると、周知の『資本論』と同様な、極めて「硬直的な図式」が前提されていく。すなわち、「例えばここに五種の相異る商品が、種々なる生産部門で生産され、その資本の価値構成が異るとすると……その個々の生産物の価値、並びに価値によって販売せられる場合のその資本の利潤率は、次の如き関係を有することになるであろう」（旧『原論』三〇四頁）というパラダイムであって、極めて「実体論的」な理論図式が設定されるとみてよい。まさしく、「投下資本額一定・剰余価値率一定・資本構成相違」という「五つの種々なる生産部門」が、

「厳密な価値実体規定」に立脚して配置されることになろう。

そのうえで(c)「帰結」がくる。やや立ち入って宇野の説明を追えば、「各部門はいずれも利潤率を異にするのであるから、もしその商品が価値通りにしか販売されないものとすれば、かくの如く各部門に一様に一〇〇の資本が投下されるということはあり得ない」(旧『原論』三〇五頁)という点を根拠にして、結局、次のような処置が施されつつその結論へと至ろう。

「そこでこの新たな利潤率は、当然のことであるが、各資本の利潤率を平均した二二%になるわけである。資本家的には全資本五〇〇が、全剰余価値一一〇を生産したのであるから、いずれも一〇〇の資本に対して二二の剰余価値を利潤として分配せられるように各産業に対して資本が投ぜられているものとしなければならない。」(同)

もはや明瞭だといってよい。つまり、「利潤率の平均化」の結果としてこそ「生産価格」が成立する――という論理的前後関係ではなく、それとはむしろ逆に、「生産価格」を成立させるためにこそ「利潤率の平均化」を設定する――というロジックが引き出されているわけであって、「生産価格形成論に依存した一般的利潤率形成論」が、ここでも一層目立つ。

そうであれば、(b)「生産価格の定義」も、何よりもその延長線上に端的に位置づけられる以外にはあるまい。すなわち、「かくて各資本は、それぞれ異った利潤率を平均利潤率に変え、資本に対するこの平均利潤率による平均利潤をその費用価格に加えたものをその商品の生産価格となすわけである」(旧『原論』三〇七頁)とされる。換言すれば、「生産物は、その費用価格に投下資本に対する平均利潤を加えたものをその生産価格とする」(旧『原論』三〇九頁)という「定義」(11)であって、結論的にいえばこうなる以外にはないが、その場合に注意すべきは、ここに登場する、「投下資本・平均利潤率・平均利潤」などが、宇野のこれまでのパラダイムからしていずれも「実体論レベル」の概念である以上、それらを加工して導出されるこの「生産価格」も、全面的に「実体論的概念」にならざるを得ないのは当然のことであろう。かくして、宇野の場合には、「超・実体論的『生産価格』規定」が帰結をみる。

そのうえで、さらに重要な論点が、次に(c)「生産価格の意義」として提示されるといってよい。そこで、まず第一論点は(A)いわゆる「総計命題」[12]であって、「生産価格の総計は、いうまでもなく商品価値の総計に等しくなる」(旧『原論』三〇七頁)という「総生産価格＝総価値」命題が示される。しかしこの命題の成立については、宇野の生産価格規定では、「価値レベルの単なる組み替え」によって「価値→生産価格」が導出されているに過ぎない限り、最初からいわば自明であって、何らの概念規定上の進展があるわけではあるまい。したがって、宇野によるこのような方向からすれば、「費用価格における商品価値と生産価格との乖離」(旧『原論』三一二頁)という難問も、何ら困難な問題とは認識されるには至らず、むしろ、「その費用価格として与えられる資本部分は、個々の資本にとってはいかにその価値から乖離した価格をもってせられるにしても、全体においては全社会の資本価値をなすものに外ならない」(旧『原論』三一三頁)――として、いわば「総計命題」的に処理されてしまう。要するに、「総計命題」の無証明的提示と、その安易な適用だというべきではないか。

しかし、それに対して、次の第二論点は極めて重要だといってよい。すなわち、(B)いわば「回り道」規定とでもいうべきロジックであって、例えば、「かくて生産価格は、社会的に需要せられるそれぞれの量の種々なる生産物を資本の形態を通して生産する一種の廻り道に過ぎない」(旧『原論』三〇七頁)という叙述がそれに当たる。みられるように、それは、いわば、「労働者との関係を基礎とする資本家的方法に外ならない」とされるわけであり、したがってこのような主張を通して、宇野は、まさにこの「生産価格関係」こそ、資本が社会的生産編成を現実的に遂行していくその「現実的仕組み」だ――といいたいのではないか。要するに、「生産価格＝資本制生産の現実的仕組み」

という、この宇野型把握の重要性が確認されてよいが、以下のような説明も、まさしくこれと同質の含意であるように思われる。

「かくして生産価格の変動は、資本が利潤として分配すべき剰余価値を社会的に生産する諸条件の変化に対応して、これを各資本単位に平等に分配するための資本家的機構に外ならない。」（旧『原論』三二七頁）

こうして、「生産価格」の、その「資本家的機構」たる役割が鮮やかに提示されているというべきであろう。取り分け、「一種の廻り道」＝「資本家的方法」＝「資本家的機構」という表現を注視したい(13)。

それらを前提として、第三論点は、(C)「価値―生産価格」関係側面に他なるまい。いうまでもなく、幾多の論争が積み重ねられてきた、いわゆる「転形論争」につながる問題だが、その点に関する宇野の処理は、いわば典型的なる「総体的対応視角」とこそ呼称可能であろう。すなわち、個別商品を取り上げつつ、そこでの、「価値→生産価格」という「規定関係」を個別的に証明しようとするのでは決してなく、むしろ、「価値関係」が、「総体的＝間接的」関連において、「生産価格関係」を「規制」していく(14)――という図式こそが採用されている。

「かくて商品の価値がその生産に必要な労働時間によって決定せられ、労働時間の変動に応じてその価値を変動しつつ互いに社会的に交換せられるということは、資本家的には生産価格とその変動とによって商品の交換が規制せられるということになる。」（旧『原論』三二七頁）

まさに、「価値関係→生産価格関係」という「総体的・社会的規制関係」以外ではあるまい。そしてそうだからこそ、「いい換えれば資本家的商品経済は商品価値を生産価格として社会的再生産過程を規制する」といえるし、したがってまた、「それは価値関係を基礎にして展開される資本家的関係に外ならない」（同）とも結論可能になるのではないか。要するに、宇野による、「総体的」な「価値―生産価格関連」図式こそが明瞭に確認されてよい。

以上の「利潤論・展開論」を受けて、宇野体系では、最後に第三に③「市場価値論への移行」規定が置かれる。つまり、ここまでの「利潤論―生産価格論」をさらに一段深化させて、次に、「個々の商品の個別的価値と市場を媒介にして決定される社会的価値との関係を明らかにしておかなければならない」（旧『原論』三三一頁）という課題が提出されていく。いわゆる「市場生産価格論」以外ではないが、それは、本章の考察領域をすでに越えている。

［3］宇野・利潤論の特質　では、以上のような展開内容をもつ宇野・利潤論の(3)「特質」はどのように整理可能であろうか。そこで、その第一特質は何よりも①「分配論型性格」だといってよく、宇野・利潤論が、体系構成上「分配論」の冒頭を構成している点が際立つ。周知の通り、宇野・原理論体系は、まず第一篇「流通論」で、資本制生産を構成する基礎形式たる「商品―貨幣―資本」を「純粋の流通形態」として解明し、ついでそれを受けて第二篇「生産論」においては、その「流通形態」による社会実体の編成過程を、「生産過程―流通過程―再生産過程」という姿態に対応させて現実化する。そしてそのうえで第三篇「分配論」が、「形態による実体の包摂構造」において形成された「剰余価値」のその「分配関係」を、「利潤―地代―利子」範疇に即して展開していくもの――としてこそ位置づけられている。まさにこのような展開体系を前提としつつ、当面の「利潤論」におけるその位置も確定をみていく。

要するに、宇野・利潤論は、このような、「流通論―生産論―分配論」という体系的位置づけの中で、「剰余価値の分配関係分析」という課題を担いつつ、まさしく、この「分配論の冒頭規定」をこそ占めていよう。その意味で、何よりも、「分配関係の解明」というその課題設定が目に付く。

ついで、宇野・利潤論の第二の特質としては、何としても②その「実体論的性格」が免れ得まい。つまり、何度も指摘してきた通り、宇野・利潤論体系においては、利潤論を形作る諸概念が基本的に全て厳密な「実体論レベル」によって構成されているという点に他ならず、「費用価格→利潤→利潤率→平均利潤率→生産価格」という、宇野・利潤論の首尾一貫したロジックは、全面的に、「価値実体論的」にこそ展開されている。つまり、まず最初に、「商品の生産に要したｃ＋ｖ部分は、その商品の費用価格をなし、それと販売価格との差額をなす剰余価値ｍ部分は、その利潤をなす」（旧『原論』二六三頁）として、「費用価格・利潤」が「ｃ・ｖ・ｍ」という「実体規定」に即して設定されたうえで、次に「利潤率」も、この「ｃ・ｖ・ｍ・m′」規定を直接使用して、いうまでもなく「p′＝ｍ／（ｃ＋ｖ）」として定式化されていく。それに加えて、「剰余価値率、資本価値構成、資本の回転期間という利潤率決定の三要素」をそのまま適用することによって直ちに「部門間利潤率の相違」を導出しつつ、さらにその土台上で、「価値による売買から生ずる利潤率の相違を止揚して一般的利潤率を形成する」（旧『原論』三〇二頁）という、「価値―価格の乖離」処理の手続きによってこそ、最終的に、「個別的利潤率相違の解消＝一般的利潤率の形成」が示されていく。換言すれば、まさしく、「超・実体論的」な「一般的利潤率の形成」以外ではないが、しかも、最後にその極点として、「資本家的には全資本五〇〇が、全剰余価値一一〇を生産したのであるから、いずれも一〇〇の資本に対して二二の剰余価値を利潤として分配せられるように」（旧『原論』三〇五頁）、「生産価格一二二」が位置づけられるに至る。何よりも、「実体論型・生産価格規定」そのものではないか。

したがって、宇野・利潤論における「実体論視角」の濃厚性は一目瞭然だが、しかしそれにしても、そこに、宇野による、「経済学をいわゆる価値論のない経済学たらしめること」（旧『原論』三一八頁）への強い警戒が表出しているのは自明であろう。この点にも明瞭な注意をぜひ払っておきたい。

それとともに、宇野・利潤論の第三特質として押さえておく必要があるのは、当然のことではあるが、③「生産価格規定の重視」に他なるまい。言い方を変えれば、宇野・利潤論にあっては、資本制的生産における、「生産価格規定」のその体系的重要性が極めて強く反映されている——ということだが、その点は、宇野によって、例えば、この「生産価格」こそは、「価値の転化したものとして商品の生産を規制する基準をなす」(旧『原論』三〇二頁)もの、或いは「生産物を資本の形態を通して生産する一種の廻り道たる」(旧『原論』三〇七頁)もの、さらには「(剰余価値を)各資本単位に平等に分配するための資本家的機構に外ならない」(旧『原論』三二七頁)もの、そして最後に「資本家的商品経済(の)社会的再生産過程を規制する」(同)もの——などとして、多面的かつ多彩に意義付けられていることからも自明であろう。まさしく、宇野による、この「生産価格論」の重視に疑問の余地は一切ない。

したがってこういえる。すなわち、この「生産価格論」は、宇野・利潤論の何よりも中枢だといってよいのであり、まず一面で、それは、宇野・利潤論のいわば「総括規定」であるとともに、次に他面で、そこから「市場生産価格論」へと展開していく、まさしくその「接続規定」にもなっている——のだと。逆からいえば、宇野・利潤論評価のその決定的帰趨もそこにこそ掛かっていよう。

Ⅱ　宇野・利潤論の意義と問題点

［1］宇野・利潤論の位置　以上のような内容把握に立脚して、次に、宇野・利潤論の「意義—問題点」[15]にまで立ち入っていくことにしよう。そこで、その前提として、最初に、宇野・利潤論の(1)「位置」を手短に整理しておきたい。よく知られているように、宇野・原理論体系は、『資本論』体系とは相違して、端的にいえば、「形態—実体」の相互関係をこそその基軸にして構成されているとみてよいが、当面の宇野・利潤論は、そのうちで、資本制生産の編成原理を形態的に明らかにする第一篇「流通論」と、ついで資本制生産の内部構成を構造的に解明する第二篇「生産論」とを前提としつつ、そのうえで資本制生産の運動過程を機構的に開示する第三篇「分配論」の、その冒頭に位置

づけられている。したがって、このような体系構成からも明確な通り、宇野・利潤論の課題が、何よりも、第三篇「生産論」で確定された「剰余価値」のその「分配関係」分析にこそ設定されるのは当然だが、その課題分析を、宇野が以下のような三論点に即して位置づける点にその特徴が確認されてよい。

すなわち、まず第一点は(A)「分析構成」であって、宇野・利潤論にあっては、それが、「費用価格→利潤→利潤率→個別的利潤率の相違→一般的利潤率→生産価格」という一貫した論理プロセスに沿って明確に進められる。そしてその場合に、次に第二点として(B)その「分析水準」としては、「実体論的基準」の堅持が特徴的であって、『資本論』とほぼ同形の、「投下労働量とリジットな対応関係に立つ」、「実体的抽象水準」こそが貫徹されていく。まさにこのような「分析構成・分析水準」を土台としながら、第三論点が(C)「分析到達点」として確定され、最終的には、「生産価格」規定が「利潤論の総括規定」という資格で導出をみる。

したがって、こういうべきではないか。すなわち、「流通論→生産論」という編別構成を前提にし、それに立脚して「分配論」の冒頭規定をなすこの「利潤論＝生産価格論」こそは、まず一面で、「資本―労働の構造的関係」からその立脚土台としての総合的な「規制」を受けつつ、ついで他面で、そこを跳躍台にすることによって、資本制生産の現実的運動機構をさらに立ち入って解明していくための、まさにその出発点をも担っている――のだと。宇野・利潤論の固有な「位置」は、まず差し当たり、このように確認可能だと判断されてよい。

[2] 宇野・利潤論の意義

そうであれば、宇野・利潤論のこのような「位置」を基準にした場合、最初に(2)宇野・利潤論の「意義」はどのように集約できるであろうか。

そこで第一の意義としては、まず①「分配論型構成」が指摘されねばなるまい。すなわち、それは、宇野・利潤論が何よりも第三篇「分配論」の冒頭規定として位置づけられることによって、それが担う「課題」が、体系的に明瞭化可能になった点――に他なるまい。もう一歩立ち入っていえば、「資本―労働の構造的価値関係」に即してすでに「生産論」で解明された「剰余価値生産」について、それが現実的に「利潤・地代・利子」として分配されていく、その運動関係分析こそが「分配論」の役割をなすが、取り分け、そのための「基礎的概念範疇」としてこそ、この宇野・利潤論はその構成的位置を与えられているといってよい。したがって、このような意味で、宇野体系にあっては、利潤論こそが、「剰余価値の分配関係分析」における、まさしくその冒頭規定たる役割を担っているわけであろう。何よりも、「利潤論課題」の明確化ではないか。

その場合、宇野によるこのような成果の根拠が、その卓越した原理論篇別構成にあるのは自明であろう。というのも、何度も指摘したように、「流通論＝形態分析」→「生産論＝構造分析」という前提が周到に存在するからこそ、それを受けて「分配論＝機構分析」が設定可能となり、そしてさらにそれを通して、「利潤論」において、「剰余価値の分配関係」分析が始めて現実化し得る――のは自明だからに他ならない。したがって、これは、宇野原理論体系における画期的な篇別構成が現実的に発揮する、その絶大なる効果だというべきであろう。

続いて、宇野・利潤論における意義の第二は②その「論理展開構成」ではないか。すなわち、宇野の利潤論体系が、「費用価格→利潤→利潤率→部門間利潤率の相違→一般的利潤率→生産価格」という筋で、極めて論理体系的に構成されていることに他ならない。そしてそれは、内容的にみれば、以下の三点からなるといってよいが、そのまず第一点は(イ)「費用価格」規定からのスタートではないか。換言すれば、第二篇「生産論」を前提にしつつ「剰余価値の分配関係」を考察していくための、まさにその出発点規定こそ「費用価格」だ――と明確化された点であり、そのことによって、個々の資本が「剰余価値」の「分配」を受けていくその概念としては、資本が市場の売買過程を通して確定する「費用価格」規定以外にはないことが解明可能となる。その意味で、「費用価格」規定が利潤論の冒頭に設定された効果は極めて大きい。そうだからこそ、第二点として(ロ)「論理展開の必然性」も確保され得たのであり、具体的には、「費用価格」から「生産価格」に至る、上記六概念間のその「相互移行」が、的確かつ必然性を兼ね備えた論理展開としてこそ設定可能になったのではないか。要するに、宇野・利潤論体系における、その「論理展開の必然性」が確認されてよい。

そのうえで、第三点こそ(ハ)「生産価格の重視化」であろう。つまり、「費用価格」規定から正当にロジックを開始したうえで、そこから必然的な論理展開を積み上げつつ、最後に、「生産価格」規定によって利潤論を総括する――という図式の見事さだといってよく、そのような構成を通じて、宇野は、「生産価格」規定の体系的重要性指摘に成功していよう。まさしく、「生産価格」規定の、その「総括性」と「接合性」との強調以外ではあるまい。

そうであれば、そこから最後に、宇野・利潤論の第三の「意義」が③「生産価格意義の体系化」として指摘可能なことは当然であろう。すなわち、いま確認したように、宇野・生産価格論は、利潤論の「総括役割」を果たすものとして位置づけられていたが、それを前提として、さらに、その「総括役割」がヨリ内容的に解明されている点が評価されてよい。そのポイントはすでに何度も指摘した通りだが、あえて集約すれば、宇野・生産価格論の白眉は、何よりも、「生産価格＝資本制生産を現実的に規制する特殊的方式」理解にこそ集約され得る。そして、その内容は幾通りもの表現で示されていたが、「生産価格」こそ、例えば、(A)「資本制生産における『廻り道』」(旧『原論』三〇七頁)、(B)「価値関係規制の『資本家的機構』」(旧『原論』三二七頁)、(C)「価値関係実現の『資本家的方法』」、などというフレーズがまさにそれに当たる。要するに、「生産価格」体系こそ、「資本制生産の運動」を現実的に「規制する」、その具体的「仕組み＝機構＝方法」以外ではない――という、極めて枢要な内実であって、宇野・利潤論の「意義」はまさしくこの一点に還元され得ると断言しても、決して間違いではないように思われる。しかも、この命題を別の言い方に置き換えれば、それは、「価値―生産価格の規制関係」における、いわば「総体的＝枠組み的規制関係」をも意味している以上、ここには、周知の厄介な、いわゆる「転形論争」への解決点が示唆されているとも判断可能ではないか。したがって、ここから、極めて重要なその含意を読み取ることが可能なのである。

［3］宇野・利潤論の問題点

そのうえで、(3)宇野・利潤論における「問題点」の検出へと急ごう。そこで、まず第一の問題点として、①「利潤論の抽象水準」確定がなお弱いのではないか。もう一歩立ち入っていえば、宇野にあっては、この利潤論の論理抽象レベルを――例えば「生産論」と比較して――どのような位相において設定すべきなのかが必ずしも明瞭ではないという疑問だが、それは具体的には以下の三論点からなる。そこで、まず第一点は(イ)「分配論」との関連であって、すでに確認した通り、宇野体系においては、この「利潤論」は「剰余価値の分配」という視角から位置づけられるべきだという適切な把握が明瞭であったが、そうであれば、そこから、「剰余価値の分配」を解明すべきこの「利潤論」は、いかなる抽象水準をクリアすべきなのかが当然決定的な問題となろう。しかし、宇野はその点を明確化しているとはいえず、したがって、この「剰余価値の分配」分析を可能にする基本概念たる「利潤論」の、その「抽象水準」は決して明らかとはなっていまい。そしてそうであれば、次に第二点として、「利潤論」における(ロ)「社会関係の特殊性」が的確に指摘されないのも当然であろう。つまり、「利潤論の抽象水準」が明確に確定されなければ、その結果として、「利潤論」で主課題となる「社会関係のパターン」も確定し難いのは自明であって、それが、「資本―労働関係」なのか「資本―資本関係」なのかも見定め不可能ではないか。もっとも、宇野はその点に無自覚なわけではなく、例えば、「この第三篇で……剰余価値としての純生産物が資本家と資本家と資本家の間に分配せられることになると、資本家と労働者との関係は、その前提として背後に隠れ、資本家と資本家との関係が主題とならざるをえない」（旧『原論』二一五頁）といわれている。したがって、この叙述を深く読み込めば、「利潤論」においては——「資本家と労働者との関係」ではなく——むしろ「資本家と資本家との関係」こそがその「主題となならざるをえない」と判断することも可能だが、しかし、決してその点は明確ではあるまい。いずれにしても、この点に関する宇野の指摘は決定的に弱い。

このような不十分性の帰着点として、最後に第三点は、(ハ)「資本の抽象レベル」が不明確に終わる以外にないことであろう。換言すれば、この「利潤論」で設定される「資本」は、いわゆる「総資本」なのかそれともいわば「個別資本」なのか——という論点だといってよいが、いま直前に検出した、「利潤論」を巡る「社会関係のパターン」が不明瞭である限り、それに制約されて、宇野にあっては、この「資本の抽象レベル」が不確定に止まるのはむしろ自明だという他はあるまい。もちろん、例えば新『原論』では、「個々の資本家は……できうる限り安く買い……できうる限り高く売ることに努力する」（新『原論』一〇三頁）とか、あるいは「個々の資本家にとっては……この安く買って高く売るということが極めて重要な利潤の源泉をなすこともある」（新『原論』一〇四頁）、などといわれて、確かに「個々の資本家」というフレーズが何回も出てくるが、それでも、それが、「総資本」とは質的に区別される、本来の意味の「個別資本」と同じかどうかはとても判明し得ない。なお大きな問題を残す。

そのうえで、宇野・利潤論における第二の「問題点」としては、②その「実体論的方法」こそが指摘されてよい。そこでその第一点は、(イ)「利潤論・各規定」に関する「実体論」規定の問題性であるが、まず最初に、「商品の生産に要したc＋v部分は、その商品の費用価格をなし、これと販売価格との差額をなす剰余価値m部分は、その利潤をなす」（旧『原論』二六三頁）という「費用価格—利潤」規定が、そもそも根本的に問題である。というのも、「費用価格」も「利潤」も、個々の資本が自己の生産コスト・収益を市場関係においていわば「他律的に」受け止めていく形式以外ではない以上、それらが、投下労働量に規制された、（自律的な）「c・v・m」という「実体論」レベルで把握されてしまっては何の効果も発揮し得ない——からに他ならない。そうではなく、相変わらず、「c・v・m」という形で、「投下労働量」との「自律的関連」を明確に残しつつ「実体論」レベルでそれを規定するのであれば、「可変資本・不変資本・剰余価値」と区別して「費用価格・利潤」を独自に規定する意味は全くないのではないか。要するに、「実体論的方法」は、「費用価格—利潤」規定設定のその必然性を全面的に否定することになろう。しかも、そうであれば、「費用価格—利潤」規定に関するこのような「実体論的難点」をむしろそのまま引き継いで、「c・v・m」規定に直接立脚しながら次に導出されていく、「利潤率p′＝m／(c＋v)」や「部門別利潤率」や「平均利潤」・「平均利潤率」、さらには、「平均利潤率による平均利潤をその費用に加えたもの」(旧『原論』三〇七頁)としての「生産価格」、などという各規定が、この難点を、順次そのまま拡大させながら抱え込んでいかざるを得ない——のも自明だといってよい。まさしく、利潤論の全体系にまでその難点は波及しよう。

そのうえで、第二点として、この「実体論把握」の難点が取り分け色濃く表面化するのは、何よりも、(ロ)「一般的利潤率の形成」論の不首尾ではないか。何度も指摘してきた通り、宇野・利潤論では、「部門別利潤率の相違→一般的利潤率の形成」ロジックには論理的断層が否定できなく、それを、「競争→部門間移動」という行動によってではなく、むしろ、「価格の価値からの乖離」という、「商品価格レベルでの実体的価値分配変更操作」を通してこそ解決しようとしていた。しかし、そのような理論的処理では、「費用価格→利潤→利潤率→部門別利潤率→一般的利潤率」という、——宇野・利潤論を通じて実現された——利潤論の体系的論理軌跡が切断されてしまうという疑問を禁じ得ないが、その場合、このような逸脱の基本的な原因として、「価値→価格」に関する、その「実体論的方法」が存在するのはもはや当然であろう。

こう考えてよいとすれば、最後に第三点として、「実体論把握」の難点は(ハ)「生産価格」規定の不十分性としてこそ集約可能なように思われる。なぜなら、宇野による「生産価格」規定も、最終的にはその「実体論的弊害」を免れ得ないという結論にならざるを得ないが、そうなると、宇野・生産価格論の成果である、「生産価格＝価値実体規定の『廻り道・資本家的機構・資本家的方法』」という「価値―生産価格の『総体的規制関係』」パラダイム自体にも、なお一定の「歪み」が残存せざるを得ない――からに他ならない。何よりも、「生産価格」が「実体論的」に規定されて、「価値―生産価格」が「実体規定」という「同一水準」で設定されてしまえば、「価値」が「生産価格」を「総体的に規制する」という関係は、いわば全くの「形式矛盾」に落ち込んでしまう以外にはなかろう。まさしくそれは、宇野・生産価格論の「自己否定」以外ではあるまい。

したがって、以上を集約すると、宇野・利潤論の最後の「問題点」は、結局③「競争論＝運動機構論の未整備」としてこそ総括できよう。すなわち、宇野が明確にした、「剰余価値の分配関係」解明という「利潤論の課題」を前提とすれば、「個々の資本」への「剰余価値の利潤としての分配」こそがその考察主題になる以上、それを可能にする適合的な理論パラダイムとして、この「利潤論」では、「競争関係＝運動機構」こそが重視される必要があるはずであった。しかし、宇野・利潤論では、「価値実体関係↓利潤体系」への「直接的関係」が過度に重視される余り、「実体論的把握」の「利潤論への貫徹」が強調され過ぎて、その分、「個別資本設定の役割」をふまえた、「競争論＝運動機構論＝行動論」的視角は消極化されたように思われる。そして、その弊害が、何を措いても、「個別的利潤率の相違↓一般的利潤率の形成」論理におけるその「断層」となって発現したのは、もはや自明だというべきではないか。

Ⅲ　利潤論体系と運動機構論

［1］利潤論の抽象水準　以上までで検討してきた宇野・利潤論を前提にして、そこでの未決点の解決をも試みな

がら、一定の積極的な問題提起を試みてみたい。そこで最初に、利潤論展開の大枠をなす、(1)「分配論の対象と方法」[16]を確定しておこう。そして、それこそが「利潤論の抽象水準」を決定することになるが、まず第一は①「分配論の対象」であって、それを「生産論」と比較して示せば、「生産論」の「対象」が「資本家と労働者との総体的関係」であるのに対して、「分配論」のそれは「資本家相互の社会関係」にこそ定められてよい。まさに、考察の「対象」はそのアングルを変化させるわけであり、したがって、「分配論」に入ると、「資本家同士の対立関係＝競争」が表面化するとともに、それにともない、「生産論」での「資本─労働の総体的関係」においては有効であった「実体的関連」は、その理論的意義を喪失することにならざるを得ない。ついで、この「対象」面での変化は、次に直ちに第二に②「分配論の方法」へと反射する。なぜなら、「生産論」のように「資本─労働の総体的関係」が対象であれば、それを分析するためには「総資本」的視角が適切であったのに対して、いまや、その「対象」が「資本家の相互対立関係＝競争関係」へと変化した以上、「総資本」的視角はもはや有効性をもたず、むしろそれに代わって、「個別資本」こそが採用されなければならない──のは自明だからである。すでにみた通り、宇野の場合には、その点がやや不明瞭であり、「個々の資本」という曖昧な表現で処理されるという問題を残していたが、それを克服して、「分配論」で取り上げられる資本は、いまや何よりも「個別資本」としてこそ明確に確定されねばなるまい。

そうであれば、最後に第三として③「分配論の課題」がこう確認可能であろう。すでに指摘したように、この点の明確化は宇野・利潤論の大きな意義だとみてよいが、それを継承して図式化すれば、「生産論」の課題が「剰余価値の生産分析」にあったのに比較して、「分配論」のそれは、何よりも、「剰余価値の分配関係分析」にこそ求められてよい。つまり、「生産論」を通してその生産が解明された「剰余価値」が、「個別資本」の「競争」を通してどのように「分配」されていくのか──の考察こそが、この「分配論の課題」をなすことになろう。こうして、「分配論の対象・方法・課題」が明瞭化されることがまず不可欠である。

［２］利潤論の展開　以上のように確定された土台の上で、次に、利潤論はどのような展開軌跡を描くのだろうか。そこで(2)「利潤論の展開」に進むが、最初に第一に、①「個別資本の行動様式」が見定められる必要がある。つまり、「利潤論の行動主体」に設定された「個別資本の行動特性」を明確にしなければならないが、まずその大前提として(イ)「個別資本の定義」はどうか。その場合、「個別資本」とは、差し当たり、「資本―労働の総体的関係に無関心で自己の利害にのみ従って行動する資本」としてこそ定式化されてよく、したがってそうであれば、このような「自己中心型資本」である「個別資本」が採用する、その固有な経済行動が直ちに焦点となるが、まず始めに(ロ)「個別資本の収支計算方式」から入ろう。さて、そのうちまず(a)「支出」面をみると、「生産論」の「総資本」レベルにあっては、それはいうまでもなく「ｃ＋ｖ」という「実体規定」水準で把握される以外にはないが、しかし「分配論」レベルの「個別資本」においては、「ｃとｖの区別の無意味化→単なる製品コスト化」というロジックを媒介することを通して、それは、「費用価格」(Kost-preis、ｋ)という「新しい規定」に行き着く。すなわち、「ｃとｖの区別の解消を前提とした『製品一個当たりの原価』」という概念であって、何よりもこの「費用価格」規定にあっては、「ｃとｖとの区別の解消」という点にこそそのポイントがある。ついで、それは直ちに(b)「収入」面に連動していくのであって、「生産論」＝「総資本」の場合には「剰余価値ｍ」として理解されたものが、「分配論」型「個別資本」においては、「その源泉の曖昧化→単なる売買差額化」という論理過程を経由して、新たに「利潤」(Profit、ｐ)という規定で受け止められる。まさに、「ｋ概念を前提とした『製品一個あたりの売買差額分』」という無概念的規定に他ならないが、何よりも、「実体的なｍ」との切断性にこそその規定上の固有性が求められてよい。そしてそうであれば、そこから、(c)「表示方式」の新表現が帰結するのも当然であって、具体的には、「総資本」水準の「W′＝ｃ＋ｖ＋ｍ」は、「個別

資本」的には、いまや「販売価格vp＝k＋p」（Verkaufs-preis）という表面的表現に解消されていく以外にはなかろう。こうして、「個別資本型収支計算方式」がその必然性をもって確定する。

そのうえで、(ハ)「個別資本の収益計算方式」へ移ろう。その場合、ここでは、いま確定した「収支計算方式」が前提をなすのはいうまでもないが、そうすると、「収益計算方式」は、「総資本」レベルの「剰余価値率m′＝m／v」が、この「個別資本」水準においては、「k・p・vpの支配化」＝「c・v・mの消滅」に規定されて、「利潤率p′＝np／C」（Profit-rate、n回転数、C投下総資本）へと変化していく他はあるまい。すなわち、「k」「p」という新たな「個別資本型・収支計算方式」をふまえて、「個別資本型・収益計算方式」は、「総利潤np」と「(未利用分をも含めた)投下総資本C」との比率である「利潤率p′」としてしか表示され得なくなる。その結果、まさしくこの「利潤率」こそが「個別資本の現実的行動基準」だとされていこう。

ついで、この「利潤率」を基準として、次に②「競争と利潤率の均等化」が進む。そこで、最初に(イ)「利潤率分析」が前提となるが、それは、何よりも(a)「p′＝np／C」として表現された。そうであれば直ちに(b)その「検討」が必要だが、この「利潤率」に関するその変動規定要因を検出するために、「c・v・m」への還元をあえて導入してその規定ファクターの摘出を試みると、それは最終的には、「剰余価値率m／v、資本構成c／v、回転数n」の三要因にこそ分解し得る。そしてその場合、この「三要因」のうち、「剰余価値率」だけは個別産業部門間において一致すると想定可能だとしても、他の二つの「資本構成・回転数」は、産業部門のまさしくその固有性に対応して、むしろ相互に異なることこそがそのセオリーだといってよい。

したがって、そこからは以下のような(c)「結果」が帰結しよう。つまり、三つの「利潤率決定要因」のうち、その二つは明かに「不一致の傾向」をもつかぎり、「個別産業部門利潤率」としては全体として「相違する」以外にはない――と。いずれにしても、理論的にはこうならざるを得まい。

しかし、そこから(ロ)「競争の展開」が発動されるのはいうまでもない。すなわち、まず(a)その「動機」が重要であって、いま「部門別利潤率」が相違するとした場合、先に強調した通り、「個別資本」は、「資本―労働の総体的関係」に無関心でとにかく「最大限利潤率の追求」以外には行動基準がない以上、自己部門の利潤率と比較して他によリ高い利潤率部門が存在するとすれば、いわば何の躊躇いもなく、「資本移動＝競争」を展開することになろう。そしてその際にくれぐれも重要なのは、「個別資本」が、すでに「実体的関係」から離脱することを通して、「k・p・vp・p′」などという「個別資本的諸範疇」にのみ従って行動するに至っている――という場面展開の厳守であって、宇野のように、利潤論展開に「実体論」をなお混入・残存させていては、このような展開は不可能になるといってよい。

それを前提として、早速(b)「資本移動のメカニズム」へ進むと、「モデル的」にいって、以下のような運動軌跡が描かれよう。すなわち、「利潤率低位部門［p′＝二〇％］（高位部門［p′＝一〇％］）→資本流出（流入）→投資量減少（増加）→生産量減少（増加）→供給量縮小（拡大）→供給過大性（過少性）是正→価格上昇（下落）→利潤率上昇（下落）」、という「資本の部門間移動」であり、何よりもこの「競争」を媒介にしてこそ、「部門間利潤率の相違」はその解決をみる。なぜなら、いまや明白であって、この「部門間移動」を通して、一方での「低位部門利潤率の上昇」と、その反対での「高位部門利潤率の低下」とが、まさに「運動機構的必然性」をもって現実化する――からに他ならない。換言すれば、「部門間利潤率の相違」はあくまでも「資本移動＝競争」によってしか解消されないのであって、宇野のケースのように、そこに、「価値と価格の乖離」などという「実体論的操作」を介在させてはなるまい。したがって、(c)その「結果」はこう結論できる。すなわち、「資本の部門間移動＝競争を通して部門間利潤率は均衡化される」ことになるのだと。まさしく、「均衡利潤率水準の成立」であろう。

　こうして、一応の到達点に帰着する。つまり、(ハ)「一般的利潤率の成立」(allgemeine Profit-rate、ａｐ′)であって、この「均衡利潤率水準」こそ「ａｐ′」を意味する。そして、それをあえて数式化すれば、「$ap' = (p'_1 + p'_2 + p'_3 + \cdots\cdots P'n) / n$」として表現可能だといえるが、今の例でいえば、具体的には「（二〇％＋一〇％）／２＝ａｐ′＝一五％」ということになるであろう。

　まさにこの「一般的利潤率」を基点としてこそ、③「生産価格の成立」が可能となっていく。そこでまず前提として、(イ)「平均利潤」(average profit、ａｐ)が規定される必要があるが、これはいうまでもなく、ａｐ′によって規定される「製品一個当たりの利潤分」(ｋ・ａｐ′)に相当する。しかも、さらに論理を遡れば、これは、先に「費用価格」に対応して概括的に定義された、「製品一個当たりの売買超過分」としての「利潤」規定に当たっており、したがって、いわばその現実的カテゴリーだともいえる。こうして、製品価格のうちまずこの「利潤部分」に現実的な規定性が与えられるとすれば、他方、製品価格の「コスト部分」については、その現実的規定性がすでに「費用価格」として確定をみている以上、それら二方向からして、(ロ)「価格基準」そのものに一定の客観水準性が確保可能になってこよう。すなわち、まず一面で、「販売価格ｖｐ」が「ｖｐ＝ｋ＋ａｐ」という水準を受け取るのは直ちに明瞭だが、次に他面で、ある個別資本にとっての「販売価格」は、それを購買する他の個別資本にとっては自動的に「購買価格」でもある以上、この「ｖｐ＝ｋ＋ａｐ」という「価格基準」定式は、ついで、無条件で「購買価格」にも強制されることにならざるを得ない。要するに、この「定式」は商品全般について適用されていこう。

　そうなれば、もはや事態は明白だという以外にない。すなわち、(ハ)「生産価格の定義」の決定であって、いまや、「販売価格─購買価格」を網羅した「全商品」という土台上においてこそ、「生産価格」(Produktions-Preis、ｐｐ)の概念的成立をみる。定式的には、「pp＝k＋ap＝k＋k・ap′＝k（1＋ap′）」となるが、まさしくこの「生産価格」こそ、「利潤率」としては各個別資本に「一般的利潤率」を保証しつつ、各部門間関係としては「資本移動＝需給の均衡化」をもたらす、そのような価格水準であること――はもはや自明であろう。

何よりもこのような総合的論理図式においてこそ、最終的に、「生産価格の体系的意義」が以下のように結論されてよい。つまり、「生産価格＝資本主義の全ての価格体系を総合的に規制する『均衡的価格体系』」だという命題――これである。このようにして、「生産価格論」へと到達する。

［3］利潤規定の体系的位置

こうして本章の最終論理環を迎える。すなわち、⑶「利潤規定の体系的役割」解明に他ならないが、まず第一に、①「利潤規定の運動論的役割」が確認されねばならない。つまり、「費用価格・利潤↓利潤率↓個別的利潤率の相違↓競争＝部門間資本移動↓一般的利潤率↓平均利潤↓生産価格」という、以上のような「利潤論体系」全体が、そのロジック展開において何よりも客観的に実証している通り、「利潤規定」こそは、「剰余価値」を各個別資本に対して均等に分配していくための、まさしくその「運動機構的枠組み」以外ではなかった。そしてそうだからこそ、そこから、かかる作用を果たし得るものとして、「利潤規定」は、まず一つ目に(イ)「個別資本」という「抽象水準」に立脚しつつ、ついで二つ目として(ロ)「競争＝資本移動」という「運動的性格」を兼ね備えながら、したがって最後に三つ目は(ハ)「機構論」としての「役割特質」を遂行すべきもの、として設定されねばならない点――が、総括的に導出可能になってこよう。ここが、何よりものその枢要点である。

約めていえば、「利潤規定の『機構論的役割』」こそが決定的に重要だといってよく、宇野・利潤論を継承しつつそれをさらに超琢していくべき、その軸点は取り分けここにこそあろう。

ついで第二は②「生産価格の体系的位置」であって、内容的には、いうまでもなく「価値―生産価格の構造連関」

にこそ関わろう。そこで最初に前提的に、一つ目に(イ)「生産価格規定の固有性」確認が不可欠であるが、それは、すでに検出した通り、「運動機構的役割」を担う「利潤論体系」の、まさにその到達点規定以外ではなかった。したがってそうであれば、この「生産価格」こそ、個別資本が、市場関係の中で「競争＝資本移動」行動を現実的に展開していく際に発現させる、その最も具体的な指標規定である以上、そこでは、個別商品次元における「コスト計算関係」以外の基準は一切その姿を消失させていよう。換言すれば、「生産価格」は、「c・v・m」などという「価値実体的関係」からはその全ての規定波及ルートを断絶させているのであって、そこには、「市場関係における商品コストの貨幣表現」だけが残存しているに過ぎない。それに対して、二つ目に、(ロ)「価値関係の存立根拠」はそれとはその色彩を全面的に異にしている。というのは、この「価値関係」は、――これまで別の機会に繰り返し考察してきたように――あくまでも「資本―労働の『総体的関係』」において、投下労働量との内在的関連を確保しつつ、いわば「総資本的抽象」の下で大枠的に解明される、そのような「再生産型規定」であったからに他ならない。その意味で、この「価値関係の固有性」は、「労働量対応的・大枠構造的・再生産論的」な、その「総体性」にこそある――と把握されるべきであるから、そう考えると、この「価値関係」が、「生産価格関係」とその抽象レベルを本質的に相違させているのは余りにも明白ではないか。何よりも、両者間の、その「位相差」が決定的だといってよい。

したがって、三つ目として最終的に、(ハ)「価値―生産価格の相互関係」はこう結論される以外にはあるまい。まさに、宇野・生産価格論が先駆的に提示していた通り、「生産価格」こそは、「社会的に需要せられるそれぞれの量の種々なる生産物を資本の形態を通して生産する一種の廻り道」（旧『原論』三〇七頁）であり、まさしくその意味で、「資本家的商品経済は商品価値を生産価格として社会的再生産過程を規制する」（旧『原論』三二七頁）わけである。その意味で、「価値関係による生産価格の『総体的規制』」――ここにこそ、「価値―生産価格」関係におけるその枢要軸があるといってよく、このような視角からする、「転形論争」の抜本的な再検討が、今こそ不可欠なように思われる。

以上を前提にして、最後に第三として、③「価値法則論体系における利潤論の位置」を大掴みに総括しておきたい。そこで一つ目に(イ)「価値法則論の全体的体系」[17]から入ると、何度も繰り返し指摘してきたように、資本制生産の「体制法則」をなす「価値法則」は、原理論体系の全体において次のような構成をもつ。すなわち、「流通形態論」＝「価値法則を現実の運動法則として展開していくための『形態的装置』論」、「生産過程論」＝「価値法則展開の『必然性』をその『実体』的特殊性に基づいて解明していくための『実体的根拠』論」であるのに対して、「利潤論」が属するこの「分配関係論」は、「価値法則展開のメカニズムを個別的市場行動に即して現実的に解明していくための『運動的機構』論」、に他ならず、したがって、最も基本的に判断して、この「利潤論」が、その「運動的機構論」レベルで「価値法則」と関連しているのは自明だといってよい。ついで、そのうえで二つ目に、(ロ)「分配論の内部編成」を考慮すると、この「利潤論」が、「投資競争論→地代形成論→資金貸借論→商業資本論→景気循環論」などとして展開していく「分配関係論」の、まさにその出発点的論理領域を担っているのは明らかであろう。換言すれば、「生産論」での「剰余価値形成システム」解明を受けて、次に、その「剰余価値」が「利潤→地代→利子」として分配されていくまさにその「分配システム」の、いわば冒頭領域こそこの「利潤論」以外ではない――という篇別構成になるのであって、その点で、「利潤論」が有するその端緒規定性こそが重要だといってよい。

こう理解してよければ、最終的に三つ目に、(ハ)「価値法則論における利潤論の役割」も明瞭になってこよう。すなわち、ここまでのロジックを整理すれば、「利潤論」こそは、その「運動機構的役割」を基礎形式的に担っており、まさにそうだからこそ、「分配論の端緒規定」としての機能を現実的に遂行可能になっている――という論理脈絡が検出されてよいが、それに立脚すると、結局こう結論できる。すなわち、「利潤論」こそ、「その『運動機構的役割』たる任務を根拠にして、何よりも、『価値法則の運動機構論におけるその端緒規定』たる位置を占めている」のだと。

（1）拙稿「資本蓄積様式と過剰人口の形成機構」（『金沢大学経済論集』第三二巻第二号、二〇一二年）。

（2）宇野『経済原論』下（岩波書店、一九五二年）は旧『原論』と略称して、『宇野弘蔵著作集』（岩波書店、一九七三年）第一巻の頁数で示す。また同様に宇野『経済原論』（岩波全書、一九六四年）は新『原論』と略記したうえで『宇野弘蔵著作集』第二巻の頁で表す。

（3）宇野・利潤論を検討した文献は意外に多くはないが、例えば、宇野編『資本論研究』Ⅲ（筑摩書房、一九六七年）、伊藤誠『価値と資本の理論』（岩波書店一九八一年）、拙著『価値法則論体系の研究』（多賀出版、一九九一年）、などを参照のこと。宇野・利潤論の諸問題が理解できる。

（4）本章では「市場価値論」には立ち入らないが、その詳細は、前掲、拙著『価値法則論体系の研究』四三四－四六〇頁をみよ。

（5）この点に関連して、新『原論』では、この「利潤論」の抽象水準について以下のようなやや踏み込んだ指摘が確認されてよい。つまり、「剰余価値率が……資本家と労働者との関係をあらわすのに対して、利潤率は……資本家と資本家との間の関係をあらわすものとなる」（新『原論』一〇〇頁）といわれるのであって、両者の「抽象水準の差」が印象的である。

（6）新『原論』の「費用価格」規定は、この旧『原論』に比較するともう一歩「形態的色調」が強い。例えば、「G－Wの過程で買い入れられる生産手段と労働力との価格を、W′－G′の過程で販売される商品に対して、その費用価格となす」（新『原論』一〇三頁）としたうえで、「資本家にとっては、かくて商品を販売してえられる代価は、まず第一には費用価格を回収するものでなければならない」（新『原論』一〇五頁）といわれるかぎりでは、「販売―価格―代価―回収」手続きの強調という点で、一応「形態規定的」であり評価できよう。

（7）この点は新『原論』でも同様であって、「利潤規定」の立ち入った説明すら欠けている。

（8）新『原論』においてもこの「実体論的性格」は変わらず、具体的には、「利潤率は、m／（c＋v）として、剰余価値の全資本に対する分配率を示す」（新『原論』一〇〇頁）というに止まる。

（9）その場合、新『原論』のロジックは一面ではシンプルだともいえ、まず「価値通り」の基準で「資本構成」を設定した上で、「しかしそうすると……同額の資本でも高度構成のものよりも構成の低いものの方がより多くの剰余価値を生産することになる」るという「不都合」を導入し、ついでそれを回避するためとして、「資本は前者を避けて後者を選んで投下される」（新『原論』一〇七頁）とされる。その意味で、旧『原論』と比較するとその説明にヨリ整理はみて取れるが、「実体論」に依存している点についてはなお変わりはない。

（10）それは、以下のような新『原論』の説明と同型といってよい。つまり、「かくて前者の生産物の価格は、その価値以上に騰貴し、後者にあってはその価格は価値以下に低落せざるをえない」（同）といわれるのであって、「価値から乖離した価格水準」の導入が表面化する。

（11）新『原論』でもそれは同質であり、例えばこう「定義」されていく。「資本の生産物にあっては費用価格に、その全資本に対する平均利潤を加えた、いわゆる生産価格……」（同）。

（12）重要なことに、新『原論』では――少なくとも明示的には――いわゆる「総計命題」は指摘されていない。もっとも、「一方では価値以上に出る生産価格で売買される商品があれば、他方に価値以下の生産価格でなければ売れない商品があるということになる」（新『原論』一一二頁）という表現がそれに当たるともいえようが、この点には注意しておきたい。

（13）「……価値から乖離した生産価格は、資本が全体として労働者からえた剰余価値を個々の資本家の間に平等に分配するために生じる、個々の資本家の間の関係にすぎない」（新『原論』一〇九頁）。「……資本はかかる廻り道を必要とするのである」（新『原論』一〇八頁）。

（14）この関係は、新『原論』では、「価値法則」との関係でこう見事に叙述される。「生産価格の運動は、……価値法則をそのままに展開するとはいえないが、しかし商品経済を支配する価値法則は、むしろこの資本の生産物において、したがってまた価値の生産価格化によって始めて、いわばその実現の機構を確立され、全面的に貫徹されることになる。」（新『原論』一一二頁）　まさにそれを通して「価値関係」が「客観的に規制せられる」（同）わけであろう。この点をも含めて、「価値―生産価格」に関するその総合的意義に関しては、何よりも桜井毅『生産価格の理論』（東大出版会、一九六八年）を参照のこと。

（15）宇野・利潤論の「意義・問題点」の詳細は、前掲、拙著『価値法則論体系の研究』四〇二―四二六頁などをみよ。

（16）この点については、鈴木鴻一郎編『経済学原理論』下（東大出版会、一九六二年）が優れている。

（17）「価値法則論体系」について詳しくは、前掲、拙著『価値法則論体系の研究』序論・終章を参照のこと。

第二章　絶対地代の形成メカニズム

——地代論を読む——

はじめに

前章(1)では、資本制的生産における「運動機構分析」を課題とする「分配関係論」の、その冒頭規定をなす「利潤論体系」を対象として、宇野原理論体系の意義と問題点との解明を試みた。そしてその作業を通して、一方では、この利潤論こそ「剰余価値の分配関係分析」の出発点に相当している点が明確化可能になったものの、にもかかわらず、他方、宇野・利潤論になお色濃く残存する「実体論的方法」に制約されて、宇野・利潤論は「競争論＝運動論の未整備」という問題点を依然として払拭し得なかった点——が検出できた。まさにそうであれば、そこから、「利潤論体系」は、何よりも「競争論＝運動論」としてこそ整備されねばならないという方向性において整序されざるを得ないのは当然であって、結局その意味で、「利潤規定の運動機構的役割」こそが最終的に結論できたのはいわば自明であろう。

こうして、宇野・利潤論の検討は、「分配関係論」における「競争論＝運動論」の体系的整備を強く示唆している——と判断してよいが、宇野・利潤論になお残された、このような「実体論的残滓＝競争論・運動論の弱体性」は、この「利潤論レベル」を震源地として、宇野「分配関係論」のさらに後続部分にも重大なマイナス効果を及ぼさざるを得まい。そして、その一つの極めて典型的な篇別エリアとして興味深いのは、「地代論」なかんずく「絶対地代論」

であって、「絶対地代の形成メカニズム」にその端的な問題性が凝縮されていよう。

したがって、以上のような見通しに立脚して、本章の課題が以下のように設定可能なのは自明ではないか。すなわち、宇野・絶対地代論を新たな対象に設定しつつ、そのうえで、「実体論的残滓＝競争論・運動論の弱体性」をこそ分析基準にしながら、「絶対地代の形成ロジック」に検討を加えること——これである。その意味で、本章は、前章「利潤規定の運動機構的役割」のいわば応用バージョンであり、そうであれば、その考察基軸が、何よりも、「絶対地代形成の競争論＝運動論」的明確化にこそ設定されねばならない点は、まさしく自明であろう。本章を取り分け「絶対地代の形成メカニズム」と銘打ったその所以に他ならない。

Ⅰ　宇野・絶対地代論の構造と展開

［1］宇野・絶対地代論の構造　まず全体の基本前提として、宇野・絶対地代論の(1)「構造」を視野に取り込んでおきたい。そこで最初に、旧『原論』[2]に即して、宇野・絶対地代論[3]の論理構成を追っていくと、まず第一に①「絶対地代論への導入」が論点をなそう。周知の通り、宇野の地代論では、利潤率均等化を一般的前提にしつつ、そのうえで、まず、「地代に転化する超過利潤」という形で「地代一般論」が設定されることによって、大きく掴むと、「利潤論→地代論」への橋渡し[4]が実行される。ついでそれを受けて、地代論の具体的内容が、「差額地代第Ⅰ形態→差額地代第Ⅱ形態→最劣等地に生じる差額地代[5]」というプロセスに沿って展開されるといってよいが、まさにそれに立脚してこそ、それに接続して「絶対地代論」が位置づけられていく。もう一歩立ち入って示すと、宇野はまず、「最劣等地に生ずる差額地代」こそは、「需要の増加に伴う価格の騰貴は、土地所有の介在自身が新たなる限度を設定し得ることを示すものである」（旧『原論』四三九頁）点を明らかにし、それを通して、そこに、「価格—超過利潤—地代

化」の相互関連に関する、その「新たな図式」の出現を指し示すといってよい。要するに、「それは地代化せられるべき超過利潤が形成せられる前提をなす一定の価格を、その超過利潤の地代化自身によって騰貴せしめるという関係にある」(同) ことに他ならず、まさしく、「土地所有の介在自身」こそが「地代形成」のその起動力となってこよう。こうして、このような地代形成論理は地代論の新局面展開以外ではなく、その結果、「地代もまたここに新たなる一面を、いい換えれば土地所有自身を基礎とする絶対地代としての一面を展開するのである」(同) とされる。何よりも、「絶対地代論」への移行である。

ついで、このような絶対地代論構図の設定にもとづきながら、次に第二に②「絶対地代論の展開」へと進む。そこで、宇野は最初に(イ)「絶対地代の概念・定義」から入るが、まず(a)その「前提」に照明が当てられつつ、差額地代論における、「最劣等地＝差額地代ゼロ」という基本命題が再考される。つまり、差額地代論の最終規定としての「最劣等地における差額地代」をふまえることによって、「資本にとっては……決して最劣等地がなんらの地代をも支払わずしてその投資をなし得るという保証を与えるものではな」く、むしろ、「新たなる最劣等地が地代を支払うことなくしては資本を投じ得ないということを条件とする」(旧『原論』四四一頁) という新たな構図を描く。こうして、「差額地代→絶対地代」という移行がいわば「結果論」的に――したがってその「機構論的」説明が不十分なままで――図られ、結果的には、「最劣等地といえども資本にとっては決して自由にその資本を投じ得るものではない」ことなり「何ほどかの借地料を支払わざるを得ない」(同) ことになろう。その場合、宇野は正確な定義は与えていないが、[6] これこそ、まさしく「絶対地代」に他なるまい。こうして、「最劣等地の差額地代」との連関で絶対地代が位置づけられる。

そうであれば、ついで、(b)その「条件」が直ちに問題となるのはいうまでもない。すなわち、宇野は、「そこで問題は、最劣等地に地代が支払われるとすれば、土地生産物の価格は当然にその個別的生産価格以上に騰貴するのでなければならぬということになる」（旧『原論』四四二頁）と論理図式を組み直す。というのも、地代論のここまでのロジックからすれば、資本に超過利潤部分がない限り地代発生はあり得ない――というのがセオリーだからであるが、「それはいかにして可能となるか」こそが議論における次のキー・ポイントを構成しよう。

そこで(c)「帰結」がくるが、ここにこそ、宇野・絶対地代論の基本的在り方が予め透けて見える。つまり、最劣等地生産物に関して、「個別的生産価格」が基準となる限り超過利潤は存在しないという前提の上で、では、絶対地代に帰結する超過部分はどこに由来するのか――こそが問題だが、宇野はその点に対して、「資本の生産物にあっては、その価格は、生産価格を基準とするが、それは必ずしも価値と一致するものではなく、価値と生産価格との間にはなお地代の如き他のものを容れ得る余地があり得るのである」（同）、と答えるといってよい。まさしく「価値―生産価格の乖離」部分にこそ、それは由来する――と宇野はいう。

そのうえで、宇野・絶対地代論は(ロ)「絶対地代の源泉＝限度」へ向う。言い換えれば「価値―生産価格の乖離」の根拠付けに当たるが、最初に、(a)「絶対地代の源泉」が「農業の特殊性」に焦点を合わせて示される。つまり、「農業部門における資本の有機的構成」に着目しつつ、まず、「資本の有機的構成が……低度であれば、その生産価格は価値以下に低落する」（同）という「原理」を確認しながら、そのうえで、それを根拠にして、「農業における資本の構成が社会的平均構成以下に低いとすれば、価値以下で売られるということもあり得る」（同）という判断を下す。そもそも、「資本構成―価値―生産価格」三者の理論付けに疑念があるうえに、さらにそれに加えて、「農業＝資本構成低位」という「独断」もが付加されているとみてよいが、要するにこうして、農産物の「生産価格は当然に価値以下でなければならない」（旧『原論』四四四頁）という結論に至ろう。そして、まさしくこのような「価値―生産価格の差額部分」こそが、宇野によって「絶対地代の源泉」とされていくのはもはや自明であって、その点から、最終的には、「農産物の価格が、地代によってその生産価格以上に騰貴したとしても、それは必ずしも価値以上に出るとは限らないことになる」(同)と整理されていく。その意味で、「運動機構論を欠いた源泉論」というしかあるまい。

そして次に、それに立脚してこそ(b)「土地所有の存在」が発現してこよう。すなわち、宇野は、このように、「(土地が)私有されていていかなる土地もなんらかの地代を支払うことなくしては借地し得ない」点を根拠にして「農業生産物の量が制限せられてその価格を騰貴せしめざるを得ないことになると、それはもはや資本と資本との間の関係とはいえないことになる」(同)——とみて、まず、「絶対地代における資本間関係」の変質に着目する。約めていえば、「資本一般が、土地所有によって制限せられるという関係」(同)以外ではないと意義付けられるのであり、したがってその意味で、宇野はここで、何よりも、「資本に対する実質的規制力」としての「土地所有」をこそ設定しようと試みているのではないか。

以上を前提としつつ、最後に(c)「絶対地代の限度」が解明されるといってよい。換言すれば「独占地代との相違」という点だが、宇野によるここまでのロジックを土台にすれば、「絶対地代の限度＝独占地代との相違」はもはや自明ではないか。すなわち、「市場価格が恒常的に価値以上に出ることになれば、地代はもはやここにいう絶対地代でなくなって……独占地代となる」(旧『原論』四四八頁)のに対して、「それが価値の範囲において生産価格を超過する部分を絶対地代化するわけである」(旧『原論』四四七頁)——という区別に他ならず、要するに、宇野が、「絶対地代の限度」をまさしく「価値の範囲」にこそ設定している点に、もはや一切の疑点はあり得まい。その前提条件を別にすれば、宇野において、その首尾は一貫している。

ここまでの「絶対地代の内容論」を下敷きとして、宇野・絶対地代論は(ハ)「土地の商品化」によって締めくくられていく。そこで、最初に(a)「移行規定」が注目されるが、その契機こそ「絶対地代の形成」であって、この絶対地代を起点として以下の二点がさらに帰結すると宇野はいう。すなわち、まず一つは「土地所有者の理論化」に他ならず、それは、「地代を支払うことなくしては資本の投下を許さないものとして、その所有者に資本主義社会における特殊の地位を与えることになる」(旧『原論』四五二頁）という根拠に基づく。要するに、資本主義における「土地所有者の理論的位置づけ」が何よりもこの絶対地代規定に立脚して「始めて」措定可能になる――という点にこそ、宇野の含意があるのであろうが、しかし、「差額地代」における「超過利潤の土地所有者への移譲」との、その決定的な差異はなお明瞭とはいえまい。そして、もう一つこそ「土地の商品化」であって、「絶対地代」を前提にしつつ、「土地は、その所有者に年々の労働によって形成せられる剰余価値の一部を分与せしめるものとして、資本家的社会でも特殊の商品となるのであった」(旧『原論』四五三頁）とされる。もちろん宇野型理解は十分に了解可能だが、それでも、なぜ「差額地代」レベルではこのような「土地の商品化」が説明し得ないのか――についての、もう一段深い論述がなお欲しいように思う。こうして、「所有名義自身が商品として売買されることになる」(同）わけであろう。

そのうえで、この「土地の商品化」に関する(b)「特殊性」を宇野は強調する。そしてこれは自明であって、土地はいま確認した通り、「資本主義社会では一定の根拠によって一定の価格をもった重要な商品となる」(同）にしても、地代は「土地が一定の価値物として生産過程に使用せられるということから生ずるものではない」(旧『原論』四五四頁）以上、その意味で、「土地の商品化」に明白な「特殊性」が絡むのはいうまでもない。すなわち、(c)その「内実」を、宇野は、「土地は……一定量の面積に対して剰余価値を分与せられ、かかる剰余価値の地代としての分配によって商品化する」(同）として説明し、そのことを通して、最終的には、「商品としても特殊な商品とならざるを得ない」(同）ことを示す。要するに、「土地商品化の特殊性」であろう。

まさにここからこそ、最後に第三として③「利子論への移行」が設定されていく。その場合、宇野は、その移行焦点を、「土地は、それ自身でその商品化を確立するものではない」（同）点にこそ置くが、その含意は二重なようにみえる。つまりまず一つは、「土地の商品化」は、「資本においても、その所有自身が一定量の剰余価値を与えるものとして商品化することなくしては……完成するものではない」（同）――という意味で、「それ自身に利子を生むものとしての資本」規定と結合していて、ここから、「利子論への接続」が見込まれよう。ついでもう一つは、「土地の商品化」を支える「土地購入資金」の性格に他ならず、「かかる代価は資本家的には資本として投ぜられ得る資金」であると同時に「しかも農業その他土地に投ぜられる資本とは全く別個のもの」（旧『原論』四五五頁）であるかぎり、宇野によって、この「土地購入資金」のその源泉と関わってこそ、次に、「利子論への接続」が不可避だとされるわけであろう。

「土地の商品化は、かくして資本自身をして利子を生むものとしての資本に転化せしめずにはいないのであり、また資本のかかる転化によってその商品化を完成することになるのである。」（同）

このように概観してくると、宇野・絶対地代論は、結局、以下のような「構造」をもっていると理解してよいことが分かる。すなわち、「絶対地代導入論」→「絶対地代展開論」→「利子論移行論」というトリアーデ構成に他ならず、その意味で、、まさにこのような三段階論理構成を通してこそ、「絶対地代」のその体系的解明が試行されているわけである。

［2］宇野・絶対地代論の展開　以上のような宇野・絶対地代論の基本構造を前提にして、次に⑵その「展開」へと具体的に入っていかなければならない。そこで、第一は①「絶対地代導入論」がテーマとなるが、最初に(イ)「絶対地代の概念規定」はどうか。そこで、まずその「基本前提」が問題とされつつ、宇野によって、「最劣等地の差額地

代」との比較を通じて「絶対地代の固有性」が設定される。始めにそのロジックをやや詳細に追えば、宇野は最初に「最劣等地の差額地代」を基準として取り上げるが、それは、「あらゆる土地が地代を支払われて借地されるということに外ならない」という点でヨリ進んだ規定性を有するとはしても、「しかしそれはなお土地の私有制自身によって生ずる地代ではない」（旧『原論』四四〇頁）――とみる。換言すれば、「最劣等地自身がなんらの地代をも支払わずして資本家の資本の投資を許すという前提が、優良地はすでに一定の地代を支払っているためにそれ自身としては地代を支払わない追加投資を行い得るという事情によっていわば隠蔽されている」（同）ことに他ならないが、宇野は、以上のような基準と対質化しつつ、まさにそれとの乖離に即して「絶対地代の固有性」を指摘していく。例えばこういう。

「資本にとってはしかしこのことは決して最劣等地がなんらの地代をも支払わずしてその投資をなし得るという保証を与えるものではない。……優良地にかかる最終投資がなされるということは、むしろ新たなる最劣等地が地代を支払うことなくしては資本を投じ得ないということを条件とする。そしてそれがまた従来の最劣等地にも地代を生ぜしめたのである。」（旧『原論』四四〇－四四一頁）

こうして論理舞台は一転する。つまり、「最劣等地といえども資本にとっては決して自由にその資本を投じ得るものではな」くなり、むしろ、「何ほどかの地代を支払わざるを得ないのである」（旧『原論』四四一頁）ことになろう。まさしく、宇野による「絶対地代」の導入であり、「差額地代→最劣等地差額地代」の帰結としてこそ「絶対地代」が位置付けられる。

それをふまえて、宇野は次に(ロ)「条件設定」へと向う。いうまでもなく、「しかし最劣等地に借地料を支払って資本を投ずるということになると、差額地代の一般的前提をなした最劣等地の個別的生産価格を市場調節価格とするということは成立しなくなる」以上、「価格は、少くとも最劣等地の個別的生産価格より借地料だけ高くならなければならない」（同）のは当然といってよい——からである。こうして、絶対地代を可能とするその「条件設定」が定められるわけであり、そこを軸として、宇野によって次の課題がこう示されていく。

「そこで問題は、最劣等地に地代が支払われるとすれば、土地生産物の価格は当然にその個別的生産価格以上に騰貴するのでなければならぬということになる。それはいかにして可能となるか。」（旧『原論』四四二頁）

このような「条件設定」を受けてこそ、宇野の着眼点は、ついで「絶対地代を可能にする価格関係」へと移らざるを得ない。言い換えれば、(ハ)「絶対地代を巡る『価値—生産価格』関係」の「特殊性」以外ではないが、宇野は、「直ちに土地生産物が独占価格をもって販売されるということにはならない」点にまず注意しつつ、積極的には、「価値—生産価格の乖離」をこそ強調する。すなわち、周知の『資本論』型ロジックを踏襲しながら、まず、「資本の生産物にあっては、その価格は、生産価格を基準とするが、それは必ずしも価値と一致するものではな」いとし、しかもさらに進んで、「価値と生産価格との間にはなお地代の如き他のものを容れ得る余地があり得る」（旧『原論』四四二—四四三頁）——とこそ説明が深められるといってよい。まさしく、この「乖離分」こそが絶対地代であることはいうまでもなかろう。後に検討するように、「はなはだ苦しい言い訳」だといわざるを得まい。

以上のような「導入論理」を前提として、次に第二に②「絶対地代展開論」へと実際に入っていこう。そうであれば、取り分け、まず(イ)「絶対地代の源泉と限度」がその焦点をなすが、最初に、その「源泉」と関わって、(a)「農業の特殊性」が全体の理論的前提をなす。すなわち、宇野の場合には、——『資本論』を継承して——「絶対地代の源泉」は何よりも「価値と生産価格との乖離」に求められるが、そのうえでこの「乖離」は、農業における、その「資本の有機的構成の低位性」[7]にこそ還元されるといってよい。その点を宇野は、「土地生産物がその生産価格以上に売られるにしても、農業における資本の構成が社会的平均構成以下に低いとすれば、価値以下で売られるということもあり得る」（旧『原論』四四三頁）と説明し、最終的には、「したがってまた農業生産物の価格が、地代によってその生産価格以上に騰貴したとしても、それは必ずしも価値以上に出るとは限らないことになる」（旧『原論』四四四頁）と結論を下す。まさにこの「乖離部分」こそ、宇野のいう、「地代の如き他のものを容れ得る余地」に相当するわけだが、そうであれば、宇野型「絶対地代の形成論理＝『源泉』論」は、「農業部門の独自的設定↓有機的構成の低位性↓生産価格の『価値』以下性↓乖離分の発生↓絶対地代の『源泉』化」というロジックにおいて把握可能ではないか。

後に立ち入って検討するように、この論理図式には、いくつかの無視し得ない難点が折り重なっていると思われるが、宇野の含意をもう一歩確認しておく必要があるのは、（農業部門の独自的設定はともかくとして）取りあえずは、「農業部門・有機的構成」「低位性」のその確定理由以外ではない。この点こそ、宇野・絶対地代論証図式の「原点」をなすからであるが、宇野は、『資本論』の叙述をも援用しつつ、その理由を例えば以下のように指摘していく。

「……農業においては、土地がその主要生産手段をなし、また土地所有による超過利潤の地代化は、資本の蓄積を一面では促進しながら他面では制限し、殊に回収が比較的長期にわたる固定資本の投下を阻害するという事は、その資本の構成の高度化を一般に他の工業におけるそれよりおくらせるものといってよいであろう。」（旧『原論』四四三－四四四頁）

要するに、「土地所有による超過利潤の地代化」が、「回収が比較的長期にわたる固定資本の投下を阻害する」点に即してその「確定理由」が述べられているが、これは、あくまでも、「農業部門の現実性」に由来する個別的事情以外ではあるまい。したがって、それを根拠にして、「資本の構成の高度化を一般に他の工業……よりおくらせる」と論理化することはなお困難ではないのか。

こうして、さらに検討を加えるべき論点を残しつつ、以上のような論証図式に則って、宇野による(b)「絶対地代・源泉論」はこう結論されることになる。すなわち、現実的な「絶対地代の量的レベル」は、「市場の情況が、その価格に生産価格以上にどの程度に出ることを許すかを決定する」点に依存するとはしても、「絶対地代の源泉」そのものとしては、最終的には、「それが価値の範囲において生産価格を超過する部分を絶対地代化する」（旧『原論』四四七頁）――のだと。(8) その意味で、宇野・絶対地代源泉論は一応その完結に到達していく。

そのうえで(c)「絶対地代の限度規定」はどうか。換言すれば「独占地代」との相違に他ならないが、まず宇野は、「土地の所有はかくの如くに土地生産物の価格を地代を通して騰貴せしめはするが、しかしその価格がどの程度に決定されるかをそれ自身で決定するものではない」（旧『原論』四四七頁）として、問題のその焦点を定める。そうであるが故に、「その価格がどの程度に決定せられるか」が問題としてクローズアップされざるを得ないが、宇野は、以下の二点に立脚して、「土地に対する需要の増加として一方的に地代を騰貴せしめるものとばかりはいえない」（同）とみる。つまり、まず一つは、「資本としても他の産業に投じて得られる利潤との比較の下に農業に対しても資本を投じ得る」という、「資本投資の部門間競争」であり、そのうえでもう一つこそ、「同じ土地が種々なる生産物の生産に充てられるということは、資本を通してその生産物の需要に対する供給を調節せしめることになる」という、「需給調節作用の発揮」、に他なるまい。まさにこのような資本行動の貫徹によって、最終的に、「絶対地代の要求も市場における生産物の価格の形成に決して直接的に反映するものではない」（同）と整理されていこう。その点が、例えば宇野によってこう集約される。

「かくて農産物の如き土地生産物の価格は、一般に需要の増加に対して一方では資本によって他の産業に投じて得られる利潤と比較せられつつ、他方では土地所有によってその資本投資を制限せられつつ、前者には平均の利潤を、

後者には一定の地代を与え得るという条件を満たすものとして決定される。」（同）

まさに見事な叙述だといってよい[9]。というのも、「絶対地代の水準」を規定する「農産物価格の水準」に関し、それが、「土地所有それ自身」によって決定されるのではない点は勿論のこと、「資本競争単独」で決まるのでもなく、まさしく、「土地所有と資本競争との合同作用」においてこそ決定をみる――方向性が極めて明瞭に指摘されている、からに他なるまい。こうして、「絶対地代の水準決定」というポイントに即してこそ、宇野は、「絶対地代の限度」をいわば「裏側から」設定したことになるが、そうであれば、翻ってそれとの対照性において、「独占地代」が、「市場価格が恒常的に価値以上に出ることになれば、地代はここにいう絶対地代でなくなってくる」（旧『原論』四四八頁）として逆に定義されるのもいわば分かり易い。要するに「絶対地代の源泉と限度」だが、それらを前提におきながら、そのうえで、まさしく「絶対地代の存立根拠」が宇野によってこう総括されていく。

「農業資本が一般に他の産業資本よりも低度の資本の構成を有し、また農産物が市場関係からもその価値の範囲内においてその価格を決定されるということは、抽象的には必ずそうならなければならないという根拠を有するものではないのであるが、資本が土地所有を、一般に資本によってその生産関係を規定せられる社会に容れ得る余地は、この二つの条件によって与えられる。」（旧『原論』四四八－四四九頁）

その場合、宇野によってここで触れられている「二つの条件」はすでに何度も出てきた点であり、しかもそこに無視できない難点が含まれていることは予め指摘した通りだが、この宇野の叙述でむしろ決定的に重要なのは、「この二つの条件」こそが、「資本が土地所有を、一般に資本によってその生産関係を規定せられる社会に容れ得る余地」を意味する――という条りではないか。この「二つの条件」に関しては後に検討を加えるが、それにしても、「絶対地代の特有性」こそが「資本―土地所有」を接合するその紐帯であるという、宇野のこの体系的提示は、極めて魅力に富んだニュアンスを秘めていよう。是非とも注意が必要なその所以である。

まさに以上のような視点に立脚してこそ、宇野は以下のように整理を加えるといってよい。

「かくして絶対地代は資本家的土地所有の基本的規定をなし、この規定を基礎にして独占地代もまたその根拠を――資本家的には非合理的なる、資本自身の性格も独占的になることなくしては、その社会に容れ得ないというような性格をも――明かにされるのである。」(同)

こうして、以上のように、「絶対地代の限度」を接点として、「土地所有」論点が改めて本格的に浮上してこざるを得まい[10]。そこで続いて、(ロ)「土地所有」論へと視点を転回させていこう。その場合、その前提として、(a)「差額地代―土地所有」関係の確認が必要となるが、宇野によれば、結論的には、「差額地代」レベルでは土地所有のいわば「規制的な発動」はまだ規定できない――とされる。そして、それは適切な処置だと思われるが、興味深いのは、いうまでもなくその根拠であろう。そこで、その点に関する宇野の説明を追えば、それは、概略として、以下のような三段階の論理ステップが踏まれる。すなわち、(A)「差額地代としての地代は、たとい最劣等地に生じた場合でも、農産物の価格を最終投資による生産価格以上に騰貴せしめるものではない」→(B)「地代が存在するために価格を騰貴せしめるにしても、それは生産価格そのものを騰貴せしめるに過ぎなかった」→(C)「それは資本が、土地所有に影響され、その要求によって支払う地代によるにしても、資本と資本との競争関係を基礎として、その超過利潤を地代化したものである」(旧『原論』四四四頁)、というトリアーデであって、結局、「差額地代における土地所有の積極的発動」を否定するその最終的根拠は、宇野によって、「差額地代」は「資本と資本との競争関係を基礎として、その超過利潤を地代化したもの」以外ではない――と把握される点にこそ還元されていよう。その場合、全体としては宇野の指摘のようだとしても、それでもなお、「差額地代」レベルでこの「超過利潤」がやはり「土地所有者の手へと移譲されていくロジック」については、それはそれとして、依然として隔靴掻痒の感を免れ得ない。しかし、それを割り引いたとしても、この説明は極めて明晰であってやはり見事だと思われる。要するに、「差額地代」レベルでの、「土地所有の規定性」がまず明瞭に否定されていく。

そのうえで、むしろそれとの対照性に即してこそ、(b)「絶対地代における場面転換」が表面化しよう。具体的には、今度は以下のような三段階ステップこそが進行すると宇野は主張する。つまり、(A)「土地が制限されているばかりでなく、私有されていていかなる土地もなんらかの地代を支払うことなくしては借地し得ないということになり」→(B)「それがために農業生産物の量が制限せられてその価格を騰貴せしめざるを得ないことになる」→(C)「それはもはや資本と資本との関係とはいえないことになる」(同)、という論理の流れに他なるまい。宇野によるこの叙述も明瞭だといってよいが、要するに、その基軸が、「もはや資本と資本との関係とはいえない」点に立脚した、何よりも「土地所有の規制力の発現」――にこそ求められているのはもはや自明であろう。まさしく、「場面転換」が明らかに進行する。

これら二つの論理を受けて、最後に、宇野は(c)「絶対地代―土地所有」関係の提起を試みる。つまり、「資本一般が、土地所有によって制限せられる」点に即してこういわれる。

「資本が、土地の豊度の異なるところから超過利潤を得、これを資本の間に配分する機構を有さないために地代化するというのではなくて、土地所有そのものが一般に資本に対してその投資を制限し、なんらかの剰余価値部分の分与をなされない限りは、これを利用せしめないというのであって、生産物の価格は、資本と資本との間の関係を規制する生産価格を無視して騰貴せざるを得なくなる。……土地所有は、剰余価値が資本の間に平均的に分配される資本の原理を部分的に修正するわけである。」(旧『原論』四四四－四四五頁)

こうして、この「絶対地代」次元に至って始めて「土地所有そのものが一般に資本に対して積極的な規制力を発揮する」――と宇野によって確定されるといってよい。まさにこの点を通じてこそ、「いわば土地所有者が、資本家に対して全体として土地を独占するということから要求し得る地代である」（旧『原論』四五一頁）ことも最終的に確定するに違いなく、そしてそうだからこそ、そこから、「その所有者に資本主義社会における特殊の地位を与えること」（旧『原論』四五二頁）も明瞭になっていこう。要するに、「土地所有者階級」の措定である。

以上のような「土地所有関係」の明確化という土台上にこそ、宇野による(ハ)「土地の商品化」[11]規定が位置づこう。そこで、最初は(a)「移行規定」が注目されてよいが、いま確認した「土地所有の規制力」と関連して、絶対地代は、一方では「土地所有者という特殊な地位」を措定するとともに、他方では、絶対地代をもたらすこの物理的対象自身に対しても特殊な性格付けを与えるに至る――と宇野はいう。例えば、その点をこう説明するわけである。

「それと同時に何人の労働の生産物でもなく、したがってまたなんらの価値をも有するものでもないのに、土地は、その所有者に年々の労働によって形成せられる剰余価値の一部を分与せしめるものとして、資本家的社会でも特殊の商品となるのであった。所有名義自身が商品として売買されることになるのである。」（旧『原論』四五二―四五三頁）

いうまでもなく、宇野の含意は明瞭であろう。すなわち、絶対地代規定を起点とする、「絶対地代→土地自身が地代を生むという観念→剰余価値の土地への自動的分与→収益請求権としての商品化→所有名義自身の商品化→土地の商品化」、というロジックの進行であって、こうして宇野は、「絶対地代→土地の商品化」への移行を提示していく。

しかしここで注意すべきは、――この論理がいわゆる「擬制資本化システム」に相当するのは自明だが――このようなシステム成立の基本条件をなす「利子率」が、この篇別レベルではなお未成立である点に他ならず、その意味で、「土地の商品化」をこの「絶対地代論」段階で提起可能か否かについてはなお問題を残そう。換言すれば、この「土地の商品化」に関しては、「利子論の位置」とも関わって、「それ自身に利子を生むものとしての資本」との相互連関考察こそが不可欠ではないか。

そのうえで、宇野は次に(b)「土地商品化の特殊性」へと移る。周知の如く、歴史的には、「土地の商品化」に関しては、「資本家的生産方法が、その基礎をなす労働力の商品化にあたって、先ず直接の生産者から土地の収奪をなさなければならなかった」（旧『原論』四五三頁）のは自明だが、宇野は、それを強調しつつも、このようないわば「事実上の私有」が、絶対地代の形態を経由して「資本家的に容認された私有となる」（旧『原論』四五四頁）事態こそに、さらなるアクセントを置いていく。そしてそうだからこそ、「元来、土地は如何に生産手段として役立つにしても、それ自身労働の生産物ではなく、したがってまたその私有は他の資本としての生産手段と異って、それ自身としては商品経済的にも合理的根拠を有するものではない」（旧『原論』四五三頁）にもかかわらず、結局、「土地は……一定量の面積に対して剰余価値を分与せられ、かかる剰余価値の地代としての分配によって商品化する」（同）――と整理される。まさに、「土地商品化の特殊性」こそが導出可能になっていこう。

そうであれば、総合的に纏めて、最後に(c)「土地商品化の歴史的固有性」が宇野によって集約をみる。すなわち、まさしく以上のような、「事実上の私有↓絶対地代↓資本家的に容認された私有」という論理ステージ移行を経るという点こそが、その「固有性」として重要だ――と宇野は強調するわけであり、したがって、何よりもまさにこの「歴史的固有性」が、「（土地は）商品としても特殊な商品とならざるを得ない」（同）という結論の、取り分け、その枢軸点を占めているのではないか。いわゆる「土地商品化の歴史的固有性」に他ならない。

その場合、もちろんここには、「理論」と「歴史」との複合性に関するその整理――という難問が伏在してはいるものの、宇野による以上のような整理は、何としても見事だという以外にはあるまい。

以上を前提としつつ、最後に第三に、宇野によって③「利子論への接続」[12]が試みられるといってよい。そこで最初に(イ)その「設定背景」こそが問題となるが、それは一筋縄にはいかない。というのも、宇野による、この「利子論への接続」論点の焦点は、「この過程はしかし土地の商品化を完成するものではなかった」(同)という点にあり、その意味では、ここでは、すでに宇野自身によって提起された「土地の商品化」概念の、まさにその「不完全性」こそがむしろ前面に出てくるから、に他ならない。したがって、ここには、一定の理論的な「修正」が絡んでいるのであって、その点では、「利子規定が未展開の段階で『土地の商品化』を説明できるのか」という疑問に対して、宇野が自ら答えを示す——という意味合いが濃厚である。何よりも、「利子論への接続」がもつ、このような理論図式に予め注意を払っておきたい。

そのうえで、具体的に(ロ)「接続論理」に入っていくと、宇野は、その際のポイントとして以下の二点を指摘するといってよい。そのまず一つ目は、「土地が定期的に一定量の剰余価値をその所有者に与えるものとして商品となる」(同)ための、(A)その「成立条件」以外ではなく、「資本においても、その所有自身が一定量の剰余価値を与えるものとして商品化することなくしては」「土地の商品化」は完成しない——とされる。約めていえば、「資本がそれ自身で利子を生むものとならなければ完成するものではない」(同)と宇野はみるわけであろう。まさしく、「利子論への接続」が不可欠であるその所以ではないか。それを踏まえて二つ目として、土地購入に関連させながら、その「代価は資本家的には資本として投ぜられ得る資金をもって支払われる外はない」(旧『原論』四五五頁)という、(B)「土地購入資金」論点こそが問題とされる。つまり、宇野によって、「土地の購入に充てられたる資金は、農業その他土地に投ぜられる資本とは全く別個のものとなり、土地の所有によって得られる地代を目標に投ぜられるのである」(同)と説明されるのであって、このような性格をもつ資金のあり方解明が独自に必要だ——と繫がっていこう。要するに、

「利子論への接続」に他なるまい。

こうして、最終的に(ハ)「総括規定」がくるのであり、「利子論への接続」を宇野は以下のように試みていく。何よりも、「土地の商品化―利子論の内在性」以外ではあるまい。

「土地の商品化は、かくして資本自身をして利子を生むものとしての資本に転化せしめずにはいないのであり、また資本のかかる転化によってその商品化を完成することになるのである。」(同)

〔3〕宇野・絶対地代論の特質　では、このような展開内容からなる宇野・絶対地代論の(3)「特質」はどのように整理可能であろうか。そこで、その「特質」の第一としては、①「差額地代論との異質化」が確認されてよい。もう一歩具体的にいえば、それは、地代論の全体的体系展開において、「差額地代―絶対地代」の相互関係を、その「同質性」というよりはむしろその「異質性」という点にこそ主要なアクセントを配置して構成する方法――だといってよい。周知の通り、地代論の全体的体系は、「差額地代一般論→差額地代第Ⅰ形態→差額地代第Ⅱ形態→最劣等地に生じる差額地代→絶対地代」という構図をもつが、宇野・地代論にあっては、このうち、取り分け「差額地代→絶対地代」という移行に「質的な断絶」を持ち込むものになっているわけである。その点を立ち入って問題にすれば、それは、特に以下の三点においてこそ際立っていると判断可能ではないか。すなわち、まず第一点として、(イ)「差額地代」にあっては、土地等級の自然的格差を前提としつつ、個別資本の相互競争の帰結として、そこで生じる超過利潤が土地所有者に結果として「移譲」されていく――という論理が展開されていた。したがって、この「差額地代」レベルでは、「土地所有」の存在はその前提となりつつも、その「実質的効力」がいまだ問題とはならないままに、「超過利潤」のその「単なる帰属先」としてだけ処理されていこう。換言すれば、「差額地代」領域においては、「資本の投資競争行動」こそがその基本的考察課題だといってよく、その水準で、一応の論理的法則性が検出可能だといえた。

要するに、生産価格の運動規定性における、その貫徹が検出し得る。

それに対して、宇野・地代論では、第二点として、(ロ)「絶対地代」の「差額地代からの異質性」が顕著に際立つ。その場合、その焦点は、——いまふれた「差額地代」次元での取り扱い方との比較において明瞭なように——(a)「土地所有の規制的性格」(b)「資本の投資競争行動への阻害」(c)「生産価格型市場調整作用の障害」という三点に集約可能だが、総合的にいって、宇野・地代論構成においては、「絶対地代」論は、「差額地代」論からの、いわば画期的「異質性」の強調にこそ力点が置かれながら展開されていると判断してよい。要するに、宇野・絶対地代論では、「土地所有—資本の対抗関係」へとその主題が移り、まさにその中で、「土地所有の資本に対する制限作用」の解明こそが目指されているとも性格づけられよう。その点で、「利潤論➡差額地代論」として貫徹してきた資本の行動様式分析は、この「絶対地代論」に差し掛かって、その一定の切断を余儀なくされていると判断せざるを得まい。

したがって、第三点には(ハ)こう「集約」されてよい。すなわち、宇野・絶対地代論では、その目立った特質として、「差額地代論—絶対地代論の『断絶性』」こそが指摘できるのであって、それとは逆に、「差額地代➡絶対地代」を結びつける、その共通基盤的紐帯は決して強くはない。

ついで、宇野・絶対地代論の第二の特質として、②その「価値実体的視角の強靭性」が指摘可能なのはいわば自明である。換言すれば、「絶対地代の源泉＝『価値』と生産価格との『量的乖離分』」とする、——『資本論』・絶対地代規定を踏襲した——宇野・絶対地代論の中枢的規定方式以外ではないが、その実質的内容にまで立ち入ると、それは以下の三点からこそ構成されている。つまり、まず第一点は、(イ)「地代論における『価値規定』の無前提的残存」であって、このような「実体論的な価値規定」が、「利潤論—生産価格論」をすでに経由したこの「(絶対)地代論」にまで延長して適用されている点——がことさらに目立つ。言い換えれば、宇野・絶対地代論における「価値実体的視角の強靭性」という根本的特質を支えている、その何よりもの基軸こそ、このような「絶対地代論への価値実体規定の継続的持ち込み」だといわねばなるまい。その点で、「個別資本の投資競争行動論」との関連において、宇野による、「絶対地代論への価値実体規定の持ち込み」がまさに明瞭に確認される必要があろう。

それに加えて、宇野・絶対地代論の「実体論的性格」を支える第二点としては、(ロ)「『価値』―生産価格の『横並び型比較』」こそが顕著に目を引く。すなわち、それは、「絶対地代の源泉＝価値と生産価格との乖離分」という、宇野の絶対地代規定からいわば自動的に帰結する論点以外ではないが、生産価格概念論に引き付けて再規定すると、宇野のこのような方法は、「生産価格」を全面的に「価値実体次元」へと還元してしまうという、まさにその「実体論的処理」に他なるまい。換言すれば、(a)「生産価格」を、このような「生産価格処理」を通してまず「実体的水準」へと還元し、ついで、(b)それによって、「生産価格―価値」両者を、「価値実体レベル」という同一基準平面で「横並び」で量的に比較できるからこそ、最終的に、(c)「価値と生産価格との『乖離分』」として「絶対地代の源泉」が確定可能となる――わけであろう。その点で、ここには、宇野・生産価格規定が問題点として孕む、その端的な素顔が明瞭に顔を覗かせている。

したがってそうであれば、宇野によるこのような「乖離論型・絶対地代論」が、第三点として、(ハ)宇野型「実体論的利潤論」の、その延長線上にこそ位置づくのは自明であろう。というのも、前章ですでに立ち入って検討した通り、宇野・利潤論には、――『資本論』の一面を強く継承する方向から――利潤規定を「価値実体論」的に展開する側面がなお強く残存していた。その結果、それが、「費用価格→利潤→利潤率→一般的利潤率→生産価格」の論理的展開に一定の「実体論的歪み」を持ち込むとともに、ヨリ体系的には、「利潤論」の、その「競争論＝運動論」的側面を軽視することにもなったといってよい。要するに、宇野・利潤論は、「利潤規定の運動機構論的役割」分析としてなお課題を残していた――といわざるを得ないが、その難点こそが、まさにこの「絶対地代」論において、「絶対地代＝価値と生産価格との乖離分」という、その規定性に象徴的に発現しているように思われてならない。

最後に、宇野・絶対地代論の第三特質としては、③「土地所有の外在化」こそが指摘されてよい。そこで、この論点に関するその含意の第一点は、(イ)「土地所有概念化の順序」が興味深い。この点は、「土地所有把握」における宇野方式の大きなユニーク性であってそれに対しては毀誉褒貶の格差が大きいが、宇野の説明構成では、「土地所有概念」は以下の三位相に即してこそ理解されているように思われる。すなわち、(a)「直接の生産者から土地の収奪をな」(旧『原論』四五三頁)すという、いわゆる「事実上の土地所有」、(b)「剰余価値を単に差額地代として分与するという限度に留まる」(旧『原論』四三九頁)ものとしての、「土地所有をその外部に」確立するような「資本家的土地所有」、(c)「土地所有そのものが一般に資本に対してその投資を制限し、何らかの剰余価値部分の分与をなされない限りは、これを利用せしめない」(旧『原論』四四四頁)という、典型的な「絶対地代次元の土地所有」、これである。つまり、「近代的土地所有↓差額地代型土地所有↓絶対地代型土地所有」というトリアーデに他ならず、その点で、宇野によるこの着想は極めて味わい深い。しかしそうだとしても、第二点として直ちに気になるのは、このような宇野図式における、(ロ)「土地所有理論化の消極性」ではないか。つまり、このようなロジック展開に従えば、「土地所有」を一定の論理経過として導出することは一切不可能になってしまう。例えば、「事実上の土地所有」はともかくとして、後の「二類型の土地所有」は、それぞれ、「差額地代」および「絶対地代」を成立させるその「与件」として、いわば「前提」されるに止まる以外にはない――ことになろう。したがって、その結果、宇野にあっては、「土地所有の理論的措定化作業」への関心は顕著に弱められざるを得まい。

したがって、最後に第三点に、(ハ)「土地所有の理論的外在化」が結論されるのは自明ではないか。要するに、宇野体系にあっては、「土地所有」と「資本運動」とは結局は「外在的関連位置関係」に終始する――という構図が描かれるのであり、この側面にも、宇野・絶対地代論のその際立った特質がみて取れよう。反対からいえば、資本が「土地所有」を自らの運動機構に「取り入れ・再編成する」という、「資本運動による、土地所有の包摂機能」の体系的分析が弱いということでもあり、ここからも、宇野・絶対地代論が有する、その一つの特質が明瞭に浮かび上がってくる。まさに、宇野・絶対地代論の、極めて目立った個性だといえよう。

Ⅱ　宇野・絶対地代論の意義と問題点

〔1〕宇野・絶対地代論の位置

ここまでで、宇野・絶対地代論の内容を詳細にフォローしてきたが、このような内容把握に立脚しつつ、次に、宇野・絶対地代論の「意義―問題点」へと具体的に入っていこう。そこで、最初にその前提として、まず宇野・絶対地代論の(1)「位置」を手短に振り返っておきたい。このような視点から宇野・絶対地代論の体系的位置を改めて確認してみると、その焦点が、資本投資活動が「土地所有」という自然的制限に直面した場合のその対応システムの解明――にこそあることが分かる。換言すれば、「資本による『土地所有包摂システム』の解明」という点こそが宇野・絶対地代論の基軸だといってよいが、それは具体的には、例えば以下のような三側面からこそなっていよう。

すなわち、まず第一点は①「利潤論の具体化」[13]という側面であって、絶対地代論をその一つの構成部分とする「地代論」の全体は、何よりも、これに先行する「利潤論の理論的適用化」という位置づけを与えられている。もう一歩立ち入っていえば、――「利潤論」で解明される――(イ)個別資本の投資競争行動が帰結させる「一般的利潤率の形成」、(ロ)全ての個別資本に平均利潤を保障する「生産価格の成立」、(ハ)「生産価格」水準を帰着点とする「市場価格調整機能の展開」、という三枢要点を前提としつつ、それの具体的適応化こそが貫徹されるという構図に他ならず、まさしく、「利潤論の具体化」こそがその焦点をなす。

そのうえで、第二点としては②その「具体化ロジック」側面が重要であろう。つまり、このような「具体化」の必然的対象こそが重要だが、それが、「土地所有」という「自然的制約」以外でない点は自明であろう。やや具体的に指摘すれば、(イ)資本の投資競争行動が「土地所有＝自然的制約」に直面するからこそ、次に(ロ)資本によるその「制約解除形態」として「利潤論の具体化」が不可避となり、(ハ)まさしくその帰結として、「地代形成システムの展開」が必要になる――という論理、これである。約めていえば、「利潤論」の、「土地所有」に対応した、その「具体化」という図式こそが体系的に確定される必要があろう。

したがってそうであれば、第三点として、③「宇野・絶対地代論の位置」は結局以下のように整理されてよいのではないか。すなわち、「絶対地代論」こそは「資本による、土地所有包摂の現実的機構論」以外ではなく、それ故、何よりもその軸点には、個別資本による、「生産価格体系を基準とした市場調整機構の貫徹」が存在すること――、これこそが決定的に重要であるのだと。

［2］ 宇野・絶対地代論の意義　このような宇野・絶対地代論の「位置」を参照軸にして判断すると、次に、宇野・絶対地代論の(2)「意義」はどのように整理可能であろうか。そこで、まず第一の意義としては、①「絶対地代論・篇別構成の整備」が指摘されてよい。すなわち、当面の課題である「絶対地代」解明を巡る、その分析舞台が適切に設定されている点に他ならず、その点をもう一歩具体的に示せば、それは概略として以下の三論点からなるように思われる。やや立ち入っていくと、まず第一論点としては、(イ)「利潤論→地代論」という構成が指摘可能であって、その論理連関の体系性が評価できよう。つまり、「利潤論」で確定をみた「一般的利潤率規定・生産価格規定」をふまえ

たうえで、そのような利潤論諸規定の、さらなる応用＝具体化として「地代論」へ連結されている点が重要だといってよい。要するに、「一般的利潤率・生産価格を基準とする価格調整機構」の、「自然的制約＝土地所有」に直面した、その「現実的処理システム」としてこそ、「地代論」が位置づけられていくわけであろう。そのうえで、第二論点は、(ロ)「地代論の内部構成体系」の明瞭性こそが評価されてよい。何度か指摘した通り、宇野・地代論は、「地代一般論→差額地代第Ⅰ形態→差額地代第Ⅱ形態→最劣等地の差額地代→絶対地代」というロジックを辿るが、「絶対地代」に帰結する、その「地代論体系化」は極めて論理体系的であって、その意義が改めて確認可能ではないか。換言すれば、当面の「絶対地代論」はかかる地代論展開のその到達点なのであり、したがって、この「絶対地代論」に対して、「土地等級差→超過利潤発生→資本競争→超過利潤の地代化」から構成される、「土地借用を巡る個別資本競争」という「差額地代形成システム」がすでに理論的前提として与えられていること――はいわば自明なのである。

それをふまえて最後に第三論点としては、(ハ)「絶対地代→利子論への移行」が示されている側面も、宇野・絶対地代論の一つの意義だと考えられよう。すなわち、「絶対地代」に即して、「土地自体が地代を生む」という事態が発生することを根拠としつつ、それと同じロジックによって「資本自身が利子を生む」という「観念」も成立するとされ、そこから次に、「利子論への移行」こそが提示可能だといわれる。その意味で、本来その性格を異にする、「地代→利子」への範疇移行に関して、その重要な示唆が与えられたのだといってよい。

ついで、宇野・絶対地代論の「意義」の第二として、②「絶対地代に関する『源泉―限界』」という図式化設定が指摘可能ではないか。すなわち、「絶対地代」を巡る「その理論的根拠付け」が興味深いテーマを構成している――という点以外ではないが、その場合、評価し得るその中心ポイントは、取り分け以下の側面にこそ集約できよう。例えば、次のような宇野の叙述こそ、「土地所有―資本投資」の相互関連解明に関して極めて重要ではないか。

「かくて農産物の如き土地生産物の価格は、一般に需要の増加に対して一方では資本によって他の産業に投じて得られる利潤と比較せられつつ、他方では土地所有によってその投資を制限せられつつ、前者には平均利潤を、後者には一定の地代を与え得るという条件を満たすものとして決定される。市場の情況が、その価格に生産価格以上にどの程度に出ることを許すかを決定するのであるが、それが価値の範囲において生産価格を超過する部分を絶対地代化するわけである。」（旧『原論』四四七頁）

すでに先にも掲げた宇野の叙述だが、改めて吟味しても極めて優れた把握だと思われる。何よりも、「絶対地代の源泉」が、一方での、資本による「部門間競争」と、他方における、「土地所有による投資制限作用」との、その相互交渉に即しつつ、極めてダイナミックに規定されている――からに他ならず、宇野は、――少なくとも一面においては――このような、「土地所有―資本競争の『動態的交錯メカニズム』」においてこそ「絶対地代の源泉論」を展開しようとしている点が、軽視されてはなるまい。宇野・絶対地代論の、まさしくその決定的な意義であろう。

そのうえで、宇野・絶対地代論の第三の「意義」こそ、③「土地所有の段階的把握」[14]視角なように思われる。そしてこの点は以下の三ポイントからなるが、まず第一ポイントは(イ)「土地所有＝絶対地代論の要諦」という理解ではないか。すなわち、宇野・絶対地代論においては、「土地所有」の扱いこそがいわばそのメーンテーマとなっているということに他ならず、「絶対地代」論の中で「土地所有」を解明しようとする宇野の意欲は極度に強い。そして、この方向性は適切であって、「絶対地代」に即して「土地所有」の特質を明瞭にしようという宇野の意図は、十分に評価されてよい。そのうえで、この点をもう一歩具体的に指摘すると、それは、取り分け(ロ)「土地所有の段階的理論化」に関わる。すなわち、「事実上の土地所有→差額地代型土地所有→絶対地代型土地所有」という「三部構成」以外ではないが、その中で、(a)「近代的所有物件＝『商品』としての土地所有」→(b)「超過利潤の結果的帰属先としての『非能動性発動型・土地所有』」→(c)「超過利潤形成力能主体としての『能動性発動型・土地所有』」、という「土地所有の三タイプ」が論理化されたといってよい。まさにその意味で、地代論の論理展開と対応した、「土地所有の論理的パターン化」が明瞭であって、宇野による、「土地所有の概念化」に対する、その意欲の強靭性が評価できよう。

こう考えてよければ、結局、このような宇野による「土地所有の概念化深化」は、結論的にみて、こう意義付けることが可能ではないか。つまり、(ハ)「土地所有の原理的位置付け」への指向性こそに他ならず、「資本主義社会の三大階級」の一角を占める「土地所有者階級」の、まさしくその経済的位置が、ここで始めて確定されることとなろう。したがって、原理論体系のうちで、この「絶対地代論」を措いては、「土地所有者階級」の存立根拠を開示する場所は一切ないかぎり、「絶対地代」論における、このような「土地所有」の理論付けこそは、経済学原理論の体系的確立作業に対しても、その決定的な効果をもつのだ——といってよい。

［3］宇野・絶対地代論の問題点　以上のような宇野体系の積極的意義を前提にして、次に(3)宇野・絶対地代論の「問題点」へと目を向けよう。そこで最初に問題点の第一は、何といっても①「絶対地代の『源泉―限度』視角」[15]が無視し得まい。その場合、その問題性は三側面からなるが、まず一つ目にその基本前提としての、(イ)「農業・資本構成に対する独断的判断」が顕著に障害をなそう。つまり、宇野は、「農業部門・資本構成の低度化→生産価格を超える価値水準→乖離発生」というロジックを土台として設定するが、その起点としての「農業・資本構成の低度化」は、およそ理論的に証明できるものではあり得ない。そもそも、原理論では「農業部面」を独立に論理的に抽出することさえ困難なうえに、その資本構成を「低位」だと確定することなどはさらに不可能だというべきではないか。こうしてまず、その根本的前提自体が疑問であろう。ついで二つ目として、(ロ)「価値規定の設定」にも難点があろう。とい

うのも、「価値—生産価格の乖離」といわれる場合の、この「価値」とは一体どのような抽象レベルの概念なのか——が著しく不明確だからであって、「資本構成」と直結させられている以上、それは「労働量に規定された価値実体」だと考えざるを得ないが、すでに個別資本の投資競争が対象となっているこの地代論段階で、「労働量に規定された価値実体」を「無傷のままで」論理化することはおよそ不可能ではないか。そうではなく、この「価値」を「市場価格の均衡水準」と理解することもできなくはないが、そうなると今度は、それと「生産価格を比較する意味」はなくなろう。そのうえで三つ目は、(ハ)「価値—生産価格との『横並び』操作」が極度に不適切だという以外にはない。なぜなら、「乖離」分を「絶対地代の源泉」とする以上、そこでは、「価値—生産価格」を「横並び」に置きつつ両者間の「引き算」がなされるわけだが、その結果、このような操作を通して、「生産価格の価値実体規定への還元」という誤りが生じる——からに他ならない。これでは、「価値実体」とは異なる「生産価格規定」の意義が、全面的に解体に瀕するのではないか。

要するに、まず体系的にみて、「価値—生産価格の乖離」を焦点とした、宇野・絶対地代論の「価値実体論」型把握には、極めて大きな問題点が残存しているという以外にはない。

そのうえで、宇野・絶対地代論における「問題点」の第二は、②「競争論的=機構論的視角の弱体性」ではないか。そして、このような「競争論=機構論視角」の不十分性が、いま直前に確認した「価値実体的方法」の濃厚性の、いわばその「逆表現」以外でないことは当然だが、この問題点は、内容的には、以下の三側面から出来上がっている。すなわち、まず一つ目は、その土台が(イ)「価値—生産価格関係の不適切性」にある点であろう。すでに具体的に検出したように、宇野・絶対地代の「源泉=限度論」では、「絶対地代=価値と生産価格との『乖離分』」という基本規定に制約を受けて、一方での、「価値実体規定を地代論にダイレクトに配置する」という「価値論次元での誤り」と、そして他方での、「生産価格と価値とを『横並び』で比較する」という「生産価格次元での誤り」とが、いわば重層して発生していた——が、この点にこそ、宇野・絶対地代論における、「競争論＝機構論視角の欠落」という難点の、その「土台」があるのだとみてよい。約めていえば、宇野・絶対地代規定における、「価値および生産価格規定両方向」からするその不適切性が、まさにこの問題性の根底にはある。

したがって、この点に阻害されることによって、次に二つ目として、(ロ)「競争論＝機構論的メカニズムの未整備性」こそが表面化してくる。具体的に示せば、宇野・絶対地代規定には、——その「意義」としてすでに確認した通り——「土地生産物の価格は……一方では資本によって他の産業に投じて得られる利潤と比較せられつつ、他方では土地所有者によってその投資を制限せられつつ、前者には平均利潤を、後者には一定の地代を与え得るという条件をみたすものとして決定される」（旧『原論』四四七頁）——という重要な叙述が存在するが、にもかかわらず、それが適切には堅持されていない点が問題となる。まさしくこの叙述こそ、「絶対地代」を、「資本の投資競争行動」と「土地所有の投資制限作用」との「交錯」を通じて、換言すれば、「平均利潤」と「一定の地代」との「交錯」に即して解明する——という視角そのものであり、したがって、そこには、何よりも、「競争論＝機構論的視角」におけるその「原型」が内包されていると考えられる。要するにその点で、この視角の不徹底性が極度に目に付くという以外にはない。

以上を集約すると、最終的には三つ目に、その「基本要因」として、結局(ハ)「利潤論未整備性の貫徹」こそが指摘されてよい[16]。すでに、前章で詳細に検討したように、宇野・利潤論には、「利潤規定の運動機構的役割」という点において重要な難点が検出できたが、その問題性が、未解決のままこの「絶対地代論」にまで持ち越されてきているのはもはや確実ではないか。その場合、その根因が、宇野・利潤論における、「個別資本設定＝総資本排除」・「価値実体規定排除＝価格機能重視」視角の未整備にこそ求められてよいのは自明だが、まさにそのような欠陥が、結果的には、「費用価格→利潤→利潤率→一般的利潤率→生産価格」という利潤論体系の全体に、「競争論＝機構論の弱体性」という問題性を残したのは明瞭であった。まさにその「弱体性」こそが、この「絶対地代論」にまで基本的には貫かれることによって、その「競争論＝機構論」視角を阻害したのだ――というべきであろう。

最後に、宇野・絶対地代論の第三「問題点」としては、③「土地所有の『外在化』」が指摘されてよい⒃。すでに繰り返しみてきたように、「絶対地代―土地所有の相互連関」をその考察焦点においた着眼は、宇野・絶対地代論の白眉だと評価可能だが、それでも、以下の点は、「土地所有の外在化」という関連でなお疑問を禁じ得まい。すなわち、まず一つ目は(イ)「差額地代における土地所有の性格」についてであって、「なぜ土地所有者が差額地代を得られるのか」は、宇野・地代論にあっても決して明確ではないという点に関わる。すでにフォローしたように、宇野体系には「土地所有の三類型」化という優れた視点があり、その中で、「差額地代レベルの土地所有」は、「土地の豊度の異なるところから超過利潤を得、これを資本の間に分配する機構を有さないために地代化する」（旧『原論』四四四頁）ことにのみ関わっており、したがって、自ら「地代を要求する性格の土地所有」ではないとされる。その場合、その点に基本的な疑点はなくそう述べる以外にはないと思われるが、しかし、そうだとはしても、資本間競争の結果として、超過利潤が「土地所有」へと「押し出されていく根拠」は一体何なのであろうか。逆からいえば、「超過利潤を生み出す」ような「資本の投資競争」は、それを実行する対象としての「土地所有」に対して、「何らかの使用代価」を予め支払う必要はないのであろうか――という点への考慮がなお必要ではないのか。こうして、「差額地代―土地所有の関係」への目配りが、宇野においてはまだ十分とはいえまい。

ついで二つ目こそ、(ロ)「絶対地代による『土地所有包摂化』」というアングルに関する、その未整備性が極度に目に付く。周知の通り、宇野による「絶対地代―土地所有」関係は、「土地所有そのものが一般に資本に対してその投資を制限し、なんらかの剰余価値部分の分与をなさないかぎりは、これを利用せしめない」（同）という「投資制限性」にこそ、その焦点があった。もちろんこの方向性は否定すべくもないが、しかし、このような「外部制限性」を一面的に強調するのは疑問だといってよい。というのも、他方には、地代論こそは、「資本にとって外的な制限としての土地所有が、資本家的生産関係の枠の中に入れられるために生ずる剰余価値の地代としての分配関係をあきらかにしよう」（旧『原論』三八六頁）とするものだ――という、宇野自身による、極めて枢軸的な視角があるからであって、「外部制限性」に過度に傾斜した「絶対地代―土地所有」関連把握は、そのような宇野の理論成果をいわば「台無し」にしてしまいかねない点で大きな錯誤性をもつ。その意味で、まさに「土地所有」は難問なのだ。

こう考えてくると、三つ目として、以下のような意味で、結局は、(ハ)「土地所有の外在化」こそが、宇野が抱えた「難点」のその根幹だというべきではないか。すなわち、宇野は、取り分け「絶対地代論」において、「資本投資競争―土地所有」両者の相互関連を、周到にもその中心課題に配置するという優れた着眼をみせたが、他面、「土地所有の制限性」が過度に強調されたため、「地代論を媒介とする『資本による土地所有の包摂化』」という「有効なベクトル」が、それだけ後退してしまったのだ――と。まさしくそのキー・ポイントは、「土地所有の外在化」にこそある。

Ⅲ　絶対地代の形成メカニズム

［1］絶対地代論の体系化　以上のように検討してきた宇野・絶対地代論を前提として、そこに残された未解決点の克服をも試行しつつ、一定の問題提起を提出してみたい。[17] 最初は(1)「絶対地代論の体系化」から入るが、まず第一に①「差額地代論からの移行」はどうか。そこで、まず(イ)「差額地代規定」を必要な限りでフォローしていくと、

「土地豊度・位置」の総合評価としての「土地生産性の相違」に対応して、それを借地する個別資本における「個別的生産価格」に差異が生じる点がまず前提をなす。ついで、その相違の特有な調整方式が重要だが、農産物に対する社会的需要を充足させるために、最も生産性の低い土地の「個別的生産価格」をこそ社会的に承認しつつそこからの供給分を確保することが不可欠だから、その点に条件付けられて、そこでの価格水準を「市場調節価格」とせざるを得ない。まさに「市場生産価格決定方式」の適用であって、いわゆる「限界原理」の貫徹以外ではないが、その結果、その最劣等地以上等級の土地にそれぞれ「超過利潤」が発生するのは当然であろう。しかしそうであれば、各個別資本の間で、ヨリ多くの「超過利潤」獲得を目的とした、ヨリ優等な土地への「借地競争」が発現する以上、そのような借地を求めるプレミア支払競争が進み、その運動を通して、プレミア分は「超過利潤」分へと無限接近を辿ろう。換言すれば、そのプレミア分の極限値はこの「超過利潤」水準によって規定されざるを得ないわけであって、この「資本→土地所有者への借地プレミア」こそが「差額地代」に他なるまい。その点で、「差額地代」は、「土地所有者へと『押し出された』、超過利潤分＝『プレミア分』」だと規定されてよく、まさしくそれは、資本投資活動のその帰結である。

そのうえで、以上のような「差額地代第Ⅰ形態」と、——同じ土地への追加投資間において発生する「差額地代」を意味する——「差額地代第Ⅱ形態」とのいわば合成作用の結果としてこそ、(ロ)「最劣等地に生じる差額地代」が規定できる。つまり、既耕作地における追加投資の生産性が、最劣等地のそれよりも下回るケースが進行すれば、この場合には、この既耕作地の追加投資こそが「最劣等投資」となる以上、その「個別的生産価格」が「市場調節価格＝基準価格」となって、逆に、「最劣等地」には「超過利潤＝差額地代」が発生することになろう。いうまでもなく、「最劣等『地』」と「最劣等『投資』」との「特有な交差」にこそその根拠が求められてよいが、こうして、このケースに即して「差額地代の応用問題」が確認できる。

まさにこの「最劣等地に生じる差額地代」を接点にして、ついで(ハ)「絶対地代への移行」が設定されてよい。すなわち、この結果、「最劣等地」にも地代が生じるケースが検出された限り、この点に立脚して、資本制的生産においては「全等級の土地」が須らく地代獲得の可能性を「潜在的」に有する——という「観念」が発生して来ざるを得まい。「絶対地代への移行」である。

そこで第二に②「絶対地代の形成機構」へと進もう。そうであれば、まず最初に(イ)「前提」の確定が不可欠だが、いまみた通り、「最劣等地に生じる差額地代」を理論的媒介項にして、「全既耕作地での地代発生↓土地そのものが地代を生むという観念成立↓未耕地の土地所有者による地代要求↓地代支払を条件とした借地許可」という、一連の「土地借用ロジック」が進行していく。要するに、「地代支払を条件とする土地貸借↓土地所有者による先行的な地代要求↓農産物価格の上昇↓市場調節価格水準の上昇」、という新動向が進むといってよく、まさしく、このような論理的質を有する地代としてこそ、「絶対地代の規定性」がその発現をみる。

そうであれば、直ちに検討を要するのは、何よりも(ロ)「絶対地代の形成メカニズム」以外ではあるまい。さていまみたように、「最劣等・未耕地」においても、土地所有者による「耕作許可の前提的代価」たる一定の地代が予め請求され、その支払なくしてはそこでの耕作が許されないとすれば、——その耕作による生産物が社会的需要の不可欠な最終供給分をなす限り——そこでの「個別的生産価格」にその「一定の地代」を上乗せした個別価格こそが「市場調節価格」となる。したがって、それにより、この「新規耕作開始」にともなう投資部分によって規定される新しい「市場調節価格」は、その「絶対地代」分だけ上昇せざるを得ないが、そうなると、その結果、ヨリ優等な土地の生産物価格もそれだけ上昇することになるから、そこでの「超過利潤＝地代部分」も当然上昇すると考えてよい。しかし、その場合に重要なのは、既耕作地の増大した「超過利潤＝地代部分」の中には、——外面的には「差額地代」という形態を取ってではあるが——「絶対地代」に相当する分（面積当たり一定額）がすでに入っているという点であって、概念的に解析すれば、ヨリ優等地の地代は、「本来の差額地代と一定額の絶対地代」両者の合計だと判断されるべきであろう。

こうした仕組みこそが、「絶対地代の形成メカニズム」に関するその基本像だが、そのうえで考慮が必要なのは、このような図式における「絶対地代の限度」ではないか。言い換えれば、土地所有者が新規耕作に際して「土地耕作許可料」として要求し得る地代のその限度であるが、それについては、「投資競争機構」によって画される、明瞭な一定の限界がある。すなわち、土地所有者の地代要求がもし過大であれば、未耕作地への「新規投資」は見合されて、むしろ、——「絶対地代」が要求されない——資本による「（次に投資生産性が低い）既耕作地への追加投資」こそが選択されるであろう。したがって、土地所有者による「絶対地代要求の限度」は、資本投資競争条件を巡る、既存耕作地への「追加投資条件」とのまさに比較によってこそ明確に画定可能だといってよい。[18] その点で、『資本論』および宇野のように、「価値—生産価格の乖離分」という不適切な「限度規定」を持ち出す必要は一切ないのであって、「絶対地代の限度」は、「資本投資競争—市場調節価格」視角によって一貫した形で解明できる。

このように考えてよければ、最後に、(ハ)「差額地代—絶対地代の相互関係」はこう総括されよう。宇野・地代論体系では、「絶対地代」における「土地所有の地代要求能動性」が過度に強調される結果、「差額地代—絶対地代」間の、その「断絶性」こそが極端に目立った。しかしそうではなく、それら二つの地代とも、「資本投資競争—市場調節価格」視角という点ではむしろ首尾一貫しているというべきなのであり、したがって、その「共通性」こそが逆に強調されるべきだと思われる。まさしく、「利潤規定の運動機構的役割」の貫徹であろう。

以上までのロジックを集約することを通して、第三に③「絶対地代の特質」も、以下の点に即してこそ把握可能になると判断してよい。すなわち、この「絶対地代」規定において、一面では、当然のこととして「資本の投資競争行動」の進行が前提となるが、しかしそれだけではもちろんない。いうまでもなく、新たな条件要因として、「制限された自然的生産手段」たる「土地所有」が論理的舞台に登場してくるのであり、したがって他面では、「土地所有の資本投資への作用化」もが考察エリアに加わってくる。まさしくその意味で、「資本投資競争」と「土地所有の制約行動」とのその「交錯性」――こそが、論理焦点として前面化してくるのだといってよい。要するに、何よりもこの「交錯性」にこそ、「絶対地代の特質」を巡るその白眉があろう。

［2］土地所有の理論的措定

このような「絶対地代」規定との関連で、続いて⑵「土地所有の論理化」問題が発現してくる。そこでまず第一に、その前提として①「差額地代―土地所有」関係から入ると、そこにはやや難しい問題がある。というのも、『資本論』はもちろん宇野においても、この点には立ち入った検討が及んでいなかったが、この点に関しては、以下の二側面が無視できないからに他ならない。つまり、まず一つ目として、(イ)「差額地代入手の根拠」というサイドからは、土地所有が何ら「能動的な関与」をすることなしに、資本による借地競争の結果としていわば「自動的に」超過利潤の「押し出され先」になる――というロジックが働く。したがって、この方向からは、「土地所有としての積極的発動性」なしに差額地代を入手する関係が示されることとなるから、ここには「土地所有の能動性」は何ら必要とされまい。しかし、それだけでは済まないのであって、次に二つ目に、翻って(ロ)「土地借用の始発的契機」が直ちに問われよう。つまり、「差額地代」論展開開始の際に、耕作資本家はなぜ「地代ゼロ」で資本投資が許されたのであろうか。いうまでもなく、「土地」が当然のこととして「近代的土地所有」の対象たる「商品」になっている以上、それが無料で使用できるはずがないのは自明である。こうして、「差額地代」ロジックの開始時点で、「土地所有の理論的位置づけ」が実は明瞭とはいえないわけである。

そこで、結局、三つ目には、(ハ)「論理的妥協」を導入する以外にはその脱出路はないというべきであって、こう理解するしかない。すなわち、「差額地代論開始」時点では、「近代的土地所有」であるにもかかわらず、――差し当り――土地借用に「代価支払が不可欠か否か」には(「否」ではなく)「触れずに」論理展開をスタートさせつつ、「差額地代論帰結」時点では、単に「土地所有」が「資本」の外部に存在するとだけ考えながら「超過利潤の『押し出され』先」として理解する――以外にはないと。まさに「妥協」であろう。

ついで第二こそ、いうまでもなく当面の②「絶対地代―土地所有」関係であるが、その関連性はむしろ一見して見通し良好となる。すでに繰り返し検出した通り、「土地所有の能動的関与→代価支払なしでの土地貸与禁止→先行的な代価要求→土地生産物の市場調節価格上昇→超過利潤の人為的発生→代価支払可能化→絶対地代形成」――というロジックが展開するわけであり、これに付け加える点はあり得ない。要するに、「絶対地代」においては「土地所有の能動性発動」こそが明白なのであって、ここにこそ、「差額地代」と比較した、その固有性があろう。

そうであれば、最後に第三に、①および②を総合化すると、「土地所有―地代」の相互関係に関するどのような見取り図が手に入るであろうか。それが最終的な課題だが、端的に、③「絶対地代を通す土地所有の『措定化』」とこそ図式化できる。すなわち、「差額地代」レベルでは「土地所有の能動的発動性」はなお規定できず、「超過利潤の『押し出され先』」としてしか「論理化」できなかったのに対し、この「絶対地代」レベルに到達してこそ、「土地所有」を、「地代要求の客観的主体」として「始めて」「論理化」可能になった――と図式化されてよいのだと。しかしその場合、以下の点には、注意が是非とも必要だと思われる。

つまり、くれぐれも重要なのは、何よりも「措定」という表現の含意であって、それはこういうことである。立ち入っていえば、それは、「今までなかったものがここで現実に現れてくる」というニュアンスでは決してなく、「事実としてはすでに存在していたもの」が、ここで「始めて」「論理的に説明可能となる」――という「論理関連」以外ではあるまい。換言すれば、「土地所有」は、「事実としては」すでに「差額地代レベルで実存はしていた」とはしても、その「能動性の内実」としてはそこではなお「論理化」不能だったのに対し、この「絶対地代」論レベルにおいて、その内容展開を通しつつその「内実」が始めて「論理化＝説明可能化」に至った――という、まさにその「複合的論理性」(19) こそが本質的なのではないか。「絶対地代における土地所有の『措定』」という表現を強調する、いわばその所以である。

［3］資本による土地所有の包摂　以上を全体的視野に入れつつ、原理論総体という視角から、(3)「資本―土地所有―地代」というトリアーデ関係に一定の総括化を試みたい。その場合、その「三者」を繋ぐ枢軸的ブリッジが焦点をなすが、まず第一に①「絶対地代論の理論的役割」をこの点から押さえておきたい。すなわち、ここまでの具体的考察を前提におけば、このブリッジこそ「資本による土地所有の『包摂化』」以外でないのはもはや自明であって、まさしくその意味で、「絶対地代論の理論的役割」はここにこそ求められてよい。もう一歩立ち入って指摘すれば、まず、「利潤規定↓一般的利潤率↓生産価格」ロジックを土台とし、ついでそのうえで、「差額地代論」において「超過利潤の土地所有への『押し出し機構』」が示されつつ、最後にその帰結として、――何よりも、このような「超過利潤に関する市場調整機構の貫徹作用」の延長線上でこそ――「土地所有による積極的な地代要求の仕組み」が「絶対地代論」に即して解明された。要するに、「絶対地代論」は、個別資本の投資競争運動に立脚した「市場調整機構論」のその一環としてこそ位置づくわけであり、それを通して、「土地所有」をこのような「市場調整機構」に組み込むための、まさにその「メカニズム解明」こそを基本的役割としていよう。したがって、このような意味において、

「絶対地代論」における、「土地所有の包摂化」論理が何よりも強調されてよい。

そのうえでもう一歩設定舞台を広げると、次のような視界が把握可能となる。つまり、第二として②「絶対地代論―原理論体系」という理解であって、このアングルからは、いま検出した「包摂化」は、さらに以下のような論点にまで到達するといってよい。ヨリ集約的な図式化を試みれば、それは、「土地所有という『資本にとっての異物』を資本論理に取り込む」ための一つの「苦肉の策」以外ではなく、経済学原理論が体系的に成立するための、まさしくその不可欠な「自己防衛策」だと納得すべきではないか。そして、経済学原理論体系化のための「苦肉の策」が他にあと二つあるのも自明であって、「労働力」という「アキレス腱」を資本論理に取り込むための「資本蓄積論」と、「資金」という「特殊な商品」を論理的に処理するための「信用論」とが、その典型をなすことにも注意しておきたい。

こうして、最後の論理環に帰着したこととなろう。すなわち、以上によって確認した、「土地所有の包摂化↓異物処理の『苦肉の策』」という「絶対地代論の理論的役割」は、最終的には、第三に③「絶対地代論―価値法則論体系」関連としてこそ総括可能だと思われる。すなわち、「資本制的生産の体制的法則」たる「価値法則」[20]は、この「絶対地代論」を含む「分配関係論」レベルにおいては、「価値法則展開の『メカニズム』」を個別的市場行動に即して現実的に解明していくための『運動的機構』論」としての役割をもつといえるが、その中で、「絶対地代論」こそは、「土地所有という『異物』を資本の投資競争論理に現実的に『包摂』する」ためのその枢要的作用を果たす――という位置を占めた。まさにその作用を通してこそ、「異物の処理↓資本競争行動の進行↓現実的機構の貫徹↓法則性の実現」という一連のメカニズム作動化が始めて可能になる以上、結局、「絶対地代論」が、「分配関係論」としての、「価値法則の『運動的機構』論」をその根底から支えているのは余りにも自明ではないか。

したがって、こう総括されるべきであろう。「絶対地代論」は、「資本による『土地所有包摂化』の基軸」である点を根拠として、「価値法則の現実的機構論」の、まさしくその枢軸をなすのだ——と。

（1）拙稿「利潤規定の運動機構的役割」（『金沢大学経済論集』第三三巻第一号、二〇一三年）。

（2）宇野『経済原論』下（岩波書店、一九五二年）は旧『原論』と略称して『宇野弘蔵著作集』（岩波書店、一九七三年）第一巻の頁数で示す。また同様に宇野『経済原論』（岩波全書、一九六四年）は新『原論』と略記したうえで『宇野弘蔵著作集』第二巻の頁数で表わす。

（3）宇野・絶対地代論を検討した作品は多くはないが、例えば、大内力『地代と土地所有』（東大出版会、一九五八年）、日高普『地代論研究』（時潮社、一九六二年）の両著はその密度の高さにおいて群を抜いている。さらに宇野編『資本論研究』Ｖ（筑摩書房、一九六八年）も参考になる。

（4）この点について、新『原論』ではもう一歩積極的であって、例えば、「資本家もまたかかる自然力を生産手段として利用しようとする限り、その所有者から借り入れなければならない」としつつ、「しかしこの関係は、資本家と労働者との基本的関係の前提をなすものではあるが、この基本的関係自身を決定するものではな」く「むしろそれによってその内容を規定され、その資本に対する関係をも確立することになる」（新『原論』一二八頁）といわれる。要するに、土地所有の介在を通す、「利潤論→地代論」への移行がヨリ強調される。

（5）それに対して新『原論』では、「最劣等地に生じる差額地代→絶対地代」という連関はむしろ消失しているようにもみえる。事実、「しかし土地によって代表せられる特殊なる自然力に対する資本の関係は、以上述べてきたような、いわば外部的なる、消極的なるものに留まるものではない」（新『原論』一三八頁）として、「絶対地代」へ直接的に移行していく。

（6）新『原論』においてもその「定義」は明瞭とはいえまい。すなわち、ただ、「資本にも自由に使用しえない生産手段をなすものであって、資本は、地代に転化すべき超過利潤を形成するか、否かにかかわらず、何らかの地代を支払うことなくしては、土地に資本を投じえない関係にあるのである。マルクスのいわゆる絶対地代が支払われるのである」（同）といわれるだけであるが、これでは、「絶対地代の定義」としては著しく物足りなかろう。

(7)「元来、土地を主要な生産手段とする農業においては、資本の蓄積による労働手段の改善が多かれ少なかれこの自然としての土地によって制限せられている。特にその回収に長期を要する固定資本となると、その投下を阻害される。……かくて一般に農業における資本の有機的構成は、社会的平均以下にあるものとして、たといそれに回転期間の長さによって相殺されるにしても、その生産物の生産価格は価値以下にあるものと想定してよいのである。」(新『原論』一三九頁) まさしく「乖離論」に対する、その基礎的根拠に他なるまい。

(8)この「源泉ロジック」は新『原論』でも同様だといってよい。例えば、「即ち土地所有は、この価値と生産価格との差額部分に対しては、独占地代と区別せられる絶対地代をあらゆる土地に対して要求しうることになる」(同) と説明される限り、それは明白であろう。そしてこの「源泉論」に即してこそ、「独占地代」との相違が指摘されるのも当然であろう。

(9)ほぼ同じ趣旨が新『原論』ではこう叙述される。「もっとも土地所有がこの地代によっていかなる程度にその価格を騰貴せしめるかは、市場の状況によることであって、土地所有自身の側にはなんらの基準もない。ただそれは土地所有の側の貸付の競争が、土地生産物に対象化された剰余価値部分の平均利潤への均等化をどの程度阻止するかということにかかってくる。」(新『原論』一四〇頁) しかし、資本競争視点は旧『原論』からは後退している。

(10)その場合、極めて奇妙なことに、新『原論』においてはこの「土地所有」問題は全くその影を潜めている。したがって、「土地所有」に関する「差額地代→絶対地代」という変遷はもちろん、「絶対地代―土地所有」に関するその内的関連への指摘も無きに等しい。その点で旧『原論』との相違が大きいといってよいが、例えば以下のような叙述があるに止まる。「ところがこの土地によって代表せられる自然力は、それ自体には私有の根拠を有さないのであって、資本によってその生産方法に直接、あいは間接に適応するものとして始めてその私有性を一般的に社会的に認められることになる。地代はその特殊の経済的形態にほかならない。」(新『原論』一四一頁) 重要な指摘だが「土地所有」規定としては弱い。

(11)そうであればそこから、新『原論』において「絶対地代→土地の商品化」連関が希薄にならざるを得ないのは当然であろう。すなわち、「またそれと同時に一定の所得を定期的に生ずるものとして、土地自身商品化され、売買されることにもなるのである」(同) といわれるに止まるが、「またそれと同時に」という表現だけでは、その論理関係は分かるまい。

(12)したがって、「利子論への接続」が手薄なのも新『原論』の特徴であろう。すなわち、いま指摘した「土地商品化」規定の不明瞭性が直ちに反映していくことになるのであって、以下のように結論だけが独断的に主張されることとなる。つまり、「土地の商品化」は、「また資本家的生産方法の内に……それ自身に利子を生むものとしての資本の発生による資本の商品化が行われ、それによってその根拠を与えられることになるのである」（同）と説明されるが、これによって、「地代論→利子論」への移行を明らかにするのは不可能であろう。

(13) 利潤論の体系的位置に関しては、全体的論点として、何よりも桜井毅『生産価格の理論』（東大出版会、一九六八年）が参照されるべきである。さらに、その分配論における意義については、例えば、鈴木鴻一郎編『利潤論研究』（東大出版会、一九六〇年）、大内秀明『価値論の形成』（東大出版会、一九六四年）、拙著『価値法則論体系の研究』（多賀出版、一九九一年）、前掲、拙稿「利潤規定の運動機構的役割」、などをみよ。

(14) 宇野・土地所有論を検討した作品としては、前掲、大内『地代と土地所有』、前掲、日高『地代論研究』、などが体系的で優れており、本章も、基本的にはその方向性を継承した。

(15) 宇野によるこのような「源泉―限度規定」への根底的批判としては、「農業部面・資本構成の低位性」・「価値―生産価格の乖離」論点をも含めて、前掲、大内『地代と土地所有』が参照されてよい。「われわれは農業資本の構成が高いとか低いとかということを絶対地代のばあい問題にする必要はない。また絶対地代の最高限が価値で画されるかどうかも問う必要はない。むしろ、絶対地代は本質的には土地所有の独占によって、農産物の生産価格以上に市場価格が引上げられることから生ずるのであるが、ただこの土地所有の独占はけっして絶対的なものではなく、優等地の追加投資とより低い劣等地の耕作圏への導入と、この二つの条件のゆるす範囲内であらわれる独占にすぎない」（前掲、大内『地代と土地所有』一九七頁）。

(16) 宇野・土地所有論の問題点について詳しくは、例えば、前掲、大内『地代と土地所有』二二三頁、前掲、日高『地代論研究』四四五―四五〇頁などを参照のこと。いずれも的確であろう。

(17) 地代論の全体的展開に関しては、「土地所有」との関連を焦点にして、拙稿「土地所有と価値法則」（『経済学』第四五巻第四号、一九八四年）においてすでに立ち入った検討を終えた。

(18) 言い換えれば、「優等地の追加投資とより低い劣等地の耕作圏への導入と、この二つの条件のゆるす範囲内であらわれる独占にすぎない」（前掲、大内『地代と土地所有』一九七頁）。

(19) 「すなわち『資本論』のように原理的に問題を展開する場合には、土地所有についても、それを単に歴史的に与えられたものとして前提するわけにはゆかない。むしろ論理的には土地所有のないところから出発し、地代が展開されるなかで、それの成立の必然性が論証されなければならないということこれである。」（前掲、大内『地代と土地所有』二二三―二二四頁）

(20) 「価値法則論」の全体系に関しては、その「定義」・「展開」・「根拠」・「意義」などを含めて、前掲、拙著『価値法則論体系の研究』において詳細に考察した。特に五四五－五四九頁をみよ。

第三章　資本の絶対的過剰生産と恐慌の勃発

――恐慌論を読む――

はじめに

前章[1]では、「運動機構分析」という視角から、地代論のいわば「総括規定」をなす「絶対地代」論を素材として、宇野・原理論体系の意義と問題点との検討を試みた。すなわち、土地所有が地代をいわば能動的に要求することによって形成される「絶対地代」規定を対象として、その形成論理に伴う、宇野型「運動機構論」の特質分析を課題にしたといってよいが、そこからはむしろ、宇野・絶対地代論における、運動機構論的視角の不十分性こそが浮かび上がる他はなかった。もう一歩立ち入って指摘すれば、宇野・絶対地代論にあっては、利潤規定に「価値実体論的視角」がなお強いために、その動態的・機構的・運動的性格に一定の不徹底性が強く残存し、その結果、絶対地代を「価値実体規定」との「同一平面」において比較する傾向が濃厚だといえた。その象徴的な帰結こそ、「絶対地代＝価値実体水準マイナス生産価格水準」という、明らかに問題を含んだ、宇野型「絶対地代規定」以外でなかったのはすでに論証した通りであるが、このような問題性の中に、一面では、宇野・絶対地代規定における「運動機構論的視角の未整備」が確認可能であるとともに、他面では、そのような未整備の原因が、宇野原理論体系における、「利潤規定の運動機構的未確立」にこそ淵源する――のもまた見易いことではないか。その点で、まさしく、利潤規定のその副作用であろう。

しかしそれだけではない。というのも、以上のような「利潤規定の運動機構的不十分性」に起因する難点は、この絶対地代論だけに止まるのではなく、さらに「信用論→景気循環論」にまでも波及していかざるを得ない――からであって、その影響度は極めて大きい。その場合、その「副作用」の表出がことさら明瞭なのは、何よりも景気循環論――なかんずくその内の「恐慌勃発過程論」――だと判断してよく、具体的にフォローしていく如く、この「運動機構論的視角」の不徹底性に制約されて、宇野体系においては、「資本の絶対的過剰生産」を基盤にすることによってそこから「恐慌の勃発過程」を動態的に解明するという、そのプロセス論は決して充実しているとは評価できない。その点で、宇野における「利潤規定の運動機構論的未整備」は、取り分け、この「恐慌勃発過程論」においてこそその集約をみせていく。

そうであれば、本章の課題がこう集約されてよいのも当然ではないか。すなわち、「運動機構分析」の体系的深化という基本的視点を堅持したうえで、その当否が最も明瞭に発現してくる、「資本の絶対的過剰生産論→恐慌勃発論」を具体的検討対象に設定することによって、宇野型「運動機構論」のあり方に体系的な考察を加えること――これである。まさにそれを通してこそ、宇野原理論体系に対して、さらにヨリ深い切込みが可能になっていくのではないか。

I　宇野「資本の絶対的過剰生産」論の構造と展開

［1］宇野「資本の絶対的過剰生産」論の構造

まず全体の前提として、宇野「資本の絶対的過剰生産」論の(1)「構造」が確認されねばならない。そこで最初に、宇野『恐慌論』(2)を素材にして宇野「資本の絶対的過剰生産」論(3)のストーリーを追うと、まず第一に、その基本前提として①「好況」期が展開をみる。いうまでもなく、この好況期の必然的帰結としてこそ「資本の絶対的過剰生産→恐慌勃発」が現実化する――というのが宇野体系の優れた基本軸だからであるが、まさにそのような着想から、この好況期論の一つ目のポイントとしては(イ)「好況期・資本蓄積パターン」が設定され、結論的には、「個々の資本にとってはすでにその基礎をなす固定資本部分は更新されたものとしてあり、一定の期間はたとい新たなる生産方法が発見され、発明されたとしても、直ちに旧資本をこれによって取り替えるというわけにはゆかない」（『恐慌論』一〇二頁）以上、「投下された固定資本は、恐慌から不況期への価格の壊滅的下落によってその更新を促進せられるまでは、そのまま使用される傾向を有している」（一〇三頁）点――が提起されていく。要する、宇野は、「固定資本の制約」に立脚することによって、「好況期の資本蓄積パターン＝構成不変型」という一つの理論的枢軸を主張していくわけである。そのうえで、好況期論の二つ目の論点は(ロ)「信用の役割」に他ならない。すなわち、「好況期の蓄積はこの信用による資本家社会的な再生産規模の拡張を無視しては考えられない」（一〇四頁）と宇野は舞台を設定し、そのうえで具体的には、「銀行は、もはや自己の資金を貸付資本として貸付ける金貸資本としてではなく、産業資本家の資金融通を媒介しつつ一般に資本の再生産過程を社会的に拡張する機関となる」（一〇九頁）点を強調するといってよい。まさしく、好況期における、信用に媒介された「資本蓄積の促進＝増強化作用」以外ではないが、それを通じて、「産業資本の再生産過程はこれによってその全力をあげた発展の過程に入」（一一二頁）るのは当然であろう。

そのうえで三つ目に、宇野・好況期論の極めて見事な指摘として、(ハ)「投機的発展と物価騰貴」が論じられていく。すなわち、宇野体系にあっては、「投機行動→物価騰貴」が資本過剰化ロジックに意識的に取り込まれている点に予め大きな注意が不可欠だが、まず「投機活動」に関しては、商人資本がいうまでもなく投機活動の主軸になるのは当然としても、それだけではなく、それに加えて、「産業資本が投機的な生産拡張はもちろんのこと、投機的買付をしないというのではない」（一一五頁）という方向から、産業資本の「投機的買付け→投機的生産」もが重視される。

しかも、それに止まらずさらに重要なのは「いわば銀行の投機活動」の強調であって、「銀行は新たなる資金の形成を予想してある程度その銀行券の発行額をも増加し得る」と判断することによって、最終的には、「銀行もまた投機的傾向に一役を演ずることになる」(一二六頁)——という極めて鋭敏な断面が示されていこう。

そうであれば、ついで、以上のような「投機活動」が「いわゆるインフレ現象」を惹起させつつ「物価騰貴」に至るのは自明だといってよい。そして他方、宇野体系においては、すでに確認した「構成不変蓄積の拡大」によって賃金上昇が進行せざるを得ないが、そうなると、「物価騰貴—賃金上昇—利潤率低下」三者間の相互関連が無視し得ない難問として浮上してくる。つまり、「投機的買付による一般的物価の騰貴は……直ちに利潤率を低下せしめることにはならない」という「難問」に他ならないが、宇野はそのジレンマを、「賃金上昇—物価騰貴」両者間の、「いわば質的性格の相違」によって切り抜けようとする。もう一歩立ち入っていえば、宇野は、「かかる物価騰貴による利潤率の維持は、実は幻想的なるものにすぎない」と位置づけるのであって、要するに、「これらの商品が現実に販売されるとすれば……利潤率の低落を暴露せずにはいないのである」(一二〇頁)という結論へと導く。

要するに、宇野・好況期論では、「構成不変蓄積」に立脚しながら「信用による蓄積加速」を実現し、それがさらに「投機活動と物価騰貴」に支えられることによって、資本蓄積のスパイラル的進行が昂進する——という図式が描かれている。そしてそこからこそ、宇野によって次の恐慌局面へと転轍されていくのはいうまでもなく、その極点において、「かくて商品の売却によってその支払いをなさざるを得なくなると……支払不能に陥らざるを得ない」ことになり「そこに恐慌現象を生ずるのである」(一二一頁)という到達点へ至る。こうして、景気局面は次に恐慌期へと移る。まさしく、恐慌勃発のその基本的基盤が形成をみよう。

続いて第二に②「恐慌」期へと進み、その中でこそ、宇野「資本の絶対的過剰生産」論が本格的に展開されていく。

そこで、最初に一つ目に(イ)「利潤率と利子率の衝突」に着目されて、「利潤率―利子率」の相互対抗的進行過程に焦点が合わされる。すなわち、まず(a)「利潤率の低下」がフォローされるが、その主動因が、「構成不変蓄積進行に伴う利潤率の低落」にあるのは自明といってよい。具体的には、「構成不変蓄積」の拡大進行に対応しつつ、「産業予備軍としての労働力の動員とともに、賃銀の騰貴によって利潤率は一般的な傾向的低落とは異なった低下をなさざるを得なくなる」（一二四頁）としたうえで、さらにこのような事態の意味が、宇野によって、「利潤量が資本の増加に反して減少する」という点で「その資本は過剰の資本たること」（一二五頁）――と規定されていく。こうして、恐慌勃発を惹起させる「利潤率と利子率の衝突」の、そのまず第一要因たる「利潤率低下」が、まさしく「資本の過剰生産」に即しつつ、「構成不変蓄積→労働力動員→賃金騰貴→利潤率低下」というラインに沿って解明されている点がみて取れよう。要するに、好況期論の見事な帰結である。

そのうえで、「衝突」の第二要因として、続いて(b)「利子率の昂騰」が設定されるが、この局面では、「今や利潤率の低下が逆に利子率の昂騰を伴うのである」（一三〇頁）という構図が現れてこよう。すなわち、宇野はこう述べるのであって、まず一方では、「賃銀の騰貴から利潤率が低下してきても、産業資本は……ますます昂騰する利子率をもってする借入資金によってでも個々の利潤率をできうる限り維持し増進する方法をとる」（一二九頁）のに対し、他方では、「それまで……増発する銀行券をもって資金を供給してきた銀行も、……資金の形成が……利潤量の減退によって困難となり、あるいは……商品在荷の累積によってその回収が遅延せられるにしたがって、かかる信用の拡張を継続することはできなくなる」（一三〇―一頁）――のだと。まさしく見事なロジックだという以外にはなく、「利潤率低下」という同一の事態こそが、一方での「資金需要の増大」と他方での「資金供給の減少」とを同時に引き起こしているわけであり、それが、「利子率騰貴」へと一元的に帰結しているのである。

こうして、このような「利潤率と利子率の衝突」こそが最後に(c)「恐慌の勃発」として現実化しよう。すなわち、ここまでロジックを追ってきたように、「賃銀の騰貴によって利潤率が低下しつつあるとき……利子率が昂騰してくると、産業資本にとってはその借入金はもちろんのこと、利子さえ支払い得ない状態に陥り、借入金をもって利子を支払うということにもなってくる」(一三二頁) 他はない以上、それをふまえて、宇野は結局、「かくして自らは多額の資本を生産手段ないし商品の形態では擁しながら支払不能に陥り、その資本の運転をもはや継続し得ないということになる」(一三三頁)——事態を導くことになる。まさしく「恐慌の勃発」以外ではあり得ない。このようにして、宇野・恐慌勃発論が確定をみよう。

要するに、「構成不変蓄積→賃金上昇→利潤率低下→利子率騰貴→両者の衝突→恐慌勃発」という宇野型論理水脈は明瞭だといってよいが、以上のような「恐慌勃発の過程」をヨリ論理体系的に把握すると、それが「資本の過剰」を意味するのはいうまでもなかろう。

このような理解を前提にして、以上のような恐慌過程が、宇野によって、次に二つ目に(ロ)「資本の過剰と人口の過剰」という視角から意義づけられていく。そこでまず出発点として、(a)「資本過剰の意味」が確認されるのであり、全体として、「好況期における資本の過度の蓄積は、結局、労働人口に対する生産手段ないし消費資料の資本としての過剰をもたらすことになる」(一四一頁) といい、その点で、宇野は、「資本の過剰」を何よりも「労働人口に対する資本の過剰蓄積」としてこそ理解する。換言すれば、「それはしかし労働者にとって生産手段ないし消費資料が絶対的に過剰であるというのではない」(同) としつつ、「労働賃銀騰貴」に即しながら、そこから、「資本過剰」のヨリ体系的な意味が探られる。

このような脈絡で、次に宇野は「資本過剰の本質」へと進み、以下のような、内容豊かな「資本過剰概念」の提起を可能にする。例えば、総括的にこのような叙述が手に入ろう。

「資本の蓄積の増進が労働力に対する需要の増加から賃銀を騰貴せしめるとともに利潤として得られる剰余価値を減少せしめ、ますます大規模に生産せられる生産手段と生活資料とを資本として有利に投じ得られなくするところから生ずる過剰である。」（一四三頁）

もはや明瞭ではないか。つまり、宇野がいう「資本の過剰」とは、「資本の、労働力に対する絶対的過剰」ではなく、何よりも、「有利な投資条件の喪失→利潤率の低下」に他ならない点が一目瞭然であり、したがってそこから、「それはまったく資本家社会に特有な過剰である」（同）という点にこそ、宇野型「資本過剰」理解の、その白眉が求められてよい。

そのうえで、以上のような「資本過剰の現象形態」という方向から、(b)「商品の過剰としての資本の過剰」にも着目されていく。すなわち、この点の焦点は、「資本としての生産手段ないし消費資料の過剰」は「いわゆる生産部門間の不均衡な発展の結果生ずる商品の過剰を意味するものではない」（一四九頁）という点にこそあり、その根拠を宇野は、「そういう不均衡ならば……資本主義は価格の運動を通して調整する機構を有している」（同）点で示す。その意味では、「資本過剰と商品過剰との相互連関」を明確化するうえで極めて重要な指摘だというべきであるが、言い換えれば、宇野によるこの点の明確化は、「労働力商品の本質規定」の明瞭化をも指し示しているといってよく、例えば、「同じく商品の間の不均衡にしてもここで問題となっているのは資本の生産物としての商品と、資本の生産物とはいえない商品との間の不均衡であ」（一四九―一五〇頁）る、などという叙述も、まさしく、そのような把握に関わろう。

以上を受けて、最後に(c)「資本過剰の総括」が、「豊富の中の貧困」という印象深い表現を使って提示されていく。

すなわち、宇野は、恐慌に伴う生産停止によって「過剰人口の増加」を示しつつ、そこからまず、「かくして資本の過剰は同時にまた人口の過剰として現れざるを得ない」（一五二頁）とし、したがって「過剰の資本と過剰の人口とは決して相容れないものではない」（一五三頁）としたうえで、このような、まさに「資本主義に固有な『過剰資本と過剰労働力の並存状況』」を指してこそ、宇野は「豊富の中の貧困」と表現するのであろう。いわば、宇野の特有な「資本主義観」の発露だといってもよく、深い共感を禁じ得ないが、そうであれば、このような理解を基盤として、宇野がそこからさらに、「消費資料は有り余るほどにありながらこれを生産した労働者自身も消費することができないということにな」り「それは生産手段が有り余るほどありながら資本として労働力と結合せられないということと相対応した現象をなすわけである」（一五四頁）――と強調するのも、いわば自明のことではないか。

こうして、宇野の論理は、結局、「資本の過剰化―恐慌勃発」に関する、その資本主義的意義にまで到達しよう。すなわち、このような事態は、「資本にとっては自らの価値関係を破壊し、再編制することなくしては打開できない状態である」とし、それ故に、「再生産過程自身が震撼されざるを得ないのである」（一五六頁）と宇野は理解するわけであり、その点で、「資本の過剰生産」に関する、宇野による、その「資本主義的な総括」こそがここで一応の完了をみる。

以上のような恐慌局面の展開を受けて、最後に三つ目として、その「帰結」が(ハ)「資本価値の破壊」としてこそ受け止められよう。そこで、まず(a)「価値破壊の意味」に着目されて、基本的には、「再生産過程そのものの停滞と混乱とから生ずる資本価値の喪失」（一五八頁）が問題にされつつ、宇野によって、「商品価格の低落とともに、商品ないし生産資本の形態にある資本自身が、再生産過程の停滞のためにもその価値を失うのである」（同）といわれる。まさしく、「恐慌勃発→再生産過程停滞→資本価値喪失→価値破壊」に他なるまい。そのうえで、次に(b)「価値破壊の特質」へと移り、宇野は、このような「価値破壊」の内実を、何よりも「恐慌による価値増殖運動の停止」にこそ求めていく。すなわち、「資本の自己増殖運動」は、労働過程において「その価値の保存とともに行われるのである」が、恐慌によって「労働過程が中断されれば、かかる流通過程の運動も停滞せざるを得ない」ため、結局、「労働過程の中断はかくて一切の資本の、使用価値とともに価値を破壊せざるにはいないのである」（一六〇頁）――と宇野は説明する。これこそ「資本破壊の本質」以外ではあるまい。

このように論理を繋いだうえで、最後に(c)「価値破壊の克服＝移行」へと目が転じられる。つまり、まず前提として、「価格の低落による資本価値の破壊もあらゆる産業に一様に行われるわけではな」く「産業部門」間でバラツキがある点が押さえられつつも、「しかし好況期の発展が、単にこれらの産業部門の生産物の価格の相違によって惹起せられたとはいえないのと同様に、恐慌期におけるこの異なる影響も、それ自身で資本の再生産過程を再び回復せしめるものではない」（一六〇頁）といわれる。換言すれば、「それは資本が自らの生産力を従来の資本家と労働者との関係をもってしては処理し得ないほどに増進した結果にほかならない」以上、単に「価格面の処理」によってはこの「恐慌からの脱却」は不可能だ――と宇野はみるのであろう。まさに、この線上にこそ新たな処理が位置づけられる。

すなわち、ここから、宇野はヨリ前向きな動向を提起するのであって、恐慌勃発に関する以上のような理解に立脚してこそ、「労働力の再生産に要する労働時間を変えることなくしては、再び利潤を得て再生産を拡張し得なくなったのである」（一六一頁）――という画期的な問題提起が試みられる。何よりも、「新たな生産関係の設定」こそが「恐慌脱却の基軸」だという点に他ならず、ここにこそ、宇野による、「価値破壊の克服」のそのエッセンスが求められてよい。そして、「恐慌期に続く不況期は実にこの新たなる社会的関係を展開する準備過程としてあらわれるのである」（一六一―一六二頁）という点は、もはやいうまでもないことではないか。

そのうえで、最後に第三として③「不況期」が位置づくが、それを詳述する必要はもはやないであろう。というのも、宇野体系系における、「資本の絶対的過剰生産↓恐慌勃発」ロジックの検討を課題とする本章においては、恐慌勃発以降の局面たる「不況期」がその具体的考察の範囲を超えている——のはいわば自明だからに他ならない。その点では、「好況期」が、「資本の絶対的過剰生産↓恐慌勃発」の基本前提をなし、したがって、それが本章におけるその不可欠の一環を占めたのとは、その事情を異にしているといわねばなるまい。

そこで、宇野「不況期」論の理論構造をその骨組みだけに沿って指摘しておけば、概ね以下の三パートから構成されていよう。つまり、まず一つ目は(イ)「再生産過程の停滞」であって、「利潤率—賃金—物価—利子率」の低迷状態が示される。ついで、そのうえで二つ目として(ロ)「新生産方法の導入↓新たなる蓄積」に目が転じられ、宇野によって、「新生産方法の採用＝固定資本の更新」に立脚した「価格基準の設定」と、それを条件とした、「再生産過程の停滞の根本原因の解除」とが説明されていく。ついで、まさにそれを土台にすることによって、宇野は三つ目に(ハ)「好況への転換」をこそ提示する。いうまでもなく、「資本の蓄積はより大なる生産規模をもって回復されるのであ」(一八〇頁)り、何よりも、そこから、次の「周期的循環」が始まることになろう。

［2］宇野「資本の絶対的過剰生産」論の展開　以上のような、宇野「資本の絶対的過剰生産」論の基本構造に立脚したうえで、次に(2)宇野「資本の絶対的過剰生産論の展開」へと具体的に立ち入っていこう。そうすると、最初に第一に①「資本の絶対的過剰生産論の構成」がまず問題となるが、宇野は、「資本は、いわば対労働者の関係でその限度を越えて拡張された生産を、資本に対する資本としての貸付資本によって規制するのである」(一二二頁)という、「資本の絶対的過剰生産」の構成図式を示したうえで、差し当たり最初に一つ目に、(イ)「資本の絶対的過剰生産の契機」として、「利潤率と利子率との衝突」をまず設定する。いうまでもなく「資本の絶対的過剰生産」の形成要

因に他ならないが、その場合のポイントは、恐慌に帰着する「資本蓄積の過度の拡張とは何をもってかくいうか」（一二四頁）という点にこそ置かれよう。したがって、宇野の把握が、「資本の絶対的過剰生産」の「契機＝形成要因」を単なる「商品過剰＝過少消費」や「部門間不均衡」などに求める、いわば「通説的理解」と基本的に相違する点がすでに明瞭だが、そのうえで、宇野は、この「利潤率と利子率との衝突」現象へ、まず(a)「利潤率の低下」ベクトルから入っていく。そこで、宇野は取りあえず(A)その「背景—定義」を取り上げて、好況期・資本蓄積タイプの特徴を強調する。すなわち、すでに展開された、宇野・好況期論の説明を踏まえつつ、「好況期の蓄積の増進は……いわゆる産業予備軍としての労働力の動員とともに、賃銀の騰貴によって利潤率は一般的な傾向的低落とは異なった低下をなさざるを得なくなる」（同）というのであって、要するに、「構成不変蓄積→労働力動員→賃金上昇→利潤率低下」[4]という明晰なロジックが設定をみよう。換言すれば、「利潤率は資本の増大にもかかわらず利潤量をも減少するような低下」に追い込まれるわけであり、「より大なる資本がより小なる利潤しかあげないという」（同）事態に至るといってよく、ここにおいて、「過剰の資本をなす」という意味においてこそ、まさしく「資本過剰」が発現する。

このような事態を受けて、宇野はその理論化を試み、一歩進んで「過剰の定義化」へと向う。そこで、そのために事態の数量的例示をまず実行し、「例えば……一〇〇億の資本が一〇％の利潤をあげていたと」し「今これに二〇億の資本が加えられて一二〇億となったとき、賃銀の騰貴から利潤率が八％に低落するとすれば、利潤量は一〇億から九・六億に減少してくる」が、こうなると、「二〇億の資本の蓄積は、資本にとっては無意味なものとなり、過剰の資本をなすわけである」（同）——として図式化されるといってよい。そしてこういわれる。

「資本にとってはその生産物がいかに増加するにしても、利潤量が資本の増加に反して減少するということになれば、その資本は過剰の資本たることに間違いはない。」（一二五頁）

一見して、宇野による「資本過剰の定義」は明瞭であろう。約めていえば、（現存の資本を基準にして）「それにいくばくかの資本を加えた場合、（現在の）一〇億以下の利潤しか得られないということ」を指してこそ、宇野は、「資本は過剰とならざるを得ない」（同）と概念付けるわけであって、ここに、宇野「資本の絶対的過剰生産の基本構成」がみて取れよう。

その点で、宇野の「資本の絶対的過剰生産」図式については、――「過少消費―商品過剰」などでは決してなく――「賃金―利潤率―利潤量」三者のまさに相互関係にこそ、その枢軸が検出可能だといってよいが、それを前提として、さらに、宇野は(B)「資本過剰化の原因」をも提起していく。いうまでもなく「労働力商品化の特質」以外ではなく、その点を、宇野はまず、「これはまったく労働力なる商品が特殊な商品であることを基礎とする資本家的生産方法に特有なる矛盾の現れにほかならない」（同）と述べる。周知のように、「資本の絶対的過剰生産→恐慌勃発」の基本原因を何よりも「労働力商品化の矛盾」に求めるこのような視角は、まさに宇野体系の白眉だといってよいが、その点からさらに踏み込んで、具体的にはこういわれる。

「人間の労働力が自然に働きかけて物を生産し、その物によって労働力を再生産するといういわゆる自然と人間の間の物質代謝の過程が――それはあらゆる社会において行われている過程であるが――資本主義社会では商品形態を通して資本の生産過程として行われているのであって、そこに資本主義に特有な形態的な無理がある。」（同）もはや疑問の余地はあり得まい。すなわち、「超歴史的な物質代謝過程」が「労働力商品化」を基軸として「資本の生産過程」として実現される――という、「資本主義に特有な形態的な無理」こそが、「資本の絶対的過剰生産」を必然的に発現させるその根拠だと主張されているのであり、その根拠付けの見事さについては、まさしく瞠目を禁じ得ない。そしてそうだからこそ、「その価値増殖は、元来商品でもない労働力を商品化することによって行われているのであって、無限の価値増殖の要求も、それがために反対物に転化せざるを得ないのである」（一二五―一二六頁）と総括されていくのであろう。何とも「見事だ」というその所以である。

そのうえで、ここからさらに、宇野による、もう一つの優れた指摘が展開されていく。すなわち、(C)「資本の絶対的過剰生産」におけるその「発現メカニズム」の積極的提起に他ならず、宇野は、「資本の絶対的過剰生産」にまで至らしめるその現実的な仕組みにこそ着目する。そこでまず(I)その「背景」が不可欠だが、いまたとえ「賃金騰貴→利潤率低下」が発生したとしても、「資本の合理性＝理性」が働いて「投資の抑制＝削減」が「もしも」「意識的に」実行されたならば、「資本の絶対的過剰生産」という、いわば「極限的」な事態には決して到達しない――という難問が起こり得る。しかしそれに対して、宇野は、周到にも(II)「蓄積停止の困難性」を示して、例えば、「たといかくのごとき低下が一般的に生じたとした場合にも、個々の資本としてはそれを避けるために資本の蓄積を停止し得るというものではない」（一二七頁）点に触れていく。具体的には、「個々の資本」の特性に即しながらこういう。

「その資本が二〇万を投資しないでも他の資本の蓄積の増進に伴う賃銀の騰貴による利潤率の低下は免れ得ないのであって、いずれにしても一〇％の利潤率は維持し得られないのである。個々の資本にとってはその資本の蓄積をなすか否かに関係なく利潤率は外部から与えられたものとして低下する。」（同）

要するに、宇野によって、「社会的総資本」とは質的に区別される「個々の資本」に立脚した、「資本家的生産の私的性格」こそが強調されているといってよい。そして、そのような規定性を有する「個別資本の競争性」を根拠にしてこそ「蓄積停止の不可能性」が示されるわけであり、それを通して、「利潤率の低下」が進行する中で「資本の絶対的過剰生産」へと行き着く。

こうして、「資本の絶対的過剰生産メカニズム」が最終的に(III)「集約化」をみる。

「むしろかかる場合にも個々の資本はその利潤率の低下に対してできうる限り資本量の増加による利潤量の増加をもって補い、蓄積力の保持につとめるのである。かくて資本は社会的にはすでに過剰となりつつあるときも、個々の資本の競争はこれを過剰として自らその蓄積を制限することはできない。」（同）

まさしく、「利潤率低下の利潤量増加による『補償』」こそが主張されているのであり、それを通して、宇野は、「個別資本の歪んだ競争」による「蓄積の拡張」を指し示す。

それに対して、このような「利潤率の低下」の対抗要因をなす、他方の(b)「利子率の騰貴」を、宇野はどのように解明するのだろうか。そこで、資本自らでは実行できない「蓄積低下」に対しては「貸付資本の社会的機能が発揮され」て「結局、貸付資本に対する関係によってその過剰を明かにされざるを得ない」（一二七－一二八頁）――として信用関係へと接続され、そのうえで、宇野によって、まず、「資本の絶対的過剰生産」を準備する(A)「資金需給関係の基本規定」が踏まえられていく。つまり、最初はそのうちの(I)「資金需要」面だが、「現実的投資のために吸収される資金もますます増加する」と一般的に把握されつつ、その内容がさらに立ち入って、「生産規模を拡張してより多くの利潤の得られることが予想される時期には、当然、資金の需要は供給に超過する傾向を示してくる」（一二八頁）と説明される。いうまでもなく、宇野によって「資金需要」の拡大がまず述べられるといってよい。そこで、それに対する(II)「資金供給」状況が問題となるが、それに関して、宇野はむしろ「資金供給」の拡張をこそ対置する。例えば、「もっとも銀行は……産業資本の再生産過程の拡張が確実に予想される範囲では、その銀行券を増発して資金を自ら形成することもできる」（同）――と宇野はいうのであって、いわゆる「信用創造」に立脚した「資金供給の拡張」が主張されていこう。その場合、宇野による、この「信用創造→銀行券増発」は極めて優れた指摘だというべきだが、いずれにしても、総合的な(III)「資金需給関係」としては、宇野によって、「資金需要拡大」に対応した

「資金供給拡張」というバランス均衡こそが明確にされる。

そして、このような「資金需給バランス」が、次に(B)「個別資本の特有な行動パターン」へと接続していかざるを得ないのはいうまでもない。すなわち、まず始めに、宇野は、この「資本の絶対的過剰生産」の準備局面では、「借入資金に対して利子を支払ってなお利潤を残す限り自己資本の利潤率は昂騰する」（一二九頁）以上、個別資本による「資金需要」は決して低下しないとし、さらに積極的に、「事実、好況期において、賃銀の騰貴から利潤率が低下してきても、産業資本はこれに対してますます昂騰する利子率をもってする借入資本によってでも個々の利潤率をできうる限り維持し増進する方法をとる」（同）とさえいう。こうして、「利潤率低下」と「資金需要拡張」とのその「同時進行」がこうまとめられる。

「資本の増加によって得られる利潤量の増加は、たとい利潤率が低下してもある限度までは利子を支払ってなお追加的な利潤を残すこととなり、自己資本の利潤率の低下を補償することになるからである。」（同）

まさしく、「利潤率の低下」にもかかわらず「投資持続＝資金需要増加」が継続する――という、文字通り矛盾した行動の進行が必然化しよう。その点で、宇野の説明は見事だという以外にあるまい。

しかし、このような「歪んだ事態」が永続するはずはあり得ない。つまり、「利子率の昂騰―破綻」が現出する他はないが、まず(I)「資金需要サイドの膨張」では、いま確認した通り、「利潤率低下の利潤量増大による『補償』」を意図した「蓄積膨張」がその原因である点にもはや贅言は要しまい。したがって、重要なのは(II)「資金供給サイドの縮小」に絞られるが、宇野は、「借り入れをなすべき資金自身を減少せしめる」その要因に関してこういう。

「産業資本の遊休資金が減ずるばかりでなく、それまで再生産過程の拡張を予想して増発する銀行券をもって資金を供給してきた銀行も、その再生産過程自身における資金の形成が直接に利潤率の低下に伴う利潤量の減退によって困難となり、あるいは間接的に投機的買付けによって形成せられる商品在荷の累積によってその回収が遅延せられるにしたがって、かかる信用の拡張を継続することはできなくなる。」（一二九－一三〇頁）

みられる通り、宇野によって、(Ⅲ)「信用拡張継続の不可能化」が明瞭に指摘されているのではないか。すなわち、「再生産過程における資本による資金形成の困難化」と「投機＝商品在庫に伴う資金回収の遅延化」とが、宇野の主張するその根拠だと判断してよいが、こうして、好況期の極点における宇野型「利子率の昂騰」に、その明確な図式化が与えられたといってよい。要するに、「最初は、利潤率の増進にしたがって利子率の騰貴を見たのに反して、今や利潤率の低下が逆に利子率の昂騰を伴うのである」（一三〇頁）と整理されよう。

このような「利子率の昂騰」をふまえて、宇野は、それを、(C)「信用による投資への規制関係」というベクトルから総括を試みる。すなわち、この場面では、いうまでもなく「利潤率」と「利子率」との相互関連が焦点をなすが、その構図を、宇野は最初に(Ⅰ)「両者の性格」に即して示す。具体的にいえば、「前者がその剰余価値を資本に対して直接的に分配せられるのに対して、後者は産業資本の運動と直接的に関係なく、その外部にあってその分与を受けるという関係にある」（同）点に注目が及ぶ。換言すれば、「前者が一定の実質的分配基準を有するのに反して、後者は単に外的な分与基準をもつものにすぎない」（同）という点に他ならず、そこから帰結する、まさに「利子率の外面性」こそがそのポイントをなすわけであろう。というのも、資本の個別的競争によって促進される「投資の行き過ぎ」が、資本自身の「内的動機」に関わる利潤率次元によってチェックされること——が不可能なことは自明だからであって、この「投資過剰化」は、あくまでも「個別資本の外部から」強制される以外にはあるまい。要するに、「資本の社会的規制は必ずかかる外化した資本による媒介を求めざるを得ないのである」（一三一頁）という優れた着想が、宇野によって提示されていくが、この「外化した資本」こそ「貸付資本」であることはいわば当然であろう。

そこでもう一歩進んで、そこから、宇野は(Ⅱ)「信用による規制作用」にまで立ち入っていく。つまり、「資本は利子を支払ってなお有利に運転せられるものとして社会的に資本たることを明らかにするという機構をもって自らを規制する」（同）としつつ、例えばこう述べる。

「個々の資本が社会的にはすでに過剰の資本となった場合にもなおその過剰を自らは規制し得ないで逆にますますその傾向を強化するのに対して、貸付資本がこれを社会的に規制するものとしてあらわれるというのも、かかる関係によるのである。」（一三二頁）

まさしく、「資本に対する資本としての貸付資本によってこれを社会的に規制する」（同）――という「信用による規制」が、それこそ明瞭に確定されているというべきではないか。

そうであれば、(Ⅲ)「規制方式の特質」も、最終的に、以下のように総括可能になっていくのは自明であろう。

「それはまったく資本の無政府的生産に対応する特有なる社会的規制の方式といってよい。要するに資本の商品生産的無政府性は、いつでも資本に転化し得る自らの資金を商品化することによって、いわば無政府的なる商品形式自身によって規制されるのである。」（同）

そして、「信用による投資の規制」という、このような「資本の商品生産的無政府性に対応する特有なる社会的規制の方式」の発動によってこそ、最終的に、恐慌の勃発が現実化をみる。

そこで、宇野の分析メスは(c)「恐慌の勃発」に入っていく。こうして、ロジックは「利潤率低下―利子率騰貴」にまで至ったが、それを受けて、そこから「恐慌勃発」へ到達する道筋として、まず(A)「衝突の作用」が具体的に示される。すなわち、「賃銀の騰貴によって利潤率が低下しつつあるとき……利子率が昂騰してくると、産業資本にとってはその借入金はもちろんのこと、利子さえ支払い得ない状態に陥り、借入金をもって利子を支払うということにもなってくる」（同）とされたうえで、宇野によって、結局は、以下のような事態こそが描かれていく。というのも、「利子率は利潤率が低下したからといって低落するのではな」くむしろ「そういう状況にあってはますます利子率は引上げられ、借入は産業資本にとってますます困難とな」（一三三頁）る——からに他ならず、その到達点は「支払不能」以外にはあるまい。要するに、それこそ、「利潤率と利子率の衝突」作用の帰結であろう。

その場合、宇野ロジックの極めて優れた点として無視できないのは、以上のような「両者の衝突」プロセスに「投機の破綻」が組み込まれていることであって、その点が、こう述べられる。

「多かれ少なかれ投機的に拡張と買付けとをつづけてきた個々の産業資本は、いずれも予想された商品価格が、その商品の販売とともに低落しながら賃銀は決してそれとともに低落するとはいえないのであって、その騰貴による利潤率の低下を暴露せずにはいない状況にある。」（同）

もはや明瞭であろう。ここまででみてきた「利潤率と利子率との衝突」現象は、まさしく、「投機の膨張と破綻」という、個別資本に特有な投資行動に媒介されてこそ進行すること——に、宇野は重大な力点を置いているわけであり、何よりも、この点を特に注意しておきたい。

以上を起点として「恐慌の勃発」に入るが、それは(B)「生産の停止」という姿を取ろう。つまり、「自らは多額の資本を生産手段ないし商品の形態で擁しながら支払不能に陥り、その資本の運転をもはや継続し得ないということになる」（同）といってよく、こうして、宇野によって、「生産停止→恐慌発生」が位置づけられていく。この点にもう一歩詳しく立ち入ると、「実際上は商人ないし商業資本の介入によって、それは多くの場合かかる資本の形態をとる商品滞貨としてあり、したがって支払不能もこれらの商人ないし商業資本においてあらわれ、それが産業資本の再生産過程に反作用してくるものとして恐慌に陥るのである」（一三三—一三四頁）——と宇野はいうのであり、それを通じて、恐慌勃発過程における、「商業資本の特有な役割」もが強調される。その意味で、恐慌勃発の主動因が、「産業資本の運動とその運動を極度に拡大することを援助してきた貸付資本との対立にある」（同）のは揺るがないにしても、「商業資本」に関するこのような指摘も、同様に重視される価値があるのはいわば自明ではないか。

そのうえで、(C)「恐慌勃発の意義」が集約をみよう。その場合、宇野はその焦点を「資本の欠乏」にこそ求めるが、まず(I)その「内容」はどうか。その点に即して宇野は「資本の欠乏」の定義を示すが、「それは決して生産手段ないし商品としてある資本が欠乏しているということではない」としたうえで、それは、「むしろ反対に、かかるいわゆる資本財は有り余るほどにありながら、それが資本として価値増殖をなし得ないことになる」（一三〇―一三一頁）という「特殊な現象」だとされる。まさしく、「資本過剰」のその歪曲された現象だというのであろう。

したがって、その点からこそ、宇野がこの「資本欠乏」現象の(II)「特質」を以下のように整理する意図も明瞭になってくる。つまり、「資本欠乏」は「資本過剰」の別表現以外ではないにしても、「この関係を資本形態は直接的に表現し得ないで、間接的に貸付資本としての資金の枯渇として表示する」（一三一頁）点にこそそのポイントがある――のだと。要するに、「資本の過剰」という「かかる関係をもまた資本は、貸付資金の欠乏の形態をとって物と物との関係として表示せざるを得ない」（一三五頁）という、一種の「捩れ」の中にこそ、宇野の鋭い眼目がある。

このようなロジックの極点に、「恐慌勃発の意義」に関する結論が、何よりも(III)「資本欠乏」の「意義」として集約されていく。まさに宇野・恐慌勃発論の性格を端的に表現しているが、例えばこういう。

「資本家的商品経済はこういう社会的規制を貸付資本としての資金を通して行うのである。それは社会的再生産過程において労働によって形成せられる価値を基礎とするのであって、決して資本家と労働者との社会的関係を離れて行われるものではない。」（一三六頁）

したがって、宇野の意図はもはや明白であろう。まさしく、「現実的資本の過剰が貨幣形態の資本の不足としてあらわれ、この関係が資本の欠乏といわれるのである」（一四〇－一四一頁）と。

続いて第二に、②「資本過剰論の展開」へ向かわなければならない。そこで、最初に一つ目は、――「賃金の限度」との関連で――(イ)「消費資料過剰の意味」が探られつつ、宇野はまず(a)「賃金の決定方式」に視点を注ぐ。つまり、周知の通り、「労働賃銀は労働力なる商品の価値として一般に資本主義社会においては他の商品と同様に労働力の再生産に要する労働時間によって決定される価値を基準として変動する」（一四一頁）とはしても、それがそのまま現出するわけではもちろんない。そうではなく、それは、「労働者の生活資料を生産するに要する労働時間によって間接的に決定されるというにすぎない」（同）――と宇野は改めて確認しつつ、そこから、(b)「賃金決定方式の特殊性」が強調されていく。すなわち、「労働賃金」は「一定の階級的関係に制約された限度をもって変動するのである」とされ、ヨリ立ち入って、内容的には、「労働賃銀は、労働力の再生産に必要な生活資料を労働者に保障しないというほどに下がってはならないが……また他方では資本にとってその蓄積によって利潤量の増加が得られないというほどに騰貴してもならない」（同）、と宇野はいう。しかし、ここでは、宇野にしては珍しく、やや論理の飛躍が無視できない。というのも、「下がっては『ならない』」とか「騰貴しても『ならない』」と宇野はいうが、それを禁ずる「主体」は何ら示されていないのであり、そのような、「実行の仕組み」を欠いた、いわば独断的な「禁止行為」には、何んらの説得性もあるまい。

このように、宇野による「賃金の限度」規定には無視し得ない疑念が払拭できないが、その疑問は、次の(c)「賃金運動の限度＝範囲」規定においてヨリ一層明瞭となる。というのも、宇野は、「賃銀の騰落はしかし単に資本家と労働者との対立関係によって決定されるといったのでは決して十分ではない」（一四四頁）という点から、以下のように述べるからである。

「元来、資本自身が……労働者のいわゆる不払労働としての剰余労働が対象化されたる剰余価値の資本化したものにすぎないのであって、労働力の需要を形成する資本が実は労働者の剰余労働の産物にほかならない。いいかえればマルクスのいわゆる『同じ労働者人口の不払労働と支払労働との間の関係にすぎない』。」(同)

要するに、宇野によって、「労働者は働きすぎて働き得なくなるという、何人にも理解し得ない現象」のその秘密が、「労働者の労働が資本形態を通して行われてい」るという、「この特殊の形態」に帰着させられている――のは明白であろう。換言すれば、「資本家的生産の真の制限は資本そのものである」(一四五頁)というマルクスの表現を、宇野も強く評価するが、ここにこそ、――一面で、「賃金の限度」規定に関して過度に抽象的過ぎるというその難点を残しながらも――宇野理解に含意されている「恐慌の人類史的評価」[5]が存在するのもまた否定し得まい。

ついで、宇野は、二つ目として(ロ)「商品過剰の意味」へと入る。そこで、最初は(a)「商品過剰の特質」が注目されて、まず始めに、「資本家的生産規模の拡大とともにますます大量的に生産される生産手段と生活資料とが過剰となるというのは……単に労働人口に対して過剰であるというのではない」(一四五―一四六頁)という枢軸点が端的に示される。つまり、宇野は、「労働者が人間として自ら消費し得る限度を越えて生活資料が過剰に生産された」(一四六頁)という、いわゆる「過少消費」に関わる基本的な点――を最初に明確に否定する。そうではなく、「かかる生産手段ないし消費資料が資本として機能する限りにおいて過剰なのである」(同)として、いわば、「資本過剰の結果たる商品過剰」という重要な規定こそが、宇野によって提起されているといってよい。まさしく、決定的に重要な視点だというべきではないか。

まさにこの方向の延長線上でこそ、さらに、(b)「不均衡説・過少消費説」もが根本的に批判をみる。

「資本としての生産手段ないし消費資料の過剰は、また生産手段に対する消費資料の過剰とか、あるいはまた一部分の生産手段に対する他の部分の生産手段の過剰とかという、いわゆる生産部門間の不均衡な発展の結果生ずる商品の過剰を意味するものではない。」（一四九頁）

極めて明瞭ではないか。周知の「過少消費説・不均衡説」という、二つの「商品過剰論」が宇野によって明確に否定されているといってよいが、その場合、この批判が依拠するその大きな根拠が、「そういう不均衡ならばすでに前にも述べたように資本主義は価格の運動を通して調整する機構を有している」（同）点にこそ立脚しているのは、もはや当然であろう。

こうして宇野は、最終的に以下のような(c)「本質」に到達する。すなわち、換言すれば、「ここで問題となっているのは資本の生産物としての商品と、資本の生産物とはいえない商品との間の不均衡」（一四九－一五〇頁）以外ではないが、その場合、宇野は、その根源には、結局、「人間はいかに商品経済的にいわゆる人的資源と看做されるにしても労働者は人間であって、資源ではない」――「単なる物としてあるわけではないし、また単なる物として生産されるわけにはゆかない」（一五〇頁）――という、その冷厳たる事実があるのだと強調していく。まさしく、宇野による本質把握の白眉だが、そこからまた、次のような理解こそが帰結しよう。

「労働人口の過不足自身が……資本家的生産の発展の内部的要因となってあらわれるのであって、それは資本主義に内在的なる矛盾をなすのである。単なる物と物との間の矛盾でなく、人間を物とする形態自身から生ずる矛盾である。」（同）

もはや贅言は要しまい。恐慌となって勃発する、「資本過剰としての商品過剰」というこの現象は、何よりも「資本主義に内在的なる矛盾」以外ではない――と宇野は断言するのであり、まさにここにこそ、「資本主義の歴史的限界」[6]そのものが証明されているのは自明ではないか。

それをふまえて、「資本過剰論の展開」が、三つ目として(ハ)「資本過剰と労働力過剰の並存」という側面から取りまとめられていく。そこで、最初に(a)「背景」が押さえられるが、ここまでで確認した通り、「資本の過剰としての商品の過剰」の結果、「資本はしたがってその生産を全面的に停滞せしめられざるを得ない」（一五一頁）以上、それに影響されて、「かくて資本の過剰は同時にまた人口の過剰として現れざるを得ない」（一五二頁）と宇野はいう。その点で、「資本の過剰―人口の過剰」が「豊富の中の貧困」として表現されるとみてよいが、では、(b)その「内実」を宇野はどう提示するのだろうか。いうまでもなく、ここまでの過程で、「資本の蓄積ばかりでなく、再生産過程自身が全体にわたって停滞することにな」る以上、「労働者は失業するか、労働時間を減ぜられるか、賃銀を切り下げられるかする」のは当然だが、その結果、「自ら生産した消費資料を購入すべき貨幣を手に入れることができなくなる」（一五四頁）という状態に至ろう。まさに、「消費資料は有り余るほどにありながらこれを生産した労働者自身も消費することができないということになる」（同）わけであって、それを指して、以下のように、宇野は「豊富の中の貧困」とこそ命名するのであろう。何よりも「資本主義の害悪」以外ではないが、こうして結局、「その過剰は、労働者の欲望とはなんらの関係もない過剰であ」って、それは「いわゆる豊富の中の貧困ということになる」（一五六頁）以外にはないのだと。

このようなロジックを経て、「資本過剰と労働力過剰との併存」の(c)「結果」が、以下のように整理されることとなる。

「再生産過程自身が震撼されざるを得ないのである。一定の与えられたる資本家と労働者との関係をもってしては、再生産過程が継続されなくなっている。それは再生産過程の絶対的な行詰まりではないが、資本にとっては自らの価

値関係を破壊し、再編制することなくしては打開できない状態である。」（同）

要するに、今や、資本制的生産は「価値関係の破壊→再編成」の必然性にこそ立ち至っていく。

ここまでで、本章の考察エリアは一応の完結に到達するが、そのうえで、第三として、③「資本の絶対的過剰生産の帰結」にも簡単にふれておこう。いうまでもなく、「不況への移行規定」を意味する「資本価値の破壊」現象に他ならないが、まず一つ目に(イ)「価値破壊の内容」はどうか。その点を宇野は、端的に「再生産過程そのものの停滞と混乱とから生ずる資本価値の喪失である」とし、それに加えて、具体的には、「商品価格の低落とともに、商品ないし生産資本の形態にある資本価値が、再生産過程の停滞のためにもその価値を失うのである」（一五八頁）とまとめるが、差し当たり、それ以上の説明は必要あるまい。むしろ注目する必要があるのは、「資本価値破壊」のこのような内容を前提とした、二つ目たる(ロ)「価値破壊の特質」の方であって、宇野は例えばこう指摘する。すなわち、「労働過程が中断されれば、かかる流通過程の運動も停滞せざるを得ない」点にまず焦点を集めつつ、それに立脚してこそ、「労働過程の中断はかくして一切の資本の、使用価値とともに価値を破壊せずにはいないのである」（一六〇頁）――と。要するに、「労働過程の中断」こそが、「資本価値破壊」の、何よりもその「核心」だと宇野は説明するといってよく、その点が宇野の含意として目立つ。

そうであれば、三つ目として(ハ)「恐慌からの脱出」がこう示されるのも当然であろう。

「それは資本が自らの生産力を従来の資本家と労働者との関係をもってしては処理し得ないほどに増進した結果に他ならない。いいかえれば資本は、その生産力によって生産手段と生活資料とをますます多く生産してきたのであるが、労働力の再生産に要する労働時間を変えることなくしては、再び利潤を得て再生産を拡張し得なくなったのである。」（一六一頁）

こうして、宇野によって、「資本家と労働者との関係を新しくする」ことこそが「恐慌脱出の道」だと結論される。そして、「好況期に続く不況期は実にこの新たなる社会関係を展開する準備過程としてあらわれる」（一六一－一六二頁）以上、ここから、論理は不況期へと転換していく。

［3］宇野「資本の絶対的過剰生産」論の特質　では、このような展開内容から構成される宇野体系の(3)「特質」は、どのように集約可能であろうか。そこで、その特質の第一は、何よりも、①「労働力商品の特殊性」[7]が全体の枢軸に位置している点であろう。すなわち、すでに内容的にフォローしてきた通り、宇野「資本の絶対的過剰生産」論は、まず一つ目に、(イ)最も直接的には「利潤率低下と利子率昂騰との衝突」にその基本軸があり、しかもその二要因の相互関係については、「利潤率低下」こそが独立変数となりつつ、それが、従属変数としての「利子率昂騰」をいわば関数的に惹起させる――という組み立てになっていた。したがって、その点で、二つ目としては(ロ)「利潤率低下の主導性」が確認されてよいが、最後に、そのうえで三つ目には、この「利潤率低下」の基礎として、(ハ)「労働力商品化の特質」に起因する「賃金上昇」こそが設定されているのは明瞭であった。整理していえば、宇野「資本の絶対的過剰生産」論には、「労働力商品化→賃金上昇→利潤率低下→利子率昂騰→衝突→資本の絶対的過剰生産」という一連のロジックが体系的に貫徹していると集約可能であって、何よりも、このような骨太な論理的道筋の縦貫が際立つ。まさしく、見事な、一つの巨大なロジック体系だといえよう。

こう判断してよければ、宇野「資本の絶対的過剰生産」論は、取り分け、「労働力の商品化」を土台とした論理体系だと位置づけることに何の疑念もあり得ない。そしてそうであるが故に、このような宇野体系は、従来の恐慌学説の中にはみられなかった、極めて独創的なものだという他はなく、したがって、それを巡って熾烈な論争が展開したのももはや周知のことであろう。こうして、「『労働力商品化』基軸視角」にこそ、宇野体系がもつ、そのまず第一特質がみて取れる。

そのうえで、宇野「資本の絶対的過剰生産」論の第二の「特質」としては、②「循環論視角の明確化」が指摘されてよい。というのも、――何度も確認した如く――まず一つ目に、(イ)宇野によれば、「利潤率低下↓資本の絶対的過剰生産↓恐慌勃発」は、いわゆる「利潤率の傾向的低落」現象とは明瞭に区別されており、したがって、二つ目として、(ロ)宇野においては、「資本の絶対的過剰生産」を「歴史的・傾向的・長期的」な現象に解消する視点は最初から封殺されている――からに他ならない。いい換えれば、『資本論』になお未整理な形で残存していた、「恐慌へ連結する理論的な『利潤率低下』現象」と「資本主義没落に繋がる歴史的な『利潤率低下』現象」との混濁が、まさしく明確に整理されているということであって、結局三つ目には、そのことから、(ハ)宇野「資本の絶対的過剰生産」論は、「好況期」と「不況期」との間における、いわば純粋の理論的局面分析へと純化されていよう。約めていえば、宇野「資本の絶対的過剰生産」論は、「歴史的局面」としてではなく、『資本論』における未整理点を解決しながら、景気循環過程における一つの独立局面としてこそ設定可能になっているのではないか。

したがって、宇野「資本の絶対的過剰生産」論が、まさしく「循環論視角」に立脚してこそ構成されている点が一見して顕著なように思われる。そしてそうであれば、その方向から、宇野において、「資本の絶対的過剰生産」過程を恐慌局面として整理しつつそれを景気循環機構の一環に位置づける――という作業が体系化されていったのも、もはや自明ではないか。要するに、「資本の絶対的過剰生産」論から「歴史的ニュアンス」を排除しながら、それを「循環論視角」において純化する点にも、宇野体系におけるその明瞭な特質が確認されてよい。

以上のような特質の上にこそ、宇野「資本の絶対的過剰生産」論の第三特質が、③「資本主義の体制的矛盾視角」として位置づこう。すなわち、まず一つ目には、すでに確認したように、(イ)「労働力の商品化」が「資本の絶対的過剰生産」の土台に配置されるが、そのうえで二つ目として、宇野は、この「労働力商品化」の、(ロ)その「非社会性的特質」を極めて明晰に提示していく。したがって、「資本の絶対的過剰生産」が、このような、「非人間的・非社会的」性格をもつ「労働力商品化」にこそ起因する構造が解析可能にされるといってよいが、そうであれば、結局そこから、次のような本質へと帰着するのはもはやいうまでもなかろう。すなわち、最後に三つ目に、宇野体系は(ハ)「資本主義の内在的矛盾」の指摘へと到達する。換言すれば、「それは資本主義に内在的なる矛盾をなすのである」(一五〇頁)ということ以外ではなく、ここにこそ、宇野による、「資本の絶対的過剰生産」論に対する、その最終的判断がある。

まさに明瞭ではないか。こうして、宇野による「資本の絶対的過剰生産」論は、最終的には、このような「資本主義の体制的矛盾視角」によってこそ支えられている――のだと理解してよいこととなろう。その点で、宇野「資本の絶対的過剰生産」論における、最後の、そして枢軸的「特質」として、このような「資本主義の体制的矛盾視角」が軽視されては決してならないのであって、むしろここにこそ、宇野体系における、その理論的な白眉があるというべきではないか。

Ⅱ　宇野「資本の絶対的過剰生産」論の意義と問題点

［1］宇野「資本の絶対的過剰生産」論の位置　さてここまでで、宇野体系の内容をやや詳しく検討してきたが、このような内容展開にもとづいて、以下では、宇野「資本の絶対的過剰生産」論の「意義―問題点」にまで立ち入っていくことにしよう。そこで、まずその前提として、最初に、宇野「資本の絶対的過剰生産」論の(1)「位置」を手短に確認しておきたい。このような方向から、いま改めて宇野「資本の絶対的過剰生産」論を体系的に振り返ってみる

と、それは、以下の三論理パートから構成されていると理解可能である。

すなわち、まず第一は①「資本蓄積論」であって、ここでこそ、「資本の絶対的過剰生産」論の基礎的土台が設定をみる。すなわち、「資本蓄積の二様式→労働力需給パターン→過剰人口増減運動→賃金騰落動向」が解明されることによって、「資本の絶対的過剰生産」現象発現の、その骨格が明らかになるといってよい。その場合、取り分け重要なのは、宇野によって、好況期における「構成不変蓄積パターン」の主流化がいわば始めて論理化された点に他ならず、そこから、「労働力の一方的吸収→労働力不足→賃金上昇→利潤率低下」が論理必然化されつつ、その極点に、「資本の絶対的過剰生産」が帰結したのはいうまでもない。

そのうえで、第二として、いうまでもなく②「利潤論」[8]こそが接続していこう。つまり、「資本蓄積論」を「前提」としたうえで、その「展開」として「利潤論」が位置づくわけだが、具体的には、「利潤率規定」をまず入り口にし、ついでそれに立脚して「資本の競争行動」が示されつつ、全体として、「資本の絶対的過剰生産」現象のその内実が析出されることになろう。したがって、宇野「利潤論」パートにおいてこそ、競争分析を通して、「資本の絶対的過剰生産」現象におけるその不可欠の第一要因をなす「利潤率低下」の構造が、何よりも立体的に解明可能になっていく。まさしくその点で、「利潤論の重要性」は明白ではないか。

しかしそれだけではない。というのも、「利潤率低下」だけでは「資本の絶対的過剰生産」は発現しないからであって、そのためには、さらに「利子率昂騰」が不可欠だといってよい。そこで第三に、宇野体系にあっては、③「信用論」[9]が、「資本の絶対的過剰生産」論における、その「現実」化規定として位置づく他はなく、「資本蓄積→資金需給→利子率動向」関連の解明が必要となろう。取り分け、「利潤率低下」に起因した「資金需給の逼迫」が「信用創造動向」と接合されて論理化されねばならず、それを通じて、「利子率昂騰の必然性」分析が課題となってくる。

まさにそのような要請の下に、宇野「資本の絶対的過剰生産」論は、その現実化論理という課題を担って、最終的には「信用論」をこそその必須パートとして包含していよう。

したがって、こう整理することが可能ではないか。すなわち、宇野「資本の絶対的過剰生産」論は、「蓄積論」をまず「前提規定」にし、ついで「利潤論」を「展開規定」としながら、さらにそのうえで、「信用論」をその「現実規定」としている――のだと。まさしくこのような「三部構成」にこそ、宇野「資本の絶対的過剰生産」論がもつ、その「位置」上の特質があろう。

［2］宇野「資本の絶対的過剰生産」論の意義　そうであれば、以上のような宇野体系の「位置」を基準にすると、最初に、⑵宇野「資本の絶対的過剰生産」論の「意義」はどう集約可能であろうか。そこで、意義の第一としては、何よりも①「利潤率―利子率の衝突」図式こそが指摘されてよい。それは、「資本の絶対的過剰生産」現象を「利潤率と利子率との衝突」を基本土台にして解明する点――に立脚した成果だといってよいが、それは、以下のような三論点から構成されている。すなわち、まず一つ目は㈠「利潤率低下の解明」であって、「資本の絶対的過剰生産」現象の基本側面をなすこの「利潤率低下」が、「資本構成不変蓄積パターン↓労働力の一方的吸収↓労働力不足↓賃金騰貴↓利潤率低下」という、その必然的ロジックに沿って論理的に明瞭化された点が評価されてよい。したがって、「資本の絶対的過剰生産」現象のまず第一側面をなす「利潤率低下」が、好況期・資本蓄積パターンの特質から、何よりも「論理必然的」に導出されたことがその意義として際立とう。それに加えて、次に二つ目としては、㈡「利子率昂騰の解明」が明確にされていくわけであり、それによってこそ、ついで、「資本の絶対的過剰生産」の現実化が明らかにされる。具体的に示せば、利潤率低下にその根拠を求めつつ、資本―銀行間の「資金需給関係」を土台としながら、それにさらに「信用創造」動向をも組み込んで「利子率運動」の解明が進められている――と評価可能なの

であり、まさにそれを通じて、「利子率昂騰」のその必然性が追究されていくと判断してよい。要するに、「資本の絶対的過剰生産」発現の、その現実的契機たる「利子率昂騰」が、何よりも、「利潤率低下」との内的関連で提示されている点こそがその意義ではないか。

そうであれば結局三つ目に、(ハ)「両者の衝突」という運動作用こそがその総合的な意義をなそう。というのも、「利潤率低下」と「利子率昂騰」とはいずれも、それら単独では「資本の絶対的過剰生産」の「現実化」には至らないという以外にはなく、それら「二要因」の結合化によってのみその発現に帰着する――からに他ならない。したがって、その意味で、このような「利潤率低下―利子率昂騰」の、まさしくその「衝突作用」こそが決定的に重要なのであって、これを媒介にして始めて、そこから、「資本過剰↓資本破綻↓恐慌勃発」が図式化できるのではないか。

そのうえで、宇野体系の「意義」の第二として、②「資本競争―投機」の積極的組み入れ視点が指摘されてよい。もう一歩立ち入っていえば、「資本の絶対的過剰生産↓恐慌勃発」の解明という論理系の中に、「個別資本の競争行動」および「投機行動」を積極的に介在させるべきだ――という、宇野の論理試行が評価されてよいということに他ならないが、それは、取り分け、以下のような場面で顕著なように思われる。すなわち、まず一つ目は(イ)「好況末期における投資膨張」場面であって、現実的には、「利潤率低下の利潤量増加による『補償』」の明瞭化作業が優れていよう。すなわち、競争過程にある個別資本としては、たとえ「利潤率低下」が進行したとしても、その「競争作用」に規定されることによって、自ら理性的に投資を抑制することは不可能なのであり、むしろ、「利潤率低下を利潤量増加によって補完する」ような、いわば「不合理な」行動に狂奔する以外に、その選択すべき道はない――という「個別資本の必然的行動パターン」が、宇野によって始めて解明をみた。極めて大きな成果だといってよいが、事実、この局面で、「投資の一層の膨張」が進行するからこそ、「資本の絶対的過剰生産」が現実化していくわけであろう。

ついで二つ目こそ、(ロ)「利子率上昇局面での投資停止の困難化」という場面が注目に値する。つまり、個別資本の現実的動機からすれば、たとえ「利子率Ⅶ利潤率」という危機的局面に直面しても、そこで破綻に甘んじるのではない限り「投資の継続」を図る以外にはないという――、「個別資本の特有な行動様式」の指摘であり、それは、個別資本の固有な行動分析として基本的に評価されてよい。逆からいえば、もし、利子率上昇に対応して投資抑制が合理的に遂行されるとすれば、そこから、「利潤率―利子率の衝突」→恐慌勃発は決して現実化しない以上、宇野による、以上のような論理化のもつその意義は極めて大きいのではないか。

それに加えて、(ハ)「投機現象の導入」が三つ目に評価可能であろう。すでに確認した如く、宇野は、「好況期の投機的な物価上昇」（一一八頁）や「投機的に拡張と買付とを続けてきた個々の産業資本」（一二三頁）、あるいは「再生産過程の拡張を予想して増発する銀行券をもって資金を供給してきた銀行」（一二九－一三〇頁）などという形で、商業資本はもちろん産業資本および銀行資本に即してまでも、「投機活動」の全面展開を論理化していた。そして、これらの「投機活動」に媒介されてこそ、一面では、「物価上昇―投資膨張―資金需要拡張」が促進されて「資本の絶対的過剰生産」が発現すると同時に、他面では、一転した、「その瓦解→破綻→恐慌勃発」もが帰結するのはいうまでもない。したがって、「投機活動」は、まさしく、「資本の絶対的過剰生産→恐慌勃発」論理におけるその不可欠な一環なのであって、このような「投機活動の役割」こそが、宇野によって始めて解明をみたこととなろう。そういってよければ、このような「投機の論理化」が宇野体系の画期的意義である点はいわば自明であり、その理論的効果は極めて大きい。

まさしく、以上のような二つの基本的意義に立脚してこそ、宇野体系の第三の「意義」が、最後に③「資本過剰論の体系化」として整理されてよい。そこで、まず一つ目としては、大前提として、(イ)「資本過剰概念の明確化」が指摘可能であり、具体的には、「資本にとってはその生産物がいかに増加するにしても、利潤量が資本の増加に反して減少するということ」（一二五頁）として確定されていた。したがって、「資本過剰」の意味が、「漠然と」「多過ぎる」などと把握されるレベルを脱しているとまず評価可能だが――そして、ここまでならば『資本論』の論述とほぼ同様だが――、宇野型定義の意義は、むしろその先にこそあろう。なぜなら、宇野は、この定義から出発しつつ、さらにその固有性を、「これは全く労働力なる商品が特殊の商品であることを基礎とする資本家的生産方法に特有なる矛盾の現れにほかならない」（同）という枢軸にこそ帰着させるからであって、一つには「その根拠＝労働力商品化」、そしてもう一つには「その本質＝資本家的生産方法の矛盾」――という二論点を析出したという点で、宇野の「資本過剰概念の明確化」にはその決定的な意義が確認されてよい。

そうであれば、ここから、二つ目に、(ロ)「資本過剰論型恐慌タイプ」という重要な恐慌規定が発現してくるのはいわば自明ではないか。すなわち、以上のことにより、宇野による「資本過剰化把握」は、「資本の蓄積の増進が労働力に対する需要の増加から賃銀を騰貴せしめるとともに利潤として得られる剰余価値を減少せしめ、ますます大規模に生産せられる生産手段と生活資料とを資本として有利に投じ得られなくするところから生ずる過剰である」（一四三頁）ということになる以上、結局、宇野の「恐慌必然性タイプ」は、かかる意味での資本過剰に立脚した、何よりも「資本過剰論型恐慌理論」である他はあり得まい。

そしてその延長線上に、三つ目には、(ハ)「商品過剰論型恐慌理論批判」[10]が明瞭化されるのは自明である。もはやその点への贅言は必要ないが、例えば、「それはしかし労働者にとって生産手段ないし消費資料が絶対的に過剰であるというのではない」（一四一頁）として、「過少消費説タイプ・商品過剰論」がまず一面で否定される他、次に他面で、「そういう不均衡ならば……資本主義は価格の運動を通して調整する機構を有している」かぎり「いわゆる生産部門間の不均衡な発展の結果生ずる商品の過剰を意味するものではない」(一四九頁)と述べて、「不均衡説タイプ・商品過剰論」もまた明確に一蹴されよう。まさしく、恐慌論論争における、明快な「商品過剰論批判」である。

［3］宇野「資本の絶対的過剰生産」論の問題点　そのうえで、取り急ぎ(3)宇野「資本の絶対的過剰生産」論の「問題点」へと視点を転換していこう。そう考えると、まず第一の問題点としては、①「資本投資行動の機構分析」になお不十分性を残存させている点が指摘されてよいが、この問題点の土台に、すでに検出した、「利潤規定の運動機構的未確立」に制約を受けた「運動機構論的視角の未整備性」が存在するのは自明であろう。ヨリ立ち入って指摘すれば、例えば以下の三領域においてその欠落が明瞭なのであるが、まず第一場面は一つ目として、(イ)「好況期・資本蓄積パターン」の説明不足に関わる。つまり、「好況期蓄積様式＝構成不変タイプ」という定式を説得的に解明したのは宇野の絶大な功績だが、しかし、その「理論根拠」については、「個別資本の現実的行動様式」に即した説明という面で、なおその考察余地を抱えていよう。というのも、その根拠について、宇野は「既存固定資本価値の残存」面は指摘するものの、個別資本における、他資本との競争関係に基づいた「投資行動」面からする、「構成不変蓄積維持」についてのその根拠付けは依然として乏しい――からに他ならない。その意味で、「構成不変蓄積持続―個別資本行動動機」の関連分析は、なお空白に止まる。

そのうえで二つ目は、(ロ)「好況末期における投資膨張」の場面にも、「個別資本の現実的行動様式」視角からする根拠付けが弱かろう。その場合、「利潤率低下の利潤量増加による補償」という宇野の説明に、その決定的な意義があるのは周知のことだが、そのうえで、そこに至る「必然性」を、「個別資本の特有な競争動機」に即してもう一歩現実化する必要性がなお残るのではないか。換言すれば、「個々の資本にとってはその資本の蓄積をなすか否かに関係なく利潤率は外部から与えられたものとして低下する」(一二七頁)という、宇野の鋭利な着想を、「個別資本の現実的行動様式」に立脚して、理論的に、さらに一段と掘り下げる余地があろう。

最後に三つ目としては、(ハ)「利潤率—利子率の衝突＝逆転」の場面にこそ関わる。というのも、この「衝突＝逆転」が発生しても、個別資本による「投資と資金需要」は一向に衰えないからであるが、それにもかかわらず、「損失の累積」に直面しても「投資—信用需要」がなお停止しないその必然性の明瞭化——が宇野の説明では明かとはいえまい。したがって、「利潤率—利子率の衝突」を現実化させる根拠を、まさに「個別資本の現実的行動様式」方向から、もう一歩ヨリ現実的に解明する必要があろう。その点で、宇野体系を前提にした、その彫琢作業がさらに要請されているのではないか。

続いて、宇野「資本の絶対的過剰生産」論における第二の「問題点」としては、②「利子率昂騰の現実的機構分析」に関わる、その内容的不十分性が指摘されてよい。その場合、この難点の背景にも、「利潤規定—運動機構論」未整備からの「副作用」が否定できないが、最初にまずその一つ目は、(イ)「資金供給の縮小メカニズム解明」がなお弱かろう。すでに確認した通り、宇野は、好況末期における「信用創造作用の低下」を適切に指摘し、それが、「銀行による資金供給能力低下↓利子率昂騰」をもたらす点を正しく説明していた。しかも、その根拠を、「再生産過程自身における資金の形成が直接に利潤率の低下に伴う利潤量の減退によって困難とな」(一三〇頁)ることに求めている——といってよいから、宇野の説明は見事だという以外にはないが、しかし、そのうえでさらに不可欠なのは、「資本次元での『利潤量＝資金形成量減退』」が「銀行による『発券量＝信用創造量低下』」へと連結していく、何よりもその現実的機構の明確化ではないか。具体的には、この「連結ルート」としては、「資本↓銀行」間における、「預金と返済還流」との二つがあり得るが、宇野の分析メスはそこへはまだ届いていまい[11]。

その点で、「預金・返済還流」ルートに即しながら、資本における、「利潤率↓利潤量↓資金形成」動向が、銀行における、「信用創造↓資金供給」運動へと反映していくそのメカニズムを具体的に解明し、それに立脚してこそ「利子率昂騰」を明らかにする――という課題が依然として残ろう。

そのうえで二つ目としては、(ロ)「金融引き締め過程の具体化」が必要なのではないか。例えば、宇野は、「ますます利子率は引上げられ、借入は産業資本にとってますます困難となり、支払不能はしばしば銀行による事業の清算となる」ことによって「支払不能に陥り、その資本の運転をもはや継続し得ないということになる」（一三三頁）と述べて、「利子率昂騰↓借り入れ困難↓支払不能」という道筋を適切に解明している。その点で、「金融引き締め過程」の基本動向が適切に設定されているのは事実だが、「利子率昂騰↓借り入れ困難」という図式の、その現実的プロセス自体は明示されてはいない。換言すれば、「利子率昂騰」と「借り入れ困難」とはダイレクトに連結するのか、それとも、そこには「いくつかの進行段階」が介在するのかは不明瞭だといってよいのであり、その点で、「金融引き締めの進行プロセス」における、その立ち入ったメカニズム分析がさらに必要なように思われる。なお考察余地が残るというべきであろう。

したがって、最後に三つ目には、結局、(ハ)「個別銀行間における競争機構分析の欠落」こそが最終的に指摘される以外にはない。すなわち、以上のように確認してきた、宇野による、「利子率昂騰における現実的機構分析の不十分性」は、まとめていえば、宇野体系における「個別銀行に関する行動分析の欠落」――という総合論点にその焦点を結ぶ。いうまでもなく、「銀行」も、「一つの個別資本」という立場に立ちつつ「最大限利潤率の追求」に立脚して行動しているのであり、まさにその視点からのみ、「信用創造―発券―資金供給―貸出判断」をしているに過ぎまい。したがってそうであれば、「利子率昂騰」現象も、そのような「個別銀行の現実的機構」に即して解明されねばならないのは当然だが、宇野の「利子率昂騰の必然性分析」においては、その点への切込みがなお不足だという他はないであろう。

最後に第三に、宇野「資本の絶対的過剰生産」論の最終的な「問題点」は、③「恐慌勃発の現実的機構分析」の未整備ではないか。換言すれば、「資本の絶対的過剰生産→恐慌勃発」へと連鎖していく、その機構的プロセスの解明が立ち入っては提示されていない――という弱点に他ならず、まさに、この側面にこそ、宇野体系が内包する、「利潤規定の運動機構的未確立」に起因した「運動機構論的視角の未整備性」という難点が、取り分け明瞭に反映しているともいえるが、実際、この点は、宇野体系では「ほぼ手付かず」というレベルだという以外にはあるまい。したがって、この論点に関しては、宇野体系という基本土台に立ちつつ、「恐慌勃発ロジック」に関わるその現実ビルドをこれから構築していく他はないと思われるが、その課題の輪郭を大まかに提起しておくと、一応は以下の三論点に整理することが可能ではないか。

まず一つ目は(イ)「個別資本の倒産」分析であって、「利子率昂騰→金融引き締め→信用供与停止」の帰結として、「個別企業の倒産」過程が論理化される必要があるといえよう。ついで二つ目には、(ロ)「銀行に対する支払請求の発生」が開示されねばなるまい。つまり、それを通じて、「企業倒産→銀行信用動揺」を契機にした「支払請求の発現」が解明されていこう。

そしてそのうえで、三つ目に(ハ)「恐慌勃発」が位置づけられることが不可欠であって、「支払停止→信用恐慌」の最終的到達点としてこそ、何よりも、「全般的恐慌の必然性」こそが論理的に設定されていく。まさしく、「資本の絶対的過剰生産」論におけるその結論ではないか。

Ⅲ　「資本の絶対的過剰生産」と恐慌勃発の過程

〔1〕「資本の絶対的過剰生産」論の体系化　以上までで検討してきた宇野「資本の絶対的過剰生産」論を前提にして、そこに残された未解決点への解答をも試みながら、一定の積極的な問題提起を提出してみたい。そこで、最初に(1)「資本の絶対的過剰生産論の体系化」をトレースすると、まず第一に、①「利潤率低下の運動機構」が重要だといってよい。いうまでもなく「資本の絶対的過剰生産」現象の基本土台に当たるが、一つ目としてその前提となるのは、(イ)「好況期・資本蓄積パターン」の、「構成不変蓄積様式」としての理論的確定であろう。周知の通り、『資本論』・資本蓄積論では、むしろ「構成高度化の一方的進行」こそが一面的に強調されていて問題を残したが、それを修正して、「好況期・資本蓄積タイプ」を「構成不変」パターンに整除したのは宇野の大きな成果であった。しかし、その「根拠」面では、宇野の説明にもなお考察余地が残されていたが、この「構成不変蓄積持続の根拠」としては、以下の三点が指摘されてよい。すなわち、――宇野によってすでに明確にされていた――(a)「固定資本価値の残存」に加えて、(b)「収益好調性」および(c)「時間的ロスの回避」という、「個別資本の現実的行動動機」に規定された、さらに二つの要因が重視される必要があろう。要するに、「固定資本価値の残存」と「収益の好調」とが支配的なこの好況期にあっては、たとえ新技術の開発が存在したとしても、固定設備更新に伴う「生産停止・運休」という、その「時間的ロス」が不可避的である以上、「個別資本の競争動機」からして、「新生産方法の導入＝構成高度化着手」意欲は決して大きくはない。まさしく「構成不変」蓄積様式の持続である。

そうであれば、ここから二つ目に、以下のようなロジックが必然化するのは自明ではないか。すなわち、(ロ)「構成不変蓄積パターン→労働力の一方的吸収→労働力不足→賃金上昇→利潤率低下」という法則的な論理進行であって、その結果、「賃金上昇に起因した利潤率低下」にこそ帰着しよう。したがって、「資本の絶対的過剰生産」現象の基礎土台たる「利潤率低下」がこうして論証されるが、その場合に、決定的に重要なのは、三つ目として、このような

「法則的な論理進行」が、現実的には、(ハ)「個別資本の競争行動」に従ってのみ遂行される――という点に他ならない。換言すれば、「賃金上昇→利潤率低下」が生じても、資本投資は依然として膨張を持続させるといってよいが、その動機は、――宇野による画期的な成果である――「利潤率低下の利潤量増加による補償」という、「個別資本の特異的かつ歪んだ行動様式」にこそ還元し得る。もう一歩具体的にいえば、「個別資本の現実的競争行動」を踏まえるかぎり、自らだけが投資を抑制しても、ライバル資本が投資を持続する限りは、「労働力不足→賃金上昇→利潤率低下」はますます深化する以上、そのスパイラルを「現実的に克服する道」は、もはや、「利潤量増加」を目指した投資膨張以外にはあるまい。

こうして、「構成不変蓄積」に立脚した「投資膨張」によってこそ、「利潤率低下」が必然的に帰結する。

続いて、第二に②「利子率昂騰の運動機構」が解明されねばならない。そこで、まず一つ目に(イ)「資金需要」動向が前提をなすが、この点はいわば自明だといってよい。というのも、(a)「好況末期に特有な投資膨張」(b)「信用借換需要の拡張」(c)「投機操作の増大」などが発現するから、それに規定されて、「対銀行資金需要」が高まるのは当然だからである。

そうである以上、二つ目として、議論の焦点は(ロ)「資金供給」にこそ絞られていくが、資本次元における「利潤率低下→資金流通停滞」に制約されて、銀行レベルでの、(a)「資本から銀行への支払返済還流の悪化」および(b)「預金の減少」がまず発生していこう。そして、この二要因こそ、「銀行・信用創造機能」[12]を条件付けるその「基本変数」であるかぎり、その二つの数値低落が「個別銀行の信用供給競争行動」における抑制化へと反射することを通して、最終的には、――銀行の発券増発能力指標をなす――(c)「信用創造」水準そのものの低下にこそ到達せざるを得まい。

こうして、「資金需要拡張」の条件下でまさしく「資金供給縮小」が進行する以外にないのであるから、結論として、三つ目には(ハ)「資金需給の逼迫→利子率昂騰」が帰結するのは自明であろう。要するに、「利潤率低下」を土台にしつつ、「銀行―資本」間の個別的競争行動に媒介されて、「利子率昂騰」が機構的に論証されるのだといってよい。

そのうえで、第三は③「投機行動―物価動向」が無視できない。その場合、最初に前提となるのは、まず一つ目に(イ)「物価動向」であるが、結論的には、「物価上昇」こそが全般的に進行をみる。すなわち、「構成不変蓄積の拡大進行」という好況期・資本蓄積パターンに規定されながら、具体的には、(a)「生産性の逓減化」および(b)「投資量の絶対的増加」という二側面が「市場生産価格の決定機構」に作用する結果として、(c)「物価上昇の実体的基盤の形成」が現実化する[13]――といってよい。しかしそれだけではない。このような「実体的基盤」に立脚してこそ、次に二つ目として(ロ)「投機活動」が発現するのであって、例えば、(a)「買い急ぎ」(b)「買い占め」(c)「売り惜しみ」などという「投機現象」が旺盛を極める。そしてそれを通して、一方での「商品需要の拡張」と他方での「商品供給の人為的抑制」とが支配的になる以上、その結果として、「物価水準の急上昇」が表面化するのは余りにも明瞭ではないか。

こうして、最終的に三つ目に、(ロ)「利潤率低下と物価上昇の同時進行」が惹起されよう。言い換えれば、このような「目眩まし」によってこそ「決定的破綻の先送り」が可能になるといってもよいが、他面それを通じて、「投資膨張の極限化→破綻の激烈性」が準備されていくのも自明ではないか。まさしく、「資本の絶対的過剰生産」の極点以外ではない。

[2]　恐慌の勃発メカニズム　以上のような「資本の絶対的過剰生産」は、いうまでもなく(2)「恐慌の勃発」として爆発する。そこで、最初に、第一に①「企業倒産」が全体の出発点をなすが、まず一つ目に(イ)「企業投資動向」はどうか。さてここまでフォローしてきた通り、景気局面は、「利潤率低下―利子率昂騰」というダブルパンチに直面しその「衝突―逆転」にさえ至るが、このような「破綻の接近」に遭遇しても、「投資の自発的な抑制・停止」はな

お実現しない。というのも、この「衝突―逆転」によって企業損失が累積を遂げるとしても、「個別資本の現実的動機」からすれば、――この時点で倒産に甘んじるのではない限り――「コスト回収と債務支払継続」の不可避性に強制されて投資を継続する以外に道はない――からであって、その結果、「破綻接近→投資持続」という「歪んだ事態」が続く。そしてそうであれば、このような「投資持続」が、二つ目として、(ロ)「資金確保の死活問題化」を生み出さざるを得ないのは自明であろう。つまり、「破綻回避→コスト回収・債務支払継続→投資継続」の進行が「資金入手の死活問題化」を惹起させるのであり、そこから、「資本→銀行」に対する「資金需要の極大化」が派生するのは当然だといってよい。いわば、「個別資本の生存追求」を動機にしてこそ「資金需要の激増」が発生することに他ならないが、では、このような「資金需要極大化」に対して、「銀行の資金供給」はいかなる対応を取り得るのか。

しかし、このような環境の中で、三つ目は(ハ)「信用供与の引き締め」が始まらざるを得まい。つまり、以上のような「破綻接近にもかかわらない資金需要激増」に直面して、「一つの個別資本以外ではない『個別銀行資本』」は、「支払準備金と銀行利潤の防衛・維持」という、まさしく「個別資本的利害＝動機」に裏付けられて、一転して、「金融引き締め」へと転じる。そして、この「金融引き締め」行動は、具体的には、(a)「禁止的高率」→(b)「信用供与の選別」→(c)「供与の全面的停止」という、個別的な三段階プロセス[14]を踏んで強化されていくが、いま結論だけを示せば、この「金融引き締め」は最終的には「供与全面的停止＝資金供給ゼロ」にまで到達しよう。そうなれば、ここまで、銀行からの信用供与によって辛うじて命運を保ってきた個別資本の一部は、その「供与全面停止＝命綱の切断」によって道を絶たれて破綻を暴露する以外にはあるまい。まさしく、「供与停止→倒産の発生」である。

こうして恐慌が火を吹くが、それは第二に②「信用恐慌」として現実化する。そこで、まず一つ目に(イ)「銀行信用の動揺」がその契機をなす。すなわち、いまみた「倒産の部分的発生」がついでその関連銀行の信用を揺るがし、それによって、その「銀行信用の動揺」が、当該銀行の扱う「預金と銀行券の信頼性」に不安を発生させていくから、その結果、「預金引き出し」と「銀行券兌換」とが進むこととなろう。いうまでもなく、「支払請求発生↓準備金流出」に他なるまい。しかしそれだけには終わらない。なぜなら、この初期的な「準備金流出↓銀行準備金喪失」が「支払請求の殺到＝集中」に火を点けるのは当然だからであって、そこから二つ目として、(ロ)「取り付け」現象が開始されていこう。つまり、銀行からの「準備金流出・喪失」を目の当たりにして「支払請求・兌換の集中」が発現するといってよいが、個別銀行は、これまでの「信用創造」操作過程を通して、「支払準備金」を幾層倍化した銀行券発行をすでに行ってきた以上、この「取り付け」現象に伴う「金兌換請求」に対して、それに応ずることが可能であるはずはない。いうまでもなく、「個別銀行」におけるその破綻である。

このようにして、三つ目は(ハ)「支払停止＝信用恐慌の発生」に立ち至ろう。というのも、銀行は最早「取り付け」に応じることが不可能である以上、銀行は「支払停止＝モラトリウム」(moratorium) に陥る他ないからであるが、そうであれば、「預金・銀行券・利子」に関わる、その全ての約束履行が銀行によって破棄されたかぎり、この事態は、まさしく「信用恐慌」(Kredit Krise) と定義される以外にはあるまい。こうして、まず「信用恐慌」が勃発する。

事ここに至れば、第三に、この地点から最終的な③「全般的恐慌」(allgemeine Krise) へと辿り着くのは後一歩に過ぎない。つまり、いま確認した「信用恐慌」によって全ての信用関係が破断されていくから、その結果、なお一定の良好性を維持していた個別資本といえども、この「社会的信用関係連鎖の破壊」の煽りを受けて、最早、この面から破綻に飲み込まれていく以外にはなかろう。換言すれば、「信用恐慌↓信用連鎖破壊」を媒介にして「倒産の全面化」が社会的に進行せざるを得ないわけであり、この次元でこそ、「全般的恐慌」が定義できよう。その点で、まさしく「恐慌勃発」の最終的な帰着点に他なるまい。

その結果、この「倒産の全面化」を条件にして、(イ)「商品投売り→価格暴落」(ロ)「生産停止→設備遊休」(ハ)「大量解雇→失業激増」という、いわゆる「典型的恐慌現象」が表出してくるが、まさにこれを通して、「価値破壊の進行」が帰結するのもいまや自明ではないか。

〔3〕「資本の絶対的過剰生産」論と機構分析論

こうして本章の最終論理環に到達する。いうまでもなく、(3)「資本の絶対的過剰生産論―機構分析論」相互間の内的関係解明以外ではないが、この相互関係解明を、以下では、①「分配論の運動機構的役割」②「『資本の絶対的過剰生産』論の運動機構的性格」③「価値法則論体系における『資本の絶対的過剰生産』論の位置」の三点に即して考えてみたい。要するに、本章の結論的総括を意味しよう。

そこでまず第一に①から入ろう。そうすれば、別の機会に何度も触れたように、経済学原理論体系において、その第一領域をなす(イ)「流通論」が、「生産実体とは区別される純粋な流通形態を商品・貨幣・資本規定として考察する領域」、次にその第二領域を構成する(ロ)「生産論」が、「資本―労働の階級関係を生産―再生産構造に立脚して総体的に解明する領域」なのに対して、最後の第三領域たる(ハ)この「分配論」は、以下のような固有な規定性をこそ有していた。すなわち、この領域では、「流通論」=「形態分析」および「生産論」=「実体分析」を前提としつつ、そこに「個別資本規定」をも組み込んだ、いわば「形態―実体」の総合規定として定義可能な、まさに「運動機構分析」こそがその独自の課題として設定可能になるといってよい。

約めていえば、要するに、この「分配論」では、何よりも「運動機構的役割」こそがその固有性として際立とう。まずこの点が全体の前提をなす。

そのうえで、第二として②にまで進むとどうか。これまでに具体的にフォローしてきたように、「資本の絶対的過剰生産→恐慌勃発」現象は、何よりも、「利潤率低下―利子率昂騰の衝突」にこそその土台的基盤をもっていた。そこで、そうであるかぎり、この現象の体系的解明のためには、この現象を形作る「利潤率―利子率の相互関係」が明瞭化されることが不可欠だが、いま①において確定した如く、「利潤率」も「利子率」も「分配論」でのみ本格的に規定可能な概念である以上、「資本の絶対的過剰生産→恐慌勃発」現象は、――それが「分配論」次元の概念以外ではない点からして――、全体として、「運動機構的性格」によってこそ潤色されているといわざるを得まい。まさしく、「資本の絶対的過剰生産」論の、その「運動機構的性格」であろう。

このように判断できれば、結局、以下の点も明らかなように思われる。つまり、「資本の絶対的過剰生産」論の体系化に対して絶大なる成果をあげた宇野体系が、そこになお基本的な未解決点を残していたとすれば、その問題点の根源は、いまや最終的に、宇野「資本の絶対的過剰生産」論が「運動機構的性格」として純化し切れてはいなかったという側面においてこそ確定できる――という点、これである。いわば、宇野における、「運動機構的視角」の弱体性がもたらした、その「副作用」なのではないか。

そこで、最後に第三は③であるが、「価値法則論体系」⑮における、「資本の絶対的過剰生産」論の「位置」を大掴みに総括しておきたい。この点も別の章で繰り返し詳述した通りだが、(イ)「流通論」=「価値法則を現実の運動法則として展開していくための『形態的装置』論」、(ロ)「生産論」=「価値法則展開の必然性をその実体に基づいて解明していくための『実体的根拠』論」、であるのに対して、「資本の絶対的過剰生産」論が属するこの(ハ)「分配論」は、「価値法則展開のメカニズムを個別的市場行動に即して現実的に解明していくための『運動的機構』論」、に他ならないというトリアーデがまず理解できた。そのうえで、この章ですでに実行してきたその具体的な論理化を通じて、ついで、「資本の絶対的過剰生産」論こそは、「利潤規定―利潤率規定―利子率規定」を全体的に包括することによって、「分配論」の総合規定を全体的に網羅可能になったその理論領域以外ではない点――も、まさに一点の曇りもなく明かになるといえよう。

したがってこう総括されるべきではないか。「資本の絶対的過剰生産」論こそ、「価値法則論体系」における、その「運動的機構論」の、まさしく「総合的論理環」になり得ているのだ——と。

（1）拙稿「絶対地代の形成メカニズム」（『金沢大学経済論集』第三三巻第一号、二〇一三年）。
（2）宇野弘蔵『恐慌論』（岩波書店、一九五三年、文庫版二〇一〇年）。なお引用は文庫版による。
（3）宇野「資本の絶対的過剰生産」論を検討したものとしては以下のものがある。例えば、戸原四郎『恐慌論』（筑摩書房、一九七二年）、伊藤誠『信用と恐慌』（東大出版会、一九七三年）、日高普『資本蓄積と景気循環』（法政大出版局、一九八七年）、拙著『価値法則論体系の研究』（多賀出版、一九九一年）、拙著『景気循環論の構成』（御茶の水書房、二〇〇二年）、をみよ。
（4）この点については、拙稿「資本蓄積様式と過剰人口の形成機構」（『金沢大学経済論集』第三二巻第二号、二〇一二年）を参照のこと。この起点をなす「構成不変蓄積」の「必然性」こそがその焦点をなす。
（5）、（6）この理解については、宇野・梅本『社会科学と弁証法』（岩波書店、一九七六年）をみよ。
（7）「労働力商品の特殊性」については、宇野『価値論の研究』（東大出版会、一九五二年）をみよ。
（8）拙稿「利潤規定の運動機構的役割」（『金沢大学経済論集』第三三巻第一号、二〇一三年）を参照のこと。
（9）信用論の展開に関しては、山口重克『金融機構の理論』（東大出版会、一九八四年）を参照せよ。
（10）その詳細については、大内秀明『恐慌論の形成』（日本評論社、二〇〇五年）をみられたい。
（11）このメカニズムについて詳しくは、前掲、拙著『景気循環論の構成』一四一―一五一頁をみよ。
（12）「信用創造」の原理および景気循環過程での現実的な機能展開については、すでに拙著『信用創造の理論』（金沢大学経済学部研究叢書九、一九九七年）において詳細な検討を加えた。
（13）拙稿「部門内競争と市場生産価格」（『経済学』第五一巻第一号、一九八九年）を参照のこと。
（14）この「三段階プロセス」に関して詳しくは、前掲、拙著『景気循環論の構成』一七一―一七五頁をみよ。
（15）「価値法則論体系」の理論構造に関するその詳細は、すでに前掲、拙著『価値法則論体系の研究』において具体的な検討を終えている。またこのような理解の前提としては、大内秀明『価値論の形成』（東大出版会、一九六四年）が重要であり、その立ち入った検討が必要であろう。

終章　「それ自身に利子を生むものとしての資本」論の問題点

——終結規定論を読む——

はじめに

前章[1]では、宇野「資本の絶対的過剰生産」論を対象に設定して、「資本の絶対的過剰生産」現象とそれの「恐慌勃発への過程」との連関構造——の検討が試みられた。そしてそのような作業の結果、一方で、宇野による理論展開を通して「資本の絶対的過剰生産」論の基本構造解明が実現されるとともに、他方そこから、「恐慌勃発の基本ルート」が設定可能になったという大きな成果がまず確認できたといってよい。その意味で、宇野「資本の絶対的過剰生産」規定がもつその基本的意義が何よりも確定される必要があるが、しかし同時に、そこに無視できない問題点がなお残存している点も決して否定できないというべきであろう。

その場合、いくつかの個別的な疑問点を一応除外すると、宇野「資本の絶対的過剰生産」論が依然として抱える問題点は、基本的には、以下のような側面にこそ集中していた。すなわち、このテーマに関わる「個別資本規定」設定が不十分であることに制約されて、「個別資本における過剰蓄積の進行機構分析」と、それに対する「個別銀行における信用抑制の深化機構分析」との相互関連解明がなお弱く、したがって、そこから、「恐慌勃発のメカニズム」を動態的に導出することが不徹底だった——こと、これである。要するに、「利潤規定の運動機構的役割」の消極性に起因した、「資本の絶対的過剰生産→恐慌勃発」に関する「運動機構論的解明」の不明瞭性にこそ還元されてよいが、そうであれば、このような到達点からこそ、本章の課題が以下のように浮上して来ざるを得ないのはいわば当然ではないか。

すなわち、以上のような、宇野体系における、「景気循環論における運動機構論的視角の弱さ」が、最終的に、「宇野原理論体系に対してどのような阻害的作用を及ぼしているか」——の体系的検討に他ならない。そして、以上のような問題の成り立ち方からして、この「阻害的影響」を最も濃厚に受けている理論領域が、宇野原理論体系の終結規定をなす「それ自身に利子を生むものとしての資本」論以外でないこともまたいうまでもあるまい。何よりも、それは、「原理論体系を何を基準として終結させるべきか」に関わるからであって、その地点においてこそ、「運動機構論」が、その原理論的試金石としての役割を問われよう。

したがって、本章の課題がこう確定されていくのはいわば自明なように思われる。つまり、宇野体系における「運動機構論的視角」の最終的なあり方を、宇野型・原理論体系の終結規定たる「それ自身に利子を生むものとしての資本」論を素材として検討し、それを通じて、「原理論の最終的規定」を再考察するとともに、「原理論体系—運動機構論の内在的連関性」を進んで明瞭化すること——これである。まさにこれこそが、原理論体系化作業の、その終局点ではないか。

Ⅰ　宇野「それ自身に利子を生むものとしての資本」論の構造と展開

［1］宇野「それ自身に利子を生むものとしての資本」論の構造　まず全体の総体的前提として、宇野「それ自身に利子を生むものとしての資本」論の(1)基本的な「構造」を確認しておく必要があろう。そこで、差し当たり旧『原論』(2)を素材として宇野体系の理論的道筋を追うと、周知の通り、宇野「それ自身に利子を生むものとしての資本」(3)規

定は、宇野・原理論体系のいわば終結規定をなしている。すなわち、第三篇「分配論」の中において、「利潤論」↓「信用論」↓「地代論」↓「商業資本論」を経つつ、そのうえで、資本主義経済の原理的分析をその課題とする経済学原理論の、まさしくその総括規定にこそ当たっていよう。

その点を念頭において、さらにその内部構成にまで立ち入ると、この宇野「それ自身に利子を生むものとしての資本」論は、大まかにいって、①「A 利潤の利子と企業利潤への分割」、②「B 資本の商品化」、③「C いわゆる国民所得」という三領域から構成され、最後にそれを受けて、「資本主義社会の階級性」分析へとつながる[4]――という成り立ちになっている。その点で、最初に第一に①において、これに先立つ「商業資本論」との関係で、まず「商業資本の倒錯性↓産業資本自身への移入」を根拠として、「それ自身に利子を生むものとしての資本」規定への「移行論理」とその「定義」とが明らかにされつつ、ついで、それを前提にすることによって、次に第二として、②この「それ自身に利子を生むものとしての資本」の現実的規定が、何よりも「資本の商品化」に即してこそ設定されていく。具体的には、「株式資本」・「土地価格」などに関説されながら「資本主義社会の物神崇拝的性格」が示されるといってよいが、まさにそれを根拠としてこそ、この「物神性」の「反映＝完成」形態として、最後に第三として、「資本―利子、土地―地代、労働―賃金」という、③の範疇的確定が手に入ると考えられるわけであろう。要するに、これこそ、「形式的には商品形態をもってこの実質的関係を隠蔽する」（旧『原論』五二一頁）という意味を有する、まさしく「資本主義社会の階級性」以外ではなく、したがって、宇野体系はここでこそその帰着点に到達する。

［2］宇野「それ自身に利子を生むものとしての資本」論の展開　このような宇野体系の基本構造に立脚したうえで、次に、(2)その「展開」へと立ち入った分析メスを加えていかなければならない。そこで、第一に①「概念論」が問題となるが、その一つ目としては、何よりも(イ)「移行規定」こそが注目されよう。その場合、宇野においては、こ

の「移行規定」の焦点をなすのはいうまでもなく(a)「商業資本の特殊性」(5)だとみてよいが、その方向から、宇野はまずこの「商業資本の特殊性」について改めて整理を加える。すなわち、一般的にいって、「資本の再生産過程における資本家の役割は、G－W…P…W′－G′の資本の循環運動を統括することにあ」りしたがって「その活動はそれ自身にはなんらの価値をも生産するものではない」(旧『原論』五〇七頁)としたうえで、しかし、「ただこの過程が、商業資本によって分担せられると、……商業資本家自身の活動によって、利潤を追加されるものとしてあらわれる」(同)と宇野はいう。もちろん、ここまでの論述は、宇野・商業資本論ですでに示された内容でありこれ自身に新展開があるわけではないが、このような「商業資本の特殊性」が、宇野型ロジックのその最も基本にある点――には十分な注意が必要であろう。

そのうえで、そこから宇野による本格的な論理展開がスタートし、最初に(b)「商業資本利潤の分割」へと進む。その際、議論の出発点が「商業資本の利用資金の性格」にこそ求められつつ、「商業資本の利潤なるものは、……産業資本の流通費用を節約するということに基づいて」おり「したがってその内には産業資本が貸付資本を利用してその流通資本を補足する場合と同様の要因を含んでいる」(同)としたうえで、宇野は、さらにもう一歩積極的に、「商業資本自身が銀行からの貸付資本を利用する場合には、その点は明確である」(同)と強調する。まさにこのような理解に立ってこそ、以下のように指摘されるといってよい。

「いい換えれば、商業資本の利潤は、商業資本家の活動に基づくものとせられるにしても、この貸付資本利子に相当する部分までを、一様にかかるものとするわけにはゆかない。そこで商業資本の利潤は、一方では商品の購入に充てないでその資金を貸付資本として使用した場合に得られる利子部分と、商業的活動によって得られるものと考えられるいわゆる企業利潤部分とに分けられることになる。」(同)

みられるように、宇野の主張点は明瞭であろう。すなわち、「商業資本が剰余価値の生産に直接関係のない流通過程に投ぜられ、しかもその資本家的活動に基づいてその利潤を与えられる」という「商業資本の特殊性」立脚して、「(商業)利潤は、資本家的活動に基づくものとせられるいわゆる企業利潤と、単に産業資本の流通資本を補足するものとして貸付資本と同様に利潤の一部を分与せられる利子とに分けられることになる」(旧『原論』五〇六頁)――とされるわけであって、まさしく、宇野型「商業利潤の分割」規定だといってよい。

ついで、この「商業利潤の分割」をふまえてこそ、次に、(c)その「産業利潤への移入」が設定をみる。その場合、まずその移行に関する宇野の説明が注目されるが、この場面でもそれをつなぐ接点は「資金の性格」[6]だといってよく、その点を宇野はまずこういう。すなわち、「商業利潤のかくの如き企業利潤化の背後には、すでに指摘したように商業に投ぜられる資金が、貸付資本として貸し付けられる資金と同じ源泉から出るものであるという事実があ」り、したがって、「それは貸付資本として利子の得られる資金が商業に投ぜられたに過ぎない」(旧『原論』五〇八頁)のだ――と。そしてそのうえで、そこからロジックを反転させることによって、こうして今度は、この「資金源泉の同一性」を根拠にしつつ、「ところがその点になると産業資本も商業資本と異るところはないものとなっている」(同)とし、結局、この「同一性」を立脚点にして、「産業利潤への移行」が以下のように提起される。

「かくして商業資本は、一方では貸付資本と共通の面をもち、他方では産業資本と共に貸付資本に対立し、自己の商業利潤を利子と企業利潤とに分割しつつ、その形式を産業利潤自身にも移入することとなる。また実際、産業資本もその剰余価値の利潤としての分配は、……投下資本を費用価格化することを前提とし、商人資本的な行動を通して実現するのであって、それは容易に行われる。」(旧『原論』五〇九頁)

こうして、宇野によって、「商業利潤の利子と企業利潤への分割」が、「資金源泉の同一性」および「商人資本的行動性」という二つの要因を仲立ちにして、「産業利潤」にまで「適用＝移入」されることが示される。しかもそれだけには止まらない。というのも、このような「産業利潤への移入」をステップとして、さらに、「しかもこの関係は、単に新しく投ぜられる資金ばかりではなく、すでに投ぜられている資本にも、それを社会的に形成せられた資金からいわば借入れられた形式を与えられることになる」（同）――と宇野は論理を展開するからであって、したがって最終的には、「一般的に資本利潤は、利子と企業利潤とに分割せられる」（同）ことに帰着する以外にはあるまい[7]。要するに、「商業資本→産業資本→資本一般」という順序を経て、「利潤の、利子と企業利潤への分割」が理論的に進むというのが、宇野の最終的な主張であり、この点にこそ、宇野体系のその基本軸が求められてよい。

そのうえで、次に二つ目に興味深いのは、何よりも、「それ自身に利子を生むものとしての資本」の(ロ)その「具体化論」であって、直裁にいえば、「株式会社制度はそれを具体的に示すものに外ならない」（同）という、宇野の方向性以外ではない。その場合、直ちに問題となるのは、この株式会社に関する、「原理的規定性」と「歴史的規定性」との関連[8]であるが、宇野にあっては、その点がやや不明瞭なように思われる。すなわち、宇野は、まず一面では、(a)「歴史的規定性」を指摘し、「株式会社は実際上は個別資本にとって過大の資金を要する大事業に採用せられる方法であって、産業には資本主義の発展段階の寧ろ末期に普及するのである」（同）と述べる。その点で、まさしく、株式会社の「歴史的段階性」をこそ強調するとみてよかろう。そしてこの把握は正当だといってよいが、しかしそれに止まらず、それに言葉を継いでさらにこう説明していく。いうまでもなく(b)「原理的規定性」の提起に他ならず、例えば、「資本家的生産関係の内部に行われる……信用制度の一般化と共にその基礎を与えら」れつつ、株式会社は、「資金の社会的蓄積としてあらわれる、生産手段と労働力との社会的蓄積を、個々の資本家的蓄積から解放して、資本家社会的に事業の技術的要求にしたがって集中的に集積しようというのである」（同）――などと宇野はいう。そうであるかぎり、これは、「歴史性」を超えた、株式会社のむしろ「原理的規定性」だといってよいのではないか。

したがって、宇野「株式会社具体化論」の、(c)その「総合規定」としては、「歴史的規定性―原理的規定性」の区別に関して、なお一定の不明瞭性が否定できないというしかない。なぜなら、宇野の論理は、結局は、「実際上はこれがまた大資本による資本の集中の手段として利用せられて、最近のいわゆる金融資本の時代を形成する」(「歴史的規定性」)としつつも、「そういう点はここでは立ち入って論ずることは出来ない」(同)として問題を回避するが、にもかかわらず、最終的には、「この形式は現実に企業資本家と貸付資本家化されたる資本の所有者とを具体的に分離するのである」(「原理的規定性」)――という点に帰着してしまうからに他ならない。まさしく、そのロジックは「ジグザグ化」を余儀なくされているが、そうである以上、そこに、周知のような、大きな「火種を残す」のは余りにも自明ではないか。

そして最後に、以上を前提にして、三つ目に、「それ自身に利子を生むものとしての資本」の(ハ)「本質論」がこよう。つまり、いわゆる「監督賃金」規定の出現であるが、宇野によれば、まずその前提としては、(a)「企業利潤の賃金化」という現象が重要だとされる。立ち入って宇野の説明を追えば、「資本家が資本の所有者としての資本家と、資本の運営者としての資本家とに分離されるということは、利子部分をそれ自身に資本の果実とするのに対して、企業利潤部分を資本家的活動に対する報酬として賃銀化することになる」(旧『原論』五一〇頁)と説明されるといってよく、こうして、「利潤の分割」を論拠にして、まず「いわゆる監督賃金」観念が導出をみよう。まさしく、「企業者利潤→資本家活動に対する報酬化→賃金化」という道筋以外ではないが、しかしそれだけには止まらない。というのも、この論理を延長させると、そこから、(b)「資本家機能の転換」に連結せざるを得ないからであって、「それ自身に利子を生むものとしての資本」は以下の表象をさえ生み出すとされる。

「元来、資本の生産過程は資本と分離せられると単なる生産過程に過ぎない。企業資本家が資本の所有者としての資本家と分離せられ、対立せられると、もはや資本家としてではなく、単なる経営者として、生産過程を統括する機能を有するに過ぎないものとしてあらわれて来る。『資本家が資本家として果たすべき特殊的機能、しかもまさに労働者と区別され且つ対立する資本家に属する特殊的機能が、単なる労働機能として表示される』……ということになる。」（旧『原論』五一〇－五一一頁）

まさしく、「それ自身に利子を生むものとしての資本」規定の「理論的到達点」以外ではあるまい。なぜなら、宇野体系としては、「商業資本機能の特殊性」をスタート点とした「それ自身に利子を生むものとしての資本」論は、「商業利潤の利子と企業利潤への分割」→「産業利潤への移入」→「資本利潤一般の分割」→「株式会社制度としての現実化」→「企業利潤部分の賃金化」といういくつかの屈折点を経て、いまや最終的に、「資本家機能の労働機能化」へと帰着せざるを得なくなったから――に他ならない。その点で、宇野体系のあくまでも論理圏内部においては、そのロジック展開の見事な完結性が確認されてよい。

以上のような考察を受けて、宇野は最後に、この「本質論」に対して以下のような(c)「総括」を試みる。すなわち、一連の「それ自身に利子を生むものとしての資本」規定によって、結局、「企業資本家は、資本の所有者としての資本家に対しては、労働者と共に賃銀労働者であるかのごとき外観を呈する」（旧『原論』五一一頁）次元へと還元されてしまうのだ――と。換言すれば、「それはただマルクスの言葉を借りれば『搾取する労働も搾取される労働と同じように労働である』というに過ぎない」（同）次元以外ではないが、その場合に、宇野の強調点として重要なのは寧ろ以下の文脈ではないか。例えば、それは、「しかしながらかかる関係は……単なる外観的なるものではない」（同）という表現にこそ端的に表れているのであって、もう一歩立ち入っていえば、その含意は、「資本主義的生産関係は、この外観的関係を以って自分自身を処理しているのである」（同）という点にこそ求められてよい。

にもかかわらず、この「外観的関係の存立基盤」がなお不確定なこと――はどうしても否定はできず、それが、「単なる外観的なるものではなく自分自身を処理するもの」であることは十分に理解可能だとはしても、そこからさらにもう一段抽象度を下げると、以下のような難問に直面せざるを得まい。すなわち、それは「観念なのか制度なのか機構なのか」――という問いを払拭することは不可能だという以外にはなく、やはり一件落着とはいくまい。

しかし、このような難問を抱えつつ、宇野は論理をもう一回転進める。つまり、いま指摘した、「資本主義的生産関係は、この外観的関係を以って自分自身を処理する」という規定を跳躍台にして、「即ち資本は、それ自身に利子を生むものとして商品とせられ、他の商品と同様に売買せられるのである」（同）という領域へと入っていく。まさしく「資本の商品化」であって、宇野「それ自身に利子を生むものとしての資本」論はその「現実論」へと向う。

そこで第二は②「現実論」に他ならない。いうまでもなく、「それ自身に利子を生むものとしての資本」が「商品化」される、その「仕組み」が焦点となるが、宇野は、その場合の理論的接点を何よりも「株式会社制度」[9]にこそ求める。というのも、「資本は土地のように単なる物としてあるわけではな」く、「貨幣、生産手段、商品等の種々なる姿をとり、労働力の姿さえとる価値の運動体である」以上、「したがってこれが商品化するといってもそう簡単な形では行われ得ない」（旧『原論』五一一－五一二頁）――からであって、その「商品化」には独特の操作が不可欠だと宇野はいうのであろう。こうして、「ここでもまた株式会社制度がそれを具体化するものとして役立つ」（旧『原論』五一二頁）のだとされるといってよい。

このようなイントロダクションを示しつつ、宇野は、最初に一つ目として(イ)「株式資本」からスタートする。そこで、まず(a)その「規定」が問題にされるが、最も基本的には、「株式会社の資本は、一定額の資金に対して、配当請求権を有する株券を渡すことによって形成される」(旧『原論』五一二頁)として規定される。その点で、株式資本の具体的形態としての「株券は、会社資本の所有権を代表するものとなる」(同)という側面にこそ、何よりもその規定上の焦点があることはいうまでもない。そうであれば、続いてそこから、この株式資本の流通上の特質が現れてくるのは当然であって、その点を、宇野は、「かくの如くにして一たび投資されると会社資本に対するこの所有権は、もはや会社の解散でもない限り株主には帰って来ない資本に対する所有をあらわすのであって、会社資本と別個の存在を与えられる」(同)と説明していく。言い方を換えれば、これによって、「株主資本家は、もはや配当請求権に過ぎない資本の所有を、株券の売買によって、自由に移転し得ることになる」といってよいが、まさにこのような関係を前提としてこそ、宇野によって、「これは資本が繰り返し行われる循環運動をなす価値の運動体としてありながら商品化する唯一の方法といってよい」(同)という重要な視点が導出可能にされていこう。要するに、以上のような特殊な規定性をもつが故に、この株式資本こそが、「資本の商品化」規定におけるその基礎に置かれていく。

それを受けつつ、宇野はもう一歩ロジックを進めて、(b)「運動の二重性」へと入る。すなわち、「それと同時に資本は二重の存在を与えられる」とし、「一方は会社資本として一般に資本の運動をなしつつあり、他方はこれと直接には関係なく売買移転されるものとしてある」(同)——という、「株式資本二重化の仕組み」がまず示されよう。しかしそれだけではなく、このような「仕組み」に立脚して、さらに、その数値例に即しながら市場における運動展開を問題にし、宇野は、具体的には、「前者は、例えば一株五〇円の額面をもって投資された幾万株かの資本としてその運動をなすのに対して、後者はたとえ五〇円を投資したにしても、そのまま五〇円の資本を所有するとはいえないことになる」(同)と踏み込む。つまり、株券の価格は変動を余儀なくされるのであって、その機構がこう説明される。

「勿論、配当自身は商品としての資本の価値を表わすものではない。資本から生ずるものである。そこで……この資本は、資本家社会的に所有される資金から投ぜられたものとして、資金自身の価値としての利子率を基準にして資本還元される。例えば年一割二分の配当を有する額面五〇円の株券は、その時の利子率を仮に三分とすれば、二百円を基準とした相場をもつことになる。……会社に投ぜられた五〇円に対して、株券は二百円の擬制資本をなすものとなる。」(旧『原論』五一二―五一三頁)

こうして、「擬制資本としての株式資本」という論理化が設定されることになろう。そして、このような到達点に即してこそ、最後に、宇野によって、(c)その「意義」が全体的に集約されていくとみてよい。すなわち、「利潤(率)―利子」の相互関連が総合的に提示されるということであって、「会社資本がその価値増殖を利潤率として表現するのに対して、それを或る程度反映する配当金が、逆に一定額の資本を擬制されてその利子とせられる」(旧『原論』五一三頁)――という特有な「逆転現象」が強調されていこう。そうだからこそ、ここを起点にして、「株式資本は、それ自身ではなお単なる貸付資本とはならないが、しかもかかるものとせられる」(同)という興味深い叙述が与えられるとみてよく、その結果、「それによって資本自身が商品化されるのである」(同)という、宇野の主張が一層強められるわけである。

そのうえで、二つ目は(ロ)「土地価格」に他ならない。そこで、最初に(a)「導入＝規定」が重要だが、いま直前にフォローした「株式資本」を直ちに引き継ぎつつ、「このことは一定期間に一定額の地代を生ずる土地に対しても同様である」(同)として「土地価格」へと移る。すなわち、「土地は、勿論、労働の生産物ではなく、それ自身価値を有するものではない」が「しかしその所有者に定期的に地代の得られる限り……商品化される」(同)というロジックに沿いながら、まさに、「その所有者に対する定期的な収入の実現」――という共通性を根拠にしてこそ、宇野は、

「土地価格の擬制資本性」へと連結させるわけであろう。

そのうえで、この点を前提として、次に「土地価格」の(b)「内容」へと入るが、そのポイントをなすのは、ここでもいうまでもなく「資本還元手続き」以外ではない。つまり、「その商品としての価格は、商品化されたる資本と同様に利子率によって還元されて与えられる」(同)と宇野は説明し、それを通して、「一たび価格を与えられて売買されることになると、地代はもはや無償で得られるものとは考えられなくなる」(同)点が改めて明瞭化されていこう。こうして、地代は最終的に「一定額の資金を投じた資本の利子としてあらわれる」が、その場合に取り分け重要なのは、「それは資本家的生産関係自身によって確立せられたものであるにも拘わらず、土地が元来かかるものとしてあったかの如くに観念せられてくる」(同)という構造に他ならず、まさにここにこそ、その「擬制性」が際立つ。

ここまでを土台にして、宇野によって、さらに(c)「意義」としての集約が示されていく。すなわち、まず宇野は、「土地価格は、資本化されたる地代に外ならない」という内実を確認したうえで、「しかしそれは決して農業に投じられる資本をなすのではない」点に注意を払いつつ、結局、「一定の価格を支払って土地を買い入れたものは、あたかも株券を買い入れたものが配当をその利子として得るのと同様に、地代を利子として得る」(旧『原論』五一五頁)——という図式をこそ強調するといってよい。何よりもここにこそ、宇野による「土地価格の本質」規定が集約されていると判断可能であり、要するに、「株式資本—配当—利子形態」とまさにパラレルな、「土地所有—地代—利子形態」という関係の成立こそが提起されているわけではないか。この点をこそ「土地価格の本質」だと理解し得る、その所以である。

こうして、「資本の商品化」はその到達地点に達しよう。その点を、宇野は例えば、「資本の商品化は、その内に土地の商品化を完成するものとして、労働力の商品化を基礎とする資本主義的商品経済を完成するものに外ならない」

(同)という表現で述べる。そして、それは、ここまでロジックを追ってきた視点からするとすでに明瞭なことだが、さらに重要なことは、まさに、「それはまた同時に資本主義社会自身の物神崇拝的性格を完成する」(同)という宇野の把握であって、「土地価格」規定はついで「物神崇拝性」論へと連結していく。

そこで、三つ目こそ(ハ)「物神崇拝的性格」に他なるまい。その視角からして、最初に(a)その「規定性」が問題となるが、宇野はその前提として、ここまでの論理を集約することによって、「資本はそれ自身に利子を生み、土地は地代を生み、労働は賃銀を生むという形で資本主義は、その社会的関係を物化する」(同)とみる。具体的にいえば、「利子、地代、賃銀は、それぞれ資本と土地と労働との、通俗的に生産の三要素とせられるものそのものから生ずるものとせられる」(旧『原論』五一五―五一六頁)とするといってよく、この確認がまず前提となろう。しかも注意すべきは、「それは単にそう考えられるというだけではない」点であり、まさしく、「事実、そうしているのである」(旧『原論』五一六頁)点こそが重視される。

そして、ここを起点としてこそ、「物神崇拝性」の規定が以下のように開示されていく。

「それは資本主義が自らの特殊歴史的な形態規定を、その形態自身を通して止揚する方式に外ならない。資本が資本としてそれ自身に利子を生むものとせられ、商品として売買せられるという事実の背後には、全資本主義的な生産関係が隠されている。かかる関係が与えられると、商品関係のうえに生ずる人間関係が、完全に物自身によって生ずるものとせられ得るのである。それは商品生産が与えられると、それ自身には富とはいえない貨幣が、金として特定の富に過ぎない貨幣が、富そのものとせられるのと対応し、これを生産的基礎によって完成するものである。」(旧『原論』五一六―五一七頁)

要するに、「商品関係のうえに生ずる人間関係」が「完全に物自身によって生ずるもの」とされる構造――にこそ、宇野の主張する「物神崇拝性」の、その基軸が設定されているといってよい。しかしそれだけではない。そのうえでさらに、このような、「それ自身に利子を生むものとしての資本」論に即して解明される「物神崇拝性」こそが、それが「生産的基礎＝全資本主義的な生産関係」に立脚しているが故に、いわゆる「貨幣物神性」をも越えて、「資本主義的物神崇拝性」のまさに「完成形態」に他ならない点にまで踏み込まれていよう。こうして、宇野によって、「物神崇拝性」のその「規定性」が内容深く掘り込まれていく。

その意味で、宇野の論理系にあっては、この「物神崇拝性」が、「それ自身に利子を生むものとしての資本」規定におけるそのいわば総括規定に当たっていることが明瞭に把握可能だが、しかし、以下の点はやはりなお理解が困難であろう。すなわち、このような「物神崇拝性」は、資本主義における経済主体にとって、「単にそう考えられる」という「理念上の行動指針」レベルに止まるものなのか、それとも、「単にそう考えられるというだけではない」（旧『原論』五一六頁）という、一定の「機構作用」レベルにまで連結するものなのか——は依然として不明確なままなのではないか。しかも、この点は宇野体系の何よりもその枢軸に関わるという以外にはない以上、この点についてのヨリ十分な注意がさらに必要であろう。

それを踏まえて、次に宇野は(b)「物神崇拝性の限界」へと進む。すなわち、以上のようにして、「物神崇拝性の完成」という形で、「人間関係の、物自身の関係としての表出」という「完成形態」が進行するが、しかし宇野は、このような「形態のもつ限界」を的確に主張することも同時に忘れてはいない。もう一歩立ち入って宇野の論述を追うと、まず宇野は、「土地—労働—生産手段」という生産要素について、いかに「物神崇拝性」が完成したとしても、「しかしそれは資本主義社会ではいずれも一定の特殊歴史的な社会的規定をもって結合せられるのであって、単なる物的の関係でもなければ、また単なる人間と自然との関係でもない」（旧『原論』五一七頁）という点を前提として示す。言い換えれば、「これを単なる資本と土地と労働となすことは、その特殊歴史的性質を捨象した抽象的規定に過ぎない」（同）――ということに他ならず、宇野はむしろ、この「抽象的規定」はあくまでも「特殊歴史的な社会形態が自らを一つの社会として完成する特殊の方式に過ぎないのである」（同）という側面をこそ強調するわけである。したがって、それは、無防備な「物神崇拝」理解ではない。

もっとも、この場合の「特殊の方式」が「単なる観念なのかそれとも一定の機構なのか」に関しては、依然としてなお不明瞭性が消えているわけではない。しかしそれを措いて考えると、宇野によるこのような指摘を通して、まさしく、「物神崇拝性」に関わるその「限界」が提示可能になったことだけは確認可能ではないか。その意味で、この側面も軽視されてはならない。

このようなロジック経路を経て、最後に、(c)その「本質」が宇野によってこう提示されよう。

「現に資本主義は、利子をそれ自身が生むものとしながらこれを規定し得るなんらの基準をももっていない。資本主義はこの基準をも商品としての資金の需要供給にまかせる外はない。……いい換えれば資本主義は、資本主義に特有な盲目的な価格の運動に自らをまかせることによって、人間の社会的関係をも物の社会的関係として処理するのである。それは全く近代的社会における物神崇拝の最後の残存物といえるのである。」（同）

いまや明白ではないか。すなわち、宇野は、「人間の社会関係をも物の社会関係として処理する」という「資本の物神崇拝性」をここで最終的に確定するが、何よりも、まさにそれが、「全く近代的社会における物神崇拝の最後の残存物」である点――をこそ強調するわけである。こうして、宇野による「物神崇拝性」規定は、いわばその最終到達点へと帰着していこう。

以上の展開を踏まえて、最後に第三は③「階級性論」である。そこでまず一つ目として、宇野は(イ)「国民所得」規定にこそ着目していくが、最初に（a）その「規定性」はどうか。さて宇野はまず総体的に、「利子と地代と賃銀と、そして企業利潤とは、所謂国民所得の基本的なるものといってよ」く「他の所得はこれから派生するものと見ることが出来る」（旧『原論』五一八頁）とする。しかし、議論の焦点は以下の点にこそあるのであって、そのうえで、「この国民所得観こそ上述の資本主義社会の物神崇拝的性格をそのまま反映するものに外ならない」（同）といわれる。まさしく、すでに設定された「物神崇拝的性格」をそのまま「反映」して現出してくるシステムこそが「国民所得」規定なのであり、したがって、このような両者の連関性にこそ、宇野の主張における、その力点があるのはいわば当然であろう。

しかしそのうえで、このような把握における、無視し得ない(b)「特殊性」にも配慮が払われる。というのも、「資本家社会の年々の再生産過程は、年々の労働によってv＋mなる価値生産物を新しく生産しながらm部分を資本に対する純所得とし、第一次的に資本家の手に実現せしめ、これが……利潤、地代、利子の形態で再配分せられるのである」（同）が、それに対して、「それにしても労働者の賃銀が資本の純所得としての剰余価値と同様の所得をなすものでないという事実はどうすることも出来ない」（旧『原論』五一八－五一九頁）――からに他なるまい。すなわち、賃金に関しては「ただ形態的に隠蔽されるに過ぎないのであり」、いい換えれば、「労働者の賃銀を労働者の所得とすることは、そしてこれを利子、地代と並列し、さらに企業利潤とそれを同質化することは、資本家的生産関係の現象形態を無概念的にそのまま採用するものに外ならない」（同）と宇野は判断を加えていく。

要するに、宇野はこう強調したいのではないか。すなわち、「資本主義は利子形態によって資本家の企業利潤を監督賃銀化し、労働者の賃銀をも所得化するのであるが」、それにしても、「労働者賃金の所得化」は「資本の純所得としての剰余価値と同様の所得をなすものではない」のだ――と。まさしく、これこそ、「国民所得論」が抱えた「そのヒビ割れ」以外ではなく、取り分けここに、「宇野の現象批判的視点」が垣間見られるといってもよいが、このような理解に立脚して、さらに、「資本主義が現象形態として与えるものをそのままその本質となすことは、科学的研究を無用とする立場に外ならない」（旧『原論』五一九頁）という、宇野の指摘が浮上してくるのもいわば自明ではないか。この点にもくれぐれも留意しておこう。

以上を踏まえて、(c)その「意味づけ」へと宇野はロジックをつなげる。つまり、ここまでで明らかにしてきた「国民所得」規定への根本的批判が提示されるといってよく、内容的にいえば、このように「労働賃銀を資本の利子と同様の所得」としてしまえば、それを通じて、「労働者の所得が資本―利子、土地―地代の所得と異って自ら労働しなければ得られないという点も、資本還元されて商品化され得るものではないという点も、不問に附せざるを得なくなる」（同）――と宇野はみるわけであろう。したがって、宇野のロジックをここまで追ってくると、宇野の把握に対する一種の「訝しさ」がようやく晴れよう。というのも、この箇所で「国民所得論」を論ずる宇野の意図がもう一つ不明瞭であったのに対して、以上のような宇野の説明によって、その「意図」が何よりも「国民所得論批判」にこそある点が明確になった――からであって、そうであれば、「国民所得論批判」が結局その焦点を形成する。

まさにそうだからこそ、「国民所得」規定を前提にしてしまうと、「資本はいかにして価値増殖をなすか、またその蓄積の一定の発達段階ではいかにして価値増殖をなし得なくなるか、こういう点はすべて明らかにし得なくなる」（同）とまでいって、宇野はそのロジックを深めるのだといってもよい。まさしく、「総じて資本概念そのものの混乱を免れ得ない」（同）というニュアンスの、極めてラディカルな「国民所得論批判」だと理解すべきだが、その点に立脚して、宇野は、「個民所得論」の「本質」を最終的に以下のように集約しよう。

「資本―利子、土地―地代、労働―賃銀といういわゆる国民所得の基本的形態は、資本所得の本質的規定を隠蔽す

る資本主義的形態に過ぎないのである。」(同)

もはや明瞭ではないか。すなわち、「資本の物神崇拝的性格」を「そのまま反映するものに外ならない」ものとして「国民所得論」が位置づけられたことになるが、まさに、そのような意味をもつ「国民所得論」こそが、いまや最終的に、「資本所得の本質的規定を隠蔽する資本主義的形態に過ぎない」——と把握されるに至ったと判断されてよい。要するに、「それ自身に利子を生むものとしての資本→資本の商品化→物神崇拝的性格→国民所得規定」という宇野論理系は、何よりも、「資本関係の本質的規定を隠蔽する資本主義的形態」としての解明にこそ、その枢軸性をもつのであり、その意味で、いまやその到達点に帰着していく。

それに続いて、二つ目こそ(ロ)「資本主義社会の階級性」ではないか。そこで、最初に(a)その「規定性」から確認していくと、宇野は、何よりもまず「資本主義における階級関係の隠蔽性」をこそ強調する。そしてその場合、このような「無階級性」を惹起させるその根拠を「商品形態」にこそ求めるのが宇野把握の特質であって、その点を、宇野は具体的に、「資本主義社会は、実質的にはいわゆる搾取階級と被搾取階級という、あらゆる階級社会に共通な階級的対立の上に存立するのであるが、形式的には商品形態をもってこの実質的関係を隠蔽するのである」(旧『原論』五二一頁)と説明する。まさにこの「無階級的性格」にこそ「資本主義社会の階級性」の固有性がある——という点に、その「規定性」が還元されるとみてよいが、そうであるからこそ、そこから、「現象的には商品の売買と同様になんらの階級的関係にも依らないものとな」り、「それは全く自由、平等の契約関係を通して結ばれる社会関係」(同)として発現するともされていこう。例えば、それは端的にこのように表現されていく。

「眼に見える形態での階級的支配があるわけではない。生産手段を失った労働者として、経済的に強制せられて、いい換えれば政治その他の権力によって直接的に或いはまた社会的関係によって間接的に、強制せられることなく、

自らの意思によって労働力を商品として販売せざるを得ないという形式を通してあらわれる関係である。」(同)

まさしく、「資本主義社会の階級性」は、「無階級性」としてこそあらわれるわけである。

そのうえで、宇野の論述は次に(b)「階級性の性格」へと進む。すなわち、まずその焦点が「企業資本家の地位」に置かれつつ、ヨリ具体的には、「資本家と土地所有者と労働者という、資本主義社会のいわゆる三大階級も、この資本家的商品経済がそれ自身の形態的規定によって展開した利子、地代、労働賃銀なる所得形態に対応したものとして理解せられるならば、企業資本家の地位を曖昧にする傾向をもつものといわなければならない」(同)と宇野はいう。その点で、ここでも、「資本主義社会のいわゆる三大階級」に対して、その構造的性格に関する特殊内容にこそ注意が喚起されていく。換言すれば、「資本家―土地所有者―労働者」という通俗的な「三大階級」理解には、特に「資本家―企業資本家」という環においてその一定の「裂け目」があること――の明確化に他ならず、その意味で、宇野によるこのような指摘は、「資本主義社会の階級性」把握にとって基本的な有益性をもちろんもっていよう。

しかしそのうえで、そこになお一定の違和感が残るのもまた否定できない。なぜなら、このようにして、「資本主義社会の階級性」の「内容」が、「外部評価者の視点」からいわば「批判的」に解析されることになれば、そもそも、「資本主義型・階級性の無階級性」などは最初から発現し得ないのではあるまいか。したがって、そうなってしまえば、「現象的には商品の売買と同様になんらの階級的関係にもよらないものとなる」――という、「資本主義社会の階級性」現象は、いわば始めからその成立根拠を有しないと判断する以外にはないのではないか。それ故、ここには、「当事者観念」と「客観的機構」との間のクレバスが、明瞭にその顔を覗かせている。

以上のような疑点を孕みつつ、宇野は(c)「階級性の本質」についてこう集約を試みる。

「一般的にはこの三大階級をもって資本主義社会の階級構成として固定してはならない。原理的には寧ろあらゆる階級社会に共通する二大階級に分れるものとして——それは利子、地代、企業利潤を所得とする社会層の分立を存しながら、労働者階級に対立する資本家階級乃至それによって代表されるいわゆる搾取階級として——理解しなければならない。」（旧『原論』五二一－五二二頁）

みられる如く、総括的には、宇野によって、「労働者階級＝被搾取階級—資本家階級＝搾取階級」という「二大階級」としての階級こそが提起されているとみるべきであろう。そして、まさにこのような理解に裏付けられてこそ、最終的には、「資本主義社会の階級性」は、「理論的には、……全社会が資本主義的商品経済として完成したものとしてその基本的規定を与えるに過ぎない」（旧『原論』五二二頁）という概括規定を提起するに至るのではないか。まさしくこの点は、いわば「階級関係の三段階論」として取り分け興味深い視角なように思われる。

それを踏まえてこそ、最後に三つ目として、(ハ)「終結規定」へ至るといってよい。そこで最初に、宇野は、原理論の終結規定を提示するための前提として、そもそも、(a)この「原理論の性格」を改めて確認する。すなわち、「原理論は……経済学分析の基本的原理を明らかにするものであるが、それは資本主義がその基本的社会関係を商品形態をもって律するものとして、その階級関係をも商品形態の内に非階級的外形をもって確立するものであることを明らかにするのである」（同）とされるといってよく、その場合のポイントは、何よりも、「その基本的社会関係を商品形態をもって律するもの」という点にこそ求められていく。要するに、「商品形態による全面的包摂」という側面にこそ「原理論の性格」が色濃く反映されている——というのが宇野の趣旨だとみるべきだが、そうであれば、そこから、「原理論の終結規定」に対する宇野の積極論が導出されてくるのも自明ではないか。

したがって、次に(b)「終結規定の意味」にまで進み、宇野は例えば端的にこのようにいう。

「生産物の商品形態をもって始めたわれわれの経済原論が、資本自身の商品化をもって終わるのは、資本主義が一歴史的社会として存立する物質的基礎を商品経済の法則によって完全に支配されていることを明らかにするものに外ならない。」(同)

まさしくここでは、宇野によって、以下の三点が主張されているのではないか。つまり、まず一つには、(A)「経済原論は資本自身の商品化をもってその終結規定とされるべきこと」、そして次に二つとして、(B)「そのような処理は、経済原論が商品論から開始されていることに対応していること」、最後に三つには、(C)「そのような体系構成は、資本主義がその物質的基礎を商品形態によって一元的に支配されている点を明示していること」――これに他なるまい。こうして、宇野によって、「原理論の終結規定」が「資本の商品化」以外ではない構造が、経済学原理論の体系的性格との関連で、まさしく総合的に指し示されていると判断すべきであろう。その結論的妥当性はともかく、「原理論の終結規定＝資本の商品化」とする、宇野の積極的な論理構造そのものに関しては、十分に納得可能なように思われる。

以上を前提として、全体の最後にこそ、(c)「終結規定の体系的意義」が配置されていこう。換言すれば、「資本の商品化」こそを「原理論の終結規定」とする、以上のような理論的処理がもつ、その体系的役割だといってよいが、宇野はその点を以下の如くに総括する。

「それはまた決してあらゆる社会に共通ないわゆる経済原則そのものを対象とするのではなく、商品経済の法則内にその一般的原則を実現するものとして、資本主義が一定の歴史的時期に始まり、一定の歴史的時期に新たなる社会に転化すべきものであることを含蓄する、そういう歴史的法則としてこれを明らかにするものである。」(同)

何と見事なそして魅力的な文脈ではなかろうか[12]。もう一度いうが、宇野のロジック処理の妥当性はともかくとして、宇野の理解としては、このような、「資本の商品化」を「原理論の終結規定」とする方法こそが、まさしく、資本主義を「一定の歴史的時期に新たなる社会に転化すべきもの」として把握する、その「固有の方法」なのだ――とされているわけであろう。そしてそうだからこそ、さらに進んで、「かくしてまたこの法則は、資本主義に一般的に通じるものでありながら、資本主義自身の発展をも、さらにまた各国における、或いは世界的関係としての資本主義の具体的発達自身をも分析し得る法則となり得るのである」(同)ともいわれるのであって、周知の宇野型「三段階論」への、その適用性もが示されていく。

こうして、宇野「それ自身に利子を生むものとしての資本」論は、この「階級性論」に立脚した「原理論の終結規定」によってこそ、一応その最終ロジックに到達する。言い換えれば、それは同時に「経済学原理論」の終結点以外ではない以上、商品規定から開始された原理論体系も、「資本の商品化」という「一つの商品規定」によって、その終末に至ろう。

〔3〕宇野「それ自身に利子を生むものとしての資本」論の特質　では、このような展開内容をもつ宇野「それ自身に利子を生むものとしての資本」論の(3)「特質」は、どのように整理可能であろうか。そこで、その「特質」の第一としては、宇野「それ自身に利子を生むものとしての資本」論の全体的体系が、大きくとらえて、①「機構論から理念論への発展論」としてこそ構成されている点ではないか。すでに具体的にそのロジックをフォローしてきた通り、宇野「それ自身に利子を生むものとしての資本」論は、概略、以下のような論理的道筋を描くものであった。すなわち、「商業資本機能の特殊性」→「商業利潤の『利子と企業利潤への分割』」→「『分割形式』の産業利潤への『移入』」→「資本利潤一般の『利子と企業利潤への分割』」→「株式会社による『具体化』」→「資本の商品化」→「『それ自身に利子を生むものとしての資本』概念の成立」→「資本主義社会の物神崇拝的性格」→「『国民所得』概念」→「資本主義社会の『無階級性』理解」――という長大なる論理系に他ならないが、その場合に確認が必要なのは、何

よりも、その論理展開動因以外ではない。

そこで、「論理展開動因」という点に力点を置いて宇野体系を把握し直せば、その動因エネルギーが、「機構論から理念論への発展」にこそ求められ得るのはまさしく自明であろう。というのも、宇野「それ自身に利子を生むものとしての資本」論は、その出発点が「商業資本の活動特殊性」という「機構レベル」規定に設定されつつも、その後の展開は、「商業資本家の観念」・「産業資本家の観念」を手始めとしつつ、労働者を含めた「資本主義社会の経済主体」における、その「観念レベル」の進展過程としてこそ構成されていると判断せざるを得ないから――に他ならない。換言すれば、宇野「それ自身に利子を生むものとしての資本」論は、「機構論」をスタート規定にしつつも、その論理展開過程で自動転換を遂げながら、ロジックの進行とともに「理念論」へと性格を変質させ、最終的には、「資本主義社会に一般化される『いわば通俗的観念の普遍化』」にこそ帰着化しているわけであり、まさにこのような意味において、「機構論から理念論への転換」こそが取り分け目立つ。

したがって、こう判断可能であれば、宇野「それ自身に利子を生むものとしての資本」論が原理論全体において占めるその体系的位置としては、以下のように把握する以外にはあるまい。つまり、「分配論」という「運動機構論」の中で商業資本論の一環として位置づけられながらも、それとの関連でそこで「機構論的論理展開」を深化させるのではなく、むしろ、「機構論」からは離れつつ次第に「理念論」として独自な展開を辿っていくのだ――と。

しかしそれだけには止まらない。なぜなら、いま確認した性格が宇野体系の中軸である点は否定し得まいが、もう一歩深く立ち入ると、宇野のロジックはさらに錯綜しているからであって、その側面をも考慮すると、宇野「それ自身に利子を生むものとしての資本」論の第二の「特質」としては、むしろ、②その「二元論的性格」こそが強調されるべきかもしれない。すなわち、宇野「それ自身に利子を生むものとしての資本」論は、まず一面では、――直前に検出した通り――「機構論から理念論への発展論」＝「理念完成進行論」として理解されてよく、それがその主流的性格をなすことは疑いないが、しかし他面に、もう一つの、異質な性格をも見逃し得ない。すなわち、それと並んで他方には、それと重層化して、資本主義的機構の現実的展開を根拠にしながら、この「理念体系」をむしろ「消極化＝否定」する――という処理もが明瞭であって、その点で、宇野の論理構成はいわば錯綜を遂げる。すでに具体的にフォローした通り、このような宇野による取り扱いはいくつかの側面で指摘可能だが、それは、例えば以下のような二つの場面で、特に注目されよう。

すなわち、まず一つ目は「物神崇拝的性格」に関連してであって、そこでは宇野は、一方では、「商品関係の上に生ずる人間関係が、完全に物自身によって生ずるものとせられ得る」（旧『原論』五一六―五一七頁）としながらも、直ちに他方では、「しかしそれは資本主義社会ではいずれも一定の特殊歴史的な社会的規定をもって結合せられるのであって、単なる物的の関係でもなければ、また単なる人間と自然との関係でもない」（旧『原論』五一七頁）として、「物神崇拝性」を明かに「打ち消す」という処理を施している。しかもそれだけではない。さらに二つ目に「国民所得論」が注目されるべきであり、宇野は、まず一方で、「利子と地代と賃銀と、そして企業利潤とは、いわゆる国民所得の基本的なるものといってよ」く「この国民所得観こそ……資本主義社会の物神崇拝的性格をそのまま反映するものに外ならない」（旧『原論』五一八頁）としつつも、他方では、「労働者の賃銀を労働者の所得とすることは、そしてこれを利子、地代と並列し、さらに企業利潤をそれと同質化することは、資本家的生産関係の現象形態を無概念的にそのまま採用するものに外ならない」（同）と論評する点で、むしろその「消極化」に至っていよう。このような意味で、まさしくその「二元論的性格」が濃厚ではないか。

そのうえで、第三の「特質」こそ③「体制的特質型総括」ではないか。すなわち、繰り返し確認してきた通り、宇野「それ自身に利子を生むものとしての資本」論は、「資本主義社会の階級性」規定によってその終止符が打たれ、しかも内容的には、「現象的には商品の売買と同様に何らの階級的関係によらないものとなる」（旧『原論』五二一頁）点にこそその軸点が求められていた。したがって、「商品形態をもってこの実質的関係を隠蔽する」（同）ことから帰結する、その「無階級性」にこそ資本主義社会の階級的特質が設定されていたとみてよいが、その場合に、宇野の理解において極めて特徴的なのは、このような「特有なあり方」こそが「資本主義の体制的総括」をも表示している――という固有な把握ではないか。もう一歩立ち入って示せば、そのことは、一面では、「それは資本主義がその基本的社会関係を商品形態をもって律するものとして、その階級関係をも商品形態の内に非階級的外形をもって確立するものであることを明かにする」（旧『原論』五二二頁）と同時に、他面では、「生産物の商品形態をもって始めたわれわれの経済原論が、資本自身の商品化をもって終わるのは、資本主義が一歴史的社会として存立する物質的基礎を商品経済の法則によって完全に支配されていることを明かにする」（同）ものだ――という把握以外ではあるまい。

まさにこのような地点に立ってこそ、宇野は、これは、「資本主義が一定の歴史的時期に始まり、一定の歴史的時期に新たなる社会に転化すべきものであることを含蓄する、そういう歴史的法則としてこれを明かにするものである」（同）と述べるのであり、何よりもここに、宇野のその最終的主張点が確定されてよい。要するに、このような「体制的総括」規定にこそ、宇野「それ自身に利子を生むものとしての資本」論の、いわばその総合的特質がみて取れる。[13]

Ⅱ　宇野「それ自身に利子を生むものとしての資本」論の意義と問題点

［1］宇野「それ自身に利子を生むものとしての資本」論の位置　以上までで、宇野「それ自身に利子を生むもの

としての資本」論の具体的内容をやや詳細にフォローしてきたが、その検討作業を前提にして、ここからは、宇野「それ自身に利子を生むものとしての資本」論の「意義—問題点」の摘出を試みていくことにしたい。最初にその基本土台として、まず、宇野「それ自身に利子を生むものとしての資本」論の⑴「位置」を手短に確認しておく必要があろう。そこで、改めて宇野体系の理論的位置を振り返ってみると、そのエッセンスは以下のように整理されてよいように思われる。すなわち、まず第一に、①「商業資本機能の特殊性」および「商業利潤の分割」という「機構論」レベルをロジックの出発点としながら、ついで第二に、②そのような「利潤の利子—企業利潤への分割」観念を、「産業資本」および「資本一般」へと「移入」するという「理念操作」をおこなう。したがって、この水準で「機構→理念」への飛躍が遂行されるといってよいが、そのうえでさらに、「機構的裏づけ」をもはや保有しないままで、そこから第三に、③「資本の商品化」を経て、「資本主義社会の物神崇拝的性格」→「国民所得論」→「資本主義社会の階級性」というステップを踏みつつ、最終的には、「無階級性」という「資本主義的理念」の「完成」へと到達する。もちろん、その途中で、幾度か「機構による理念への反省」が加えられはするものの、展開ロジックにおけるその推進力としては、何よりも、「機構論レベルからの離脱」と「理念レベルでの完成化」こそがその中軸に配置されている点に、その基本的な疑問はあり得まい。

しかもそれだけではない。それに加えて、このような「理念の完成化」を立脚点にしてこそ、それに則って「原理論の終結規定」が開示されていくとともに、宇野によって、最後には、そこから、「冒頭商品論への円環化」さえもが導出される⒁——こととなっていよう。

したがってこう集約されるべきではないか。すなわち、宇野「それ自身に利子を生むものとしての資本」論の「位置」も、まさにこの点に即してこそ設定されるべきであって、それは、何よりも、「機構論からは逸脱した」、「理念論としての完成化プロセス」という性格にこそ還元されざるを得ない。言い方を換えれば、宇野原理論体系は、商業資本論次元でその「機構論分析」としてはいわば終了してしまっているのであり、まさにそこを起点とする、それ以降の「それ自身に利子を生むものとしての資本」論は、それに対して、「理念論の展開」以外の何ものでもないわけである。それを踏まえながら約めていえば、こう整理されてよいであろう。すなわち、宇野「それ自身に利子を生むものとしての資本」論こそは、「分配論」としての「機構論」からは切断されつつ、「資本主義社会の体制的理念」を解明すべき、一つの固有の論理領域として、まさしく、その独自な存在意義を担っているのだ――と。

〔2〕宇野「それ自身に利子を生むものとしての資本」論の意義　このような宇野体系の「位置」を基準にすると、最初に、(2)宇野「それ自身に利子を生むものとしての資本」論の「意義」はどのように整理可能であろうか。そこで「意義」の第一としては、まず①「資本の商品化」概念の明確化が指摘されてよい。周知のように、『資本論』の「資本の商品化」規定には一定の不明瞭性が否定できないが、宇野は、それに修正を加えつつ「資本の商品化概念の確定」をなし遂げたと考えられる。[15] つまり、端的に性格付ければ、『資本論』の場合には、「貨幣の商品化」と「資本の商品化」とが未分離に融合化して説かれていたのに対して、宇野の場合には、その二つの「商品化」を明確に分離することを通してそのそれぞれの固有な意味を明らかにした――という成果がみて取れよう。その点にもう一歩立ち入ると、まず『資本論』においては、資本関係の「物化」におけるその「完成形態」を「資本の商品化」に即して把握する視点から、「資本の商品化」が『資本論』第三巻第五篇で展開されるが、その論理的特質は、この「資本の商品化」が、産業資本の運動内部に生じる遊休貨幣資本の一時的な転用関係をなす「貨幣の商品化」と明確には区別されずに説かれる側面にこそ求められてよい。換言すれば、運動体としての産業資本そのもののいわば「物化」を意味すべき「資本の商品化」が、いわゆる「貸付資本」関係を意味する「貨幣の商品化」と、いわば「未分離」なかたちで

一体化されるという難点――が否定できなかった。

それに比較すると、宇野の説明では、「資本の商品化」は、「貸付資本―利子」の関係と一定の関連をもちながらも、しかしそれとは内容的に全く区別される関係において、いわゆる「擬制資本の成立」というレベルでこそ解明されたと考えてよい。そして、その場合の「関連―区別」ロジックこそ、「商業利潤の分割」を出発点的媒介とする「それ自身に利子を生むものとしての資本」論であることは、すでに具体的にフォローしてきた通りであろう。

そのうえで、宇野「それ自身に利子を生むものとしての資本」論の第二の意義は、②「資本主義的体制理念の成立」が構造的に示されたことではないか。すなわち、「物神崇拝的性格―無階級社会性」などは「資本主義の体制的理念」だと判断してよいが、宇野によって、このような「資本主義の体制的イデオロギー」が、その「発生基盤」に即して極めて明瞭に開示されたのだと考えられる。まさしく、宇野による、この「体制理念の確定化」こそが評価されてよい[16]。

しかも、その場合に注目されるべき点は、この「確定」が、以下のような「発生基盤」に立脚して、何よりも「必然性論」に即して解明されていることに他ならない。具体的には、すでに何度もフォローした、「商業資本機能の特殊性↓商業利潤の分割↓産業利潤への移入↓利潤一般の分割↓資本の商品化↓国民所得論↓物神崇拝的性格↓無階級社会的性格」という一連の「発生ロジック」だが、文字通り、「体制理念」がその基盤から明確化されていよう。

したがって、こう評価されるべきであろう。すなわち、宇野「それ自身に利子を生むものとしての資本」論は、その総体を通じて、「資本主義の体制的理念形成構造」を、まさに「その発生ロジック」・「その発生基盤」・「その発生必然性」という三側面から、いわば総合的に解明し得ているのだ――と。何よりも、その「総合的性格」こそが確認されねばならない。

そのうえで、宇野「それ自身に利子を生むものとしての資本」論の第三の「意義」こそ、③「資本主義の非永遠性視角」の提起ではないか。すなわち、宇野は、「経済学原理論の終結規定」を「資本主義社会の階級性」規定に即して示し、しかもその特質を、「現象的にはなんらの階級的関係にもよらないもの」(旧『原論』五二一頁)として明らかにしていた。そしてその場合、そのような「現象」を呈する条件としては、それが「商品形態」を媒介にして形成される点を指摘しつつ、結局、「商品の売買と同様に……それは全く自由、平等の契約関係を通して結ばれる社会関係として」(同)展開する――点が強調されていた。まさしくこのような把握からこそ、「資本主義社会の非永遠性」という画期的な主張も導出されるとみてよく、ここを立脚点として、最終的には、「経済原論」こそ、「資本主義が一定の歴史的時期に始まり、一定に歴史的時期に新たなる社会に転化すべきものであることを含蓄する、そういう歴史的法則としてこれを明らかにする」(同)のだ、といわれるわけである。

したがって、こう集約されるべきではないか。すなわち、宇野「それ自身に利子を生むものとしての資本」論は、結論的には、「資本主義社会の有限性＝非永遠性」という「体制的総括」を全体的に表明しているのだ――と判断可能なのであって、この枢軸点こそ、宇野「それ自身に利子を生むものとしての資本」論が有する、その最も深部にある、その本質的意義だというべきなのだと。くれぐれも、この「枢軸点」が見過ごされてはなるまい。

〔3〕 宇野「それ自身に利子を生むものとしての資本」論の問題点 そのうえで、(3)宇野「それ自身に利子を生むものとしての資本」論の「問題点」へと急ごう。そこで、最初に第一の問題点としては、①「ロジック展開の難点」(17)が無視できない。すでに具体的にフォローした通り、宇野のロジック展開は、「商業資本機能の特殊性↓商業利潤の分割↓産業利潤への移入↓資本利潤一般への適用」という道筋を辿るが、このロジック展開について、例えば以下の三点については疑問を禁じ得ない。すなわち、まず一つ目は(イ)「商業利潤の分割」に関してであり、宇野は、「商業

資本自身が銀行からの貸付資本を利用する場合」を想定すると、「商業資本の利潤は、一方では商品の購入に充てないでその資金を貸付資本として使用した場合に得られる利子部分と、商業的活動によって得られるものと考えられるいわゆる企業利潤部分とに分けられることになる」(旧『原論』五〇七頁)——と説明する。これこそ、これに続いて展開される、宇野「それ自身に利子を生むものとしての資本」論全体のその決定的スタート論理だが、この根拠付けは薄弱ではないのか。というのも、この論理の枢要点は、「流通過程を担当するという商業資本機能の特殊性」と「商業資本による貸付資本の利用」という二点にあると判断できるが、たとえその特殊要因を考慮するにしても、それによって、「商業利潤の『利子と企業利潤への分割』」化が明瞭に設定できるとはいえない——からに他ならない。すなわち、そのような事情があったにしても、商業利潤からは、「投下総資本の全体が一定期間に生み出したその超過分」という概念しか引き出し得ないはずであって、そのような会計処理の後に、「商業利潤総額」から「利子部分」を控除した結果をあえて考えれば、それは、いわゆる「企業利潤」とも「看做せる」というだけに過ぎまい。そこには、論理的にいって何の「神秘性」もないのであって、何らかの独断を挟まないかぎり、この地点で、「商業利潤の分割」を導出することは困難であろう。まずこう判断可能である。

そうであれば、このように、宇野「それ自身に利子を生むものとしての資本」論の冒頭論理にそもそも無視できない難点があるとすれば、次に二つ目として、それ以降の、(ロ)「産業利潤への移入→資本利潤一般への適用」という論理環もが成立困難なのも当然であろう。もう贅言は不要だが、たとえ、資本が貸付資本を利用して投資活動を実行したとしても、その結果得られる「資本利潤」は、いずれも「投下総資本が全体として生み出した超過部分」であるに過ぎないのであって、それを、「利子部分—企業利潤部分」とに区分する根拠は一切あり得ないというしかない。本来、資本主義はそのような区分根拠を持ち合わせていないのである。したがって、そうであれば三つ目に、結局は、こう理解する以外にはあるまい。すなわち、(ハ)「機構論からの逸脱」が改めて批判されねばならないのであって、このような宇野の理論的処理は、「分配論」に即して展開されてきた、「利潤論→利子論→地代論」というこれまでの宇野・機構論体系を、一方では分断させながら他方では「理念論」へと「逸脱」させてしまう、そのような不適切な処理だといわざるを得ない――のだと。この点こそが、この論点の白眉をなすが、もう一歩体系的に一言だけを加えれば、以上のような「機構論からの逸脱」という難点の土台に、これまでくり返し指摘してきた、宇野体系が抱える、「利潤規定の運動機構的役割―運動機構論的視角の未整備」という問題性が存在することは、改めて強調するまでもあるまい。

続いて、宇野「それ自身に利子を生むものとしての資本」論に関する問題点の第二は、②「機構論―理念論関連の錯綜性」に他なるまい。すなわち、それは三つのポイントから構成されているように思われるが、まず一つ目は(イ)「理念論としての難点」であろう。これはいま直前に指摘した論点であるが、あえて要約して再指摘すれば、宇野「分配論」の論理的航路が、正常ルートから逸脱していわば「迷路」に迷い込むに至っているということに他ならない。つまり、「利潤論→地代論→利子論→商業資本論」という、「機構論」に沿った「分配論」の論理的道筋が、「商業利潤の『利子と企業利潤への分割』」という地点で大きく屈折し、そこから「理念論」へと逸脱することになった――ということであり、宇野「分配論」の大きな成果をなす「機構論」の貫徹が、そこでいわば中断を余儀なくされたという難点を意味する。

しかもそれだけではない。そのうえで、このような「理念論」がしばしば「機構論からの反省」に直面するわけであり、その結果、二つ目として、(ロ)「理念論と機構論との混濁」が表面化する。言い換えれば、「理念論」が単なる理念に過ぎない点を「機構論」を根拠として「反省」するという宇野の処置に他ならないが、その「反省」自体は基本的に正当であるにしても、宇野の本来の意図からすれば、たとえそれが「擬制的・隠蔽的イデオロギー」であっても、資本主義の現実としては、その「理念」が、「日常的な意識」として、むしろ「疑問なく」社会的に「貫徹・普及・通用」していく点こそを強調すべきではないのか。そうではなく、宇野の処置のように、その「理念」がいわば「擬制」であることをそのケースごとに指摘することになれば、それが「疑問なく貫徹していく」側面に大きな「穴」が生じることになろう。その意味で、「理念論と機構論との混濁」が一層その難点を深める。

こう考えてよければ、結局、最後に三つ目に、要するに(八)「機構論的役割の喪失」こそが批判されねばなるまい。ここまででフォローしてきた通り、宇野「それ自身に利子を生むものとしての資本」論は、一面で「機構論からの逸脱」に陥るとともに、しかも他面で、「機構論からの反省」によって補完されることによって、総体としては、「機構論と理念論との混濁」を生み出す結果に終わっている。したがってその意味で、「理念論としての難点」を抱えざるを得ないと判断する以外にはないが、それは、最終的には、「機構論的役割の喪失」という基本的な問題点としてこそ集約可能ではないか。宇野「それ自身に利子を生むものとしての資本」論の問題性は、まさにこの点にこそ還元可能なように思われる。

こうして、宇野「それ自身に利子を生むものとしての資本」論の第三の問題点こそ、③「原理論の終結規定」自体であろう。すなわち、繰り返し確認したように、宇野の「終結規定」は「資本主義社会の階級性」にこそ設定されていた。そしてその場合、宇野のこのような主張の土台には、「商品形態による階級関係の媒介」に立脚した「無階級性」という、「資本主義社会の特殊性」が前提となっていたが、ここまでの具体的検討を踏まえると、宇野による、このような「終結規定」論には大きな疑問が残ろう。なぜなら、「資本主義社会の階級性」を「終結規定」に置くという、このような宇野の体系化は、あくまでも、「理念論の深化プロセス到達点」という宇野の理解に立脚したもの以外ではないが、すでに確定した、「理念論としての難点」という評価に立てば、それが正当性を欠落させているのは余りにも自明だから――に他ならない。換言すれば、「資本主義の階級性」を「終結規定」だと判断する根拠は、何よりも、「機構論からの逸脱」という欠陥を免れ得ない「理念論への屈折」以外にはない以上、その「機構論からの逸脱＝理念論への屈折」自体にそもそも無視できない問題点があるとすれば、その帰結としての、「終結規定＝資本主義社会の階級性」把握そのものが疑問なのはいわば当然であろう。

したがって、こう結論されるべきであろう。すなわち、「理念論の到達点」を意味するこの「資本主義社会の階級性」に即して「原理論の終結規定」を与えては決してならないのであり、そうではなく、「分配論の課題」を本来的になす、まさに「機構論」に立脚してこそ、その「終結規定」は設定されねばならないのだ――と。宇野体系の問題点は、最終的には、何よりもここにこそある。

Ⅲ　原理論体系の終結規定

［1］分配論の体系　以上までで考察してきた宇野「それ自身に利子を生むものとしての資本」論を下敷きにしつつ、さらに、そこに残された未決点にも解答を与えながら、ここからは一定の問題提起を試みていこう。そこで最初に、基本前提をなす(1)「分配論の体系」から始めると、まず第一に①「分配論の位置」が重要だが、すでに第三篇第一章でも示した通り、周知の如く、「分配論」は以下のような構成をもつ。すなわち、取り合えず、一つ目として(イ)「分配論の対象」から入ると、「生産論」のそれが「資本―労働の総体的関係」であるのに対し、「分配論の対象」は、それを前提とした「資本家相互の社会関係」へと現実化する。いうまでもなく、「生産論」における「総体的関係レベル」を超えていわば「個別的レベル」へと転化することになるが、そうであれば、次に第二として、(ロ)「分配論の

方法」も変化せざるを得ないのは当然だといってよい。というのも、「総体レベル」から「個別レベル」へとその対象が移行した以上、この「個別レベル」の分析に合致した新たな「方法」が不可欠だからであって、このような要請に対応して、「分配論の方法」は、「生産論」に即応した「総資本」的方法から「個別資本」的方法へと移行しよう。そしてそのうえで、三つ目こそ(ハ)「分配論の課題」に他なるまい。すなわち、「資本家相互の社会関係」を「対象」にしつつ「個別資本」という「方法」に基づいて遂行されるこの「分配論」は、一体何をその「分析課題」とするのか――という論点以外ではないが、それはもはや明白であって、「生産論の課題」が「資本主義の存立根拠―剰余価値の生産」分析にあったのと比較して、「分配論の課題」が、それを土台とした、「資本主義の運動機構―剰余価値の分配」分析にこそ設定されるべきなのはいうまでもなかろう。まさしく、以上のような三層構造として「分配論」は構成されている。

ついで、第二に②「分配論の展開」はどうか。さて、このような「対象―方法―課題」をもちながら、「分配論」は大まかにみて以下のように展開していく。すなわち、いくつかの別章によってすでに積み重ねてきた通り、「分配論の展開」は、まず一つ目に、(イ)「利潤論」をその「全体的枠組論」に配置することからスタートしていく。具体的に追えば、「費用価格→利潤→利潤率→競争→一般的利潤率→生産価格」というプロセスを辿るが、この「利潤論」こそが、「分配論」のまずその「基本的骨格」を形成するともいってよい。そのうえで、「分配論展開」におけるその二つ目の環として(ロ)「地代論」が位置づこう。つまり、「一般的利潤率―生産価格」形成を支えるその独自のメカニズムという点から、「地代一般→差額地代Ⅰ→差額地代Ⅱ→最劣等地に生じる差額地代→絶対地代→土地所有」という軌跡に沿って「地代形成機構」が解明されるのであり、その意味で、「地代論」は、「利潤論」のいわば「応用問題」だという性格をもとう。ついで三つ目に(ハ)「利子論」が位置づけられねばならない。具体的には、「信用一般規定→商業信用→銀行信用→信用創造→貨幣市場→利子率体系」という順序で、「資金需給メカニズム」の構築が解明されていくが、まさにそれを通して、「資本蓄積の現実的促進作用」こそが明確になる――と意義付け可能である。

そこでこれを受けて、最後は第三に③「分配論の到達点」が重要だといってよい。すなわち、「分配論」は、まさに「個別的―機構的視角」に立脚しながら、取り分け「運動的―メカニズム的行動論」に即して、「利潤論→地代論→利子論」という経路に沿って展開していくといえるが、そうであれば、その「到達点」が「景気循環論」[18]以外にあり得ないのはもはや自明ではないか。何よりも、「景気循環論」こそ、「賃金―利潤率―利子率関係」を基軸にして、資本主義的生産総体を、その最も現実的レベルに焦点を合わせつつ「機構論＝メカニズム論」に即して解明を試みる――、そのような理論領域であるからであって、その意味で、この「景気循環論」こそ、「個別―機構」的視角をその本質とする、この「分配論」の、まさしく、その「到達点」にこそ相応しかろう。要するに、それこそが「分配論の到達点」をなすのである。

［2］価値法則論の役割　こうして、「景気循環論＝分配論の到達点」という命題が手に入ったが、このことは、表現を変えれば、この「景気循環論」こそ、(2)「資本主義の体制的法則」たる「価値法則」における、その「総括規定論」をも意味している――ということ以外ではない。すでに繰り返し指摘してきた点でありもはや贅言は避けるが、周知の通り、「価値法則論体系」[19]は、原理論体系において以下のような三側面からこそ構成されている。すなわち、(A)「流通（形態）論＝価値法則論の『形態的装置』論」(B)「生産（過程）論＝価値法則論の『実体的根拠』論」(C)「分配（関係）論＝価値法則論の『運動的機構』論」という三部構成に他ならないが、いま確認したように、さらに、「分配論の到達点」が「景気循環論」以外にはないとすれば、結局、「景気循環論＝価値法則論の最終総括領域」という総合命題こそが集約的に発現してこよう。まさしくその意味で、「景気循環論」こそ、「価値法則論」のその究極体

系だといえる。

そこでこういうべきではないか。すなわち、原理論体系は、いうまでもなく「分配論」をこそその最終理論領域としてもつが、さらに、その「分配論」が、具体的に「価値法則論体系」として集約された場合には、まさに「景気循環論」においてこそその最終的な総括が実現される以外にはない――のだと。何よりもここからこそ、いまや、「原理論の終結規定」も指し示されていこう。

［3］原理論の終結規定　以上を総合化して、全体の最後に、(3)「原理論の終結規定」を提示しておきたい。しかし、もはやその内容は明瞭なのであって、ここまでの考察によって十分に論証されたように、「経済学原理論」はまさしく「景気循環論」をこそその「終結規定」としなければならない――と結論されてよい。したがって、その意味で、「資本主義社会の階級性」をその「終結規定」とする、宇野「それ自身に利子を生むものとしての資本」論には、なお検討を深めなければならない、その基本的問題点が依然として否定できないというべきであろう。

（1）拙稿「資本の絶対的過剰生産と恐慌の勃発」（『金沢大学経済論集』第三三巻第一号、二〇一三年）。

（2）宇野弘蔵『経済原論』下（岩波書店、一九五二年）は旧『原論』と略称して『宇野弘蔵著作集』（岩波書店、一九七三年）第一巻の頁数で示す。また同様に宇野『経済原論』（岩波全書、一九六四年）は新『原論』と略記したうえで『宇野弘蔵著作集』第二巻の頁数で表す。

（3）宇野「それ自身に利子を生むものとしての資本」論を検討した文献は極めて少ない。例えば、岩田弘『世界資本主義』（未来社、一九六四年）第五章、宇野弘蔵編『資本論研究』Ｖ（筑摩書房、一九六七年）、武井邦夫『利子生み資本の理論』（時潮社、一九七二年）第三篇、山口重克『資本論の読み方』（有斐閣、一九八三年）第四章、桜井・山口・柴垣・伊藤編著『宇野理論の現在と論点』（社会評論社、二〇一〇年）Ｉ・第五章、などが参照されてよいが、いまだ未開拓領域である印象が強い。

（4）新『原論』では全体の分量が圧縮されていることもあって、内容が著しく簡潔化されている。そのため、このように明確に論理分割することが難しく、その点で注意を要する。

（5）この「商業資本の特殊性」について、新『原論』ではもう一歩エレガントにこういわれる。つまり、そのポイントは「剰余価値の生産」視点が微妙にクリアされている点にあるとみてよく、例えば、「生産手段と労働力とを商品として買い入れて生産し、その生産過程で剰余価値を生産しながら、その剰余価値を利潤として資本額に応じて分配するという関係を基礎にして、その利潤を安く買って高く売ることからえられる利潤のうちに解消することになるのであって、商業活動によって代表される資本家的活動にその利潤の根源を求めることになる」（新『原論』一五七頁）といわれる。その点で、「剰余価値生産」は微妙な形において扱われていよう。

（6）新『原論』では「資金の源泉」規定は明瞭ではないが、やはり「資金の性格」視点は同様であって、その点は、「産業資本も、一方では銀行を通して融通せられる資金を自己の資本に加えてその資本として利用し、それに利子を支払うと共に、自己の遊休資金は銀行に預金して多かれ少なかれ利子をうるということになるのであって、自己の資本自身をも他から借り入れた資金によるものとする」（同）と説明される。やはり「資金の性格」は依然として残る。

（7）その場合に興味深いのは、新『原論』では、旧『原論』にはなかった以下のような指摘が目立つ点ではないか。「個々の資本の生産過程に伴う遊休貨幣資本をできうる限り生産資本化し、商品資本をできる限り迅速に貨幣資本に転化するという形であらわれた、資本家的商品経済に特有なる、経済過程のいわば経済的処理方法に他ならない。」（同）その意味では、「それ自身に利子を生むものとしての資本」の一つの「本質」が、「生産手段と労働力とを一刻も無駄にしてはならないという、資本家的方法のいわば精神をなすものといってよい」（同）――点にこそあることが、宇野によって明示されているとも考えられる。

（8）この「関連」に関して、新『原論』では、旧『原論』における「不明瞭性」とはニュアンスの異なる、その「二面性」が現出しているように思われる。つまり、まず一面では、「一般に資本主義社会においては一定の定期的収入は、一定額の資本から生ずる利子とせられることになるのであって、貨幣市場の利子率を基準にして、かかる所得は利子による資本還元を受けた、いわゆる擬制資本の利子とみなされることになる」（新『原論』一五八頁）とされるかぎり、ここでは、「貨幣市場―利子率―資本還元―資本市場」という諸概念を織り込みつつ、「株式その他の有価証券の売買市場は、資金が商品化されて売買される貨幣市場に対して、資本市場をなすわけである」（新『原論』一五九頁）という点から、むしろその「原理規定性」こそが強調されているのではないか。しかし他面では、その「歴史段階性」が極めて明瞭に指摘されるのも事実であって、例えば、「産業における株式会社制度の普及は、固定資本の巨大化を前提として、所謂金融資本の時代を展開することになるのであって、原理論だけでは究明しえない諸現象を呈することになる」（同）とすることによって、その「歴史段階性」がまず断言される。しかもそれに加えて、宇野は、「株式会社の資本についていえば、必ず一般の普通株主資本家と会社の支配権を握る大株主資本家とを分離し、前者はむしろ利子所得者化し、後者がそれに対応して他人資本をも自己資本と同様に支配する資本家となり、いずれも原理的には規定しえない、種々なる具体的な、いわば典型的規定をあたえるよりほかない、諸関係を展開する」（同）とさえ説明するのだから、その「歴史段階性」については疑問はあり得まい。まさにそれは、「この諸関係をも原理的に規定しようとすると、本来の原理的規定は与ええなくなる」（同）という点で適切な説明ではあるが、そうなると、宇野のもう一つの「原理規定性」との相互矛盾が表面化してしまおう。

（9）「株式会社」について、新『原論』では、いま確認したような「歴史段階性」に関する叙述を別にすれば、旧『原論』におけるような、機構上の内容的説明が省かれている点が目立つ。

（10）「商品経済における物神崇拝は、……労働力の商品化による資本の生産過程において、その根拠を明かにされるのであるが、それ自身に利子を生むものとしての資本において、その完成を見るものといってよい。勿論、これは単に誤ってそう信じられるというものではない。それによって資本はその運動を律せられるのである。それはいわば労働力の商品化による社会関係の物化に対応する資本主義社会の理念をなすものといってよいのである。」（新『原論』一六〇頁）まさに「資本主義の理念」という体系的位置づけが目立とう。

（11）分量が短縮されたこともあって、新『原論』ではこの「国民所得」論は姿を消している。

（12）この点に関して、新『原論』では、「社会主義」という表現をも加えて以下のようにヨリ積極的に説明されている。「諸階級社会に通ずる階級関係の一般的規定が明らかになり、またそれが資本主義社会に特有な形態をもって、特有な機構をもって展開されているということが明らかになれば、社会主義がその目標をいかなる点に置くべきかも明らかになる。経済学の原理は、そういう意味で社会主義を科学的に根拠づけるものとなるのである。」（新『原論』一六三頁）宇野の、前向きな「原理論―社会主義」関係認識として熟慮すべきであろう。

（13）「むしろ経済学は、そういう法則性を原理的に完全に説きうるという点で、対象を抽象的に、一般的にではあるが、完全に認識しうるという、特殊の、おそらく他のいかなる科学にもない――性格をもっているのであって、その点で対象の変革の主張を科学的に基礎付けることになるのである。」（同）「実際また資本主義社会の基本的運動法則と共に、その階級性が明らかにされ、しかもそれが従来の諸社会に対し、その一般的基礎を明らかにするものとして、資本主義社会の歴史性として明らかにされることになれば、社会主義運動は、資本主義社会の変革を必然的なるものとして科学的に主張しうることになるのである。」（新『原論』一六四頁）いずれも「社会主義的変革」へのその関係性が明瞭ではないか。

(14) ちなみに、新『原論』では、この「冒頭商品論への円環化」視点はその影を潜めていよう。

(15) この点について詳しくは、前掲、山口『資本論の読み方』第五章が参照されてよい。

(16) しかし直ちに指摘する必要があるのは、そうだとしても、この「体制理念の確定化」によって原理論を終結させることはできないという点であって、それを体系的に活かすためには、独自の篇別構成が改めて不可欠であろう。しかし、その作業は著しく困難なように思われる。

(17) この問題点の詳細については、何よりも、前掲、山口『資本論の読み方』が優れている。

(18) 「景気循環論」については、拙著『景気循環論の構成』（御茶の水書房、二〇〇二年）をみよ。

(19) 価値法則論に関しては、拙著『価値法則論体系の研究』（多賀出版、一九九一年）を参照のこと。そこでは、「価値法則論」の「定義・展開・意義」について、その多面的な考察を試みた。

著者紹介

村上和光（むらかみ　かずみつ）
1947年　札幌に生まれる。
1970年　早稲田大学政治経済学部政治学科卒業。
1975年　東北大学大学院経済学研究科博士課程修了。
現　在　金沢大学名誉教授。経済学博士。

主著書　『国家論の系譜』（世界書院、1987年）
『価値法則論体系の研究』（多賀出版、1991年）
『信用創造の理論』（金沢大学経済学部研究叢書9、1997年）
『日本における現代資本主義の成立』（世界書院、1999年）
『景気循環論の構成』（御茶の水書房、2002年）
『転換する資本主義：現状と構想』（編著、御茶の水書房、2005年）
『資本主義国家の理論』（御茶の水書房、2007年）
『現代資本主義の史的構造』（御茶の水書房、2008年）
『現代日本経済の景気変動』（御茶の水書房、2010年）
『日本型現代資本主義の史的構造』（御茶の水書房、2012年）

経済学原理論《けいざいがくげんりろん》を読《よ》む——宇野原理論体系《うのげんりろんたいけい》の構造《こうぞう》と問題点《もんだいてん》——

2013年11月５日　第１版第１刷発行

著　者　村　上　和　光
発行者　橋　本　盛　作
発行所　株式会社 御茶の水書房
〒113-0033 東京都文京区本郷5-30-20
電話　03-5684-0751

Printed in Japan　　印刷・製本／東港出版印刷㈱

ISBN978-4-275-01037-7 C3033